《经济法研究》实行匿名审稿制

经济法研究

第9卷

张守文 主编

北京大学出版社
PEKING UNIVERSITY PRESS

图书在版编目(CIP)数据

经济法研究.第9卷/张守文主编.—北京:北京大学出版社,2011.10
ISBN 978-7-301-19640-3

Ⅰ.①经… Ⅱ.①张… Ⅲ.①经济法-研究-中国-文集
Ⅳ.①D922.290.4-53

中国版本图书馆CIP数据核字(2011)第211743号

书　　　名: 经济法研究(第9卷)
著作责任者: 张守文　主编
责 任 编 辑: 郭瑞洁
标 准 书 号: ISBN 978-7-301-19640-3/D·2971
出 版 发 行: 北京大学出版社
地　　　址: 北京市海淀区成府路205号　100871
网　　　址: http://www.pup.cn
电　　　话: 邮购部 62752015　发行部 62750672　编辑部 62752027
出版部 62754962
电 子 邮 箱: law@pup.pku.edu.cn
印　刷　者: 三河市博文印刷厂
经　销　者: 新华书店
965毫米×1300毫米　16开本　22.25印张　374千字
2011年10月第1版　2011年10月第1次印刷
定　　　价: 39.00元

卷首语

在充满了不确定性的重大转型时期,如何使各类主体的法益得到兼顾和保障,是十分紧要的现实问题;同时,经济社会发展中的各类具体实践,也为当代经济法研究提供了难得的丰富素材。无论是直接关涉民生的制度研究,还是源于现实的理论研究,都需要紧密结合转型社会下的利益博弈,唯此才能更好地体现当代经济法学人的历史担当。

本卷共分为“基础理论”、“公平分配专题”、“宏观调控”和“市场规制”四个部分,现将各部分重要论文的主要内容概述如下:

本卷的“基础理论”部分共刊发三篇论文。杨紫烜教授的《论我国需求结构调整及其经济法对策》认为,我国需求结构的现状不容乐观:内需与外需结构严重不合理;投资与居民消费比例失调;居民收入在国民收入分配中的比重偏低;劳动报酬在初次分配中的比重偏低。需求结构调整是转变经济发展方式的客观要求,是应对国际金融危机和经济危机的战略举措,是落实科学发展观的需要,为此,应着重采取一系列经济法对策,具体包括加强计划、投资、财政、外贸和社会主义公共财产管理方面的法制建设。陈乃新教授、王伟叶研究生的《我国调整经济结构的经济法措施研究》认为,为达到经济社会又好又快发展,必须调整经济结构,这就要求不断完善反映劳动力所有制要求、保护劳动力权的经济法;完善的经济法制度有利于经济结构的调整,实现社会主义现代化。王新红教授的《走出“陷阱”:经济法与民商法、行政法关系新论》认为,经济法的调整对象是国家干预经济过程中产生的平等主体之间的经济关系和不平等主体之间的经济关系;这两类社会关系按照原有部门法划分标准应分别由民商法和行政法调整,改由经济法调整,正是部门法划分标准细分和重组的结果;同时,也使经济法打上了民商法和行政法的部分印记。

本卷的“公平分配专题”部分共刊发五篇论文。翟相娟博士的《推进我国基本公共服务均等化的经济法思考》认为,推进基本公共服务均等化是社会转型时期新的改革命题,经济法与基本公共服务均等化在基本前提、价值考量和利益追求等方面高度契合;经济法领域的公共财政制度、城乡统筹发展制度、区域协调发展制度等可为推进基本公共服务均等化提供制度保障。肖京博士的《公平分配及其经济法实现机制》认为,研究公平分配的实现机制,需要准确界定公平分配的含义,该文在对不同类型的公平分配观进行区分的基础上,论证了经济法的公平分配观,并就如何健全经济法具体制度来实现公平分配提出了若干建议。李晖博士的《台湾“国民年金法”的主要内容及其对大陆相关立法的可借鉴之处》一文,介绍了台湾地区“国民年金法”的四项制度,并认为在老龄化严重的情况下,“国民年金法”补充完善了岛内基本养老保险制度。作者认为,两岸在老龄化趋势和社会结构、经济发展趋势等方面有相似之处,祖国大陆养老保险立法可以从中获得一些制度经验。温雅研究生的《企业内部公平分配的经济法保障研究》认为,只有明确认识到各利益主体在企业内部的层级差异性,才能真正实现企业内部的公平分配;同时,该文分别从公司股东、高级管理人员及普通劳动者的角度,提出了促进企业内公平分配的政策建议。项紫君研究生的《略论促进公平分配的税收优惠法律制度》认为,通过参与初次分配、再分配、第三次分配的过程,税收优惠制度能够有效地影响收入分配格局,为此,应充分发挥照顾型税收优惠对公平分配的促进作用,并将激励型税收优惠对公平分配的消极影响控制在合理的限度内。

本卷的“宏观调控”部分共刊发四篇论文。陈治副教授的《论民生财政及其法制化》认为,民生财政并不简单等同于对民生领域的财政支出,应从合法性、合理性、程序性、人本性四方面构筑民生财政的判断标准;民生财政更不意味着“送温暖”抑或应急性的临时行动,而应寻求全方位的法制化。孙健波博士的《宪政视角下的财税改革——兼论财政立宪主义之局限》强调实质意义上的财政宪政主义的重要性,剖析了公共财政改革的宪政观,并设计了我国财税改革宪政化的三条通道,即事前的预算控制、事后的审计监督和全面的司法审查。朱一飞博士的《论量能课税原则在税收调控中的适用性——以房产税改革为例》认为,量能课税原则非但不与税收调控相冲突,而且是相互衔接、相得益彰的;同时,作为一项人权保护原则,量能课税原则对于税收调控立法具有重要的规范作用。沈晖博士的《“国家协调”视野下的宏观调控层次结构——以商品住宅价格宏观调控为分析样本》认为,商品住宅价格宏观调控应受经济法调整,体现“国家协调”的精神。根据“国家协调”的精神,无论在宏观调控的领域、方法,还是具体手段方面,均应体现其层次结构。

本卷的“市场规制”部分共刊发七篇论文。美国学者丹尼尔·S.克莱因伯格教授的《从实体论与集合论的分歧谈封闭型公司的发展》一文,探讨了美国实体论与集合论之间的争议在封闭型公司立法进程中的意义,作者以实体论与集合论的分歧为出发点,以生动的判例为佐证,回顾了两种理论在封闭型公司立法中的指导作用,同时指出,我们不能也不应回避两者的分歧,因为两者都深深地植根于相关法律之中,有重要的理论和实践意义。佐藤孝弘副研究员的《受合法性概念影响的中国公司治理变迁》一文,通过引入新制度主义学派的合法性概念来分析中国公司治理的演变过程,认为关于公司治理变迁和人们的相关认知等问题的分析,对于当前中国公司治理研究有一定的意义。李昌庚副教授的《国有企业治理拷辨》认为,国有企业治理的逻辑前提在于合理界定国家所有权的市场边界,政企不分的国有企业本性决定了主要以特殊企业立法考量国有企业治理,国有企业治理主要是一种行政型治理模式,治理的关键在于外部治理,而非内部治理。孙晋副教授、范舟讲师的《欧盟〈非横向合并评估指南〉评析——兼论对我国非横向合并反垄断法规制的启示》一文,结合欧盟企业合并控制制度的发展历程,剖析了欧盟《非横向合并评估指南》的内容并对其进行了初步评价,认为《指南》的颁布标志着欧盟对非横向合并的反垄断规制将有法可依,执法将更准确,对我国相关制度的完善具有重要的借鉴意义。邢梅博士的《转型时期俄罗斯反垄断法的政策含义》从公平、效率、消费者权益保护的视角,阐释了俄罗斯反垄断法的现实基础和制度内容,并通过具体制度内容呈现了竞争政策与法律规则之间的内在联系。周显志教授的《消费信贷法治建设探论》认为,我国消费信贷领域存在法规位阶偏低、消费者权益保护不足、公民消费信贷机会不均等诸多法律障碍,在借鉴美、英、法等国消费信贷制度的基础上,我国必须加快制定《消费信贷基本法》。吴云峰检察官、龚经松主任的《危机前后美国金融监管体制立法变革及对我国的启示》回顾了美国金融监管体制的演进路径及改革内容,同时认为美国的相关立法变革对我国的启示包括:建立金融监管协调委员会控制系统性风险,尽快制定《金融控股公司法》控制混业风险,远期目标是建立单一的金融监管体制。

《经济法研究》各卷的出版,不仅得益于北大出版社的支持,也得益于北大法学院经济法学科的博士研究生、硕士研究生同学的辛勤工作,其中,何锦前、项紫君、温雅、吴天宇、张春丽、段礼乐、肖京等,分别参与了组织约稿、编审、联络等方面的大量工作,在此一并表示感谢。

盛夏即将来临,祝学界同仁和各位读者康安如意,愿我国的经济法研究不断进步!

张守文

2011 年 5 月 5 日

于北京大学经济法研究所

目录

基础理论

公平分配专题

宏观调控

市场规制

基础理论

论我国需求结构调整及其经济法对策

杨紫烜*

目　次

需求结构调整，主要包括以下四个层次的内容：一是要处理好内需与外需的关系；二是要处理好居民消费需求与投资需求的关系；三是要提高居民

* 杨紫烜，北京大学法学院教授、博士生导师。

收入在国民收入[①]分配中的比重；四是要提高劳动报酬在初次分配中的比重。

需求结构调整是转变经济发展方式的客观要求，是应对国际金融危机和经济危机的战略举措，是落实科学发展观的需要。目前，我国需求结构的状况不容乐观。采取必要的经济法对策，是需求结构调整取得预期效果的法律保证。

一、我国需求结构的现状

（一）内需与外需的情况

多年来，我国对外贸易依存度过高，其中，出口依存度接近国内生产总值（GDP）[②]的40%，内需与外需结构严重不合理。因此，当西方发达国家发生了生产过剩危机，外部需求急剧下降时，使我国经济受到了严重的冲击和损害。这是2009年成为我国进入新世纪以来经济发展最为困难的一年的重要原因。我们应该正视这一教训。

（二）居民消费率与投资率的情况

我国的投资率[③]明显偏高，居民消费率[④]明显偏低，投资与居民消费比例失调。从2000年至2008年，我国投资率由35.3%升至43.5%，居民消费率由46.4%下降到35.3%。关于投资率的横向比较，1978年至2005年，全球年均投资率为22.1%，而我国投资率到“十五”期间达41.2%，高出世界平均水平近一倍。关于居民消费率的横向比较，2007年中等收入国家居民消费率为60%，而我国仅为34%，差距达26个百分点。[⑤] 这必须引起注意，并采取相应对策。

---

① 国民收入，是指物质生产部门劳动者在规定时期内所创造的价值。从社会总产值中扣除物质消耗后的剩余部分，就是国民收入。国民收入（价值形态）=社会总产值－已消耗的生产资料价值。国民收入（实物形态）=社会总产品－已消耗的生产资料。

② 国内生产总值（GDP），是指在规定时期内，一个国家或地区所生产出的全部最终产品和劳务的价值的总和。

③ 投资率是全社会固定资产投资额占国内生产总值的比重。

④ 居民消费率是全社会居民消费额占国内生产总值的比重。

⑤ 参见林兆木：《关于转变经济发展方式问题》，载《人民日报》2010年2月3日；王永昌：《改革国民收入分配体制 全面扩大国内消费需求》，载《人民日报》2010年7月23日；常修泽：《转变经济发展方式应突出以人为本》，载《人民日报》2010年5月26日。

过度投资造成一些行业产能过剩，产品供过于求，而重复建设的问题仍然很突出，这就加剧了生产过剩，使经济结构更加不合理。⑥ 这种情况，不能再继续下去了。

（三）居民收入在国民收入分配中的比重

在我国，"居民收入在国民收入分配中的比重偏低。近年来，我国居民收入在国民收入分配中的比重呈逐年下降趋势。2007 年，居民收入占国民可支配收入比重为 57.5%，比 1992 年下降 10.8 个百分点，而政府收入和企业收入却呈快速上升趋势。"⑦ 以"政府存款"为例，"央行公布的统计数据显示，'政府存款'项目下的资金额从 1999 年的 1785 亿元一路上升到 2008 年的 16963.84 亿元，猛增了 9.5 倍！"⑧

上述情况，不符合社会主义生产的目的——满足人民日益增长的物质文化需要，不符合以人为本的要求。

（四）劳动报酬在初次分配中的比重

"在发达国家，工资一般占企业运营成本 50% 左右，而在中国则不到 10%。发达国家劳动报酬在国民收入中所占比重一般在 55% 以上，在中国则不到 42%，并呈逐年下降趋势；资本回报的比重却节节上扬。"⑨ 可见，劳动报酬在初次分配中的比重方面，中国比西方发达国家还低得多，问题相当严重，值得深思！因此，必须提高劳动报酬在初次分配中的比重，改变企业"利润侵蚀工资"的现象。⑩

大家知道，基尼系数⑪是国际上衡量收入差距的重要指标。新华社世界

---

⑥ 例如，2008 年我国粗钢产能 6.6 亿吨，需求仅 5 亿吨左右，加上 2009 年上半年完成的投资和目前的在建项目，粗钢产能将超过 7 亿吨，产能过剩矛盾将进一步加剧；2008 年我国水泥产能 18.7 亿吨，加上在建生产线和已核准而尚未开工的生产线全部建成后，水泥产能将过到 27 亿吨，市场需求仅为 16 亿吨，产能将严重过剩。见《中华人民共和国国务院公报》2009 年第 28 号，第 12 页。

⑦ 七个"怎么看"理论热点面对面 2010 年之六：《分好"蛋糕"促和谐——怎么看分配不公》，载《人民日报》2010 年 7 月 9 日。

⑧ 丛亚平、李长久：《收入分配四大失衡带来经济社会风险》，载《经济参考报》2010 年 5 月 21 日。

⑨ 崔鹏：《提高"劳动所得"势在必行》，载《人民日报》2009 年 12 月 3 日。

⑩ 参见林兆木：《关于转变经济发展方式问题》，载《人民日报》2010 年 2 月 3 日。

⑪ 基尼系数是 20 世纪初意大利经济学家基尼提出的判断收入分配公平程度的指标。它是指在全部居民收入中，用于进行不平均分配的那部分收入占总收入的百分比。收入分配越是趋向平等，基尼系数越小；反之，收入分配越是趋向不平等，基尼系数越大。参见前注⑦。

问题研究中心研究员丛亚平、李长久指出："国际上通常认为，基尼系数0.4是警戒线，一旦基尼系数超过0.4，表明财富已过度集中于少数人……我国基尼系数已从改革开放初的0.28上升到2007年的0.48，近两年不断上升，实际已超过了0.5，这是十分严重的信号。""世界银行报告显示，美国是5%的人口掌握了60%的财富，而中国则是1%的家庭掌握了全国41.4%的财富。中国的财富集中度甚至远远超过了美国，成为全球两极分化最严重的国家。"⑫〔美〕鲍勃·赫伯特认为，贫困阶层在不断扩大，极度的经济不平等有可能导致社会的不稳定。极端的不平等已经在加剧美国在政治和其他方面的两极分化。⑬ 应该认为，在资本主义国家，由于实行生产资料资本主义私有制，实行人剥削人的制度，贫富分化是必然的。《中华人民共和国宪法》（简称《宪法》）第6条第1款规定："中华人民共和国的社会主义经济制度的基础是生产资料的社会主义公有制，即全民所有制和劳动群众集体所有制。社会主义公有制消灭人剥削人的制度……"因此，实行社会主义经济制度不会产生两极分化。而现在，我国的基尼系数不仅比资本主义发达国家高，而且比绝大多数实行资本主义制度的发展中国家也高，其原因是什么？应该采取什么对策？需要认真考虑！

二、我国需求结构调整的重要意义

（一）需求结构调整是转变经济发展方式的客观要求

2007年10月，党的十七大指出："加快转变经济发展方式，推动产业结构优化升级。这是关系国民经济全局紧迫而重大的战略任务。"⑭ 2010年2月，胡锦涛强调："加快经济发展方式转变是我国经济领域的一场深刻变革，关系改革开放和社会主义现代化建设全局"；"转变经济发展方式已刻不容缓。"⑮ 应该认为：转变经济发展方式不仅关系到我国经济社会的发展，而且关系到党的执政地位的巩固；能否在党的领导下加快经济发展方式转变并取得预期的效果，是对党的执政能力的重要考验。

---

⑫ 同注⑧。

⑬ 参见《纽约时报》2010年11月27日，转引自《两极分化令美国社会危机四伏》一文，载《参考消息》2010年11月29日。

⑭ 载《人民日报》2007年10月25日。

⑮ 胡锦涛在省部级主要领导干部深入贯彻落实科学发展观加快经济发展方式转变专题研讨班上的讲话，载《人民日报》2010年2月4日。

转变经济发展方式的主攻方向,是经济结构战略性调整;调整经济结构的首要任务,是推进需求结构调整。推进需求结构调整,是调整经济结构,转变经济发展方式的客观要求。

(二)需求结构调整是应对国际金融危机和经济危机的战略举措

多年来,我国出口依存度过高,经济的增长过于依赖外需。2008 年爆发了国际金融危机和经济危机,我国的外部需求急剧下降,使我国的经济发展遇到了严重困难。

国际金融危机和经济危机的产生固然有多种原因,但其根本原因是资本主义基本矛盾,即生产社会化同生产资料资本主义私有制之间的矛盾。只要这个矛盾没有解决,周期性的危机必然还会爆发。这次危机的经验教训告诉我们,调整需求结构,必须调整内需和外需的结构,降低出口依存度,扩大国内消费需求。这是应对国际金融危机和经济危机的战略举措。

(三)需求结构调整是落实科学发展观的需要

党的十六届三中全会《关于完善社会主义市场经济体制若干问题的决定》指出:“坚持以人为本,树立全面、协调、可持续的发展观,以促进经济社会和人的全面发展。”[16] 坚持以人为本即坚持以广大人民为本,这是科学发展观的核心。

中共中央《关于制定国民经济和社会发展第十二个五年规划的建议》[17]和《中华人民共和国国民经济和社会发展第十二个五年规划纲要》[18]指出:要“坚持把保障和改善民生作为加快转变经济发展方式的根本出发点和落脚点”。调整需求结构,要加大对国民收入分配的调整力度,提高居民收入在国民收入分配中的比重,提高劳动报酬在初次分配中的比重,缩小贫富差距。这是坚持以人为本,落实科学发展观的需要。只有坚持以人为本的科学发展观,才能正确对待国内生产总值的增长,才能克服见物不见人的 GDP 崇拜。不能为了追求 GDP 的增长而不顾工人生产安全,过度消耗资源和能源,破坏生态环境。经济发展不能以 GDP 增长为中心,更不能将其作为衡量经济发展的唯一指标,也不能作为考核地方政府政绩的主要标准。

---

[16] 载《人民日报》2003 年 10 月 22 日。
[17] 载《人民日报》2010 年 10 月 28 日。
[18] 载《人民日报》2011 年 3 月 17 日。

三、我国需求结构调整的经济法对策

(一)加强计划法制建设

国家计划是宏观调控的重要手段之一。规定国内生产总值增长指标、固定资产投资规模、国民收入的分配格局、外贸进出口总额等,一般都作为计划的重要内容。按照转变经济发展方式的要求,依法制定和实施好计划,有利于需求结构的调整,有利于国民经济平稳、较快发展和经济社会协调发展。

国民经济和社会发展计划法规范计划行为、调整计划调控关系。加强计划法制建设,依法完善计划调控,将计划的制订和实施纳入符合客观规律要求的法治轨道,可以为制订和实施好计划提供法律保证,以利于充分实现计划的功能,发挥计划在我国需求结构调整中的重要作用。

我国《计划法》的起草工作开始于1980年。第七、八届全国人大常委会先后将制定《计划法》列入了五年立法规划。国务院有关部门于1995年将《计划法(送审稿)》提交国务院审议,但长期处于搁置状态。现在,国家发展和改革委员会已将制定我国《促进经济稳定发展法》列入了立法规划。希望抓紧该法的起草工作,并早日由国务院提交全国人民代表大会讨论通过后公布施行。

(二)加强投资法制建设

要把扩大居民消费需求作为扩大内需的战略重点,处理好居民消费需求与投资需求的关系,解决投资率过高和居民消费率过低的问题,必须尽快改变我国在投资领域规范性文件数量少、层次低,法制不健全的状况。

应该抓紧制定一部体现转变经济发展方式要求的,关于固定资产投资的基本法律——《中华人民共和国固定资产投资法》,将正确处理居民消费与投资的关系、保持符合经济社会发展需要的投资率作为重要原则写入该法的"总则"之中,在该法的有关条款及其配套法规、规章中作出体现这项原则的具体规定,并以国家强制力保证实施。

(三)加强财政法制建设

财政调控是现代市场经济宏观调控体系的重要支柱之一。财政法将体现转变经济发展方式要求的财政活动纳入法治轨道,可以从法律上保证财政功能的实现,发挥财政在我国需求结构调整中的重要作用。

国家要依法完善财政调控,充分发挥财政的分配收入功能。要调整国民收入分配格局,提高城乡居民收入,提高居民、特别是中低收入者的消费能力,扩大内需、特别是居民消费需求,增强居民消费对经济增长的拉动作用。按照转变经济发展方式的要求,对征税对象、计税依据、税种、税目、税率、减免税等税法的构成要素作出合理的规定,有助于缩小收入差距,扩大居民消费需求。[19] 要完善转移支付法律制度,加强转移支付力度,将部分财政收入无偿提供给经济不发达地区、提供给乡村和经济困难群众,以利于缩小地区、城乡、贫富差距。

(四) 加强对外贸易法制建设

国内市场潜力巨大是我国的优势,主要依靠扩大内需拉动经济增长,应当是我国经济发展的长期战略方针。当前,加强外贸法制建设的一项重要任务,是按照转变经济发展方式的要求,抓紧修改《中华人民共和国对外贸易法》(简称《对外贸易法》),将正确处理内需与外需的关系和保持符合经济社会发展需要的出口依存度作为重要原则写入该法的"总则"之中,在该法的有关条款及其配套法规、规章中作出体现这项原则的具体规定,并以国家强制力保证实施。

我国是世界上煤炭、钢铁、铁矿石、水泥等消耗量最大的国家。"2009年,我国 GDP 占全球总量的 8%,但消耗了世界能源消耗量的 18%,钢铁的 44%,水泥的 53%。这样巨大的资源消耗是不可能持续的。"[20] 由于我国许多重要资源短缺,出口依存度过高,资源消耗量很大,因而,我国经济的发展同资源的矛盾越来越突出。为此,在修改我国《对外贸易法》时,应当对我国资源和资源性产品的出口做出必要的限制或者禁止性规定。

在我国的对外贸易中,我国对西方国家的出口产品、特别是资源和资源性产品的价格长期偏低,没有充分反映资源稀缺程度、供求关系变化,也没有包括资源开发和利用对环境损害的补偿成本。我国的"低成本"实际上是不完全的成本,使我国经济受到很大损失。[21] 为此,在修改我国《对外贸易法》时,应当对我国的出口产品、特别是资源和资源性产品设置价格极限,对于中国的个人和组织同外国的个人和组织合谋竞相杀价的要严惩不贷,以维护国

---

⑲　例如,提高个人所得税的起征点,减少普通百姓的征税额,取消低收入者的纳税;尽快开征遗产税、财产赠与税、房地产增值税等税种,让暴富者为社会平安提供些补偿。参见前注⑧。

⑳　张卓元:《调整经济结构 加快转变经济发展方式》,载《人民日报》2010 年 11 月 25 日。

㉑　参见前注⑩。

家的经济利益和我国对外贸易经营者的合法权益。

（五）加强社会主义公共财产管理的法制建设

我国《宪法》第6条第1款规定："中华人民共和国的社会主义经济制度的基础是生产资料的社会主义公有制，即全民所有制和劳动群众集体所有制……"第7条规定："国有经济，即社会主义全民所有制经济，是国民经济中的主导力量。国家保障国有经济的巩固和发展。"第12条规定："社会主义的公共财产神圣不可侵犯。国家保护社会主义的公共财产。禁止任何组织或者个人用任何手段侵占或者破坏国家的和集体的财产。"

那么，我国的所有制结构发生了什么变化呢？据《第二次全国经济普查主要数据公报（第一号）》（2009年12月25日），2008年末与2004年相比，国有企业减少3.6万个，下降20.0%；集体企业减少15.1万个，下降44.0%；私营企业增加161.4万个，增长81.4%；港、澳、台商投资企业增加1.0万个，增长13.5%；外商投资企业增加2.4万个，增长30.2%。全国政协副主席、全国工商联主席黄孟复在《人民日报》上发表的《民营经济是富民经济》的文章中说，我国改革开放以来，民营经济异军突起，现已形成的所有制结构以"民营经济为主体"[22]。对此，人们要问：以"民营经济为主体"的这种情况是不是违反了我国《宪法》关于"坚持公有制为主体"的规定呢？人们还要问：如果"民营经济是富民经济"的话，那么，形成了以"民营经济为主体"的所有制结构，为什么我国的贫富差距却越来越大并出现了两极分化呢？

马克思主义认为，分配关系是由所有制关系决定的。劳动报酬在初次分配中占多少比重，同所有制结构的状况直接有关。影响初次分配的核心问题是财产占有上的差别。我国劳动报酬在初次分配中比重的下降，根本原因是公有制在我国所有制结构中比重的下降。

因此，要提高我国劳动报酬在初次分配中所占的比重，并从根本上解决两极分化的问题，必须按照我国《宪法》的规定，坚持公有制的主体地位和国有经济的主导地位，保护社会主义的公共财产，旗帜鲜明地反对私有化，绝不能允许违反《宪法》的规定，侵占或者破坏国家的和集体的财产，让大批国有企业和集体企业退出市场，造成国家的和集体的财产大量流失；与此同时，国有企业和集体企业必须坚持社会主义的经营方针。

为了加强对社会主义公共财产的管理和保护，除了必须严格执行我国

---

[22] 黄孟复：《民营经济是富民经济》，载《人民日报》2010年7月28日。

《宪法》和法律的现行规定以外,还应该加强这方面的立法。从1993年起,第八、九、十届全国人大常委会先后将《国有资产法》列入了三个五年立法规划之中,可是该法至今尚未制定。虽然2008年我国制定了《企业国有资产法》,但它并不能代替《国有资产法》。关于集体财产管理的法律不仅至今没有颁布,而且还没有列入立法规划。这种立法滞后的状况,不利于加强对社会主义公共财产的管理和保护,不利于坚持国有经济的主导地位和公有制的主体地位,应该尽快改变。

我国调整经济结构的经济法措施研究

陈乃新[*]　王伟叶[**]

目　次

当前，我国在国际金融、经济危机冲击下，为了要做到经济社会的全面协调可持续发展，我们已不能再继续只依赖经营资源密集、劳动密集和污染密集的价值链中低端的产业了，而是需要加快调整经济结构，转变经济发展方式，致力于价值链中高端产业的“中国创造”，以便更好地进行市场竞争，来取得国际竞争的优势。因此，我们过去着重向投资者开放我国的资源和市场的改革开放政策和相应的法制建设，就需要作出调整。一方面，我们在尚未全面完成经济结构调整之时，仍须继续传统的招商引资，让资本和投资者在我国仍能在中低端产业获得高于世界平均利润的利益，即仍须继续供给低成本的资源和劳动力，一定限度内让资本和投资者廉价利用我国的自然资源和劳动力资源，这是我国为现代化建设进行原始积累所必须付出的代价，是必要的牺牲；此时，我们若停止招商引资，甚至打击资本和投资者，但由于资本和投资者不同于土地和地主，具有在世界范围的流动性，我们就可能再度陷入资本短缺或未能最大限度发挥资源和劳动力的低价优势而失败或无法达到现代化。另一方面，我们若只是继续牺牲性地让资本和投资者利用我国的资源、市场和利润，不注意经济发展方式的转变，那么，我国经济就不可持续

---

[*] 陈乃新，法学博士，湘潭大学法学院教授、博士生导师。
[**] 王伟叶，湘潭大学法学院 2009 级经济法专业硕士研究生。

发展,我们就可能丧失美好前程。过去,发达国家正是利用我国急于变穷为富的需要,把价值链低端的产业转移给我们,我国确也承接了它们转移过来的资源密集、劳动密集和污染密集产业,这既使中国经济有了很大发展,但仍在它们可操控的范围之内,因而我们现在就必须以科学发展观来应对。这就要求我们也须向劳动者开放知识,构建学习型社会。我们认为,我国只有在对投资者开放资源和市场的同时,也逐步向全体劳动者开放知识,这才能真正开始自主赶超,即通过低成本提高我国大多数人乃至全人口的劳动力素质,为进一步扩大招商引资而源源不断地提供低成本的大量的高素质人才,完成经济结构的调整,达到经济社会全面协调可持续发展。因此,现在我们就要在强调着重为投资者提供由民商法、行政法和刑法等构成的主要反映财产所有制的传统法保障的同时,加强对劳动者的由经济法、社会法等构成的主要反映劳动力所有制的现代法保障。这里,本文试着重阐述经济法如何向广大劳动者开放知识、构建学习型社会提供制度保障,促进经济结构调整的某些问题,以期引起更多人的关注。

一、调整经济结构必须提高人的劳动力素质,从而必须保护人的劳动力权益

调整经济结构意味着我国从事价值链中低端产业转变为从事价值链中高端产业,这关系到我国在融入经济全球化并进入了与西方发达国家进行市场竞争的战略相持阶段的生死存亡问题。这时,保护人的劳动力权益,低成本地提高人的劳动力素质,为中外资本提供大量的、源源不断的和价格低廉的高素质劳动力,这将为我国调整经济结构即更多更好地吸引中外资本在中国从事中高端产业提供现实可行性,即可为中国更好地走向世界提供现实可行性。如果中国仍只有大量的低素质的廉价劳动力,那么,调整经济结构便没有希望。

首先,我们认为我国调整经济结构,转变经济发展方式,这是必须的。现在看来,我国改革开放三十年在取得了巨大发展的同时,也存在着经济结构的不尽合理,所付代价巨大的问题。西方发达国家迫于工人运动、消费者运动和绿色运动的压力,它们产品的劳动力成本、资源成本和污染成本早已大大提高,因而如美国等就率先进行经济结构调整,已把重点转向科技信息密集和价值信息密集等价值链高端产业的发展,而把资源密集、劳动密集和污染密集的价值链低端产业转移到广大发展中国家,中国在“文化大革命”之

后实行改革开放,很快就成为承接西方发达国家转移过来的这些产业的佼佼者,成了举世瞩目的“世界工厂”。但是,这次世界性的金融、经济危机给我国造成了双重的伤害:一方面,我国从事价值链中低端产业的低成本优势已遭遇美国等发达国家强劲的贸易保护主义的遏制,我国继续牺牲性地让投资者开发资源和利用我国的市场并取走高额利润,国家已日益难以调控;另一方面由我国利用低成本资源和廉价劳动力等制造中低端产品,扩大对外贸易而获得贸易顺差等形成的以美元为主的巨额外汇,由于它不能用于购进西方发达国家的高科技产品等,还因纸币化美元的发行权又操控于美国政府之手而遭到了巨大损失,我国为实现社会主义现代化所需的资本积累严重受阻。从这个双重的伤害中我们认识到,我们固守资源密集、劳动密集和污染密集的价值链中低端产业是难以完成资本积累和难以获得价值增值利益的,最终甚至会陷入有增长而无发展的泥潭而加剧相对贫困。因此,我们调整经济结构,转变经济发展方式是必须的。

其次,我们认为调整经济结构必须提高人的劳动力素质。改革开放以来,我们承接西方发达国家转移过来的价值链中低端的产业,这也与我国人口多,劳动力资源丰富,工业化水平低,自然资源和环境可持续地牺牲性利用的容量较大等有关。在这种情况下,我们只要对内外投资者实行开放资源和市场的政策,我们就可获得一定的成功,我们也确实得到了很大的成功。当然,我们自己则必须保持清醒的头脑,中国在很长的历史时期内还只是处在社会主义初级阶段。当前,我们就是要调整经济结构,要变“中国制造”为“中国创造”,要致力于发展技术信息密集和价值信息密集等价值链高端的产业,而这其中必备的条件是我国应是人才大国和强国,即应具有更多的高素质的低价劳动力资源以供更大规模的新的招商引资的需要。反之,我们若不能低成本提高人的劳动力素质,那么调整经济结构也将只是一个美好的空想。提高人的劳动力素质,并不是我们不对投资者开放资源和市场了,更不是仇资、反资和灭资。我们现在搞建设,解决经济技术落后问题,这与我们过去搞土地革命不同,土地不可流动使我们夺取土地的革命获胜成为可能,资本的可流动性就难以使我们在一国之内通过仇资、反资和灭资的运动而使自己富裕起来,况且我们现已选择了社会主义市场经济并融入全球化这条道路,现在我们只能在与发达国家进行同台竞争即在市场逐利或资本增值的较量中取得优势地位,来达到社会主义现代化。所以,低成本提高人的劳动力素质便成了路线问题、战略问题,这也可认为是我们现在尚须从产权改革迈向管理权改革即我们党也要实行执政理念、内容和方式的转变。

最后,要提高人的劳动力素质就须保护人的劳动力权益。按照唯物史观,人的劳动力素质的提高,与剩余有关;如恩格斯所说,劳动产品超出维持劳动的费用而形成的剩余,以及社会生产基金和后备基金从这种剩余中的形成和积累,过去和现在都是一切社会的、政治的和智力的继续发展的基础。[①]那么,我们就须将这种社会生产基金和后备基金变成社会基金,用之于提高人的素质,促进人的能力的发展,也就是说我们对这种基金需要从特权者支配中转向对全人口的劳动力权益的维护,尤其是要用于全人口的低价高素质劳动力的行为能力的形成,从而有利于经济结构的调整。由于这并不只关系到广大劳动者的利益,它也关系到广大投资者和国家财政收入的利益,关系到各方当事人新的共赢的利益,现今中国由此开展政权改革就是为了做好这一点。为什么这么说呢?一是因为人民不可能选择过去的仇资、反资和灭资的方式来求得致富,而提高自己的劳动力素质通过更好地创造财富来争得富裕才是人间正道;二是投资者在中国要获得资本可持续增殖的利益最终只能依赖低价而又高素质的人才,即只能把资本投向有赖较高劳动力素质而又廉价的人才支撑的中高端产业;三是中国共产党也只有致力于低价提高人的劳动力素质,才能领导中国完成经济结构的调整,赢得国际的资本增值的竞争,才能达到可持续执政,才能取得社会主义现代化建设事业的成功。因此,保护人的劳动力权益,提高人的劳动力素质,促进经济结构的调整,是中国多方当事人的共同利益所在和理性选择。

二、从劳动力所有制的要求出发来认知保护人的劳动力权益的经济法

保护人的劳动力权益是劳动力所有制的客观要求。劳动力是作为自然人的个人所天然具有的一种东西;当然,许多个人的劳动力也可通过分工合作而形成一个组织的结合劳动力,这是个人劳动力派生出来的东西。但自然人个人的劳动力只有作为权利能力才可得到社会自发的确认,而个人的劳动力和组织的结合劳动力的行为能力则需要通过契约或专门的法律等才能加以确认。现代社会已要求我们以法律形式,即由经济法、社会法等构成的全部现代法来保护人的劳动力权益,而这从根本上说它不过是劳动力所有制提

---

① 参见恩格斯:《反杜林论》,载《马克思恩格斯选集》第3卷,人民出版社1975年版,第233页。

出的要求。

首先,劳动力所有制是与财产所有制相对应的一种客观存在。对此,我们过去有所忽视。近现代社会,资产阶级和西方资本主义国家都奉行私有财产神圣不可侵犯;而无产阶级与马克思主义也把消灭私有制作为共产党人的理论。从而,财产所有制及其传统的法律已深入人心,迄今为止,包括中国的整个法律界和法学界的认知,基本上也只停留在对财产所有制及其法律表现,包括民法商法、行政法和刑法以及它们的诉讼法等的各种理解,即使如我国已把经济法和社会法都当作中国特色社会主义法律体系的七大法律部门之一,但它们仍被放在上述传统法的框架内,仍只被当做财产所有制的法律表现来理解,例如,人们把公司法中的股权理解为新的财产权,把市场监管法、宏观调控法和社会保障法等之中的监管权、调控权等都理解为国家对经济生活的干预权。极少有人关注与财产所有制并存的劳动力所有制。不难发现,劳动力所有制本是一种客观存在:劳动力天然存在于自然人个人之中,它是人体的一种机能;自然人个人的劳动力只能为增进他自己的利益所用。在历史上,只是从原始社会末期氏族间的战乱所造成的战俘,由于那时的生产已经发展到这样一种程度,即人的劳动力所能生产的东西超过了单纯维持劳动力所需要的数量,维持更多的劳动力的资料已经具备了,使用这些劳动力的资料也已经具备了,劳动力获得了价值,从那时起战俘就不再简单地被杀掉或在更早的时候甚至被吃掉,而是把他们当作奴隶让他们活下来,并且使用他们的劳动;此时,人们仅仅因为迫于暴力才将自己的劳动力开始为他人所用,但由于劳动力天然存在于自然人个人之中,现在他也只是相比于被杀掉或吃掉要好些才这样;如果奴隶受压迫剥削过深,以至生不如死,他仍有消极怠工、直至将其劳动力转化为暴力与奴隶主抗争的主动权,同时,奴隶主则将自己的劳动力仅仅转为对奴隶的压迫力来使用。这就是说,从进入奴隶社会以来,劳动力所有制就一直存在着,只不过是以扭曲的形态存在着。后来,劳动力所有制又在个体小生产中自发存在,即个体生产者用自己的劳动力生产性地利用自己的财产,生产出比他所投入的更多的产品,这自然归他所有。直到近代资本主义生产方式因否定了这种个体小生产方式,劳动力所有制真正开始了与财产所有制的全面博弈:作为无产者的单纯劳动力所有者可以自由出卖其劳动力;作为有产者投资企业进行财富创造,因面临市场竞争,也要求保护其企业所创造的利益,维护其结合劳动力的权益。可见,劳动力所有制一直存在着,我们如果忽视这种存在是不妥当的。

其次,马克思主义的政治目标是在资本主义时代的成就的基础上重新建立劳动力个人所有制。我们研究马克思主义可以发现:马克思主义的政治目标是重新建立劳动力个人所有制,而不是建立财产公有制等等。这主要可从马克思的《资本论》关于资本主义积累的历史趋势的论述中看出。马克思说:从资本主义生产方式产生的资本主义占有方式,从而资本主义的私有制,是对个人的、以自己劳动为基础的私有制的第一个否定。但资本主义生产由于自然过程的必然性,造成了对自身的否定。这是否定的否定。这种否定不是重新建立私有制,而是在资本主义时代的成就的基础上,也就是说,在协作和对土地及靠劳动本身生产的生产资料共同占有的基础上,重新建立个人所有制。② 马克思这里已明确说不是重建私有制,但也不是说重建公有制;他讲的是在个人的、以自己劳动为基础的私有制经济中存在的个人劳动力所有制,即个体小生产者用自己的财产和运用自己的劳动力生产出归他自己所有的产品,其中主要是超过其财产投入而增加的部分,就是因为他运用了自己的劳动力才也归属于他,对于这种劳动力个人所有制,马克思主张在资本主义时代成就的基础上重建。从而,马克思关于无产阶级革命和无产阶级专政,消灭私有制和建立公有制,实行计划经济,就不过是为了实现重建劳动力个人所有制目标的方式方法。我们过去对重建劳动力个人所有制是有所忽视的,只关注财产所有制方面了。实际上,实行了财产公有制,只是为了有利于我们重建劳动力个人所有制,有利于我们把人的劳动力从它作为商品的地位下解放出来,使每个人的劳动力都能在社会化大生产及其财产公有的条件下为增进自己的利益所用,成为真正的自由人和得到人的能力的不断的发展。否则,我们仍不能解放和发展生产力。此外,现代社会的美国等发达国家之所以仍在经济社会发展上保有优势,这也并非是它们资本主义私有制有什么发展,而是它们在其已取得的资本主义时代的成就的基础上,或多或少地重建了劳动力个人所有制,当然私有制也限制了它们无法真正全面重建劳动力个人所有制。

最后,经济法乃是反映劳动力所有制要求的法律形式,而民法乃是反映财产所有制要求的法律形式,这也是一种二元结构。我认为,传统法,包括民商法、行政法和刑法以及相应的诉讼法等,都主要是反映财产所有制要求的法,它回答的是当事人拥有私权和享有公权,人们的这种既得利益受到损害,能否得到公力救济的问题。这种传统法就其普适性来说,它保护一切人的既得利益或存量利益,起着维持秩序和社会稳定的作用;但它主要对既得利益

② 参见马克思:《资本论》第1卷,人民出版社1975年版,第832页。

较多者有利。晚近以来，伴随近代社会化生产方式取代个体生产方式，经济生活中普遍形成了协作和对土地及靠劳动生产的生产资料的共同占有状态，从此，在社会化生产组织中大多数人贡献多而得到少、少数人贡献少而得到多的劳资冲突，社会化生产组织之间以强欺弱等各种不正当竞争，以及破坏资源环境问题等层出不穷。一言以蔽之，我创造、我贡献，对这种我应得的利益，如果我得不到或得到很少，这能否得到公力救济呢？回答这种问题的法律就是反映劳动力所有制要求的经济法、社会法等现代法。这些法主要被用于促进经济与社会的发展。目前西方发达国家在工人运动、绿色运动和消费者运动的推动下，在应对金融经济危机、资源环境危机和两极分化政治危机的过程中，已大大完善了反映这种劳动力所有制要求的经济法、社会法。这种法也具有普适性，只不过这种法主要直接对劳动者有利，而西方发达国家因实行资本主义，它们是不可能把反映劳动力所有制要求、保护劳动力权益的经济法、社会法搞彻底的，以致当今世界迄今没有经济法典和社会法典，以及缺乏相应的系统的理论，这也就在所难免。

三、经济法保护劳动力权益适应经济结构调整之需要的关键在于开放知识

经济法保护人的劳动力权益，是提高人的劳动力素质的法律保障；由于经济结构的调整有赖于人的劳动力素质的提高，所以加强经济法势在必行。正如我国过去大规模的廉价的未经工业化开发的自然资源和劳动力资源以及污染成本较低的优势，已得到传统法的支撑而已有很好的发挥那样；现在由于这种优势正在丧失、耗尽，而我们恰好有低成本开放知识、开发人才资源和提高人的劳动力素质的新的优势有待发挥，于是我们运用经济法来发挥此种优势，促进经济结构调整的时代也就到来了。

首先，我们必须为国民提供保护人的劳动力权益的经济法这一选项。改革开放，我国政策的重点是向资本和国内外投资者开放资源、市场和利润，从而我国承接西方发达国家转移过来中低端产业，因得到了我国廉价的自然资源和人力资源以及低成本污染的支撑，中国经济获得了超常发展，这当中，自然也有强化反映财产所有制要求和保护既得利益的传统法起了作用的因素。事实上，这种传统法虽有普适性，但在当今中国对大多数人来说，他们包含于全民所有和集体所有的财产之中的既得利益，在20世纪末的国有资产和集体所有资产大流失中是受到损害的，已经强化的传统法也并没有很好保障

“社会主义公有财产神圣不可侵犯”原则的落实,而是更多地保护了中外私人投资者的既得利益——包括他们所谓的不违法的所得,如因我国国有资产实行企业承包经营,把经营权误认为是所有权派生的用益物权而未确定为劳动力权,以致国有资产严重流失得不到法律追究,反而变成了中外私人资本的财产而受到了物权法等的保护,不仅如此,由于没有把经营权确定为劳动力权,致使以自己劳动力更好地生产性地经营国有资产的劳动力权益也受到挫伤。不过,因为我国拥有大规模的未经工业化开发的廉价资源,我国招商引资制造中低端产品在 国际市场便取得了价格竞争的优势,这除了使资本和投资者获得丰厚利润,国家增加了财政收入,民众也获得了更多的就业机会和收入,这样,尽管中国的大多数人在先前的既得利益上吃了亏,但他们也还会拥护这种尚存的不平衡的共赢。然而,由于强化了的传统法主要有利于有产者和各种既得利益较多者,随着时间的推移,穷富矛盾、官民矛盾和强弱矛盾等逐渐增多增强,此时,无产者及较少财产者面对相对贫困的加剧,尤其针对现行的精英教育之不堪重负、培养子女读书就业之路日趋狭窄,人们寄希望于后代的努力也许落空,他们便日益指望反映劳动力所有制要求、保护劳动力权益的经济法、社会法等现代法,以利于从法律保障上来帮助他们解决变穷为富的困难。这就是说,他们需要有:我创造、我贡献,我应当得到什么和我可得到多少,如果我得不到或得到太少而忍受不了,我能否得到国家公力救济的法律来为他们服务。国家制定和实施这种法律,实际上已成为大多数人最理想的一个选项,对全社会来说因其有利于经济社会全面协调可持续发展,从而也是最积极、最妥当的选项。现在有的把自杀自毁、恐怖主义和反政府等,有的则把强化私有制等作为选项,显然这些都不适当,都需要我们对之防范,为此,从这个意义上说,我们也需要设定保护劳动力权的经济法、社会法这个选项。

其次,经济法保护劳动力权益应当从保障知识的开放入手。这是因为知识是人的劳动力之智力的核心要素,是人的劳动力行为能力之大小的标志。事实上,开放知识是无产者和较少财产者能够提升其劳动力之行为能力,发挥其劳动力,参与市场博弈,达到变穷为富的唯一进路;同时,这也是有产者和各种既得利益者保存其既得利益和获得新的更多利益的唯一出路。对国家来说,现在面临的问题,也不仅是大多数单纯劳动力权人的劳动力素质不高,也包括在劳动密集、资源密集等中低端产业中活动的各种具有既得利益优势的人们,他们的劳动力素质也普遍不高。所以,只要对人们开放知识,提高人的劳动力素质,也能达到低成本的话,那么,国家不妨打破常规,强化反映劳动力所有制要求的经济法,如在世界率先创制出经济法典和经济诉讼法,以国家强制力来保护人的劳动力权益,率先使全人口在知识的开放中获得自由、公平和效益。

最后,以经济法促进精英化教育与大众化教育并举,达到低成本开放知识,实现经济结构的调整。目前,我国的经济法反映劳动力所有制要求、保护劳动力权益,在人们通过就业、入股等耗费自己劳动力进行合作创造,通过竞争将所创造的财富得到社会认可和生活消费以满足劳动力消耗的补偿与劳动能力的提高,以及官方与民众各自运用其劳动力,在宏观经济中合作创造、竞争实现和共同分享财富等,都已有一些法律,但深入到劳动力之行为能力的形成领域的法律则还很欠缺。现在的问题是,向国民开放知识,提高全人口的劳动力素质,并供给大量的低价而又高素质的人才,实在是我们进一步招商引资、调整经济结构、扩大中高端产品生产的关键。由于资本以增殖为目的,只要我们开放知识、提高人的劳动力素质的成本低,我们招商引资、调整经济结构也一定能取得伟大成功。那么,我们怎样低成本开放知识呢?现在关键是要开展大众化教育。我们已有的须通过考试的教育是精英化教育,这难以满足我们构建学习型社会和创新型国家的要求,难以实现低成本提高全人口的劳动力素质。我们设想,可否在继续精英化教育之旁,开展大众化教育,把全国办成一个大学校,以各个县为基本的办学单位,由中国共产党的各级党组织来管理,因为中国共产党具有党员人数多、素质高和业已形成严密的组织体系,从而在构建学习型社会时由中国共产党来领导组织将比任何一个国家都能更节约成本,因此更可能取得竞争优势。若能利用现代网络技术,办成知识超市,并以党政机关、司法部门、企事业单位、农村等为实习基地,使人人都可自主学习知识、学到可用、可赚钱的知识,以此发挥社会主义国家可以办这种前无古人的大事的优越性。显然,做这种大事在"民可使由之,不可使知之"的封建社会是不可设想的,但处在国际竞争中的资本主义国家则正在这么做,而实行市场经济的社会主义中国则可比它们能更低成本地办好这种大众化教育,并兼顾精英教育,从而在低成本造就人才优势的发挥中达到现代化。不过,这也须以经济法来促进,经济法就应当深入到人的劳动力的行为能力培育的领域,从而更好地反映劳动力所有制的要求,来实现其应有的功能。

四、全面完善经济法满足劳动力所有制的要求，成功进行经济结构的调整

在社会生活中，人与人之间的物质利益关系不是单由财产所有制决定的，而是由财产所有制与劳动力所有制交互作用共同决定的。一部人类史也是这两种所有制的博弈史。一方面，财产所有制从财产个人占有向共同占有演进；另一方面，劳动力个人所有制从劳动力为他人所用向为自己利益所用演进，它们共同构成社会的经济基础，以适应社会生产力的发展。现在，我们正处在知识经济刚兴起，即劳动力所有制正在在经济基础中日益占据主导地位的时代。由于传统法主要反映财产所有制要求，保护人的既得利益，这集中表现在它的财产所有权法律制度中，即民法从来没有对财产所有权中的使用权做出过消费性使用与生产性使用的区别，从而在收益权中就只有天然孳息而没有人为孳息范畴。对人来说，天然孳息是既得利益，而人为孳息是应得利益，它已不能满足知识经济的需要。事实上，正是由于对财产的生产性使用，由于这必须加入劳动力因素和必然产生人为孳息，这使得人为孳息问题变得无比重要，从而反映劳动力所有制要求、调整人为孳息关系或增量利益关系、保护劳动力权益的现代经济法和社会法，就从这一环节上发生与增长起来了。我们全面完善经济法和社会法，这将有利于为我们低成本大量造就高素质人才提供制度保障，从而将使我们成功完成经济结构的调整，并使社会主义创造出高于资本主义的生产力和使人们获得更多的自由。

首先，我们应当完善宏观经济法。宏观经济法是经济法的重要组成部分。为了廉价地培育出大量高劳动力素质人才，我们必须比较精英教育、引进人才的投入产出与大众化教育的投入产出，并从国家制定人才资源开发规划、以尽可能少的财政支出和积极的金融服务等来为社会、为中外产业资本提供廉价高劳动力素质人才的意义上和从保障教育公平的意义上，来完善计划法、财政税收法和金融法等。第一，我们应当完善计划法。现在，我们需要两条腿走路，一方面继续重视精英教育、人才引进等，另一方面也应当大大加强大众化教育。当前，我国虽有学习型社会和创新型国家的提法，但对全民劳动力素质的提高，尤其对大多数人如何既可少花钱、又可多学有用的能赚钱的知识，都还缺少方法；所以，计划法要强化和细化人才计划的制订与实施的规定，尤其要有全党全国全民办大众教育的计划，否则，我国进入市场经济以来，随着我国人口众多的禀赋和劳动力价格低廉的优势的逐步丧失，中外

投者就将失去获利条件而逐步撤资,国家财政收入也会锐减。第二,我们也要完善财政税收法。国家对大众化教育的人才培养应有专门预算,应以国家财政收入保障大众化教育。可以认为,调整经济结构能否成功,实际上要取决于我国能否科学开展大众化教育,使之持续出现大量的高素质、低价格的人才。一般说来,引进人才,也许成本过高;而精英教育,也存在投入较大、且在一定程度上要以牺牲学生的自主学习权和创造权为代价,不易大量培养出高素质人才。大众化教育,强调公平的学习权,以学生为本,广大学生对所学课程和导师,学习的方式、时间和地点,学习成果的检验方式等等,均可以自选来适应社会需求。当然,对教师、教材和教育方式,以及对教学管理等,也会是一个挑战与机遇。这既有利于我国深入教育改革,提升教育质量;更有利于调动大多数人学习的积极性和主动性,可以使他们从个人切身利益的关心上和从每个人可适应的求知方式上,培养出大量高素质人才,也可为培养出尖端人才起"水涨船高"的基础性作用。同时,这有利于一切教育资源得到廉价利用,而不至于使有关人力物力财力处在无端浪费状态。当然,开展大众化教育,这并不等于无须投入,其中包括财政投入也是必需的。我们要运用大众化教育达到全民族劳动力素质的提高,以适应知识经济,这是前无古人的伟大事业;国家搞专门预算,以法律保障财政投入,最终也必有利于财政增收。这也正是财政税收法作为调整人与人之间增量利益关系经济法的题中应有之义。第三,我们还要完善金融法,即金融法要为个人、国家和社会对大众化教育投入而融资提供制度保障。改革开放以来,我国以廉价劳动力为支撑获得中低端产品出口优势,已有了2.4万亿美元的外汇储备。为此,我们拿这笔钱购买美国政府债券和进入国际资本市场投资,希望获得保值增值利益;但世界金融危机和美国大量发行纸币化美元等,却打破了我们的这种希望,而且我们也难以指望能保障美元币值的国际金融法会在短期内得以完善;所以,我们可否把这笔钱的一部分用于大众化教育呢?我国金融法能否为这种货币资金融通提供制度保障呢?我们认为,这总比人家拿已经贬值的纸币来偿债使我国受到巨大损失要好一些。完善金融法,调整好我国所储备外汇的货币资金融通关系,保护各方当事人对增量利益的创造和分享权益,这应该是可行的,我们应当相信通过提高中国人的劳动力素质来谋求融资利益,这会更可靠一些。

其次,我们还应当完善微观经济法。微观经济法是经济法的另一重要组成部分。开展大众化教育,这是在九年制义务教育基础上,一个不采取考试方式向全社会开放知识,构建学习型社会的实际步骤。为使每一个人都有可能在大众化教育中成才,他们就应当有精力与财力不断增加其知识,微观经济法就应为之提供保障。第一,这就必须完善企业法、劳动法等。一方面对企业愿意投资大众化教育,致力于提高劳动力素质,加快产品升级换代,积极参与经济结构调整的,在企业法中要构建国家激励制度,包括要规定实行优惠的财税政策、金融政策,以及各种荣誉奖等;另一方面要在劳动法中全面规定劳动标准并严格执行,保障一切就业从业人员有时间和精力学习知识,并同时允许他们担任实习指导老师,对教与学成绩显著者实行国家奖励。这种国家激励或奖励要可诉,当事人对提高劳动力素质,从而对发展社会生产力,最终使全社会得到增量利益的,应当获奖,得不到奖励或奖励不当的,应当可以通过诉讼维护其奖励权益。第二,这还须完善竞争法。竞争法要加强对当事人提高劳动力素质开展竞争的市场竞争力权的正面保护,包括在企业、事业单位和在国家机关等就业竞争领域、实物经济竞争领域和虚拟经济竞争领域,都应制定正面保护市场竞争力权即创造财富能力或劳动力权的竞争法,使一切就业岗位和职位向大众公平开放;使资源和市场都向商品制造商、劳务提供商和各种投资者公平开放,构建全面的市场竞争制度,并采用国家奖励制度,奖励提高人的劳动力素质的竞争行为,奖励在知识产权领域的先进单位和个人。第三,这还须完善消费者权益保护法。消费者权益保护法是保障消费者的消费力和消费权益的法,它承担着保护人的劳动力的再生产和提升劳动力素质的功能。全面完善消费者权益保护法,激励消费者向各种损害消费者利益的行为作斗争,尤其要在食品、药品等领域,加强惩罚性赔偿的规定;同时,也要延伸到消费者在发展资料、享受资料方面的权益的保护。

综上所述,我们认为,调整经济结构要取决于我国是否具有可满足进一步招商引资需要的、大量廉价的高劳动力素质的人才,而这就需要我们向全社会开放知识,从而就需要完善反映劳动力所有制要求、保护劳动力权益的经济法。有人以为,改革开放以来中国经济大发展,似乎不在于中国具有大量廉价劳动力的禀赋,而在于进行了产权改革和制度成本低。③ 实际上这是两个不同层次的问题,相互不具有可替代性,也不可同日而语。同时,这次我们讲经济结构调整要依赖于我国能否提供大量低价高劳动力素质的人才,从而就要依靠党和国家开展大众化教育,低价造就大量的高劳动力素质的人才,完成经济结构调整任务,按照上述产权改革论者的逻辑,这次我国就是要通过政权改革才能完成这项任务,这可以说是有一定道理的。不过,我国自

③ 参见周其仁:《中国经济增长的基础》,载《北京大学学报》2010 年第 1 期。

改革开放以来允许中外投资者对我国的资源和市场,尤其是对廉价劳动力进行资本化利用,对这种产权改革由于资本不可能自行增殖,他们愿意投资中国,仍是因为中国拥有大量的廉价劳动力;同时,中国共产党也不能只靠我们党的力量来实现中国的社会主义现代化,所以私权和公权的改革只有适合中国亿万劳动人民的劳动力的开发与再开发,只有配合中国亿万劳动人民的劳动力权的保护和再保护,通过这个途径完成我国现代化建设的资本积累这才能使我们成为世界上强大的资本增值国、才能使我们中国成为世界上强大的经济体,从而才能实现我们中华民族的伟大复兴。

走出“陷阱”:经济法与民商法、行政法关系新论

王新红*

目　次

* 王新红,法学博士,福建师范大学法学院教授。

一、引言:走入"陷阱"

经济法作为19世纪末新出现的法律部门,引起了法律体系的革命,为法律体系注入了新的血液,展现了勃勃生机和迷人魅力。但是,其要作为独立部门法在法律体系中立足,必须解决一系列的理论问题和实践问题。经济法与民商法、行政法的关系问题是其中的两个重要问题。经济法产生一百多年来,国内外的学者们提出了各种学说,试图回答这两个问题,有关这两个问题的研究文章和著作可谓汗牛充栋,但至今仍然是众说纷纭、莫衷一是。

争论没有结果,经济法学者们开始回避该问题。有学者善意地提醒,不要陷入"调整对象的陷阱"不能自拔,有学者甚至认为探讨该问题就不应该,如李曙光认为:"经济法一词本身有多种解读,从不同法域'经济法'词义的发展趋势来看,'经济法'其最基本的含义就是与经济相关的法。因此,我们一些经济法学者在一个既定的'经济法'框架和视野下,致力于构建所谓经济法学科体系,探求与民商法、行政法不同的所谓经济法特有的范畴、方法和原则,以图证明经济法的独立性,这实际上是一种学术偏颇。"① 在"少谈些主义,多研究实际问题"的指导思想下,经济法学界甚至表现出了对在研究"经济法是否独立部门法"、"经济法与民商法、行政法的关系"等问题的不屑。笔者认为,对该问题不仅不能作出雄辩的回答,反而掩耳盗铃式地回避,是经济法学人之羞。因此,本文不惜走入"陷阱",试图对这一老问题给出某些新的解释。

二、传承与创新:部门法划分标准的现代化

早在20世纪80年代,经济法学研究在中国兴起的时候,著名法理学家沈宗灵就告诫我们:"应当特别注意:作为一个部门法的经济法和泛指的经济法(或经济立法、经济法规)是两个既有联系却又是不同的概念,这也就是说,经济法这一概念有狭义和广义之分,二者不应加以混淆。"② 时至今日,仍有学者将两者混淆,并以广义经济法概念为依据否认研究经济法与民商法、

① 李曙光:《经济法词义解释与理论研究的重心》,载《政法论坛(中国政法大学学报)》2005年第6期。

② 沈宗灵:《论我国社会主义法律体系》,载《政法论坛》1983年第3期。

行政法关系的意义。[3] 我们探讨经济法与民商法、行政法之间的关系,是从部门法意义上使用经济法概念,因此,厘清经济法与民商法、行政法之间的关系,首先得从部门法划分标准理论说起。

(一)部门法划分的意义及划分标准

1. 部门法划分的意义

一些经济法学者在难以在部门法理论体系中为经济法找到合适位置时,质疑部门法划分的意义。如果部门法划分真的没有意义的话,那么建立在部门法划分基础上的经济法与民商法、行政法的关系研究,也就成了无本之木、无源之水。那么,部门法划分到底有什么意义呢? 无需笔者论述,法理学教科书已给出了很好的解释。

"把法律体系的最大单元确定为部门法,其首要的目的就是要便于人们在法律适用的时候,寻找与事实相关的部门法,进行针对事实的部门法识别,这可以说是法律适用的第一步,没有部门法的识别,在法律众多的当代社会无法进行法律适用。""另外法律体系的这种划分(部门法体系)对学习、掌握法律也有重要意义。试想如果我们学习法律时,对每一部现行法律都一部一部地学……相反,如果我们根据部门法的划分,择其要者进行学习,就会节约大量的时间,同时也能较好地掌握所学知识。"[4]"法律体系的理论归整,在其依据一定原则和标准对于法律部门的分类和组合中,亦在依据归纳——演绎的逻辑链条梳理着相关的法律制度;进而,对于法律的创制、适用和完善具有指导意义(例如,有利于发现法律规范的缺陷和空白、正确解释和适用法律规范、进行法律整理以实现法律秩序的和谐等)。法律体系,指示法律思维和法律技术的理性化和自觉化,标志着社会关系和立法的成熟程度。"[5]

2. 部门法划分的标准

法律体系由部门法组成,部门法是按一定的标准对法律体系所作的划分。关于部门法划分的标准,学术界有多种不同主张,其中最主要的主张有"一元论"和"二元论"两种。"一元论"主张仅以法律所调整的社会关系作为划分的标准,调整相同社会关系的法律规范属于同一法律部门。经济法学界一些学者接受了这种观点,在论证经济法是一个独立部门法时,着重论证它的独立的调整对象。有学者指出:"把有无独立的调整对象作为划分法律部

---

③ 参见李曙光,注①引文。

④ 陈金钊:《法理学》,北京大学出版社 2002 年版,第 125—126 页。

⑤ 马新福:《法理学》,科学出版社 2004 年版,第 121 页。

门的主要依据，是为法理学所确认的一项普遍适用的原则。因而，经济法要成为独立的法律部门，必须有其独立的调整对象……”[6]“二元论”主张结合法的调整对象和调整方法两个方面来作为部门法划分的标准。经济法学界也有些学者接受了“二元论”的观点，从调整对象和调整方法两个方面论述经济法的独特性。[7] 也有人从“二元论”出发，否认经济法独立部门法地位。如有人认为：“经济法不是一个独立的法律部门，而是一个十分必要的法律学科。因为经济法没有统一的调整对象和方法，所以无论是单个的经济法规或是这些法规的总和，都不能构成独立的法律部门。”[8]

（二）经济法学者对部门法划分标准的新探索述评

1. 经济法学者对部门法划分标准的新探索

构成法律体系的部门法，它们的总和是覆盖了整个法律体系的，这样，无论法律发生怎样的变化，按照旧的标准划分，新的部门法均没有存在的空间，它常常会被旧的标准所肢解。例如，按照原来的法的调整对象标准，环境法所调整的环境关系就被肢解成环境民事关系、环境行政关系等，分别由民商法、行政法等调整，不存在作为独立部门法的环境法；再如，劳动法所调整的劳动关系，也会被肢解为劳动民事关系、劳动行政关系等，也分别由民商法、行政法等调整，不存在作为独立部门法的劳动法。因此，部门法划分的标准是需要不断更新的。

许多经济法学者也意识到，按照旧有的部门法划分标准，经济法难以厘清其与民商法、行政法的界线，难以证成经济法是独立的部门法。他们在论述经济法与民商法、行政法的区别时，均致力于寻找新的标准。

程宝山认为：“划分法律部门的实质标准是利益而不是调整对象和方法。前者从根本上决定着法律产生发展，后者只不过是前者的表现而非实质。法律所保护的利益与调整对象、方法是本质与形式的关系。法律部门仍应以受保护的不同利益来区分。”[9]他指出：“经济法、民法、商法、行政法分别以保障社会整体经济利益、个人利益、商事个体利益、国家公共利益为使命……”刘

---

[6] 石少侠：《对经济法概念、对象、体系的再认识》，载《吉林大学社会科学学报》1998 年第 5 期。

[7] 参见漆多俊：《经济法基础理论》（第三版），武汉大学出版社 2000 年版，第 67—74、180—185 页。

[8] 王家福主编：《经济法绪论》，法律出版社 1987 年版，第 221—229 页。

[9] 程宝山：《论经济法与民法、商法、行政法的关系》，载《郑州大学学报（哲学社会科学版）》1999 年第 3 期。

水林、李永宁认为:"不同的部门法具有不同的精神。……经济法主要体现的是科学精神而行政法主要体现的是人文精神。"⑩王全兴、管斌认为:"鉴于我国法学界的'两法'(指经济法和民商法——引者注)关系研究框架过于简单的教训,应当设计一种能分别从多角度、多层面、多因素分析'两法'关系的研究框架,以揭示出'两法'的复合性、结构性、动态性相互关系。其中应当包括基本理论和具体制度两个层次的研究。"⑪还有学者试图颠覆整个法律体系结构来为经济法在法律体系中找位置,如刘继峰认为,"经济法制度是传统部门法向现代法制度转化中形成的法文化结晶,它打破了传统的部门法结构,也改变了公法、私法划分的理论基础及法律体系的构成。"经济法是"跨部门法"。"传统的法体系结构形式是:同类的法规范—法部门—公、私法域—法体系。由于构建的基础——部门法内的规范的性质发生了改变,导致法体系的结构要素发生了变化。新的法体系结构是:异质的法规范—形式化的法部门—跨越公、私法域—法制度—法体系。这样原来认为的经济体系是由某些部门法的规范组成就变成了由以国家利益、社会经济利益为法益的部门法规范和跨部门法规范共同组成的制度体系。"⑫另外,还有许多经济法学者提出了其他的部门法划分标准的新观点,在此不一一列举。

2. 评析

以上学者独到的见解为我们探讨经济法与民商法、行政法的关系拓展了视野,但是,其不足也是明显的:

(1) 没有处理好传承与创新的关系。以创新的显著程度为标准,创新可以分为改良与革命。革命的成本是高昂的,只有在旧的制度无法通过改良来适应变化了的社会实际的需要、没有存在价值的情况下,革命才是正当的、合理的。否则,就应当选择改良。以上学者的观点都不是以调整对象或调整对象与调整方法相结合作为部门法划分的标准,而是全新的标准,因而是革命性的创新。虽然有经济法学者认为:"传统的法律部门划分理论至此已经走到尽头,中国的经济法和经济法学要进一步发展,就必须扬弃、改造该理论,走出它设定的'怪圈'。"⑬但必须注意的是:第一,提出该观点的学者,仍然是从调整对象的角度来定义经济法的⑭;第二,法律体系的划分,属于法理学问

---

⑩ 刘水林、李永宁:《经济法与行政法关系之精神透视》,载《法律科学》2001 年第 5 期。
⑪ 王全兴、管斌:《民商法与经济法关系论纲》,载《法商研究》2000 年第 5 期。
⑫ 刘继峰:《经济法理论的历史负重与现代化拓展》,载《学术论坛》2010 年第 7 期。
⑬ 潘静成、刘文华主编:《经济法》(第二版),中国人民大学出版社 2005 年版,第 83 页。
⑭ 参见同上书,第 54—55 页。

题，而不专属于经济法学问题，如果法学界并不公认原来的标准过时，需要抛弃，仍然按照原来的标准划分部门法，只有经济法学者主张进行革命性创新，则正好说明经济法作为独立部门法的理由是不充分的；第三，从目前情况来看，部门法划分的传统标准虽然显现了诸多的不合理性和不适应性，需要创新，但通过改良，仍然基本可以满足部门法划分的现实需要，本文稍后将会阐明这一点。也就是说，部门法划分标准的创新，应当是在原有标准基础上的改良式创新，而不是革命。

（2）专为证成经济法独立部门法地位设计，不具有普适性、周延性。作为部门法划分的标准，其前提条件是具有周延性、普适性，则根据它可以将法律体系划分为不同的部门，无须附加其他条件，也无需变换其他标准。但以上学者的观点明显是专为证成经济法独立部门法地位设计，不具有普适性、周延性。如程宝山提出的利益标准[15]，固然可以以之区分经济法与民商法、行政法，但显然不足以用来划分部门法，理由很简单，部门法除了民商法、行政法、经济法外，还有宪法、刑法、程序法等；再如刘水林、李永宁提到的以科学精神和人文精神来区分经济法与行政法，更是不能作为部门法划分的标准。[16] 而王全兴、管斌提出的“多角度、多层面、多因素”的研究框架并没有给我们提供部门法划分的标准，标准没有确立，所谓的“多角度、多层次、多因

---

⑮ 在程宝山之前，行政法专家叶必丰就尝试着以利益关系对法律体系进行划分，不过，其对利益关系与法律体系的关系解构如下图：

利益关系与部门法关系表

<table>
<tr><td colspan="3"></td><td>公共利益
相互间的关系</td><td>个人利益与
公共利益间的关系</td><td>个人利益
相互间的关系</td></tr>
<tr><td rowspan="3">社会规范</td><td></td><td>第一层次</td><td></td><td></td><td></td></tr>
<tr><td rowspan="2">法律规范</td><td>第二层次</td><td>宪法</td><td>行政法</td><td>民法</td></tr>
<tr><td>第三层次</td><td colspan="3">刑法</td></tr>
</table>

参见叶必丰：《论部门法的划分》，载《法学评论》1996年第3期。程宝山与叶必丰对法律体系的构成因素的阐述虽然不同，但共同的不足是：不能涵盖法律体系之组成因子的所有部门法。

⑯ 需要指出的是：（1）“经济法主要体现科学精神、行政法主要体现人文精神”的观点虽然新颖，但却是非常值得怀疑的。（2）该文作者显然没有把科学精神和人文精神作为部门法划分标准的意思，本文之所以将之作为部门法划分标准的观点之一“强加”给作者，乃是笔者认为，作为区分不同部门法的主要依据，应当理解为部门法划分的标准。

素"只能是从作者先定的经济法观念去分析经济法与民商法的区别,这种分析一方面只适用于分析经济法与民商法的关系,难以推广应用到整个法律体系,另一方面还可能存在循环论证的逻辑错误。

(3)自说自话,难以成为被其他部门法学者接受的共同话语。如前所述,部门法划分标准问题是一个基本的法理学问题,它涉及各个部门法的地位和调整社会关系的范围,不是专属于某个部门法的问题。因此,部门法的划分标准需要整个法学界和法律界形成共同话语。对部门法划分标准的创新,必须考虑其被法理学学者、其他部门法学者认可的可能性,不能自说自话。关于部门法的划分标准,虽然有争议,但基本上是"一元论"与"二元论"之争,除此之外,没有其他被广泛接受的标准。以上学者提出的观点虽然新颖,但被法理学学者和其他部门法学者接受的可能性很小。

(三)部门法划分标准的改良

1. 必须重申的几点常识

在探讨部门法划分标准的改良之前,为避免不必要的纷争,有必须重申以下几点常识:

(1)部门法划分是主客观的统一。部门法的划分,是一个主客观统一的过程。对此,20世纪80年代就有学者对之作过阐述:"部门法划分标准问题同法律体系的属性问题一样,既不能从纯主观的角度去考察,也不能单凭客观方面来确定,而应从主客观两个方面展开分析,以求得出正确的结论。"⑰说它是客观的,因为构成部门法要素的法律规范都是一种客观实在;说它是主观的,一方面是因为部门法划分的标准是人们主观确定的,另一方面是对法律规范性质的判断,也是人们的主观认定。"虽然在划分法律部门的标准没有发生变化,即按照法律规范所调整的社会关系和法律规范的调整方法进行部门法的划分,可是结果却不一样,甚至因为政治意识形态的影响,划分的结果而发生了变化。"⑱这都是由部门法划分的主观性方面的特征所决定的。充分认识部门法划分标准是主客观的统一是十分重要的,可以避免将部门法划分看成是纯粹的主观活动或纯粹的客观活动带来的偏激或武断。

(2)部门法划分要服务于客观实际的需要。部门法划分的标准是人们

---

⑰ 陆德山、孙育玮:《关于我国法律体系的几个问题》,载《求是学刊》1984年第6期。

⑱ 钱大军、马新福:《法律体系的重释—兼对我国既有法律体系理论的初步反思》,载《吉林大学社会科学学报》2007年第2期。

主观确定的，但人们并不能任意确定标准，从前文对部门法划分的意义来看，只有能充分满足客观实际需要的部门法划分标准才是科学的、合理的。满足客观实际需要包括三个方面：第一，满足人们低成本、高效益获取法律知识的需要；第二，满足理论研究专业化分工的需要；第三，满足法律实践的需要。

（3）部门法的划分标准是不断演进的。部门法的划分是一个历史的概念，在诸法合体时期，没有划分部门法的需要，也不存在部门法的概念。随着社会经济、政治和法制的发展，特别是专业分工的发展和组成法律体系的法律规范日渐繁多、复杂，才逐渐有了将法律体系划分为各种部门的需要。罗马法最初是分为公法和私法，后来才慢慢分出了许多法律部门。随着社会经济的发展和社会分工的进一步细化，组成法律体系的部门法会变得越来越多。

（4）部门法之间存在边界模糊和交叉关系。随着社会关系的日渐复杂，部门法之间存在边界模糊以及同一社会关系受到不同部门法的交叉调整成为不争的事实。法学界放弃了对部门法之间边界明晰的形而上追求，并因时而需产生了法的模糊性理论。法的模糊性理论认为，"法永远是模糊的，法的模糊性是其绝对属性，法的确定性只在相对意义上存在，法的模糊性是指法律所具有的归属不完全的属性，它是与法的普遍性相伴而生的基本技术特征。"⑲法的模糊性首先表现为公法和私法界限的模糊。"最晚从第一次世界大战开始，法律的发展在一定程度上跟随社会的发展，从而导致了错综复杂的类型的增加，这一现象一开始被称为私法的公共化；之后，人们从相对的视角看到了同一个过程的发生，亦即，公法的私人化：公法因素与私法因素彼此耦合，直至无法分辨清楚。"⑳法的模糊性其次表现为部门法界限的模糊性；最后法的模糊性还表现为权利义务的模糊性。"民法、刑法、经济法、行政法等部门法中还存在大量的模糊性现象。如经济法与行政法界限的模糊性、企业法中国企产权的模糊性、民法中民事权利的模糊性等等。"㉑根据法的模糊性理论，必须彻底抛弃认为部门法必须界限清楚、不能交叉的理论。事实上，在我们对法律做越来越细的区分时，法律部门互相融合的趋势也一直存在。当我们谈到某个部门法的渊源时，我们常常将调整同类社会关系的宪法规范作为重要渊源，但是，这些宪法规范都无一例外地属于宪法部门，这样，就发

⑲ 陈云良：《法的模糊性之探析》，载《法学评论》2002年第1期。

⑳ ［德］哈贝马斯：《公共领域的结构转型》，曹卫东等译，学林出版社1999年版，第177页。

㉑ 前引陈云良，注⑲引文。

生了宪法与其他部门法的交叉。

2. 细分与重组:对部门法划分标准的改良

以“一元论”(以调整对象为部门法划分标准)的视角审视部门法划分的历史演变,不难发现:法律体系的发展是一个将法调整的社会关系不断细分和重组的过程。在诸法合体时期,法的调整对象是不加区分的社会关系;在公法与私法分野时,是将社会关系分为公的社会关系与私的社会关系;将私法分为民法与商法时,是将私法调整的私的社会关系细分为民事关系和商事关系;而程序法成为独立部门法,则是对社会关系进行重组,即将程序关系从实体关系中剥离,组成统一的程序关系。而接下来将要谈及的环境法、劳动法及本文着重阐述的经济法,则是对社会关系进行细分与重组双重改良的结果。

按照旧有的调整对象标准,环境法作为独立部门法并没有存在的必要和可能。但是,(1) 环境问题已经成为一个全人类共同关心的问题,对环境保护需要加强环境保护立法、执法;(2) 环境保护涉及大量的环保知识,缺少环保知识的学者、立法草拟者、执法者难以担当环境法的研究、立法案草拟和适用的任务。在这种情况下,将环境关系作为一个整体来对待,承认环境法是一个独立部门法,集中探讨和确定对环境关系的法律调整,较之于分别置于民法和行政法等之下来探讨和确定环境关系的法律调整要更有利。于是,环境法作为一个新的独立部门法就得到了国家、学者和公众的普遍认同。劳动法也是如此,按照旧有的调整对象标准劳动法作为独立部门法并没有存在的必要和可能。但是,将劳动关系作为一个整体统一由劳动法来调整,较之分别置于民法和行政法等之中更有利于对劳动关系法律调整的研究和实践。于是,劳动法就与社会保障法一起组成了一个新的法律部门——劳动与社会保障法。

经济法作为独立部门法的情况和环境法、劳动法具有可比性。按照旧的部门法划分标准,经济法不是独立的部门法。但无视 19 世纪末以后国家干预经济的实际,却是不符合客观实际的。在 19 世纪末期之前的自由资本主义时期,国家基本上不干预经济,也就基本上没有国家干预经济的法律。19 世纪末,随着生产的社会化,国家大量介入经济生活,相应地,国家干预经济的法律也就多起来。这些法律按照旧的部门法划分标准进行肢解,分别属于民法、行政法等,但是,关注这些法律与传统法律相比的特殊性、将他们作为一个整体看待,更有利于调整国家干预经济的社会关系。也就是说,承认经济法的独立部门法地位更符合经济和法制发展的客观实际,更有利于法学学习、研究、立法和法的实施。

三、剪不断的脐带:经济法与民商法的关系

(一) 经济法与民商法的边界之争

早在 20 世纪 90 年代,就有学者指出,“民商法是‘市场之手’有效运作的法律保障,经济法是‘国家之手’有效运作的法律保障。”[22]似乎两者的区别是比较明显的。但是,经济法自产生以来,一直与民商法的关系纠缠不清,对于许多法律规范的部门法归属,学术界存在很大的争议。经济法是调整国家干预(调节、协调、调制)经济的社会关系之法[23],法律关系的双方常常是不平等的关系,这与民商法所调整的平等主体之间的人身关系和财产关系明显不同,人们也不会就此发生争议。有争议的是,在对平等主体之间的财产关系的调整中,经济法与民商法的界线如何划分。

(二) 经济法调整平等主体之间的经济关系的范围

按照经济法学界对经济法调整对象界定所取得的共识,经济法涉及对平等主体之间的财产关系的调整包括三种情况:(1) 国家以平等主体身份(而不是以管理者身份)参与市场活动,通过参与市场活动影响经济的运行,如政府采购、中央银行公开市场业务等;(2) 受经济法特别规制或保护的主体在行使和履行经济法上权利义务时与其他平等主体发生的社会关系,如竞争者之间反垄断、反不正当竞争关系,消费者与经营者之间的关系等;(3) 国有企业的经营管理关系。这三类关系,是国家在干预(调节、协调、调制)经济的过程中被纳入法律规制的范围的,在此之前,很少或基本不存在对这些社会关系的法律调整。以垄断为例,在国家对垄断采取干预措施之前,垄断组织或垄断行为的实施者与其他竞争者之间的竞争关系并不纳入法律的视野,也就不存在竞争者遭受垄断侵害的损害赔偿问题(虽然垄断损害客观存在着,但不是法律上可以救济的损害),但是反垄断法将某些垄断行为宣布为非法后,也就有了竞争者之间因垄断所引起的损害赔偿问题。而平等主体之间的损害赔偿关系,按照传统的部门法划分标准属于民事侵权法的内容。于是也

---

[22] 王新红:《论经济法体系之重构》,载《法制与经济》1995 年第 4 期。

[23] 经济法学界关于经济法的界定,有需要国家干预说、国家调节说、国家协调说、国家调制说等,笔者在此使用“干预(调节、协调、调制)”来表示,以示对各种学说的同等尊重。

就有了调整该类关系的法律是属于民法,还是属于经济法的争论。反不正当竞争法、消费者权益保护法、国有企业法、政府采购法、价格法等,都会遇到这样的问题。这也是民商法与经济法的部门法之争的症结之所在,中国经济法学研究三十多年来,这个症结一直没有打开。

(三)经济法与民商法在适用上的关系

退一步思考经济法与民商法的边界之争,这个问题没有厘清,其实也并不是那么重要。反垄断法中规定了垄断侵权,受损害的经营者可以据以要求垄断行为人赔偿,其法律依据除了反垄断法的规定外,民法有关侵权损害赔偿的一般规定也是适用的。在两类法律的适用方面,遵循这样的规则:当反垄断法的规定与民法规定不一致时,首先适用反垄断法的规定,这是特别法优于普通法规则的要求;当反垄断法没有规定或规定不够明确时,民法关于侵权损害的规定可以作为补充。类似的,消费者与经营者之间的争议,首先适用消费者权益保护法,但合同法等也用于调整消费者与经营者之间的合同关系等。也就是说,民商法作为调整平等主体之间关系的一般法,它可以适用于国家干预(调节、协调、调制)领域的平等主体之间的关系;但是,如果该领域另有专门规定,则适用专门规定。也就是说,从法律适用的角度思考,调整国家干预(调节、协调、调制)经济过程中发生的平等主体之间的经济关系的经济法与民商法的关系是特别法与普通法的关系。

(四)经济法与民商法的边界划分

再回到经济法与民商法的边界问题,我们在谈经济法调整平等主体之间的经济关系的范围时,是把调整国家干预(调节、协调、调制)经济过程中发生的平等主体之间的经济关系的法律作为经济法对待的。但是,有人质疑将调整国家干预(调节、协调、调制)经济过程中发生的平等主体之间的经济关系的法律的经济法属性,理由是,既然它们属于调整平等主体之间财产关系的法律,按照民商法的定义,它们就应当属于民商法,而不是所谓的经济法。

对此,经济法学者(包括笔者)曾经争辩说:"民商法以私人为本位,经济法以社会为本位,他们在调整平等主体之间的关系时,关注点是不同的,将调整国家干预(调节、协调、调制)经济过程中发生的平等主体之间的经济关系的法律纳入民商法的范畴,必将导致民商法体系本身的不协调,这不是民商法学者主张的民法的现代化就能解决的。”[24]确实，民法“从不忌言一己私利”，但是，如此论证还是不充分的：第一，民法的现代化已经表现出了对社会公共利益、弱者利益的关注和保护，如所有权不再绝对、无过错责任、格式合同的规制，等等，用传统民法的观念来阐述经济法与民商法的区别，难以令人信服；而断言民法现代化不能容纳对新型的平等主体之间关系的法律调整，更是武断的。第二，这种争辩最致命的弱点在于犯了逻辑错误，不是从调整对象这一区分部门法的标准来论述，而是偷换概念、王顾左右而言他。

解铃还需系铃人。一切“曲线救国”的战略均是不可取的。解决这个问题，还需回到调整对象上来。根据前文提到的“部门法划分是主客观的统一”、“部门法划分要服务于客观实际的需要”、“部门法的划分标准是不断演进的”、“部门法之间存在边界模糊和交叉关系”等常识，以及本文提出的“部门法划分标准的历史演进是根据需要对调整对象进行细分和重组”的观点，根据客观需要，可以将某些具有特殊属性的平等主体之间的社会关系与一般平等主体之间的社会关系区分开来，从而将调整这些平等主体之间的社会关系的法律规范从民商法中分出来组成独立部门法或者分出来与其他法律规范组成新的部门法。这样，我们就可以将调整国家干预（调节、协调、调制）经济过程中发生的平等主体之间的经济关系从一般平等主体之间的社会关系中分出来，将调整这类社会关系的法律规范从民商法中分出来，划归经济法。除此之外，人们将调整保护环境过程中发生的平等主体之间的社会关系的法律规范从民商法中分出来，划归环境法；将调整保护劳动者过程中发生的平等主体之间的社会关系的法律规范从民商法中分出来，划归劳动法。

接下来的问题是，将国家干预（调节、协调、调制）经济过程中发生的平等主体之间的经济关系划归经济法调整后，民商法还调整该类社会关系吗？回答是肯定的。国家干预（调节、协调、调制）经济过程中发生的平等主体之间的经济关系虽然具有特殊性，但它们脱胎于平等主体之间的社会关系，必然带有平等主体之间社会关系的某些印记，其法律调整，除了经济法对其进行特别调整外，民商法的一般调整也是必要的补充，如前述合同法对经营者和消费者之间合同关系的一般调整；侵权法对因垄断引起的侵权关系的一般调整。总之，经济法与民商法之间有一条剪不断的脐带。

㉔　王新红：《经济法的时代精神——经济法学若干热点问题的冷思考》，华龄出版社 2006 年版，第 24 页。

(五)"大民商法"与"小民商法"

经以上阐述,笔者自以为基本厘清了经济法与民商法的关系。但如果有人固守民商法的领地,坚持认为凡是调整平等主体之间的人身关系和财产关系的法律规范,都属于民商法。则似乎问题还没有得到解决。为此,笔者在此引入"大民商法"与"小民商法"的概念,并将"大民商法"定义为:"调整平等主体之间人身关系和财产关系的法律规范的总和";将"小民商法"定义为:"调整不受其他部门法调整的平等主体之间人身关系和财产关系的法律规范的总和"。这样,"大民商法"的调整对象就包括了由环境法调整的环境民事关系、由劳动法调整的劳动民事关系以及由经济法调整的经济民事关系等;"小民商法"则将这些由其他部门法调整的社会关系排除在外。这样,调整国家干预(调节、协调、调制)经济过程中发生的平等主体之间的经济关系的这部分经济法与"大民商法"构成从属关系;与"小民商法"构成并列关系、特别法与普通法的关系。

如果坚持"大民商法"观念,则经济法、环境法、劳动法等新兴部门法都没有存在的空间。显而易见,"大民商法"的观念固守传统的部门法划分标准,不能与时俱进,对新的部门法的出现视而不见,是不科学的,不利于法学学习、法学研究和法律实践。"小民商法"才是适宜的部门法意义上的民商法。虽然有民商法学者用"大民商法"理论来否认经济法的独立部门法地位,但事实上,"大民商法"理念是早已被抛弃了。从法学学习来看,民商法的教科书的体系,是"小民商法"的体系;从学术研究来看,民商法学者基本上自觉将自己的研究范围限定在"小民商法"的范围,如著名民法学者梁慧星、王利明、吴汉东等,他们均不研究调整平等主体间的劳动关系、环境关系、反垄断关系等的法律;从我国的民商事立法规划来看,未来的民法典是"小民商法"的民法典。即便是用"大民商法"理论来否认经济法独立部门法地位的学者,他们撰写的民商法学教材的内容属于"小民商法";他的研究范围也基本局限于"小民商法";他主张的民法典的内容也是"小民商法"。

(六)小结

经济法调整国家干预(调节、协调、调制)经济过程中发生的经济关系,民商法调整平等主体之间的人身关系和财产关系,两者之间在调整对象的主要方面是不一样的,区别是明显的。但是,经济法的调整对象包括一部分平等主体之间的经济关系，这就进入到了民商法调整的社会关系领域，发生经济法调整对象与民商法调整对象的交叉。之所以要将调整这些平等主体之间的经济关系从民商法调整对象中分出来，乃是因为对这些调整对象的法律调整具有某些特殊性，分出来由经济法调整，更容易满足法学学习、法学研究、立法和法律实施的需要。基于同样的原因，人们还将环境民事关系、劳动民事关系从民商法的调整对象中分出来，分别由环境法和劳动法调整。随着社会的发展和分工的进一步精细化，可以预期，还将有更多的平等主体之间的社会关系从民商法的调整对象中分出来。

由经济法调整的平等主体之间的社会关系虽然具有某些特殊性，但无论如何特殊，其仍然属于平等主体之间的社会关系，除了受到经济法的特别调整外，也受到民商法的补充调整。为了使经济法与民商法的关系尽可能的清晰，这里引入“大民商法”和“小民商法”的概念，调整平等主体之间的经济关系的这部分经济法与“大民商法”构成从属关系；与“小民商法”构成并列关系、特别法与普通法的关系。根据以上分析，我们可以绘出如下经济法与民商法关系图：

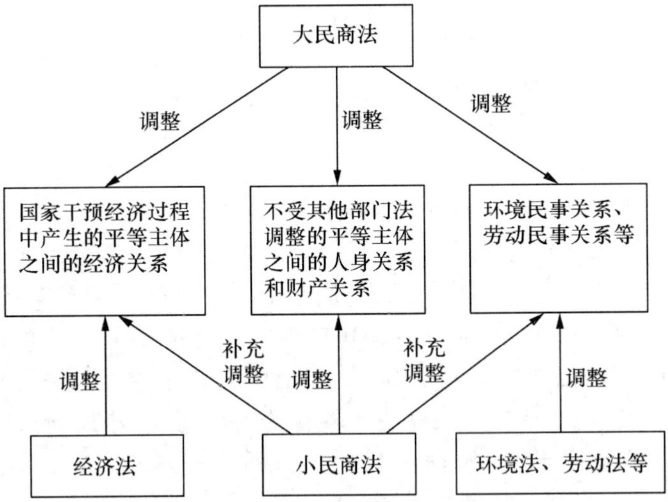

图1　经济法与民商法关系图

四、你中有我、我中有你:经济法与行政法的关系

(一)经济法与行政法的边界之争

经济法是国家干预(调节、协调、调制)经济之法,国家干预经济主要通过行政机关来完成,这就涉及经济法与行政法的关系。不承认经济法独立部门法地位的学者,主要是主张经济法是经济行政法,即从属于行政法的亚部门法。肯定经济法独立部门法地位的学者则是绞尽脑汁,试图厘清经济法与行政法的边界,学者们发表了许多论文来阐述这个问题,但说服力都不是很强。如广被引用的原苏联勃拉图西和阿列克谢耶夫关于属于行政管理范畴的经济管理不涉及深层次的经济问题的论述:它"只限于……关于经济管理机构的建立,它们活动的原则等一般问题,而未深入到……经济领域中的关系","常常在它刚刚要真正展开时就中断了",因而形成行政管理(和行政法)不能深入触及的"某些死角",这些"死角",只能由经济法来调整。[25] 该论述就受到行政法学者的讥讽。应当说,经济法与行政法的关系是一个比经济法与民商法的关系更为复杂的问题[26],它的核心是,国家行政机关干预(调节、协调、调制)经济的法律,为什么不是行政法,而是经济法?

(二)特别法与普通法:经济法与行政法的关系之一

套用前文分析经济法与民商法关系的思路来分析,我们可以发现,国家干预(调节、协调、调制)经济之后,才有国家干预(调节、协调、调制)经济的法律规范,传统行政法上很少或基本没有这方面的内容,如反垄断法、中央银行法、价格法等都是随着国家干预经济以后才出现的,传统行政法不包括它们。不过,按照传统的部门法划分标准,它们都属于调整行政管理关系的法律,因而属于行政法。之所以要把这部分法律从行政法体系中分出来,划归经济法的体系,是因为这些调整国家干预(调节、协调、调制)经济的法律规范具有与一般行政管理法律规范不同的品质,将它们从行政法中分出来划归经济法,更容易满足法学学习、法学研究、立法和法律实施的需要。类似的,

---

[25] 参见〔苏〕C. H. 勃拉图西、C. C. 阿列克谢耶夫:《关于国民经济管理的法律问题研究》,载〔苏〕莫斯科大学、斯维德洛夫法学院合编:《经济法》,中国人民大学出版社1980年中文版,第15页。

[26] 参见漆多俊:《经济法基础理论》(第四版),法律出版社2008年版,第91页。

还有将对环境保护的行政管理纳入环境法的调整对象,将对劳动保护的行政管理纳入劳动法的调整对象。当然,由于这些社会关系也是一种行政管理关系,在经济法、环境法和劳动法没有规定或规定不明确的情况下,也受到行政法的一般调整。也就是说,对行政机关代表国家干预(调节、协调、调制)经济关系进行调整的这部分经济法,与行政法存在特别法与一般法的关系。

(三)你中有我,我中有你:经济法与行政法的关系之二

论述至此,仍然还有问题没有阐述清楚。那就是:国家干预经济凭借一定的手段,有些手段是新创立的,如反垄断;但有些手段是将传统的手段赋予新的含义和功能。例如,政府采购法律制度,该制度最初是作为防止行政权力腐败、提高财政资金的使用效率建立起来的,但在社会化市场经济条件下,它在保留原有功能的前提下被赋予了国家宏观调控的新功能。[27] 对新的手段运用形成的社会关系的法律调整(如反垄断法),可以从行政法中分离出来,由经济法调整。而旧的手段赋予新的含义和功能的情况就要复杂得多。还以政府采购为例,就防止行政权力腐败、提高财政资金的使用效率这两个功能来看,国家对政府采购的管理关系是普通的行政管理关系,政府采购法是行政法;而就经济调节功能来看,国家对政府采购的管理关系是宏观调控关系,政府采购法是经济法。再如,税法,传统税收的功能是组织国家财政收入,现代税收除了组织财政收入的功能外,还具有调节经济的功能,并且这两类功能交织在一起,不可划分。相应地,就组织财政收入而言,税收关系是行政管理关系,相应地,税法是行政法;就调节经济而言,税收关系是宏观调控关系,相应地,税法是经济法。如果我们不将这些具有明显经济调节性质法律规范纳入经济法的体系,则经济法体系是残缺不全的;但是,如果我们仅将这些法律规范纳入经济法体系,而忽视其最初是作为行政法规范产生、并仍然担负着作为行政法规范的功能,显然也是不科学的。因此,站在国家干预经济的视角,我们将政府采购法、税法等纳入经济法的体系,但这并不妨碍站在行政管理的视角将他们纳入行政法的体系。在这种情况下,经济法与行政法的调整对象出现了交叉,经济法与行政法也因而呈现出“你中有我,我中有你”的“和谐”景象。对此,漆多俊教授作了深入的阐述:“当同一机关同一人员在执行某种财政管理活动时,是很难,也无必要去区分他们是在执行单纯

---

[27] 参见王新红:《政府采购经济调节功能的实现障碍及法律对策——〈政府采购法〉第9条实施机制的构建》,载《福建师范大学学报(哲学社会科学版)》2010年第6期。

的行政管理或者在执行国家经济调节使命。同样在立法形式上,上述两类性质的法律规范也往往是交织的,很难区分哪些是经济法性质、哪些是行政法性质的。因为在这个领域,这两个部门法是密切联系和交叉的。”㉘

(四)“大行政法”与“小行政法”

经以上阐述,笔者自以为基本厘清了经济法与行政法的关系。但如果有人固守行政法的领地,坚持认为凡是调整行政管理关系的法律规范,都属于行政法。则笔者也比照前文的做法,引入“大行政法”与“小行政法”的概念来做进一步的说明。这里将“大行政法”定义为:“调整行政管理关系的法律规范的总和”;将“小行政法”定义为:“调整不受其他部门法调整的行政管理关系和部分与其他部门法共同调整的行政管理关系的法律规范的总和”。按照前文对经济法与民商法关系分析的同一逻辑,不难看出:调整国家干预(调节、协调、调制)经济的行政管理关系的这部分经济法与“大行政法”构成从属关系,与“小行政法”构成特别法与普通法的关系和交叉关系。

与“大民商法”一样,如果坚持“大行政法”观念,则经济法、环境法、劳动法等新兴部门法也都没有存在的空间。但同样显而易见的是,“大行政法”的观念固守传统的部门法划分标准,不能与时俱进,对新的部门法的出现视而不见,是不科学的,不利于法学学习、法学研究和法律实践。“小行政法”才是适宜的部门法意义上的行政法。虽然有行政法学者用“大行政法”理论来否认经济法的独立部门法地位,但事实上,“大行政法”理念是早已被抛弃了。从法学学习来看,行政法的教科书的体系,是“小行政法”的体系;从学术研究来看,行政法学者基本上自觉将自己的研究范围限定在“小行政法”的范围,如著名行政法学者罗豪才、应松年、姜明安等,他们均不研究调整劳动行政关系、环境行政关系、反垄断行政关系等的法律。即便是用“大行政法”理论来否认经济法独立部门法地位的学者,他们撰写的行政学教材的内容属于“小行政法”;他们的研究范围也基本局限于“小行政法”。

(五)小结

经济法的调整对象除了包括一部分平等主体之间的经济关系外(与行政法的调整对象有显著区别),主要是以国家行政机关为一方主体的纵向关系,隶属于行政管理关系,属于行政法的调整对象范围。之所以要将这些行政管

㉘ 前引漆多俊,同注㉖引书,第96页。

理关系从行政法调整对象中分出来由经济法调整,乃是因为对这些调整对象的法律调整具有某些特殊性,分出来由经济法调整更容易满足法学学习、法学研究、立法和法律实施的需要。基于同样的原因,人们还将环境行政关系、劳动行政关系从行政法的调整对象中分出来,分别由环境法和劳动法调整。随着社会的发展和分工的进一步精细化,可以预期,还将有更多的行政关系从行政法的调整对象中分出来。

由经济法调整的国家干预经济的行政关系虽然与传统的行政管理关系有明显的区别,但无论区别有多大,其仍然属于行政管理关系,除了受到经济法的特别调整外,也受到行政法的一般调整。环境法调整的环境行政关系和劳动法调整的劳动行政关系也是如此。另外,有些社会关系(如财政关系)具有经济调节关系和普通行政管理关系双重性质,受到经济法和行政法的双重调整。为了使经济法与行政法的关系尽可能的清晰,笔者引入“大行政法”和“小行政法”的概念,调整国家干预经济的行政关系的这部分经济法与“大行政法”构成从属关系,与“小行政法”构成普通法与特别法的关系和交叉关系。根据以上分析,我们可以绘出如下经济法与行政法关系图:

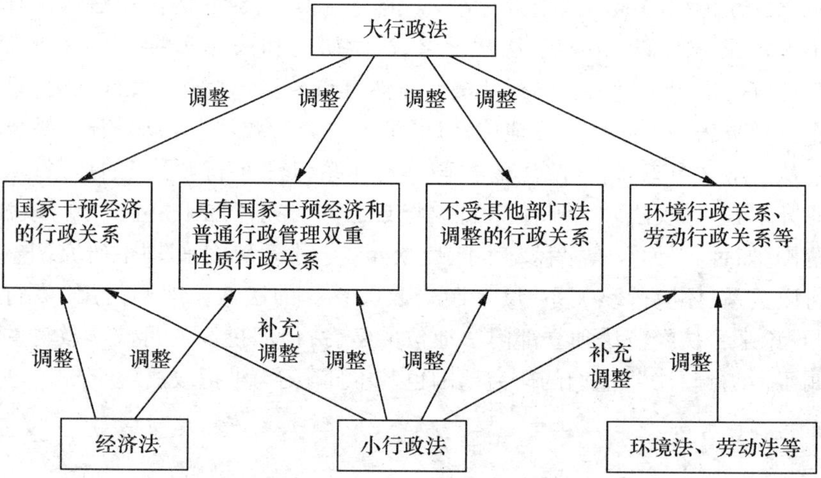

图2　经济法与行政法关系图

五、结论与意义:走出“陷阱”

(一) 新颖的“旧”结论

法体系的演变是一个自然历史过程,新部门法是孕育于原有的部门法之中的,其作为独立部门法出现,除了具有区别于原有部门法的显著特征外,还和它们有着千丝万缕的联系。如果我们放弃对纯之又纯的经济法的形而上的追求,我们就不难走出部门法“陷阱”:经济法与民商法、行政法并列成为组成法律体系的部门法,其中调整国家干预经济形成的平等主体之间的经济关系的部分经济法与民商法构成特别法与普通法的关系、调整国家干预经济的行政关系的部分经济法,与行政法构成特别法与普通法的关系;经济法与行政法还存在交叉关系,交叉是由于有些行政关系具有普通行政管理和国家干预经济双重性质,它们受到经济法与行政法的双重调整。[29] 根据以上分析,我们可以绘出以下经济法与民商法、行政法关系图。

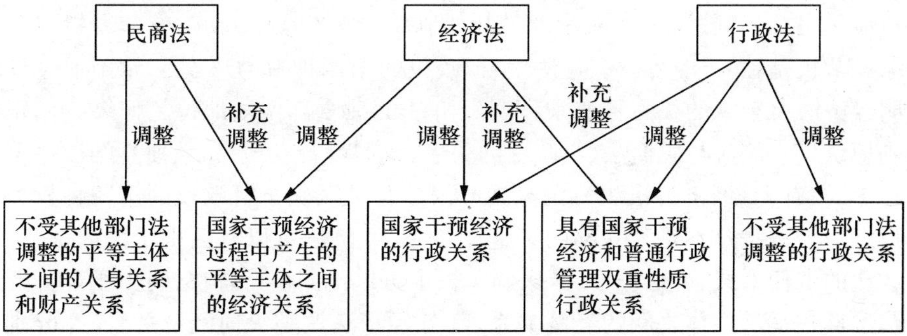

图3 经济法与民商法、行政法关系图

本文标题为“经济法与民商法、行政法关系新论”,但得出结论似乎一点也不新颖。早在20世纪90年代,就有学者讥讽道:所谓经济法,就是取一部分民商法、一部分行政法做原料,加点经济学做调料,烩成经济法这个“大杂烩”。本文的研究结论竟然是如此的令人沮丧:恰恰应验了对经济法的这种讥讽。但笔者并不感到挫败,因为:第一,真理是赤裸裸的,不论美丑,都毫无

---

[29] 如前所述,部门法意义上的民商法、行政法是“小民商法”、“小行政法”,“大民商法”、“大行政法”是不科学的,只是作为分析工具在上文被使用。故在结论部分,不再考虑“大民商法”、“大行政法”。

遮掩地呈现在我们面前,本文的研究结论是建立在科学论证的基础上,是对真理的揭示,无论我们是否愿意看到,它都客观存在着。第二,"大杂烩"说是在错误的"大民商法"、"大行政法"观念下对经济法表面特征的描述,认为经济法是在抢民商法、行政法的"地盘",是由不同性质的部门法规范组成的"大杂烩";而本文论证了经济法与民商法、行政法的区别和联系,充分论证了经济法从民商法和行政法中分离出来是法律体系演变的结果,不是抢民商法、行政法的"地盘",构成经济法的各种法律规范具有内在的有机联系,不是"大杂烩"。

(二) 重要意义

厘清经济法与民商法、行政法的关系,解决了经济法作为独立部门法的基本理论问题,本身具有重要意义。除此之外,对于指导经济法学的学术研究和法律实践也具有重要意义。近年来,经济法学界为了证明经济法的独立部门法地位,存在一些误区。例如,一直有学者试图证明存在独立的经济法责任形式,有学者提出为了区别刑事责任之罚金、民事责任之罚款,经济法责任应称之为"罚钱";一直有学者呼吁要制定《经济诉讼法》[30];有学者提出国家调节权是独立于立法权、司法权、行政权的第四种权力形态[31],希望通过证明经济法有独立的权力形态来证明经济法的独立部门法地位。如果我们正确地认识经济法与民商法、行政法的关系,我们就会发现:有无独立的法律责任形式、有无《经济诉讼法》、国家调节权是否是区别于行政权的第四种权力形态与经济法是不是独立部门法毫无关系,经济法可以有区别于民商法、行政法的责任形式、诉讼程序,国家调节权也可以不同于行政权,但由于部分经济法调整平等主体之间的经济关系、部分经济法调整纵向经济关系,并分别与民商法、行政法构成特别法与普通法的关系,因此经济法也可以借用民商法、行政法的责任形式、诉讼程序,国家调节权也可以是行政权。

---

[30] 参见杨紫烜主编:《经济法(第4版)》,北京大学出版社、高等教育出版社2010年版,第89页。

[31] 陈云良:《国家调节权:第四种权力形态》,载《现代法学》2007年第6期。

公平分配专题

推进我国基本公共服务均等化的经济法思考

翟相娟*

目　次

目前，我国正处于由生存型社会向发展型社会过渡的关键时期，以人的自身发展为诉求的发展性矛盾全面凸显。通过实现基本公共服务均等化，让社会成员共享改革发展成果，是解决民生问题、化解社会矛盾、促进社会和谐、体现社会公平的重要途径。基本公共服务均等化是由《中华人民共和国国民经济和社会发展第十一个五年规划纲要》提出，经中国共产党第十六届六中全会通过的《中共中央关于构建社会主义和谐社会若干重大问题的决

---

* 翟相娟，法学博士，华侨大学法学院讲师。

定》阐述,十七大报告强调,《中华人民共和国国民经济和社会发展第十二个五年规划》(以下简称《十二五规划纲要》)重申和细化①,已经成为当前理论和实践的热点。

一、基本公共服务均等化的理论界定

(一)基本公共服务均等化的内涵阐释

“正义的重要性在于,它不仅要解决人们为争夺物质资源而发生的冲突,更重要的是要解决人们为争夺构成自尊基础的社会条件而发生的冲突。”②基本公共服务就是构成人们自尊基础的社会条件之一,如何提供和分配基本公共服务是衡量一个社会正义是否实现及其实现程度的重要指标。虽然不少国家在宪法或基本法中,对保障一国公民享有基本一致的生活条件作出了规定,但明确将“基本公共服务均等化”作为国家政策目标则为我国首创。③

基本公共服务均等化是由“基本公共服务”和“均等化”组成的一个复合词。“基本公共服务”就是在一定社会条件下,政府为保障人的生存底线和社会基本运转而提供的、全体公民都应平等享有的公共服务④,是众多公共服务中最具人道主义色彩和平等性质的服务。“均等化”要求经过均衡以实现平等。平等有别于平均,基本公共服务仅能实现大体上的平等,是有差异的平等,但这种差异必须是在人们可以容忍的范围之内。均等化具体包含三方面内容:一是机会均等,即全体公民享有的基本公共服务的机会和原则应该均等;二是结果均等,即全体公民享有基本公共服务的结果应该大体相等;三是社会在提供大体相等的基本公共服务过程中,必须尊重某些社会成员的自由选择权。综上,“基本公共服务均等化”是指政府要为全体公民提供基

---

① 在2011年3月16日新华社发布的《中华人民共和国国民经济和社会发展第十二个五年规划纲要》中共有六处提到“基本公共服务均等化”问题。

② John Rawls, *The Theory of Justice*, The Belknap Press of Harvard University Press Cambridge, massachusetts, 1971, p. 80.

③ 陈昌盛:《基本公共服务均等化:中国行动路线图》,载《上海证券报》2007年12月21日。

④ 公共服务属于公共产品的范畴。在英文文献中公共产品多采用“public goods”、“collective goods”或“social goods”等说法,在中文文献中多译作公共产品和公共物品等,它具体是指具有非排他性和非竞争性两个因素的产品。从理论上讲,公共产品的存在形式包括有形与无形、具体与抽象等各种类型,广义上可以将公共产品划分为公共管理类产品、公共服务类产品、实物类公共产品。

本的、在不同阶段具有不同标准的、结果大致均等的公共服务,为人的全面发展和社会进步提供基本的条件。建立基本公共服务体系的目标是保障不同区域之间、城乡之间、居民个人之间享受的基本公共服务水平一致,使全体社会成员的生存权、发展权等基本人权得到保障。[⑤] 其实质是强调"底线均等"。从规则制定和实施的角度看,基本公共服务均等化应该是这样一种制度选择和举措:以基本公共服务的社会平均水平为基线,根据离该线的远近程度,实施远者多予、近者少予和超者不予的公共政策,使最困难和较困难的群体、地区尽快享受到社会平均水平的基本公共服务,确保全体公民在基本公共服务方面的基本权利得到满足和维护。

(二)基本公共服务均等化的外延解析

把握基本公共服务均等化的外延,在总体上应注意两点:一是范围适中——不能过宽或过窄;二是标准适度——不能过高或过低。[⑥] 本着"横向范围适中,纵向标准适度"的原则,我国实现基本公共服务均等化应大体包括四方面内容:

1. 基本民生性服务均等化

政府要在就业服务和基本社会保障等"基本民生性服务"方面实现均等化。就业是民生之本。从政府角度讲,应把"促进就业"摆在公共服务的突出位置,强化促进就业的职能,保证就业服务的均等化。加强公共就业服务具体应包括:健全统一规范灵活的人力资源市场,完善城乡公共就业服务体系,推动就业信息全国联网,为劳动者提供优质高效的就业服务。健全面向全体劳动者的职业培训制度,加强职业技能培训能力建设。对未能升学的应届初高中毕业生等新成长劳动力普遍实行劳动预备制培训。足额提取并合理使用企业职工教育培训经费,鼓励企业开展职工岗位技能培训。加强创业培训,将有创业愿望和培训需求的人员纳入培训范围。完善城镇调查失业率统计,健全失业监测预警制度,开展就业需求预测。

"基本民生性服务"还有一个很重要的方面是社会保障。国家要以社会保险、社会救助、社会福利为基础,以基本养老、基本医疗、最低生活保障制度为重点,以慈善事业、商业保险为补充,加快完善社会保障体系。要加大社会

---

⑤ 陈第华:《基本公共服务均等化供给中的政府责任》,载《西南交通大学学报(社科版)》2010 年第 1 期。

⑥ 丛中笑:《经济法公平观在当代中国的现实阐释——以基本公共服务均等化为对象的解读》,载《当代法学》2009 年第 4 期。

保障投入，重点向农民、农民工、被征地农民、城市无业人员和城乡残疾人等特殊困难群体倾斜；同时，要加快制度整合，逐步实现基本社会保障制度的统一和城乡衔接，实现社会保障关系跨地区转移接续，使每个老百姓的社会保障权益得到切实维护。

2. 公共事业性服务均等化

政府应在公共卫生和基本医疗、住房、义务教育等“公共事业性服务”方面实现均等化。

完善基本医疗卫生制度。要把医疗卫生工作的重点转向以保障人的健康为中心，逐步实现人人享有基本医疗卫生服务的目标。进一步完善城乡疾病预防控制、健康教育、妇幼保健、计划生育、精神卫生、卫生监督等专业公共卫生服务网络，逐步扩大国家基本公共卫生服务项目范围，提高经费标准，让人民群众少得病。进一步健全农村县、乡、村三级医疗卫生服务网络和以社区卫生服务为基础的新型城市卫生服务体系，大力加强以全科医生为重点的基层医疗卫生队伍建设，让人民群众看病方便可及。在基层医疗卫生机构全面实施国家基本药物制度，保障群众基本用药，让人民群众看病少花钱。加快实现医疗保障覆盖全民，进一步扩大城镇职工基本医疗保险、城镇居民基本医疗保险和新农合的覆盖面，鼓励有条件的地区实行统一的城乡居民基本医疗保险制度，逐步提高医疗保障制度筹资标准和保障水平，让人民群众看得起病。初步实现全体居民病有所医。

提高住房保障水平。坚持政府调控和市场调节相结合，加快完善符合国情的住房体制机制和政策体系，逐步形成总量基本平衡、结构基本合理、房价与消费能力基本适应的住房供需格局，实现广大群众住有所居。重点做好健全住房供应体系、加大保障性住房供给和改善房地产市场调控等工作。

着力推进义务教育均衡发展。在基本普及九年义务教育目标已全面实现的前提下，要把工作重心放到巩固提高和促进均衡发展上来。进一步完善城乡义务教育经费保障机制，推进义务教育学校建设标准化，实行县（区）域内教师、校长交流制度，基本消除薄弱学校，取消重点学校和重点班。坚持以流入地政府管理为主、以全日制公办中小学为主，确保进城务工人员随迁子女平等接受义务教育，同时，解决好农村留守儿童的教育问题。2010年7月颁布的《国家中长期教育改革和发展规划纲要（2010—2020年）》提出了“基本公共教育”这一概念，它不仅包括义务教育，还包括属于基本公共服务范畴的其他教育，政府对后者也应承担最终责任。

3. 公益基础性服务均等化

政府应在公益性基础设施和生态环境保护等“公益基础性服务”方面实

现均等化。公益性基础设施可拆分出两个环节,即“基础建设”环节和“执行运营”环节。对基础建设环节,即不以营利为目的而以提供公共服务为目的的带福利性的环节,政府应全力予以投资并加强管理,如城市公共交通、公共文化娱乐设施等城市基础设施(重点要推进大中小城市交通、通信、供电、供排水等基础设施一体化建设和网络化发展),农田水利、农村饮水安全工程、农村公路等农村基础设施。当然,政府对基础建设不可能全部包揽,可根据不同情况制定不同政策。至于市场性的基础设施,如高速公路等,可按市场方式运作,引入竞争机制,扩大购买服务,实现提供主体和提供方式多元化。同时,政府要为全体公民提供良好的环境,包括大气环境、水环境、声环境等。

4. 公共安全性服务均等化

安全是事关人民生命财产和国家利益的大事,政府有责任提供安全方面的公共产品、公共服务。公共安全性服务均等化主要是指在生产安全、消费安全、社会安全、国防安全等方面实现均等化。适应公共安全形势变化的新特点,推动建立主动防控与应急处置相结合、传统方法与现代手段相结合的公共安全体系。当前应集中精力做好保障食品药品安全、严格安全生产管理、健全突发事件应急体系和完善社会治安防控体系四方面工作。

二、推进我国基本公共服务均等化的必要性分析

(一)基本公共服务均等化的价值分析

1. 基本公共服务均等化是政府职责的重要内容

有五项基础性任务处于每个政府使命的核心地位,如果这五项任务完不成,就不可能取得可持续的、共享的、减少贫困的发展。这五项基础性任务是:建立法律基础;保持非扭曲性的政策环境,包括宏观经济稳定;投资于基本的社会服务与基础设施;保护承受力差的阶层;保护环境。[7] 虽然这些基本条件的重要性已被广泛认同,但政府在其中应该如何发挥作用却没有可循的统一范式。唯一能明确的是政府必须变革,通过建设公共服务型政府,确立政府在公共服务供给中的主体地位和主导作用,强化政府的公共服务职责,提高政府的公共服务能力。

任何公共政策和计划的目的不仅仅要实现经济增长,而且要保证全体公

---

⑦ 转引自王莹、武少芩:《上海市基本公共服务均等化:路径选择与制度框架》,中国财政经济出版社2010年版,第42页。

民共享市场导向型经济增长和经济发展的收益，这尤其要通过政府投资基础教育、基本医疗、社会保障等来实现；政府还需要保证公民不因地域差异、民族差异、社会差异和收入差异而产生上述公共服务享用的不公平，基本公共服务均等化就以消除这些差异为目标。因此，基本公共服务均等化的最终实现有赖于政府职能的转变和优化，同时，它也在新阶段为政府职责明确了边界和工作内容。

2. 基本公共服务均等化是解决民生问题的必然选择

加快经济发展的根本目的是惠及百姓、改善民生。推进基本公共服务均等化是保障与改善民生的重要制度安排。保障与改善民生，直接依赖公共就业、卫生、教育、基本社会保障等基本公共服务对社会成员的可及性。健康和教育服务的均等化，有助于促进人力资本积累；基本社会保障的均等化，有助于增加居民对未来的稳定预期，有利于推进以民生为重点的社会建设。缩小城乡、区域和不同社会群体之间基本公共服务的差距，有助于减少分配失衡造成的消费不平等，有助于减少绝对贫困，有助于弱势人群获得基本的经济机会，从而形成有效的社会安全网。从我国现阶段的现实需求出发，加快建立公共服务体制、实现基本公共服务均等化是保障和改善民生、使全体社会成员共享改革发展成果的重要途径，也是使经济增长成果服务于人的全面发展的切实反映。从某种程度上讲，与计划经济相比，市场经济更具有竞争性和风险性。因此，在市场经济条件下，就更要凸显教育作为民生之基、就业作为民生之本、收入分配作为民生之源、养老保障制度作为民生之安全网的必要性、重要性和建立健全相关制度的迫切性。⑧

推进"十二五"发展，必须顺应人民的新期待，把保障和改善民生作为出发点和落脚点，像抓经济建设项目一样抓民生问题，加快发展各项社会事业，完善保障和改善民生的制度安排，推进基本公共服务均等化，加大收入分配调节力度，坚定不移地走包容性增长和共同富裕的道路，实现社会的公平正义，不断提高人民群众幸福指数。⑨

3. 基本公共服务均等化是落实科学发展观的体现

基本公共服务均等化是落实科学发展观的具体体现，因为基本公共服务均等化要求在基本生存权、基本就业权、基本健康权、基本居住权和基本受教育权等方面实现城乡、区域和不同群体之间的均等化。而贯彻落实科学发展

---

⑧　参见王莹、武少芩，同注⑦引书，第 41 页以下。

⑨　孙春兰：《像抓经济建设一样抓民生问题》，载《人民日报》2010 年 12 月 8 日。

观的重要任务是保障广大社会成员公平享受公共就业服务、基本社会保障、基本医疗和公共卫生、义务教育等基本公共服务,使经济发展成果服务于人的全面发展;通过促进人的全面发展为中国经济发展方式转变和经济社会的可持续发展积累日益强大的人力资本。可见,基本公共服务均等化和科学发展观之间具有高度契合性和内在统一性。

4. 基本公共服务均等化是社会和谐的稳定装置

基本公共服务均等化的政策实质是在增长和公平之间寻找平衡点,这项政策具有体现公平和协调发展的双重作用。推进基本公共服务均等化对社会稳定的意义具体体现在两个方面:其一,推进基本公共服务均等化是对社会公平的尊重和保障;其二,推进基本公共服务均等化是化解社会矛盾的迫切要求。我国已进入经济社会转型时期,利益主体和社会结构正发生着重要变化。面对这一现实,加快建立公共服务体制,扩大政府的公共服务职能,是解决错综复杂的社会矛盾和保持社会稳定的关键举措。均等化制度有助于加强国家的凝聚力,因此,许多国家都把基本公共服务的供给作为维护社会稳定的重要举措。

(二) 我国基本公共服务分配严重不均等的现状分析

长期以来,与经济发展的突飞猛进相比,我国的社会发展显得相对滞后。研究表明,我国经济结构已进入工业化中后期,而多数社会结构指标仍处于工业化初期。中国的社会发展之所以落后于经济发展,核心原因在于公共服务不到位。与欧洲国家相比,中国在就业、社会保障、环保、科教文卫体等各项公共服务事业上的投入要低很多,并且分配极不平衡。当前,我国正处于改革发展的关键阶段,这是社会矛盾凸显、社会需求多元、利益冲突多发的经济转轨、社会转型时期。从某种角度讲,人民群众不断增长的公共服务需求与公共服务供给不足之间的矛盾已成为当前经济社会发展的一个突出矛盾。这一矛盾集中体现在以下方面:

(1) 基本公共服务总体投入不足、结构失衡。从供给情况看,国家尚未明确提出基本公共服务的标准和范围,公益性服务领域投入长期不足,历史欠账较多,不能满足社会需求。有资料显示,改革开放以来,中国政府公共产品供给基本达到了中等偏下国家水平,但距离全面建设小康社会的需要仍然有相当大的差距,只达到了中等收入国家政府公共产品供给水平的47.77%,

差距为52.23%。[10]

(2) 城乡差距巨大。从城乡情况看,农村公共服务严重滞后,特别是局部地区和边远地区,比如广大的牧区和一些少数民族地区,生活条件非常困难。在义务教育方面,2007年城市普通小学和初级中学的生均教育经费分别是农村的1.2倍和1.3倍,城市普通中学高学历教师比例几乎是农村的2倍;2008年,在校初中、小学学生比例约占60%的农村只获得全社会5314亿元义务教育投入的34.5%。农村学校在财政投入的比例、办学条件、教师待遇、师资水平、师生比例等方面都远远低于城市,农村每个学生的平均教育经费只有城市的60%,农村文盲率也是城市的2倍以上。[11] 在医疗卫生方面,占全国人口近70%的农村人口仅享用了约20%的医疗卫生资源,边远贫困地区缺医少药的现象更为突出。2008年城市每千人口病床数是农村的4.22倍,每千人口卫生技术人员数是农村的2.52倍,而农村地区的婴儿死亡率、5岁以下儿童死亡率和孕产妇死亡率则分别是城市的2.8倍、2.9倍和1.2倍。[12] 此外,城乡基本公共服务的差距还表现在:城乡基础设施投入失衡,城乡面貌反差大;城乡社会保障体系不协调;城乡公共就业服务不均等。

(3) 区域差距巨大。从区域情况看,公共服务水平与经济发展水平正相关,但不同地区公共服务水平差距大于经济发展水平差距。近年来,地区间人均GDP差异系数在逐步缩小,居民收入差异系数变化也不大,但公共服务方面的差异系数仍较大。例如,2007年人均地方财政教育、社会保障和就业、医疗卫生支出差异系数为0.529,远高于同期城镇居民人均可支配收入的差异系数(0.267)。再如,现在小学生均教育经费最高和最低的省份相差近10倍,财政对新农合的补助标准地区之间最多相差4倍以上。[13] 这些例子都反映出区域间存在的巨大差距。受财力、物力等各方面的制约,西部农村公共服务事业发展的普及能力与覆盖面都较全国平均水平低,有限的公共服务资源集中在中心地带,点多面广的乡村基本公共服务供给严重不足,相当一部分山村成为公共资源供给的真空地带。[14]

此外,不同人群之间的差距也较大,城乡低收入家庭和社会弱势群体基

---

[10] 李军鹏:《中国政府公共产品供给的国际比较研究》,载《中国行政管理》2003年第6期。

[11] 中华人民共和国国家统计局:《2008中国统计年鉴》,中国统计出版社2008年版,第800页以下。

[12] 胡祖才:《关于促进基本公共服务均等化的若干思考》,载中国杭州网站,http://www.hangzhou.gov.cn,2011年1月31日访问。

[13] 同上。

[14] 郭岚:《关于推进我国基本公共服务均等化的思考》,载《经济体制改革》2010年第4期。

本公共服务的权益还不能得到充分保障。

上述这些问题都是由于我国基本公共服务机制不健全造成的,具体包括:供给制度城乡二元分割,基层公共服务资源条块分割且布局不合理,公共财政保障机制不健全,基层政府事权财权不匹配,以及缺乏有效的评估监督机制等。

(三) 我国基本公共服务分配严重不均等的危害分析

(1) 造成资源的低效率配置,不利于经济稳定、持续、健康发展。在经济学家看来,任何资源任何时候都是稀缺的,因为人的欲望是无限的。不管经济发展到何种程度,政府用来提供公共服务的资源相对于人们的需求也总是有限的。如何分配有限的资源达到效用的最大化,即最大限度地满足人们的公共服务需求?从理论上讲,这就是要实现资源配置的帕累托最优状态。在此状态下,要使一个人的状况变好必然会使得其他人的状况变坏。如果能够使一个人的状况变好而不会使得另一个人的状况变坏,此种状态就是帕累托改进状态。我国长期存在的基本公共服务不均等就是一种低效率的帕累托改进状态。根据边际效用递减规律,均等化的资金安排有利于提高资金使用效率。向财政资源不足地区转移财力,用以增加公共物品供给,所产生的效用要大于投向财力充裕地区。从长期来看,通过提高财力薄弱地区的公共产品供给能力,也会减轻发达地区远期负担;均等化有助于促进统一市场形成,使生产要素和产业能够在利益的引导下,按照市场规律在地区间流动,优化资源配置,促进经济与社会以及城乡之间、地区之间协调发展。这也从反面论证了当前的基本公共服务不均等造成了资源的低效率配置,不利于经济稳定、持续、健康发展。⑮

(2) 加剧社会分配不公,不利于弱势群体实现其基本人权。基本公共服务本质上是政府凭借公权力对社会收入的再分配,旨在消除市场在初次分配中造成的贫富两极分化,保障社会弱势群体享有和实现其基本人权。而基本公共服务不均等不仅未能消除市场在初次分配中形成的不公平,反而在再分配中扩大了社会分配不公平,这是一种权利初始分配的不平等。权利的初始分配可能会影响当事人的相对财富,其对于低收入弱势群体的个人财富更具影响力。城乡之间的不均等、区域之间的不均等意味着市民比农民、东部地区的人们比西部地区的人们拥有更多的财政转移性收入,拉大了本应缩小的

---

⑮ 阳建勋:《基本公共服务均等化之经济法路径》,载《法学》2008 年第 5 期。

收入差距。不仅如此,作为一种权利初始分配的不平等,基本公共服务不均等也导致了事实上的机会不均等,使得部分人在市场竞争中自始就处于不利地位。这样的一种不公平竞争必将损害自由竞争机制,使"穷者愈穷,富者愈富"的市场负效应——马太效应发挥到极致。当政府这只"有形之手"不能纠正市场"无形之手"的弊端,反而将其扩大化之时,弱势群体的人权保障就成了空中楼阁。近年来社会广泛关注的看病难、住房难、上学难等民生问题就是弱势群体权利落空的真实写照。

(3)导致社会阶层间利益失衡,不利于构建社会主义和谐社会。我国正处于社会转型期,社会呈现出利益主体多元化、利益来源多样化、利益差别扩大化、利益冲突尖锐化的局面。构建和谐社会必须构建和谐均衡的利益关系,因为人们奋斗所争取的一切,都同他们的利益有关。从利益视角看,基本公共服务不均等导致了社会阶层之间的利益失衡。经济增长并没有惠及所有的人,经济繁荣也并没有自动带来人们安全感的上升及其对秩序的认同。为追求效率而罔顾公平,或颠倒效率与公平的次序,在这个集体消费的公共领域是要付出沉重代价的。事实上,在现实生活中已有某些群体,尤其是弱势群体,开始以一种极端的方式表达对于公平正义的渴望及对于公道丧失的绝望。

三、经济法是推进我国基本公共服务均等化的必然制度选择

(一)经济法是对公共产品进行法律调整的最优路径

经济法作为以社会公共利益为价值追求的国家干预经济的基本法律形式,以维持整体平衡和自由公正的社会经济秩序为己任,通过强调结果公平并动态和主动地促成公平实现,着眼于社会整体经济效益增进,用社会整体效益的最大化来实现对个体利益的一般保护。[16] 首先,经济法立足的社会本位观和社会公益的法益结构,与公共产品法律调整所追求的社会公共利益最大化价值目标形成了实质性对接。其次,经济法内涵的经济自治因素决定其权力(权利)结构的经济民主色彩及其国家干预为主、社会调节为辅的双重调节机制,与公共产品供给的民间参与及其所要求的权力资源分化和多中心

[16] 钟雯彬:《公共产品法律调整研究》,法律出版社2008年版,第87页。

秩序也十分吻合。再次,经济法的主体结构是一个开放的、包容性较强的融政府、市场和社会三方于一体的一个集合,而且各主体之间的身份关系超越了民商法的抽象固定和行政法的管理与被管理的分野对立,有一定的转换和流动空间。同时,经济法调整手段的多样性与效率性,能够有效克服行政法调整的缺陷,即它一方面可以运用计划手段、财政手段、货币手段等经济杠杆和经济措施,另一方面也可以行使许可、确认、禁止、指导、协商等公权介入方法,还可以采用投资、采购、国债等私权介入方法,通过各种调整手段的综合运用来提高公共产品供给效率,增进社会福利。最后,经济法救济途径的综合性和特殊的争端解决机制对于调整公共产品也有着独特的优势。由于公共产品市场是一个以国家干预为主、兼具市场调节的混合经济,既有政府行为,也有市场行为,其法律责任、救济途径和争端解决机制的安排不可避免地出现综合性、混合性和多样性,而且由于公共服务的社会公益性和集体消费特点,一般的民事诉讼和行政诉讼无法有效满足其内在的复合性要求,其公益保护功能也非常有限。因此,公共服务侵权救济以及争议处理,尤其是在多重法律关系竞合的情况下,应当更多地考虑经济公益诉讼或其他新型诉讼的应用。

在对公共产品进行法律调整的路径选择上,与其他法律相比,经济法更具有基本理念与方法论的优势。不仅如此,由于公共产品是国家干预自由市场经济的逻辑起点之一,公共产品领域的社会和经济关系及其法律调整,最为集中与典型地描述和体现了经济法所倡导的以"政府干预"和"干预政府"来追求社会整体经济效益最大化的基本理念,以及经济法独特的调整原则、手段和方法。公共产品领域是市场经济体制下经济法发挥效用最为淋漓尽致的一个疆域,也是解读经济法独特法律价值和功能的一个最有效的视野。⑰ 当然,强调经济法对公共产品的调整并不意味着否定或忽视其他法律部门对公共产品的调整,各部门法分别从不同角度、不同方面和不同层次各自发挥着不可替代的作用。

(二)经济法是推进基本公共服务均等化的必然制度选择

经济法与基本公共服务均等化在基本前提、价值考量和利益追求等方面高度契合。因而,在众多的部门法中,经济法是推进基本公共服务均等化的必然制度选择。

---

⑰ 参见钟雯彬,同注⑯引书,第88页。

1. 基本公共服务均等化过程中形成的经济关系应当由经济法调整

强调意思自治的民商法对市场失灵的克服实质上是依赖于市场机制的自我补救和调整,具有明显的滞后性。为了能够尽快形成公平和自由竞争的社会基础,并尽可能增强整体经济效益,需要政府对市场的介入和规制,这就突破了传统民商法意思自治的限制。"经济法产生于立法者不再满足于从公平调停经济参与人纠纷的角度考察和处理经济关系,而侧重于从经济的共同利益,经济生产率,即从经济方面的观察角度调整经济关系的时候。经济法产生于国家不再任由纯粹私法保护自由竞争,而寻求通过法律规范以社会学的运动法则控制自由竞争的时候。"⑱基本公共服务领域就是一个市场失灵需要国家介入的经济领域,崇尚意思自治和自由竞争的民商法在此无能为力,于是,调整国家在提供和分配基本公共服务过程中形成的经济关系自然地成为经济法的重任。

2. 基本公共服务均等化蕴涵的公平正义价值应当由经济法体现

基本公共服务均等化强调全体公民的机会均等,结果大体相同,将基本公共服务的差距控制在社会可以承受的范围之内,尤其关注困难群体的基本权利实现与否及其实现程度。我国由来已久的城乡二元结构造成的城乡差别在市场化改革进程中非但未能缩小,而且日渐扩大。城市和乡村基本公共服务水平的差距在很大程度上仍然是市民和农民身份差别的标志。不仅如此,在市场经济大潮和城市化进程中,我国社会还出现了新的城市贫困群体。我国东部、中部、西部经济发展水平的不平衡也直接影响到不同地区的公共服务水平,进而影响到革命老区、民族地区、边疆地区和贫困地区人们基本权利的实现。对他们而言,形式上的机会平等就是实质上的不平等。经济法正视人的固有差别、追求实质平等、保障公平竞争、促进全体发展,基于改变"优胜劣汰,弱肉强食"的不公平、不人道境况,以实现优胜劣存、促强扶弱、共同进步、全面发展为宗旨。基本公共服务均等化实质上是国家采用经济法的形式行使国家公权力对社会和经济利益进行调整,帮助其实现基本权利,维护社会公平正义。⑲

3. 基本公共服务均等化追求的社会整体利益最大化的目标应当由经济法实现

党的十七大报告指出,"初次分配和再分配都要处理好效率和公平的关

---

⑱ 〔德〕拉德布鲁赫:《法学导论》,米健译,中国大百科全书出版社 1997 年版,第 77 页。

⑲ 参见阳建勋,同注⑮引文。

系,再分配更加注重公平”。公共服务实质上也是社会再分配的一种主要形式,因此,在公共服务领域的立法中,应当坚持“公平优先、兼顾效率”的原则。对于社会整体利益而言,公平就是最大的宏观效率,效率则是实现公平的重要保障。只有这样,才能实现基本公共服务均等化的目标。面对贫富悬殊、两极分化、社会不公,以社会利益为本位的经济法确立了“公平优先,兼顾效率”的原则,这与基本公共领域的立法原则相一致。因此,经济法较其他部门法更能有助于基本公共服务均等化目标的实现。

四、推进我国基本公共服务均等化的经济法制度保障

(一)构建公共服务保障制度的基本原则

“保基本、强基层、建机制”,是构建公共服务保障制度的基本原则。公共服务保障制度的设计安排,应根据国家法律法规要求、参考各国成功做法、结合经济发展水平来确定。公共服务保障制度的具体实施,应突出重点、抓住关键。

保基本,就是要明确“十二五”基本公共服务的标准和范围,做到覆盖全体居民。按照责任与能力对称、需求与可能结合的要求,特别是针对群众最为关注的现实利益需要,通过征询有关部门意见,并参考已有研究成果的基本共识,“十二五”时期促进城乡基本公共服务均等化的重点,应优先确定在底线生存服务和基本发展服务两个方面,坚持民生优先,完善就业、收入分配、社会保障、医疗卫生、住房等保障和改善民生的制度安排,推进基本公共服务均等化,努力使发展成果惠及全体人民。在这些领域内,优先考虑制度覆盖城乡全体居民,满足基本需求,再随着经济社会发展逐步提高统筹层次和保障水平,推进均等化程度。

强基层,就是要加强基层公共服务机构的设施和能力建设,形成提供基本公共服务的平台和网络。县、乡、村和社区基层公共服务机构是提供基本公共服务的网底和基础,长期以来由于投入不足,基层公共服务机构面临设施条件差、人员水平低、服务能力弱等困境,一直是公共服务体系的短板和薄弱环节。强基层,就要把重心下移,把更多的财力、物力投向基层,把更多的人才、技术引向基层,切实增强基层的服务能力。

建机制,就是要保障基本公共服务体系规范有效运转,实现可持续发展。把基本公共服务制度作为公共产品向全民提供,核心在于保障供给,关键在于形成机制。必须处理好政府与市场、公平与效率、激励与约束等关系,建立

起有利于保障供给、服务优良、提高效率的长效机制。具体来讲,要形成以基本公共服务项目为基础、平稳增长的财政保障机制;激励与约束并行、动力与压力并举、效率与效益并重的管理运行机制;面向基层、服务基层的专业人才培养机制;范围广泛、上下联动的分工协作机制;主体多元、竞争有序的服务供给机制。[20]

(二) 推进基本公共服务均等化的经济法制度保障

"推进基本公共服务均等化。把基本公共服务制度作为公共产品向全民提供,完善公共财政制度,提高政府保障能力,建立健全符合国情、比较完整、覆盖城乡、可持续的基本公共服务体系,逐步缩小城乡区域间人民生活水平和公共服务差距"是我国"十二五"时期的政策导向之一,为此,经济法要从以下几个方面提供制度保障。

1. 公共服务型政府制度的保障

正如英国著名的法学家 L. D. 韦德所说,在200年前,人们希望国家不要压迫他们;在100年前,人们希望国家给他们更多的自由;而在今天,人们则期待国家为他们做些事情。[21] 在政府职能转变的今天,政府已开始从片面强调国家利益向"权为民所用,利为民所谋,情为民所系"转变,从浓厚的政治色彩转向了对公共服务的追求,这表明政府治理模式也在随之而发生调整和优化。与此相适应,应该对以往的政府公共经济权责的设立和相关制度进行基于经济法学视野的反思,以回应现实社会和现实经济对公共产品立法的迫切需求。经济法要关注政府对社会经济的介入以及在政府介入社会经济运行过程中对社会整体经济利益的保障和促进,政府由单纯的统治机构向社会公共管理机构的转变是历史发展的必然趋势。基本公共服务均等化的关键在于推进政府转型,强化各级政府在基本公共服务中的主体地位和主导作用。加快建设公共服务型政府是实现基本公共服务均等化的重要保障。

保证基本公共服务均等化是政府的职责,要实现该目标,必须有一套保障机制。公共服务行政问责制就是针对政府及其工作人员在公共服务供给与生产中的失范行为而设立的责任追惩机制,同时也是保证政府基本公共服务供给的激励机制。保证基本公共服务的供给,必须制定基本标准,要上不封顶、下有保底。条件好的地区,可在保证代际公平的基础之上适当提高基

---

⑳ 参见胡祖才,同注⑫引文。

㉑ 转引自李东方:《近代法律体系的局限性与经济法的生成》,载《现代法学》1999年第4期。

本公共服务的水平，但是，全国各地区都必须保障公众最基本的公共服务需求。而目前基本公共服务供给的一个主要障碍是：在现行的压力型行政体制下，下级的绩效通常是由上级领导来考核，因此，他们通常偏好一些易于量化的项目，而忽视公众对一些公共服务项目的需求。建立公共服务供给行政问责制，把基本公共服务数量和质量指标纳入各级政府绩效考核体系，就是为了保证其在提供基本公共服务时必须以公众为导向。同时，加强监督对于提高公共资金的使用效率也至关重要。因为转移支付的资金容易让被接受方以为其基本是无需付出代价的，在花费这些资金时，他们也不会像对从本地筹措来的资金那样关注使用效率。因此，还必须对公共拨款的使用情况进行有效的监督，务必保证其用于基本公共服务的提供，谨防其成为地方官员搞"政绩工程"的资金。[22] 同时，积极引入外部评估机制，建立多元化的绩效评估体系。

2. 公共财政制度的保障

公共服务均等化是公共财政"公共性"的重要体现。基本公共服务均等化取决于公共财力，而财力增长可能时高时低。这就决定了，一方面，推进基本公共服务均等化必须实事求是、量力而行，做到有多大公共财力，就把基本公共服务均等化目标水平实际定位在多高、具体推进到多深；另一方面，基本公共服务均等化的财政投入波幅也不能太大，必须根据实际的财政收入水平和基本公共服务需要，统筹考虑、合理确定财政投入力度和平衡尺度，确保基本公共服务均等化持续提升、逐步到位。为此，最好以年度 GDP 或财政收入增幅为基本比率，形成逐年上调投入比重、稳定增加基本公共服务均等化物质保障的政策机制，确保政府能够向公民提供较高质量、较高水平的基本公共服务。[23]

（1）按照财力与事权相匹配的要求，在合理界定事权基础上，进一步理顺各级政府间财政分配关系，完善分税制。科学界定各级政府的基本公共服务支出责任，并匹配相应的财力，是有效推进基本公共服务均等化的基础与前提。应当按照基本公共服务的层次性及受益范围，合理划分各级政府的事权范围，对于受益范围遍及全国的公共服务，如国防、外交、国家安全等由中央财政提供；受益范围主要是地方的公共服务，如地区性行政管理、基础设施等由相应层级的地方政府提供；具有效益外溢性的地方性公共服务，如跨地

---

[22] 参见陈第华，同注⑤引文。

[23] 邱霈恩：《基本公共服务均等化的实质与预期》，载《人民论坛》总第 302 期。

区的交通、邮电、空港、环保等项目应由中央政府和地方政府或各个受益的地方政府之间共同提供。同时，充分考虑基本公共服务均等化进程以及各地的财政能力，合理确定中央与地方的负担比例，引导地方政府将公共资源配置到社会管理与基本公共服务领域。

（2）加快改革和完善现行转移支付制度，积极探索财政转移支付的新模式。围绕推进基本公共服务均等化，完善转移支付制度，增加一般性特别是均衡性转移支付规模和比例，调减和规范专项转移支付。按照国际通行做法，一般性转移支付作为中央对地方转移支付的主要形式，应占全部转移支付的50%左右。我国应逐年提高一般性转移支付的比重，以此来逐步缩小税收返还的相对规模。同时整合专项转移支付项目，对相应的项目配套资金依照支出责任划分方法确定配套政策，并加强对专项转移支付项目的监督检查和绩效评估。逐步实现通过一般性转移支付确保地方财政能力均等化，通过专项转移支付确保全国性基本公共服务均等化。

继续坚持中央政府对地方政府、上级政府对下级政府的单一纵向转移支付制度的同时，积极探索横向转移与纵向转移相结合的多元转移支付新模式。我国东部与西部地区差距过大，要在短期内依靠中央财政对地方财政的纵向转移来实现其公共服务均等化是不现实的。因此，应积极探索东部发达地区对西部欠发达地区的横向转移支付模式，通过建立一种长效帮扶机制，实现东西部地区公共服务的均等化。

由于我国目前还没有专门的《转移支付法》，将上述内容纳入全国统一的立法就显得尤为迫切。此外，还要用法律形式把转移支付制度的原则、内容、形式、预算和监督等确定下来，确保转移支付制度的规范运行。

（3）稳定县乡政府履行公共服务职能的财源，增强基层政府提供公共服务的能力。县乡一级政府是提供基本公共服务并维持其正常运转的重要力量。缓解县乡财政困难是加强基本政权建设、维护社会稳定、提高基层政府基本公共服务能力的物质基础。中央财政在经济发展和财政收入不断增加的基础上要逐步加大对基层政权建设的一般转移支付力度，并在此基础上加大“三奖一补”[24]资金规模。同时研究建立县乡政府支出安排绩效评价体系，

---

[24] “三奖一补”是我国于2005年提出的一项中央财政政策，具体内容是：对财政困难的县乡政府增加县乡税收收入，以及省市级政府增加对财力困难县财力性转移支付给予奖励，以调动地方政府解决缓解县乡财政困难的积极性和主动性；对县乡政府精简机构和人员给予奖励，促进县乡政府提高行政效率和降低行政成本；对产粮大县给予奖励，以确保粮食安全，调动粮食生产的积极性；对以前缓解县乡财政困难工作做得好的地区给予补助，以体现公平的原则。

加大资金使用监督力度,确保财政困难县政府将获得的“三奖一补”资金主要用于基本公共服务领域。推进省以下财政体制改革,稳步推进省直管县财政管理制度改革,加强县级政府提供基本公共服务的财力保障。

3. 城乡统筹发展制度的保障

就国外经验而言,基本公共服务可及性是建立在高度城市化、社会结构同质性比较强的基础之上的;而我国情况恰恰相反,城乡基本公共服务均等化是在二者差距悬殊、严重妨碍社会公平的背景下提出的,这就意味着我国的基本公共服务均等化需要在城市化进程加速、城乡分割打破的基础上加以实现。根据城乡差距形成的原因以及各地实践所总结的有益经验,在法律制度设计上,可以考虑以下几个方面:其一,以统筹城乡发展为方略,形成城乡互促共进发展机制。充分发挥市场化、工业化、城镇化对“三农”带动促进作用,从而走出一条从自发到自觉的城乡统筹发展道路。其二,以推进公共财政改革为契机,让公共财政覆盖城乡。公共财政改革实践应以向民生倾斜、向农村倾斜、向基层倾斜、向欠发达地区倾斜为改革方向。其三,以惠民制度建设为抓手,注重工作实效。惠民制度建设的重点是推进建立覆盖城乡的最低生活保障制度、被征地农民社会保障制度、新型农村合作医疗制度及医疗救助制度、城镇“三无”和农村“五保”对象集中供养和老年人养老保障制度。[25]

可喜的是,在我国《十二五规划纲要》第七章“改善农村生产生活条件”中明确提出了“按照推进城乡经济社会发展一体化的要求,搞好社会主义新农村建设规划,加强农村基础设施建设和公共服务,推进农村环境综合整治”,如果这些规划中的制度都能得以落实,在不远的将来我们的农村基本公共服务定会迈上一个新台阶。

4. 区域经济协调发展制度的保障

所谓区域经济政策,是指政府旨在改善一国范围内经济的空间结构所制定的公共干预的准则及所有的公共干预行为。政府制定和实施区域经济政策的目的,是纠正市场机制造成的国民经济空间结构的某些缺陷,以达到提高经济效率和实现社会公平的总目标。[26] 在区域经济政策法律化的过程中形成了区域经济协调发展法,区域经济协调发展法属于产业法下的一个子部

---

[25] 郑曙光:《促进基本公共服务均等化立法政策探析》,载《中国法学会经济法学研究会2010年年会论文集(下)》(2010年10月),第882页以下。

[26] 杨紫烜主编:《经济法(第四版)》,北京大学出版社、高等教育出版社2010年版,第471页。

门法。

完善区域经济协调发展法律制度、促进全国经济结构合理化就是要消除基本公共服务不均等的经济原因,从根本上提高不发达地区基本公共服务的供给能力。我国目前的区域经济协调发展法与现实需求相差甚远。令人振奋的是,在我国《十二五规划纲要》第十八章“实施区域发展总体战略”中指出:“充分发挥不同地区比较优势,促进生产要素合理流动,深化区域合作,推进区域良性互动发展,逐步缩小区域发展差距”,并对推进新一轮西部大开发、全面振兴东北地区等老工业基地、大力促进中部地区崛起、积极支持东部地区率先发展和加大对革命老区、民族地区、边疆地区和贫困地区扶持力度进行了具体部署。这些方略对我国未来的相关立法和推进基本公共服务均等化的实践工作均具有重要指导意义。

事实上,以上四个制度之间的关系并非泾渭分明,而是彼此密切联系的。公共服务型政府制度主要是保障推进基本公共服务均等化有一个适格的主体,公共财政制度主要是保障推进基本公共服务均等化有一个稳定的资金来源,城乡统筹发展制度和区域协调发展制度都是针对我国目前城乡和区域之间基本公共服务严重不均等现状而提出的举措,而这两个制度的实施都离不开主体和资金的有力支持,它们只有在彼此配合中才能更好地实现基本公共服务均等化的目标。此外,推进基本公共服务均等化的经济法保障也不仅仅限于这几项制度,这四项制度作为经济法主体制度和宏观调控法制度的确是推进基本公共服务均等化的重要保障,但是经济法领域的其他制度对保障基本公共服务均等化也会发挥着不可替代的作用。

公平分配及其经济法实现机制*

肖　京**

目　　次

一、引　　论

公平分配问题不仅是经济问题,而且是重要的政治问题和社会问题。分配改革开放初期,为了打破平均主义的"大锅饭",中央开始鼓励一部分人先富起来,强调"效率优先、兼顾公平",实行"初次分配注重效率,再次分配注重公平"的分配原则。不可否认,这一原则极大调动了人们的积极性,增进了

---

* 本文为2010年中国法学会部级法学研究课题重大课题《公平分配制度法律保障研究》(项目编号CLS-A1002)阶段性研究成果。

** 肖京,北京大学法学院博士研究生,研究方向:经济法、社会法、劳动法。

社会财富,中国的经济发展创造了世界奇迹,取得了举世瞩目的成绩。[①] 但是随着改革开放的深入和社会财富的积累,我国的贫富差距也在逐步拉大,日益扩大的贫富差距已经威胁到我国经济和社会的和谐发展,公平分配也成为社会各阶层普遍关心的问题。[②] 如何在新形势下进行公平分配,已经成为当前理论和实务界共同关注和研究的重大课题。

党的十七大报告指出,“合理的收入分配制度是社会公平的重要体现”,“初次分配和再分配都要处理好效率和公平的关系,再分配更加注重公平”。党的十七届五中全会在“十二五”规划中再一次强调,“坚持和完善按劳分配为主体、多种分配方式并存的分配制度。初次分配和再分配都要处理好效率和公平的关系,再分配更加注重公平。努力提高居民收入在国民收入分配中的比重,提高劳动报酬在初次分配中的比重”。这表明,在当前社会背景下,在收入分配的问题上,中央已经非常关注公平分配的实现问题,不再单方面强调效率优先的问题,而是把公平和效率放在同等重要的位置。

在整个社会历史进程中,法律制度对公平分配的实现至关重要。而经济法又通常被认定为是典型的“分配法”,分配不仅始终是改革开放过程中的重要问题,也是贯穿整个经济法制度建设的一条重要经脉[③],对公平分配的实现起着十分重要的作用。况且公平分配问题不仅始终是经济法研究的核心问题之一,同时也在很大程度上体现了经济法的独特理念和价值追求。因此,在当前形势下,从经济法的理论和制度出发,深入研究经济法理论和制度中的公平分配观,探求在经济法框架下公平分配的实现路径和机制,不仅有助于解决当前社会普遍存在的现实问题,同时也有助于深入理解经济法的本质和内涵,进一步完善经济法理论和制度,具有十分重要的理论和现实意义。

---

① 从某种意义上讲,“效率优先、兼顾公平”只能是在当时特定的历史背景下的一种特定选择。当时社会劳动力十分富裕,而资本、技术和管理资源稀缺,在当时历史背景下,最重要的是把丰富的劳动力资源利用起来,把人们的积极性调动起来,先把社会财富这块“蛋糕”做大,然后再考虑分配公平问题。

② 描述收入分配差距的指标是基尼系数,学者们一再喜欢引用的数据是:按照2002年的数据计算,我国居民收入基尼系数约为0.45,世界银行公布的我国2005年的数据是0.47,两者都超过了国际上0.4的警戒线。多数学者认为,在当今中国,随着个人收入分配的差距不断扩大,加上全民社保体系极不完善,导致大多数公民在经济发展的同时,并未能公平分享经济改革与发展的成果,这已成为严重困扰中国经济发展的重大难题,成为深化经济改革的最大障碍。

③ 张守文:《贯通中国经济法学发展的经脉——以分配为视角》,载《政法论坛》2009年第6期,第123页。

二、“公平分配”的概念及其基本理论探析

研究经济法中的公平分配观及其实现机制，离不开对“公平分配”基本概念的解读。毕竟，“公平分配”作为一个多学科使用的词汇，在理解方面存在很大的差异。正确界定“公平分配”这一范畴，是我们研究经济法中公平分配观及其实现机制的重要前提。由于这一概念不仅仅是在经济法甚至不仅仅在法学范围中使用，从“超越经济法”甚至是“超越法律”的层面对这一基本概念及其理论进行解读，有助于我们进一步从宏观上把握“公平分配”的特质，更好地构建理论学说和实施制度方面的建设。

（一）“公平”的概念、种类及其实现的影响因素

虽然“公平”是人类社会永恒的追求，人们对于公平分配的思考和研究，古已有之，在漫长的人类历史长河中，从古希腊甚至更早开始，古圣先哲们也对“公平”概念进行了智者见智、仁者见仁的深入思考和系统阐述。[④] 但迄今为止，对“公平”的理解仍然存在很大的分歧。这种分歧的存在，有多方面的原因。其一，“公平”概念本身具有一定的模糊性和不确定性，而且人们很难对于“公平”确立一个的具体标准，很多时候，人们很难讲清楚“公平”本身和公平的具体标准。其二，尽管“公平从本质上说是一个伦理学概念，它是以人的平等的基本权利为准则对社会成员之间的利益关系的一种评价，即对社会成员之间各种权利及利益的分配是否合理、是否符合人的平等权利的一种评价”[⑤]，可公平这一概念在哲学、伦理学、经济学、政治学、法学等领域广泛使用，导致在不同的学科中和语境下，人们对于“公平分配”的理解始终存在很大的差异。其三，不同国家的语言对于“公平”一词的理解也存在一定的差

---

④ 古希腊的先哲们如柏拉图、亚里士多德以及后来的阿奎那等思想家很早就对公平、正义进行了经典论述，尤其是以亚里士多德为典型。亚里士多德把正义分为三类：分配正义、补偿正义和交换正义。

⑤ 陈燕：《公平与效率》，中国社会科学出版社 2007 年版，第 26—27 页。

异,例如,英语中的 justice⑥ 不仅具有汉语中有“公平”的含义,同时还具有“公正”、“正义”等诸多含义,具有一张“普洛透斯”一样的脸⑦,这使得人们对于“公平”的理解更具有争议性。

正是由于以上诸多原因,使得准确界定“公平”时如此之难,至今仍然没有哪位学者能够对“公平”给出完全令人信服、广泛得到认可的概念。但这并不是说人们对于“公平”的概念就不存在共识。总的看来,虽然存在诸多分歧,但人们对于“公平”概念的理解在以下几个方面是存在一定的基本共识:第一,“公平”是一个关系范畴,体现的是人与人之间利益关系的比较,没有人和人之间的比较,就不存在“公平”问题;第二,“公平”是一个历史范畴,随着人类历史的进程公平观念也在不断更新,在不同的历史时期有不同的公平观念;第三,“公平”是一个国情范畴,不同国家基于政治、经济、文化、社会等方面制度和背景的差别,对于“公平”的理解会有一定的差别;第四,公平是相对的,而不是绝对的,“绝对的公平”是不存在的。

“公平”的含义范围是如此之广,为了进一步深入理解“公平”的具体含义,还有必要对“公平”进行一定的分类,通过这种分类实现对“公平”理解更加精确化的目的。对于公平,可以从不同的角度进行不同的分类。例如,人们一般认为,公平有个人公平和社会公平之分,而社会公平是公平的最高形式。同时,根据公平的运用领域,又可以把公平分为政治公平和经济公平。其中政治公平主要是指在政治生活方面的平等参与,经济公平主要是指在支配社会资源尤其是在财产和收入分配方面的平等。此外,根据公平的表现形式或者说衡量公平的标准把公平分为起点公平、机会公平和结果公平。所谓的起点公平,有称之为条件的公平,是指在其他因素各不相同的前提下,每个人都有同等地发展自己潜力的可能性,要避免“当一些人面前障碍重重时,另一些竞争者已经率先起跑了。各种家庭的社会地位与经济地位不同,使得这

---

⑥ 实际上,和 justice 含义接近的英文还有 equity(公平)、fairness(公正)、equality(平等)等词语,而 equity 在英文里虽然有“公平”的含义,但在西方经济学里面,常常被理解为“均等”,如在《新帕尔格雷夫经济学大辞典》中载“equity(公平)”条目中作了这样的说明:“如果我们假设,社会是由 n 个人组成的某一集合,他们自己生产某一数量的各种商品,我们可以谈论各种商品的平均分配问题。这种分配应当是把每种商品总数的 1/n 精确地分给每一个人。经济学家会同意这就是均等。”参见〔英〕约翰 · 伊特韦尔等编著:《新帕尔格雷夫经济学大辞典》(第 2 卷),陈岱孙主编译,经济科学出版社 1992 年版,第 197 页。

⑦ 普洛透斯是希腊神话中的一位海神,据说可以变换不同的脸谱,西方著名法理学家博登海默曾经以此来形容“正义”的多面性,其实对于“公平”,也同样具有“普洛透斯”脸谱一样的多面性。

场赛跑并不公平”⑧;所谓的机会公平,即机会均等,是指每个人都有同样的机会发展自己⑨;所谓的结果公平,是指社会运行的结果是公平的。毫无疑问,本文所探讨的“分配公平”主要是在收入分配的公平,属于社会公平里面经济公平的重要组成部分,从公平的表现形式上来看主要是指结果的公平,当然也会涉及机会公平和起点公平。

此外,需要注意的是,虽然一些哲学家更倾向于从应然的角度把“公平”理解为一种先验的存在,但在实然的层面,现实生活中的“公平”并不是一种天然存在,又诸多因素影响公平的存在,这些因素可以分为自然因素和社会因素两类。⑩ 自然的因素主要是指天赋、年龄、体格等自然的、不受主观意志影响的因素。社会因素主要是指经济、政治、文化、教育等由人类的社会关系主导的因素。从理想的角度来看,一种“公平”的分配制度首先必须能够克服或者至少在某种程度上减少而不是加大这些相关因素对社会主体产生的负面作用。但是,由于分配制度涉及的考量因素及其运作机制是如此复杂,人们会也把关注点放到其他方面。

(二) 公平和效率的平衡

需要注意的是,公平分配并不是社会分配的唯一追求,公平分配还必须注意协调、平衡公平与效率的关系。这是因为,“公平分配”还必须考虑到分配的客体的最大化,也就是要效率,而片面地强调“公平”并不必然就能有助于效率的提高。⑪ 实际上,公平和效率之间的互动是如此复杂,以至于要准

---

⑧ 〔美〕阿瑟·奥肯:《平等与效率——重大抉择》,王奔洲译,华夏出版社 2010 年版,第 50 页。

⑨ 用经济学家弗里德曼的话说,机会均等“最好的表达也许是法国大革命时的一句话:前程为人才开放。任何专制障碍都无法阻止人们达到与其才能相称的,而且其品质引导他们去谋求的地位。出身、民族、肤色、信仰、性别或任何其他无关的特性都不决定对一个人开放的机会,只有他的才能决定他所得到的机会”。参见〔美〕米尔顿·弗里德曼:《自由选择——个人声明》,胡骑等译,商务印书馆 1982 年版,第 135 页。

⑩ 卢梭在其名著《论人类不平等的起源》一书中详细论述了这两类不平等(不公平)因素,罗尔斯在其《正义论》中也把天赋和社会制度作为影响正义的两种因素来分析。但需要指出的是,这里仅仅是为了分析的方便进行的一种大致的分类,而实际上,自然因素和社会因素有时候是很难分开的,自然因素一旦进入到社会关系中就不再是单纯的自然因素,而是融入了社会中的社会因素。而且,对于这种分类的标准,不同学者之间实际上也存在很大的分歧,例如,在罗尔斯的理论中,天赋等自然因素是和人的意志无关的;但在诺齐克的理论中,他认为天赋等自然因素是有个人努力所起的作用的,罗尔斯将权利的分配完全看做是得自于自然禀赋的观点是不对的,因为他忽视了人的内在的努力在成功中所起的作用。

⑪ 反之亦然,片面强调效率并不意味着必然产生公平。虽然从一个较长时期来看,效率的提升有助于实现公平,公平的实现又可以反过来进一步促进效率的提高。

确理解“公平”的概念,就必须在“公平”和“效率”理念之间进行适当的平衡,在“公平”和“效率”互动的状态中去理解和把握“公平”。这种互动既有积极的层面,也有消极的或者说是矛盾的层面。对于积极互动的层面,一般不会出现什么问题,既然人人心目中都有自己心中的“公平”理念,因此不会有人反对绝对抽象意义上的“公平”,既然人类社会的幸福需要一定的物质财富积累,因此也不会有人会否认“效率”的积极作用。那么,理解公平的关键应当在于公平和效率的消极互动,也就是在当公平和效率发生矛盾和冲突的时候,哪一个优先?如何去实现或者在多大程度上实现“公平”和效率。要理解和分析这一问题,有必要明确“效率”的概念。

什么叫“效率”呢?相对于公平而言,效率这一概念的界定似乎相对容易些。其实,“效率”这一概念最早源于物理学,和“公平”并无关系,但现在这一概念已经广泛运用于社会科学的各个领域,在很多时候和“公平”相对。一般认为,广义的效率指的是社会效率,即投入和产出的比率,在其他条件不变的情况下,投入减少或不变而产出增加,成之为有效率,反之称之为无效率或低效率。狭义的效率仅仅指经济效率,是经济学上广泛使用的概念,是以资源的稀缺性为前提的一个概念。有了资源的稀缺,就要考虑经济效率问题。当前,“效率”已经成为经济学的核心范畴之一,以至于有人认为,经济学的精髓就“在于承认稀缺性的现实存在,并研究一个社会如何进行组织,以便最有效地利用资源。这一点是经济学独特的贡献”⑫。当然,在经济学内部,不同的经济学家对于效率的理解是不同的,其中影响力最大的是帕累托效率。⑬

不可否认,无论怎么去界定“公平”和“效率”,它们始终是人类社会所追求的目标,虽然二者并不是总是一致的。“公平”和“效率”存在矛盾,这一认识已经成为许多经济学家分析问题和建构理论的逻辑起点之一。如萨缪尔森和诺德豪斯认为:“即使是最有效率的市场体系,也可能产生极大的不平等。”⑭奥肯也认为,“我们无法在保留市场效率这块蛋糕的同时,又平等地分

---

⑫ 〔美〕保罗·萨缪尔森、威廉·诺德豪德:《经济学》(第 18 版),萧琛主译,人民邮电出版社 2008 年版,第 4 页。

⑬ 帕累托效率又被称为帕累托均衡,是由意大利经济学家威尔弗雷德帕累托提出来的一种衡量系统是否有效率的标准,它是指在一个体系或一种状态中,如果该体系或状态没有一种可供选择的状态或体系能够使至少一个人的境况变好而不使其他人的处境变坏,这种体系或状态就是有效率的。帕累托效率的最大特点就在于摆脱了价值评价,虽然帕累托效率在真实的生活中是不可能存在的,但其高度抽象分析是有重要理论价值的。

⑭ 〔美〕保罗·萨缪尔森、威廉·诺德豪德,同注⑫引书,第 33 页。

享它”，“为了效率就要牺牲某些平等，并且为了平等就要牺牲某些效率”，“任何坚持把馅饼等分成小块的主张，都会导致整个馅饼的缩小。这个事实形成了经济平等和经济效率之间的抉择。到目前为止，不平等确实在各方面起着推动效率的作用。”⑮此外，美国著名经济学家、统计学家库兹涅茨也通过“倒 U 假说”来说明公平和效率之间的矛盾。在他 1955 年发表的《经济发展与收入不平等》的论文中，提出了收入差距的“倒 U 假说”，即在发展中国家向发达国家过渡的长期过程中，在经济发展的初期，居民收入分配的差距会逐渐拉大，到了经济发展的后期，收入分配差距会逐渐缩小，呈现“先恶化，后改善”的趋势，而且这一趋势是不可避免的，从而体现为“倒 U 曲线”。这是关于“公平”和“效率”脱节的实证分析和总结。其实，从另外一个角度来看，也正是因为公平和效率之间存在着这样的一种张力，才需要相关制度和法律来平衡和协调二者之间的关系。

既然“公平”和“效率”会发生矛盾和冲突，那么在此时，应当如何处理，公平和效率哪个优先？对此学者们争论也很激烈。典型观点可以归结为三类：效率优先类、公平优先类、效率公平兼顾论。从总体上看，经济学家一般更倾向于效率优先，尤其是经济自由主义者更是如此，例如哈耶克和弗里德曼，而伦理学家则倾向于公平优先。由此也可以看出不同学科的关注点是不同的，“经济学家试图只根据效率来评价市场而忽视伦理问题，而伦理学家（以及规范的政治理论家）的特点则是（在从根本上思考了有关效率的考虑之后）蔑视效率考虑而集中思考对市场的道德评价，近来则是根据市场是否正义的要求来评价市场。”⑯那么法学家尤其是经济法学家呢？虽然公平和效率都是法律的重要价值，但法律更关注的是公平。

（三）公平分配——分配制度中的核心要素

自从有了人类社会，就有了相应的权力（利）和财产分配，分配在整个人类历史中始终居于十分重要的位置。⑰ 虽然不同的学科中对于分配得理解

---

⑮ 〔美〕阿瑟·奥肯，同注⑧引书，第 2、106、56 页。

⑯ 〔美〕艾伦·布坎南：《伦理学、效率与市场》，廖申白等译，中国社会科学出版社 1991 年版，第 3 页。

⑰ 西方经济学界曾对分配是否重要有过争论，但从当今中国社会的实际情况来看，分配的确很重要。关于西方经济学界对分配是否重要的争论，可参见：〔美〕马丁·布朗芬布伦纳：《收入分配理论》，方敏等译，华夏出版社 2009 年版，第 1—6 页。

有一定的分歧[18]，但总体上来看，对于分配的界定争议不大，学者们一般认同分配就是一种利益的分割，是社会经济活动的一个环节。广义的分配包括对全部社会资源的分割[19]，包括自由、权力、权利、财富等各个方面，而狭义的分配仅仅指财产利益的分割，主要是收入的分割。[20]

关于分配制度的内容，一般认为，一个分配制度必须考虑以下五个方面的问题：即"什么被分配"、"分配给谁"、"在经济活动的哪一个阶段进行分配"、"谁进行分配"、"根据什么标准进行分配"[21]。"什么被分配"实际上是分配的对象问题，虽然在其他学科中分配的对象存在一些争议[22]，但在经济法中，分配的对象主要是财富（收入）。"分配给谁"主要是指分配的收受者，这在一定的历史阶段也不存在太多的差异。至于"在经济活动中哪一个阶段进行分配"，一般认为分配分为初次分配和再分配，初次分配是在经济领域之内进行的，包括生产资料的分配和生活资料的分配，再分配是经济领域之外的分配，包括第二次分配和第三次分配，第二次分配是政府通过税收、财政、预算、价格法律法规和政策进行的，第三次分配是通过社会保障法律和政策进行的。[23] "谁进行分配"即分配的主体问题，主要包括经济主体、市场和国家。在市场经济条件下，经济主体的分配主要是通过自愿交换来完成的，这属于个体的分配主体，市场的分配主要是通过市场机制的调节完成的，这是在个体市场行为基础上的组合，国家的分配主要是通过经济和社会保障法律、政策进行宏观的调控来完成的。"根据什么标准进行分配"是指分配的标准和尺度问题。由于在现实生活中影响到某一次具体分配的因素非常多，

---

⑱ 学界的主流观点是把分配理解为经济活动的一个环节，但也有人把分配理解为在经济活动中的基础性纬度，还有人把经济活动仅仅理解为生产过程，而把分配问题归属于政治问题。（参见何建华：《社会正义论》，人民出版社2007年版，第19—21页。）

⑲ 严格意义上讲，分配和分割的含义是有差别的，分配除了具有分割、瓜分的含义以外，还有配置的含义。

⑳ 本文中如无特殊说明，讨论的是狭义的分配，即财产性利益，主要是收入的分配。

㉑ 〔美〕乔治·恩德勒等主编：《经济伦理学大辞典》，李兆荣等译，上海人民出版社2001年版，第561页。

㉒ 如拉姆塞和克拉克认为被分配的对象是财富，斯密认为分配的对象是价值，罗尔斯认为被分配的对象至少包括自由、职位和财富，乔治·恩德勒认为被分配的对象主要是"收益或者负担"。

㉓ 也有学者提出公平分配的实现需要通过四次分配，但第四次分配中的捐赠和慈善可否作为一次独立的分配，这在中国目前形势下仍有待探讨，依笔者愚见，似乎纳入到第三次分配中比较适宜（有关四次分配理论可参见青连斌等：《公平分配的实现机制》，中国工人出版社2010年版）。

分配的最终标准可能是以某一标准为主、综合其他多个标准[24],但从总体上来看,人们对于分配都会采用当时人们认为是比较符合“公平”的标准。在分配对象、分配收受者、分配次数、分配主体相对确定的情况下,分配的标准就是十分关键的了,它决定着人们对于分配的认可度以及相关主体的生产积极性、下一个环节经济活动的进行、社会的安全和稳定等一系列问题。由此可见,“公平分配”在整个分配制度中具有举足轻重的地位,实质上是处于核心地位的要素。

三、公平分配观学说比较研究

以上探讨的是关于公平分配的基本概念及其理论。把公平和分配结合起来并对公平分配形成的系统认识的理论可以称之为公平分配观。深入理解经济法中的公平分配及其实现机制,还有必要研究人们关于公平分配观的理论学说。

需要说明的是,对于公平分配观可以从多个视角来去研究。由于公平分配观是一个历史的范畴,严格意义上讲,人类历史上有不同的公平分配观,而且人类社会制度类型迄今为止可以分为原始社会、奴隶制社会、封建制社会、资本主义社会、社会主义社会五种类型,因此,从五种不同社会制度结构中相应代表人物对于公平分配的基本观点中去探讨,具有十分重要的意义。公平分配观又是一个国情的范畴,不同的国家有着不同的公平分配观,因此,从国别的角度来研究不同国家的公平分配观也会有很重要的价值。考虑到近代以来的社会与古代社会存在质的差别,而且近代社会以来的公平分配观与之前的公平分配观也存在一定程度的承继关系同时,考虑到不同国别之间的公平分配虽然存在一定的差异,但从总体上看可以用马克思主义和非马克思主义来去分类。[25] 基于以上考虑,本文探讨的重点是近代以来有重大影响的公平分配观,即马克思主义的公平分配观和非马克思主义的公平分配观两大类。而在非马克思主义公平分配观中,又以罗尔斯的《正义论》影响最大。下面,仅从马克思主义公平分配观和罗尔斯的公平分配观的比较研究角度进

㉔ 分配的标准诸如经济绩效、政治影响、机会均等、权力优先都曾经在人类的历史中体现过,只不过在不同阶段有不同的侧重。

㉕ 非马克思主义公平分配观还有以边沁和穆勒为代表的功利主义公平分配观、哈耶克和诺科齐为代表的自由主义公平分配观。

行分析。[26]

关于马克思公平分配观的产生，学者们一般认为：马克思主义公平分配观最初源于空想社会主义，历经三个历史阶段：第一阶段是在19世纪40年代到50年代末，马克思正处在由激进的民主主义革命者向共产主义者转变。第二阶段是在19世界50年代后期到70年代，是马克思主义科学公平分配观方法论形成的重要时期。1875年《哥达纲领批判》标志着马克思主义公平分配观的最终形成。[27]

马克思主义公平分配观是在对空想社会主义公平分配思想继承和批判的基础上，逐步形成和发展起来的。虽然马克思主义的创始人并未对公平分配进行过非常系统的论述[28]，但马克思主义的继承和发展者对公平分配有深入的理论研究和实践。概括起来，马克思主义公平分配思想的核心内容包括以下三个方面：首先，从人类社会发展进程看，不存在永恒、绝对公平的分配。公平分配是一个受现实生产力条件约束的历史性、暂时性范畴；其次，未来社会公平分配质的规定性取决于生产资料公有制；最后，未来社会公平分配实现形式不是一成不变的，而是发展变化的。[29]

公平分配不仅是马克思主义研究的重要内容，同时也是西方哲学家、伦理学家、社会学家、经济学家、法学家广泛关注和深入研究的重要课题。而在当代非马克思主义思潮中，以罗尔斯为集大成者，同时也是受到西方马克思主义严厉批评的对象。因此，把罗尔斯的分配正义公平观和马克思公平分配观进行比较，更具有典型的意义。罗尔斯的正义理论首先体现在他的“两个正义原则”中，他认为，第一个原则是平等自由的原则，第二个原则是机会的公正平等原则和差别原则的结合。在他的成名作《正义论》第五章“分配的份额”中，罗尔斯集中阐述了他的分配正义理论。“在这一章中，他试图描述在一个现代国家的背景下满足第二个正义原则要求的制度安排。他首先解释政治经济方面的正义概念，然后进一步评论经济体系，特别谈到自由市场

㉖ 实际上，对于公平分配的理论研究影响较大的还有阿瑟·奥肯等学者，但由于上文已经涉及他的理论，在此就不再专门讨论。

㉗ 参见刘斌：《马克思主义公平分配观的形成及其核心思想研究》，载《当代经济研究》2005年第3期。

㉘ 严格来讲，马克思、恩格斯对公平分配的论述，只是散见于《哥达纲领批判》、《论住宅问题》、《哲学的贫困》、《反杜林论》等著作中。

㉙ 参见刘斌，同注㉗引文。

与私有制并无必然联系,它与社会主义是也是相容的”。[30] 之后,罗尔斯还探讨到代际正义的问题,强调不能以后代的更大福利为借口而损害现在这一代的公平份额。再次,罗尔斯试图证明,他对分配份额的阐述能够解释正义的常识性准则的从属地位,认为这些准则不能提高到第一原则的水平,例如,工资政策方面的“按贡献分配”和“按努力分配”这两个准则之间就有矛盾。[31]

罗尔斯的《正义论》出版之后,受到了西方马克思主义的严厉批判。西方马克思主义认为,罗尔斯的自由主义正义论仍然属于资产阶级意识形态范畴,是一种为资本主义“福利国家”辩护的理论。据 A. E. 布坎南的表述,当代西方马克思主义理论界对罗尔斯正义理论的分析批判,可概括为十个方面,这十大方面足以显示马克思主义正义论与自由主义正义论的主要差异,这十大批判分别是:第一,罗尔斯对分配(正义)的讨论忽视了生产,没有看到分配对生产的依赖关系。第二,罗尔斯错误地假定社会阶级的存在是人类社会的一个永恒特征。第三,罗尔斯的“反思平衡”的方法没有认识到即便是最广泛认可的道德判断也是与阶级相关的。第四,罗尔斯不自觉地或者说不加批判地接受了自由资产阶级的或个人主义功利论的人性观,把人当做是纯粹的“功利消费者”,而不是把人的本性看做是创造性的、社会性的活动。第五,罗尔斯尽管声称他的正义论依赖于建立一种关于善的“弱理论”或“道德中立”理论,但他实际上使用了关于人类善的实质性概念(或者说标准的人的理念),因而武断地排除了关于善的其他一些观念,其中包括马克思主义道德观支持的社会共有与社会团结等美德。第六,罗尔斯虚设的社会契约论舍弃了阶级冲突,而以现实的阶级分立社会中并不存在的共同利益为前提,处在罗尔斯的“原初状态”中的人被“过滤”掉了阶级冲突的知识与信念。第七,罗尔斯的正义理论是一种乌托邦,他没有提出一种如何从现有社会向“秩序良好”社会(正义社会)过渡的理论,尤其他对正义感如何能作为社会变迁的有效动力没有作任何说明。第八,罗尔斯犯了自由主义者的一个通病,即认可公民政治权利的优先性,而没有充分意识到由于社会和经济的不平等而产生的使平等权利的施行在效果上将趋于更大的不平等的问题。第九,罗尔斯提出他视为当然的普遍的正义原则,但根据马克思对经济基础与上层建筑关系的分析,根本不可能存在一套对一切社会与一切时代都普遍适用与有效的正义原则。任何特定的正义原则都来自于也只能适用于某种特定生产方

[30] 〔美〕约翰·罗尔斯:《正义论》,何怀宏等译,中国社会科学出版社 1988 年版,译者前言部分第 15 页。

[31] 具体内容参见同上。

式，而在不同的历史阶段的不同社会形态、生产方式都是不同的，正义原则随生产方式的变化而变化。第十，罗尔斯关于正义是社会制度的首要美德的论述表明他并不懂得，正是对正义理论的需要深刻显示了某种生产方式的缺陷，他不懂得正义问题不可解决而只能“消亡”。随着社会向新的生产方式的转变，需要正义原则的主观与客观环境都不复存在，正义问题自然就“消亡”。[32]

当然，罗尔斯的分配正义理论与马克思公平分配观也有相同之处，对我国的分配制度也具有十分重要的参考价值。例如，罗尔斯强调自由市场与私有制并无必然联系，它与社会主义是也是相容的，公有制或社会主义的政权也可以实行自由市场，以此实现某种较高的生产效率。此外，罗尔斯注意到因为自然和天赋的偶然因素所致的获益是非正义的，虽然这一问题在我国当前阶段难以解决，但这体现出罗尔斯对现实问题的敏锐关注和深入思考，也符合马克思主义公平分配观关于“公平分配是历史的范畴”的论断。还有，罗尔斯还注意到代际公平的问题，并对这一问题进行深入探讨，这不仅为社会公平分配的研究开辟了更为广阔的空间，同时对当代中国公平分配问题的解决也有着十分重要的启示意义。

四、经济法中的公平分配观

（一）法律中的公平分配观

为了更好地把握经济法中的公平分配观，我们有必要首先对法律中的公平分配观进行解读。其实，除去意识形态导致对于公平分配认识的差异以外，学科的差别也会对公平分配的认识产生很大的影响。总的看来，哲学侧重于从“人性”、“理性”的角度去思考，经济学中侧重于从对经济效益影响或者说从效率的角度去分析，社会学侧重于从社会结构功能的角度去研究，伦理学重点从社会伦理的角度来论证，法学则主要从法律的功能和价值的角度来解读。法学的独特视角对经济法中的公平分配产生了十分重要的影响。

从法律的起源来看，“法律制度的产生是由于在对社会资源及利益在不同的人以及人的集合之间进行分配，从而达到稳定社会秩序的目的”[33]，“法

---

[32] 原文表述参见 Allen. E. Buchanan, *Marx and Justice: The Radical Critique of Liberalism*, Rowman and Littlefield, 1982, p. 122。

[33] 李胜利：《分配法与再分配法》，载《法学评论》2008年第2期。

律是社会利益资源和权利的分配书”[34]。公平分配在法律的起源过程中发挥着重要的作用,而且公平分配一旦纳入到法律的轨道,就成为一种由法律调整并予以保障的机制。从法律的职能来看,公平分配是法律职能的重要组成部分。一般认为,法律的主要职能可以分为分配正义、解决争端,以及社会控制等方面。其中,分配正义的功能十分突出,居于核心的地位。因为,如果说法律的功能在于“止争”(解决争端)的前提必须是很好地“定分”(分配正义),在“定分止争”的基础上才能实现对社会的有效控制。规范功能和社会功能。从法的价值来看,法律的基本价值可以分为公平、效率和秩序[35],公平是法律价值的重要组成部分,是法律价值中的应有之义,始终是法律所追求的主要价值之一,“法律就是用以防止不正义的集体性暴力手段,简而言之,法律就是正义。”[36]

其实,从制度的视角来解读,公平分配是现代社会制度文明的核心内容,法律作为人类社会制度文明的重要组成部分,和公平分配之间有着天然的密切联系。这不仅仅因为以其独特的秩序价值为社会经生活提供了基本前提,并“决定着所有财富的安排”[37],而且,从一定意义上讲,法律制度本身也是“一种配给制度”[38],是一种追求公平和正义的分配制度。“法律有关权利、义务的分配,对社会财富及收入的分配有重要影响。作为一种制度结构性正义,分配正义所涉及的广度与深度远远超出收入的分配,它关系到各种社会基本资源在人与人之间、人民与政府之间的分配。这些重要资源的分配将决定此后的生活方式和收入分配等等,所以是一个社会的基本制度或国家大法的主要内容”[39]。

从以上分析可以看得出,虽说法学中的公平分配观是和法律的起源、职

---

[34] 漆多俊:《论转型时期法律的控权使命》,载《经济法论丛》,中国方正出版社 2005 年版,第 11 页。

[35] 其实,在人类的历史长河中,关于法的价值一直是一个很有争议的话题,并且基于视角的不同,产生了不同的学派,有强调公平和正义的自然法学派,有强调秩序的社会法学派,还有强调效率的经济分析学派,强调语义分析的分析法学派。但大家一般认同美国综合法学派代表人物博登海默在其著作中归纳的三个方面的法的基本价值。参见〔美〕博登海默:《法理学——法律哲学与法律方法》,邓正来译,中国政法大学出版社 1999 年版。

[36] 〔法〕弗雷德里克·巴斯夏:《财产、法律与政府——巴斯夏政治经济学文粹》,秋风译,贵州人民出版社 2003 年版,第 122 页。

[37] 同上书,第 98 页。

[38] 〔美〕劳伦斯·M.弗里德曼:《法律制度——从社会科学角度观察》,李琼英等译,中国政法大学出版社 1994 年版,第 23 页。

[39] 何建华,同注⑱引书,第 36 页。

能和价值紧密联系在一起的，具有一定的差别。法学中的公平分配观，和哲学、经济学、社会学、伦理学等学科中的公平分配观有着非常密切的联系，并且和法学理论中的公平分配观在总体上是一致的，都强调公平、正义和效率（当然，在具体的表述和侧重点方面有所不同），只不过其具体解读和思维范式存在一定的差别。

（二）经济法中的公平分配观

经济法中的公平分配观，在总体上和法学中的公平分配观是一致的，但由于法律体系的庞杂，法律部门之间存在较大的差异，相比较其他法律部门，经济法具有天然的“经济性”，使得经济法与其他法律部门在公平分配问题上发挥着不可替代的作用。因此，经济法中的公平分配观也必然有自己的独特之处，这可以从经济法的产生、经济法的特征、经济法的功能、经济法的价值等角度来进一步理解。

经济法中的公平分配观可以从经济法的产生来解读。经济法是调整在现代国家进行宏观调控和市场规制过程中发生的社会关系的法律规范的总称。[40] 虽然对于经济法的产生，学界至今尚有争议，但一般认为，经济法产生于19世纪末20世纪初自由竞争资本主义向垄断资本主义过渡时期。[41] 经济法之所以产生，源于市场失灵和政府失灵的“双重失灵”。在自由竞争时期，市场失灵的问题并不突出，相关法律问题可以由传统的民商法来解决。但到了垄断资本主义时期，市场通过有效的资源配置提高经济效率，但市场本身并不能产生公平分配。市场的失灵使得人们求助于政府的干预，但人们很快认识到，政府在干预市场方面也会失灵，但这些问题不是传统法律所能解决的，于是经济法应运而生。[42] 由此我们可以看出，从经济法的产生来看，经济法是为了弥补市场机制分配功能的不足而产生的，因此，经济法中的公平分配更“公平”，更符合现代社会的需要。

经济法中的公平分配观还可以从经济法的特征来解读。从经济法的特征来看，经济法具有明显的经济性和规制性。与传统民商法所关注的提高个体经济效益相区别的是，经济法的这种经济性必须是以提高社会整体的经济

---

[40] 张守文：《经济法总论》，中国人民大学出版社2009年版，第34页。

[41] 正如有学者指出，虽然单纯规范意义上的经济法也许在古代社会即已存在，但从较为广泛的领域来看，作为部门法意义上的经济法，则是产生于国家对市场经济进行积极的调控和规制之后，尤其是产生于资本主义经济大危机和第二次世界大战后（参见同上书，第54页）。

[42] 关于“两个失灵”和经济法的产生之间的关系，可参见同上书，第7、21、31—32页。

效益和社会效益为目标的“经济性”,因而经济法中的公平分配特别重视经济和社会效应的平衡,是对经济效益和社会效益的双重关注,是超越传统法律的“经济性”。这种规制性是在法律范围内的规制,是符合公平理念的规制。从某种意义上讲,规制也是一种“分配”,经济法中的规制也是一种典型的“公平分配”。此外,经济法还具有现代性,这种现代性体现在:经济法在精神追求上的现代性、在背景依赖上的现代性、在制度建构上的现代性。这种精神追求上的现代性,使得经济法不同于传统的法律部门,它超越传统的公平、效率理念,追求对公平和效率的兼顾,追求对个人私益和社会公益的协调保护。因此,经济法的“公平分配”深深融入了现代理念。这种背景依赖上的现代性,使得经济法在产生之初就有了坚实现代经济和社会基础。这种制度建构上的现代性,表现为经济法制度形成方面和经济政策紧密相连,在制度构成上面实体规范和程序规范紧密结合,具有高度的“自足性”。经济法的这种“自足性”程序不仅仅有助于保障公平,而且在一定意义上还有助于提高效率。这就使得经济法在制度上面把公平和效率紧密结合在了一起。

经济法中的公平分配和经济法的调整目标紧密相关。经济法的调整目标,就是经济法通过对特定社会关系的调整,来不断解决个体营利性和社会公益性的矛盾,兼顾效率与公平,从而持续地解决“两个失灵”的问题,促进经济的稳定增长,保障社会公益和基本人权,进而实现经济与社会的良性运行和协调发展。[43] 由此可以看出,在经济法中,其调整目标不仅仅是经济目标,还注重社会目标,是与经济和社会的双重关注。

此外,经济法的公平分配观与经济法的价值直接相连。经济法的价值与法的一般价值是一致的,包括公平、效率和秩序。[44] 公平分配还体现在经济法的基本价值之中。

以上各个方面大致勾勒出了经济法中的公平分配观。还需要注意的是,中国经济法的产生和发展是和中国的改革开放紧密相连、始终相伴的,而中国改革的一个基本线索就是分配制度的改革。因此,一部中国经济法的历史同时也可以称之为改革开放以来公平分配制度形成和发展的历史。

---

[43] 张守文,同注[40]引书,第 21 页。

[44] 需要说明的是,有学者认为对经济法的价值可以从两个方面来理解,一方面是经济法的内在的客观功用价值,另一方面是经济法的外在的主观评判价值(参见同上书,第 68—70 页)。这种见解为全面理解经济法的价值提供了非常重要的思路,但本文为了讨论的方便,暂且把讨论重点放在经济法的外在价值,即外部主体对经济法功用的主观评价或价值追求。

五、经济法中公平分配观的实现机制

“机制”一词最早源于希腊文，原指机器的构造和动作原理。后来很多学科都把机制的本义引申到自己的领域，产生了不同语境下的“机制”，但在基本含义上是一致的。在社会科学领域，“机制”一般是指社会有机体各部分的相互联系、相互作用的方式。机制从其功能上来看可以分为激励机制、制约机制、保障机制三大类。激励机制是调动管理活动主体积极性的一种机制；制约机制是一种保证管理活动有序化、规范化的一种机制；保障机制是为管理活动提供物质和精神条件的机制。公平分配机制主要是一种激励机制，兼具有保障机制的性质。公平分配机制的实现需要一定的条件，主要是体制和制度两个方面。这里的体制，指的是组织职能和岗位责权的调整与配置；这里的制度，是从广义上讲的，包括国家和地方的法律、法规以及任何组织内部的规章制度等社会规范。除了经济和社会体制以外，法律、道德、宗教、习俗等社会规范都为公平分配的实现提供了相应的机制[45]，但法律以其自身特有的作用和功能优势在整个调整机制中占有特定的位置。法律调整机制的重要特点在于它是通过权利义务模式的作用来调整社会关系，具有国家的强制力。

需要特别指出的是，公平分配的实现需要多个法律部门综合调整，不仅仅是通过经济法这一个法律部门。宪法、行政法、民商法、社会保障法、甚至刑法等法律部门对于公平分配的实现都具有十分重要的作用[46]，但本文讨论的重点在于公平分配实现的经济法机制，即经济法中公平分配观的实现机制。虽然公平分配从法律的其他部门的视角来看，其涉及的范围非常广泛，但从经济法的角度来看，经济法中的公平分配固然要涉及政府公权力和公民私权利这些非财产利益的分配，也同时涉及初次分配和再分配等各个分配领域，但从总体上看，经济法中的公平分配，其主要内容和调整重点是对财富的再分配。

基于对财富再分配的法律调整，经济法中的公平分配观在其实现机制上面有其独特之处。这种独特之处的首先体现在经济法中公平分配观的实现

---

[45] 最典型的例子就是慈善事业，在很多国家慈善事业的发展是和宗教有着密切联系的。

[46] 如宪法对于权利和权力的分配，行政法对于权利和权力边界以及权力和权力边界的划分，民商法对于私权的划分，社会保障法对于财富的再分配，刑法对于犯罪标准的界定和刑罚的幅度，也都是对于社会分配的一种调节。

不能通过市场的自发调节来实现,而是需要政府积极行为,在经济法中公平分配观的实现更多地通过政府公权力的有效实施。其次,经济法中公平分配观的实现机制还具有强烈的经济和社会双重效应,这两方面的效应直接关系到经济的可持续发展与社会的稳定安全。最后,经济法中公平分配观的实现机制具有动态性,这是由于经济本身具有周期性和易变性,基于及时调整经济的需要,经济法效果的实现往往和经济政策紧密相连,经济法中的公平分配观的实现机制必须处于一种不断调整之中,因此,经济法经常和经济政策紧密相连,二者的界限并非十分明晰。[47] 以上这些特点紧密贯穿在经济各个部分,可以从不同角度进行印证。

从经济法的权利义务结构来看,经济法中公平分配观的实现机制充分体现了以上特点。法律对于社会调整的独特之处就在于,法律是通过权利义务模式来去规范社会的,因此,"权利与义务,向来是法律制度结构中的核心"。[48] 研究经济法中公平分配观的实现机制,有必要从经济法的"权义"结构入手。总体上看,经济法上的"权义结构"具有权利义务配置不均衡、权义规范偏在性、主体权义不对等一系列特点。[49] 以上这种不均衡、不对等的特点,决定了经济法中的公平分配机制不可能在法律主体双方的自主选择中实现,必须借助政府积极行为中得以实现。而这种政府的宏观行为具有强大的社会和经济效应。由于经济生活的多变性,在一定时期内,经济法公平分配需要通过政府的经济政策来实现。

探讨经济法中公平分配观的实现机制,还必须考虑到当前中国公平分配面临的主要问题和因素。唯有找准问题,才能做到对症下药,真正实现经济法对公平分配的有效规范。当前,影响我国公平分配的因素有很多,主要体现在五个方面。一是中国特色城乡二元化问题的长期存在,致使城乡在收入分配方面出现较大不公平;二是我国东西地域发展的不平衡以及由此产生的"马太效应"[50],不仅加剧了旧的不公平,同时还会催生新的不公平。三是当前我国市场转轨时期存在的制度缺陷以及产业结构的升级和调整,"默许"

---

[47] 一个典型的例子就是当前北京等地方陆续开展的房价调控政策,这些经济政策构成了经济法中实现公平分配的重要机制。

[48] 张守文,同注[40]引书,第164页。

[49] 具体内容参见同上书,第174—175页。

[50] 马太效应(Matthew Effect),来自《圣经》(新约·马太福音)中的一则寓言,"凡有的,还要加给他叫他多余;没有的,连他所有的也要夺过来",1968年,美国科学史研究者罗伯特·莫顿(Robert K. Merton)从中引申出了"马太效应"这一概念,用以描述社会生活领域中普遍存在的"强者愈强、弱者愈弱"的现象,后来这一概念被广泛应用于社会学、经济学、政治学等领域。

不合理的分配收入方式在事实上存在；四是世界经济一体化的出现导致了国际分配不公，使得分配公平问题已经上升到国际层面，并直接影响到国内的公平分配。针对这些问题，经济法作为具有时代气息的法律部门，与其他法律部门相比较，更具有其特色优势。

探讨经济法中公平分配观的实现机制，还必须从经济法律制度的具体内容入手。“法律在巩固分配关系的影响和它们由此对生产发生的作用，要专门加以规定”[51]经济法则是调整社会分配关系的基本法律形式。经济法与其他部门法相比，在实现收入分配社会公平的制度保障方面的任务和使命更加繁重。应当说，中国经济法三十多年来的发展取得了巨大的成就，为公平分配的实现确立了较为完善的机制。但经济法要实现收入公平分配的历史重任，不仅需要进一步加强经济法基础理论研究，同时还应当注重逐步完善经济法律制度建设。在当前形势下，经济法尤其应当进一步加强和完善以下几个方面的理论和制度，为公平分配的实现提供更好的机制。

一是要完善财政法律制度。财政法律制度的范围相当广泛，至少应当包括预算法、财政支出法、财政收入法、财政监督法等相关内容。总体上看，我国的财政法律制度相当不健全，尤其是在财政支出法方面更是如此。财政支出法对于公平分配具有十分重要的意义。当前我国分配不公的一个重要体现就在于地区收入分配差距拉大。从当前来看，我国解决地区收入差距的重要措施就是加大财政转移支付。但是，由于相关制度不健全，财政转移支付实际效果并不理想。因此，必须加强财政转移支付相关立法。另外，虽然改革开放以来我国的经济发展取得了很多成就，但从总体上看，政府用于教育、医疗卫生等公共财政投入仍然存在诸多问题，这也在一定程度上影响了民众的收入，尤其是低收入群体的收入。因此，有必要健全相应法制，进一步明确政府的公共财政投入责任，逐步加大政府对公共财政的投入，以减轻低收入人群的相应支出。

二是要进一步完善税收法律制度。税收能有效地调节收入分配，实现收入分配的社会公平。“税法是对各类主体的利益的平衡，是分割社会财富的利器。”[52]适应各国财政收入不断扩大化的偏好和趋势，税法作为税收这一主要财政收入来源的法律保障，具有十分重要的意义。同时，虽然税收对保障公平分配的实现具有十分重要的积极意义，但税收毕竟是对当事人财产的无

---

[51] 马克思：《（政治经济学批判）导言》，载《马克思恩格斯选集（第 2 卷）》，人民出版社 1972 年版，第 101 页。

[52] 张守文：《财富分割利器——税法的困境与挑战》，广州出版社 2000 年版，第 338 页。

偿征收，在实质上是一种剥夺对方相应财产权的一种行为，因此更要依法进行，否则就有可能走向事物的反面，造成更大的社会不公。我国当前的税法制度尚不健全，并未完全实现对收入的公平分配。尤其是个人所得税、遗产税、物业税、垄断企业特别收益税等税种，对调节收入分配、实现社会公平具有直接的作用，更应当及时完善。另外，除了在实体法方面健全以外，还需要注意要加强税收征管制度建设，真正实现税法的公平分配功能。[53]

三是要完善反垄断法律制度。虽然我国已经在2006年通过，但是现实生活中垄断行业的畸高收入仍然影响着公平分配的实现。据前几年的统计数字，电力、电信、金融、保险、水电气供应、烟草等垄断行业职工的平均工资是其他行业职工平均工资的2—3倍，再加上工资外收入和职工福利待遇上的差异，实际收入差距可能在5—10倍之间。[54]"而根据去年统计局公布的数据，中国证券业的工资水平比职工平均工资高6倍左右，收入最高和最低行业的差距达11倍。人力资源和社会保障部工资研究所发布的最新数据，这一差距又扩大到15倍。如果把证券业归到金融业一并计算，行业差距也高达6倍。"[55]导致这种收入差距的原因并非是这些垄断行业的效率比其他行业高，也不是这些行业的职工比其他行业的职工付出了更多的劳动和技术，而这些企业的垄断地位。这种收入差距严重影响了分配公平的实现。因此，建立完善的反垄断法律制度，引入有效的竞争机制，切断垄断企业通过垄断地位获得垄断利润的途径，消除垄断行业职工畸高收入的根源，是公平分配实现的重要经济法机制之一。

四是要进一步完善金融法律制度。金融法律制度对于公平分配的重要作用，长期以来并未受到有效的重视。实际上，金融法律制度对于财富的分配意义重大。[56] 在市场经济中，财富的分配是通过货币这一价值形态来实现的，而现实社会中货币量的多少直接影响着财富的分配。严重的通货膨胀实际上是对社会财富的一种畸形分配，不仅不利于公平分配的实现，而且会出现更严重的不公平，也将会影响到经济的正常运行和社会稳定。因此，必须

---

[53] 在现实生活中，很多单位偷税漏税现象十分严重，这已经是公开的秘密。2011年初，北京市开始对非北京户口人员北京购房进行限制，对非北京市户口人员的购房问题与其纳税情况挂钩，这一公开秘密逐渐浮出水面，进入公众视野。

[54] 参见《垄断行业员工的收入有多高》，载《人民日报》2006年6月5日。

[55] 参见《最新数据显示我国行业收入差距扩大至15倍》，载《经济参考报》2011年2月10日。

[56] 2008年开始，至今尚未完全消除影响的金融危机就很能说明金融法对公平分配的重要意义。

加强金融法律制度建设,尤其是银行法律制度建设,完善对货币供应量和流通量进行法律规制。

五是要进一步完善价格法律制度。虽然价格机制主要是由市场竞争来实现的,但是由于市场的天然缺陷,价格并不一定真正反映供求机制。[57] 这种畸形的价格必然影响到财富的分配,使得一部分人通过其价格优势占有另外一部分人的收入,严重影响到了公平分配的实现。因此,有必要通过价格法律制度对不正当的价格波动进行规制,尤其是对于一些关系到国计民生的商品价格,更是如此。[58] 另外,从社会经济总体来看,也需要对价格水平的总量进行控制,避免价格水平过快增长拉动通货膨胀。

六是要进一步完善工资法律制度。近些年来,劳动报酬在国民生产总值中的比重呈逐年下降趋势[59],这种分配不公已经严重影响到了劳动者的合法权利,同时也为社会安定带来了不利因素。虽然劳动者工资的高低主要由市场供求关系来决定,但针对我国当前劳动报酬远远低于其他国家相应比例的现实,政府完全有必要通过进一步健全工资法律制度的方式来应对这一现实问题。

六、小　结

公平分配是一个宏大的课题,涉及法学、经济学、社会学、哲学、伦理学、历史学、政治学等多个学科领域,学者们对这一重大理论问题进行了广泛的探讨。同时,公平分配又是人们普遍关心的重大社会问题,近些年来存在的分配不公现象已经严重影响到了整个经济的发展和社会的稳定。在理论上解释并在实践中探索公平分配实现的有效机制是法学研究者尤其是经济法研究者责无旁贷的重大历史使命。虽然不同学科对公平分配本身的理解有一定的差异,但这并不影响人们对于公平分配的追求。随着经济法研究的不断深入和经济法律制度建设的推进,公平分配的实现必将更有保障。

---

[57] 2010 年被戏称为“豆你玩、糖高宗、蒜你狠”的绿豆、糖、大蒜价格的非正常上涨即为此种情况。

[58] 日本地震之后因谣言导致食盐价格在短期内迅速高涨这一事件,政府就完全有必要进行干预。

[59] 由于统计口径的不同,学者对于劳动报酬在整个国民生产总值中比重下降的幅度有一定的争议,但劳动报酬在国民生产总值中比例逐年下降的确是一个不争的事实。

台湾“国民年金法”的主要内容及其对大陆相关立法的可借鉴之处

李　晖*

目　次

台湾“国民年金法”于2007年8月8日公布，2008年7月18日通过了部分条文的修正案后自2008年10月1施行，分为7章52条。该法实施至今已满2年，广获岛内民众好评。老龄化浪潮遍及全球，各个国家虽然在经济发展程度、社会制度和社会结构等方面存在差异，但都面临如何解决日益严峻的养老问题。台湾和祖国大陆同宗同文，经济发展模式相似，经济发展水平

* 李晖，北京大学法学院经济法学博士研究生，河北农业大学法律系讲师。

逐渐接近,也同样面临老龄化社会挑战,台湾地区的立法和实践对于祖国大陆正在建设的社会保障制度和相关立法无疑具有独特的借鉴意义。

一、"国民年金法"的立法背景和立法目的

"国民年金法"是在台湾社会高龄少子化发展趋势严重的大背景下出台的。据台湾"内政部"的统计,全台65岁以上老年人口所占的比例逐年攀升,2009年底达254万余人,占总人口的10.63%,平均每不到10人中就有1名老人,人口老化指数创历年新高。老化指数与美国相当,比欧洲国家低,在亚洲仅次于日本。台湾老龄化的原因在于出生率的降低和平均寿命的延长。台湾的出生率近10年来逐年降低,1997年的出生率约是2009年的一倍,当年度粗出生率是1.5%,当时一年出生的婴儿近33万人,而到了2009年新生儿首度少于20万,创下约0.83%的新低出生率,和德国一起并列全球最低。① 据台湾"卫生署"公布的资料称台湾平均寿命在逐年延长中,2010年初平均寿命为78.97岁,男性为75.88岁,女性为82.46岁,在亚洲居于领先地位。②

"国民年金法"的立法目的是为了保障现有社会保障制度无法覆盖的人群的基本养老需求。台湾全岛25岁到65岁之间的青壮年中有大约470万人口没有加入公教人员保险、劳工保险或军人保险等社会保险体系中去,也不能被农民健康保险所覆盖,即这部分人没有任何老年给付的保障。③ 该法实施后,这部分人群可以在年满65岁后按月领取定额的养老金,称为国民年金,作为老年生活的基本保障。国民年金保险制度事实上起到对全社会民众养老保障的兜底作用,因此岛内评论认为"国民年金法"的通过标志着台湾进入福利社会的行列。④

---

① 参见台湾地区"内政部"网站,www. moi. gov. tw,最后访问2010年9月15日。虽然当局推出多项奖励措施,包括发放幼儿教育券、医疗补助、托育补助、育婴留职停薪津贴、受雇者不得解雇等规定,但收效甚微。为鼓励生育,"内政部"2010年还悬赏100万新台币征求全民想出一个"听了就想生"的响亮口号。

② 参见台湾地区"卫生署"网站www. doh. gov. tw,最后访问为2010年9月20日。

③ 据台湾地区"内政部"统计,2009年底台湾户籍登记人口为2300万余人,470万的人口所占比重甚高。见www. moi. gov. tw,最后访问2010年9月15日。台湾有的论著中将公教人员保险、劳工保险和军人保险合称为职域社会保险,即基于职业划分建立的社会保险制度,如黄文平:《轻松搞懂国民年金与劳保年金》,台湾书泉出版社2008年版。台湾地区"内政部"印制散发的宣传册中也有用此称呼。

④ 王正、郑清霞:《降低贫穷与国民年金》,载《社区发展季刊》2007年5月。

二、"国民年金法"的主要内容

(一) 国民年金的主管机关和适用范围

台湾国民年金的主管机关分为"中央"机关和地方机关。其"中央"主管机关称为"中央"社政主管机关,即"内政部"。台北和高雄两个"直辖市"的主管机关分别是其市政府,其余县市分别为其县市政府。各主管机关的职责为监督国民年金保险业务及协助审议保险争议事项。国民年金保险的保险费原则上由参保人(被保险人)、"内政部"、"直辖市"政府和各县、市政府共同负担。若是参保人收入较低或有身心障碍可享受较低的保费负担比率。

国民年金保险的保险业务由"内政部"委托劳工保险局⑤办理。劳保局承担保险人的角色,直接面对投保的民众,负责办理国民年金保险的承保、保费收取、保险金发放、保费运营等一系列具体事务,是国民年金保险的核心主体。

(二) 国民年金保险的适用范围

国民年金保险的适用范围见下表⑥:

年龄	25岁以下	25岁至65岁						65岁以上
是否适用国民年金保险	不适用	已参加公教人员保险	已参加军人保险	已参加劳工保险	已参加农民健康保险	未参加任何社会保险	55岁至65岁领取原住民敬老生活津贴的	适用,不需缴费,直接领取保险给付
		不适用	不适用	其劳工保险终止后可转而适用	自愿选择,择一参加	适用	适用,不需缴费,直接领取保险给付	

可见,适用国民年金保险主要是未参加已有社会保障的民众,如家庭主妇、学生、暂无职业的一般民众、雇主未为其投保劳工保险的雇员、自营作业者、未加入劳工保险的雇主、外籍新娘等等。在该法实施时已经年满65岁的民众符合"排斥其他社会保险给付或福利津贴条款"及"排富条款"的可"视

⑤ 以下简称"劳保局"。

⑥ 图表为作者自制。

为”国民年金保险的被保险人,不需缴纳保险费便可每月领取 3000 元⑦的“老年基本保障年金”。⑧

此外,也包括一定条件下已经参加了劳工保险和农民健康保险的民众。劳工保险的覆盖范围为受雇佣之劳工、无固定雇主或自营作业而参加职业工会者已经实际从事劳动之雇主。参加了劳工保险,达到退休或退职条件时可领取劳工保险老年给付,这也属于养老保障中基础性保障。但只有符合“劳动基准法”或“劳工退休金条例”者才可能领取由雇主缴费形成的劳工退休金。但参加劳工保险而没有雇主的民众只能领取基于年老确定的养老补助,而没有劳工退休金。因此,对这部分人来讲,在基础性养老和个人商业保险、储蓄养老之间出现断层。对此,“国民年金法”特别规定了两类适用对象:第一是在该法实施前已办理退职领取劳工保险年金给付,但未领取其他职域社会保险老年给付的;第二是在该法实施当时仍具有劳工保险被保险人身份,在该法实施后 15 年内依规定领取劳工保险老年给付,其领取老年给付的年资未超过 15 年且未领取其他职域社会保险老年给付的。台湾从事农业的人口较少,专门针对农民的农民健康保险属于基础层次的养老保障。“国民年金法”实施后并不是直接替代农民健康保险,而是交由农民自愿选择加入两者之一。

(三) 国民年金保险费的计算与缴纳

按照“国民年金法”的规定,保险费按照以下公式计算:

被保险人自付保险费(月) = 月投保金额 × 保险费率 × 自付比例

其中,月投保金额在实施的第一年为 17,280,第二年以后由专管机关按照 CPI 指数进行调整。保险费率在实施的第一年为 6.5%,此后每两年调高 0.5%,最高不超过 12%,如果保险基金余额足以支付未来 20 年之保险给付则不再调高。自付比例是指投保人和政府对应缴纳保费的分担比例,现行的规定是投保人承担 60%,政府承担 40%。即按照实施第一年的规定计算,应付保险费(月) = 17,280 × 6.5% = 1,123 元,投保人自付金额 = 1,123 × 60% = 674 元。但如果投保人是低收入者或有身心障碍者,政府区分不同情况会全部承

⑦ 文中金额均为新台币。

⑧ 简称“老年年金”。

担或承担较高比例。[9]

保险费的自付部分由投保人[10]按照劳保局指定的多种方式自行向劳保局缴纳,原则上以月为单位,为简化劳保局工作,现行规定为每两个月缴纳一次,投保人自多能预交一年的保费。劳保局负有向投保人书面通知的义务。

(四)国民年金保险金给付的类别和计算

国民年金保险的保险金给付分为三大类:老年给付、身心障碍给付和死亡给付。大类中再分为不同的给付项目。见下图[11]:

国民年金保险的给付项目	老年给付	老年年金给付老年基本保障年金原住民给付
	身心障碍给付	身心障碍年金给付身心障碍基本保障年金
	死亡给付丧葬给付	遗属年金给付

除丧葬费外,其他给付项目均和投保人的累积的保险年资有关。[12] 保险年资是一个时间的考察,以月为计算单位,自投保人符合参保资格当日的零时起计算,丧失参保资格的前一日的24时止。[13] 即加入国民年金保险的民众如参加了职域保险则自动退出国民年金保险,但如果未来再次加入国民年金保险,其保险年资累计计算。被保险人参加国民年金保险期间,如发生保险事故而领取事先障碍年金,待到满65岁后可以选择是否改领老年年金给付。

与国民年金保险交叉性最明显的是劳工保险年金,两者适用人群相反。民众在60[14]岁之前可能会同时参保了国民年金和劳保年金。在保险金的给付上,两种保险按照各自的规定分别计算,分别领取。由于这两种保险的保险人都是劳保局,为方便行事,可以由投保人向劳保局申请后合并领取。

---

[9] "国民年金法"对低收入投保人的认定标准按照台湾"社会救助法"的规定,以户为单位认定,以全部收入平均分配全家人口,再考察其家庭财产,两项皆符合才能认定。身心障碍者按照病情轻、中、重等程度,政府承担比例从55%到100%。

[10] 在国民年金保险中,投保人即为被保险人,在领取老年年金期间也同时是受益人,在文中以不同的称呼取决于在不同的法律关系中不同的角色。

[11] 图为笔者自制。

[12] 保险年资指被保险人参加国民年金保险并依规定缴纳保险费累计的期间。

[13] 如被保险人找到工作,由雇主为其投保了劳工保险,即丧失国民保险参保资格,保险年资停止计算,国民年金保险效力终止。

[14] 按照劳工保险年金的规定,领取劳工保险老年年金或老年一次金的年龄条件是年满60岁。

1. 老年年金

曾参加国民年金保险，年满 65 岁后的被保险人可领取老年年金给付，其有两种计算公式：

A：年金给付金额(月) = 月投保金额 × 保险年资 × 0.65% + 3000 元

B：年金给付金额(月) = 月投保金额 × 保险年资 × 1.3%

原则上由被保险人选择适用。若保险年资较短，以 B 公式计算则金额较少，不足以保障老年生活，而适用 A 公式则至少保障在 3000 元以上。但被保险人有欠缴保险费期间不计入保险年资、已领取相关社会福利津贴等情况下，只能适用 B 公式。⑮

这里的月投保金额是当月投保金额，而非被保险人缴费期间适用的投保金额，因此，随着 CPI 不断调高的投保金额也会反映在年金给付金额不断调高上。

2. 老年基本保障年金和原住民年金

老年基本保障年金是指在“国民年金法”实施时已经年满 65 岁的民众无需再缴纳保险费即可领取养老资金帮助，金额固定，目前为 3000 元每月。同样，在实施时已经年满 65 岁的身心障碍民众可直接领取的称为身心障碍基本保障年金，金额固定，目前为 4000 元每月。在“国民年金法”实施之前，台湾于 2002 年 1 月 1 日制定实施了“敬老福利生活津贴暂行条例”和“原住民敬老福利生活津贴暂行条例”。前者规定了年满 65 岁有台湾户籍的老人可以每月向户籍所在地政府领取 3000 元敬老福利津贴，后者规定了原住民可以在年满 55 岁未满 65 岁前可以向户籍所在地政府领取每月 3000 元的原住民敬老福利生活津贴。“国民年金法”实施后以老年基本保障年金制度和原住民保险给付制度代替了原有津贴制度，两个暂行条例都在“国民年金法”实施前一天终止。

被保险人同时符合两种或两种以上的国民年金给付种类时只能择一领取。同一种保险给付，不能因同一保险事故，重复请领。国民年金保险给付的请求权自权利成立起 5 年内有效，愈 5 年未申请则丧失权利。

国民年金保险的保险金缴纳与保险金给付都是以投保人个人为计算、运行的，但与之交叉的是社会救助法中以户为单位考察而确定的救助计划，而

---

⑮ 台湾劳工保险局为民众提供免费的咨询和计算服务。民众可以很方便的到其指定的机构进行年金保险方面的计算，选择更为优厚的方式。笔者在台期间在电视节目、地铁车厢、公交路牌等地方见到政府以小广告片、漫画图示、顺口溜等各种形式活泼易懂的对此的宣传，来提高民众对国民年金保险的了解，指导民众选择对自己最优的领取方案。

且后者金额更高。为了避免被保险人领取了国民年金给付拉高了家庭收入而丧失了原有的领取社会救助项目的资格[16],"国民年金法"专门规定了减领保险给付制度,被保险人或受益人可视其需要提出减领国民年金保险给付的申请,但一年一次为限。

3. 身心障碍者年金保险给付

发生身心障碍,必然无法正常工作获取收入,生活产生困难。"国民年金法"中专门规定了身心障碍年金制度对这部分民众的生活提供专门保障。身心障碍年金适用于参加国民年金保险期间发生重度以上身心障碍的被保险人,而在"国民年金法"实施前已经发生重度以上身心障碍者则直接可以申请领取身心障碍基本保障年金。

身心障碍按照病情分为不同程度,均需要经卫生署指定的合格医院的评定。只有经过评估为重度和极重度的身心障碍,完全丧失劳动能力者才可领取。除了已经评估认定终身无治情况外,每5年由劳保局对被保险人进行身心障碍程度的查核,以确定是否继续发放。

身心障碍年金给付金额(月)=月投保金额×保险年资×1.3%

身心障碍基本保障年金为固定金额,目前是每月4000元。为了照顾保险年资较短的被保险人,适用身心障碍年金在计算结果低于4000元则将其归于适用身心障碍基本保障年金,即也按照4000元发放。

4. 丧葬给付与遗属年金

国民年金保险的被保险人在保险有效期间死亡,为其办理丧葬事务的人可以向劳保局申请一次性的丧葬给付。计算公式为:

丧葬给付金额=月投保金额×5

被保险人在保险有效期间死亡后,如留有配偶、子女等遗属,可以按照法定顺序申请遗属年金。"国民年金法"对遗属年金的规定较为细致、复杂。在国民年金保险关系中,并没有使用商业保险关系中常用的投保人、收益人等概念,其原则上投保人即被保险人也即受益人,不存在约定或指定他人为收益人的可能。但出于稳定社会\关照困难家庭的立法目的,在被保险人死亡后其遗属可以申请年金给付。但申请人身份、顺序、条件、支付金额等一律由"国民年金法"立法强制性规定。

领取遗属年金的亲属范围及顺位分别是配偶及子女;父母;祖父母;孙子

---

[16] 社会救济法中各项均高于老年年金,如"最低生活费"项目按照行政区划的平均收入不同有所差别,但平均都在万元以上每月。

女；兄弟、姐妹。只要在被保险人死亡时有前顺位亲属存在则后顺位亲属无权申请。任何顺位的亲属申请都受到年龄、收入不超过领取遗属年金之时的月投保金额等条件限制，在其条件不具备时停止发放。被保险人尚未领取任何保险给付即在保险期间死亡的，遗属年金的计算适用公式：

遗属年金给付金额(月)＝月投保金额×保险年资×1.3%

被保险人在领取老年年金或身心障碍年金后死亡的，遗属年金按照被保险人生前所领年金金额的半数计算。

三、“国民年金法”的立法特点

台湾“国民年金法”的制定实施补充健全了其社会保障制度，是其社会保障立法的重要里程碑。对比祖国大陆，2010年10月通过的“社会保险法”也是我们社会保障领域立法最浓烈的一笔，其意义之深远不言而喻。“国民年金法”规范的是养老保险制度，兜底解决了全社会民众的养老金基础保障问题，“社会保险法”第二章中规定了覆盖全民的基本养老保险制度，对包括职工基本养老保险制度、新型农村社会养老保险制度和城镇居民社会养老保险制度等现有多种养老保险制度做出了原则性、框架性的规定。但这些具体的养老保险制度尚处于初建阶段，如何实施、操作，还留有大量的法律空白，各地的做法也不尽相同，日后必然有艰巨的立法任务来逐步填充、完善。

台湾的养老保障构架独居特色，没有采用“三支柱”理论[17]，而是基本分为社会强制养老保险加上个人自愿养老投资两层的养老金来源体系，规范详细完备，运行的较为成功。祖国大陆立法和实践中则采用了“三支柱”理论，在完善基础性社会强制养老保险制度外还着力推动发展企业年金制度。两岸对此的思路和立法不同，但解决的问题相同，尤其是在存在重合的基础性养老保障领域。因此，台湾的解决之道对祖国大陆的制度建设也有其独特的借鉴参考价值。

---

⑰ 按照世界银行“三支柱”养老保险体系是世界银行1994年在《防止老龄危机：保护老年人即促进经济增长》报告中提出的，第一支柱，即公共养老保险，由政府主导并强制执行，为老年生活提供最基本层次的保障；第二支柱，即企业补充养老保险计划，我国自2004年起称为企业年金，一般由企业自愿为职工提供的一种完全积累制的私人管理的养老金计划；第三支柱，即个人储蓄或参加商业保险，完全为个人行为。

（一）实现了与原有社会保险制度的整合与衔接

"国民年金法"实施后替代了原有的"敬老福利生活津贴暂行条例"和"原住民敬老福利生活津贴暂行条例"，使立法统一，适用简便，提高了制度的效率性。在之前的法律草案中曾有条款规定实施后替代农民健康保险，但基于政治、基金运行等原因没有保留下来，而是改为现行的交由农民自己选择适用，自然淘汰，并不改变长期的立法目的。

更为重要的是与劳工保险年金制度的自动衔接规定，使民众在参保时间上不至于出现空白，而且免去主动申请等程序负担，加之保险年资自动累计计算和保险金给付分别计算、发放等规定充分保障了投保人的利益，实现了社会保障制度惠及全民、稳定社会的立法目的。

（二）协调了与社会救济制度综合调整

养老保险法律关系中的主体是单个的自然人，并且限于成年人，各个环节的设计和考量都是以个人收入为单位的，但社会救济制度要面向所有人群，全面考察民众的真实生活状态。社会救济资格的获取要以"户"或"家庭"为单位来考察。如老年基础年金的给付水平是以社会贫困线的水平划定，但老年人即使领取了年金也并不能保证其个人的基本生活，可能因其家庭成员的原因而陷入贫困。是否将家庭成员的国民保险年金收入纳入家庭总收入中计算？即国民保险年金给付的性质是收入，还是强调对特定个人的保障而不负有对其他家庭成员的供养义务？"国民年金法"中选择了对家庭整体有利的处理方式，保障优先成立给付数额较高的社会救济领受资格，规定了变通的方式，即被保险人一年有一次机会可以提出减领保险给付的申请，也预防了权利滥用。

（三）保留规定了对原住民的优待制度

台湾特殊的历史背景造就了其特有的原住民和普通民众在政治、经济、社会生活各个方面相去甚远的群族差异，原住民在经济、文化上较为落后，长期存在较为敏感的原住民话题，长期的磨合发展中制定积累了专门服务原住民的法律体系。在"国民年金法"中沿袭了对原住民的养老金给付优待是基于很现实的原因，即原住民的平均寿命较短，相应的退休年龄也应提前。[18]但同时规定负责原住民事务的行政院原住民族委员会负责调查、报告原住民平均寿命的提高情况，以在法律上及时调整。

在立法上明确规定对发展较为落后的族群相应地降低其领取基本养老保障的年龄，实现实质公平，这一做法值得我们借鉴。由于历史、自然和制度的多重原因，祖国大陆在沿海、内地，东部、西部，城镇、农村，以及各个民族之间存在严重的发展差异，并且在近些年来呈现差距扩大的趋势，也反映在各地区、民族平均寿命的差异上。如藏族的平均寿命不断提高，但至今与全国平均寿命的差距在6岁左右。[19] 今后结合民族、地域对基本养老保险给付年龄细化区分，并根据实际情况及时调整，这必然是基本养老保险制度实现实质公平、完善立法的方向。

（四）排富条款

“国民年金法”规定的保险项目中有的受到被保险人财产和收入状况的限制，即“排富”条款的限制。见下表[20]：

<table>
<tr><td rowspan="8">国民年金保险的给付项目</td><td rowspan="3">老年给付</td><td>老年年金给付</td><td colspan="2">不受“排富”条款限制</td></tr>
<tr><td>老年基本保障年金</td><td colspan="2" rowspan="2">受到“排富”条款限制</td></tr>
<tr><td>原住民给付</td></tr>
<tr><td rowspan="2">身心障碍给付</td><td>身心障碍年金给付</td><td colspan="2">不受“排富”条款限制</td></tr>
<tr><td>身心障碍基本保障年金</td><td colspan="2">受到“排富”条款限制</td></tr>
<tr><td rowspan="3">死亡给付</td><td>丧葬给付</td><td colspan="2">不受“排富”条款限制</td></tr>
<tr><td rowspan="2">遗属年金给付</td><td>被保险人死亡时未领取保险给付的</td><td>不受“排富”条款限制</td></tr>
<tr><td>被保险人死亡时已领取保险给付的</td><td>无谋生能力或月收入低于领取时月投保额</td></tr>
</table>

从字面上可以看出，所谓“排富”条款即排斥富人获得国民年金保险给付利益的条款。如果达到“排富”条款规定的情景，则不具有年金给付的领取资格。“国民年金法”对此的表示为：“领取……年金者，不能有下列所举

[18] 台湾原住民人口占全岛人口的2%，男性平均寿命仅59.6岁，女性平均寿命69.9岁。比岛内非原住民男女平均寿命约少10岁以上。见《台湾立报》2003年12月5日。

[19] 西藏人口平均寿命由1959年民主改革前的35.5岁提高到2009年的67岁，而同期全国平均寿命为73岁余。见央视网2009年7月10日报道，http://tibet.cctv.com/20090710/103604.shtml，最后访问时间2010-12-21。

[20] 表格位笔者自制。

任何一种情况……四、税捐稽征机构核定之最近一年度个人综合所得总额合计新台币50万元以上。五、个人所有之土地及房屋价值合计新台币500万以上。"

老年年金给付和身心障碍年金给付不受被保险人财产状况限制,理论依据为"有投入,有所得",只要依法缴纳了年金保险费,不论退休后如何在经济上宽裕,也有权获得受到政府补贴运行的国民年金基金的收益支付,体现了政府不与民争利,平等厚民的思路。㉑

"排富"条款在老年基本保障年金等的适用其理论基础是维护社会的整体公平。享有这些年金的领受人在没有任何缴费贡献的情况下直接领取养老金,其资金不仅来源于国民保险保险费基金的投资收益,更大部分来源于全社会纳税人贡献的财政资金。正如台湾中华人事主管协会执行长林由敏指出,国民年金与劳工保险不同,并非一投保,就可确保能够请领相关给付,为确保社会公平性,国民年金法设计"排富条款",结合年度个人综合所得确定是否发放。㉒

对比祖国大陆,近年来经常在媒体上曝光开豪车领低保,开豪车住经济适用房等新闻,这些现象引起了社会强烈的不满,加剧了社会分配不公。㉓对此我们除了道德谴责外,解决的根本途径在于立法上的完善,从制度上堵住漏洞。因此,《社会保险法》在勾画了养老保险的基本蓝图后应学习台湾地区的有效经验,结合祖国大陆实际情况,规划自己的"排富"条款,发挥政府在财富二次分配中的主导能力,促进社会实质公平。

(五)对身心障碍者减免个人保险费负担比率

"国民年金法"对身心障碍者依其病情划分几种情况,政府承担大部甚至全部的保险费缴费负担,这是人道主义和务实政策的体现。如果民众不幸

㉑ 林万亿,黄枚玲:《论我国国民年金制度的规划》,载《社区发展季刊》2002年第2期。也有学者提出对老年年金给付完全不考虑被保险人的财产状况的做法从年金基金运营保障其持续支付能力,以及政府财政负担等衡量也有需要检讨之处,也有失社会整体公平。但从实际操作考查,如果投保人在年轻时收入较低而参加国民保险,有实际支出保险费的行为,而因为老年后因财产状况较好而丧失获得收益或固定保障的权利,制度设计上极难实现,需要综合考查多种因素。而且,在理论上也是一种后退,使得这部分老年人的生活保障全部自行负担,没有了固定金额的支持保障,也有悖"国民年金法"维护社会稳定,老有所养,社会发展成果全民共享的立法目的。

㉒ 2008年7月15日林由敏接受采访时的表示,见www.okwork.gov.tw,最后访问为2010年9月15日。

㉓ 如《开豪车住豪宅领低保,此行径与窃贼何异》,见《钱江晚报》2010年9月28日。

罹患身心障碍,其本人身心遭受折磨外还会部分或全部丧失劳动能力,危及经济来源。对其家庭来说,也会产生照顾、供养的负担。如果对这部分民众没有固定的经济保障,必然拖累家庭、社会。对身心障碍者由政府提供公共财政资金支持的照顾,是现代社会文明发展的必然成果。[24] 从立法技术上考察,"国民年金法"对其的适用范围从25岁起,直至身故。将其纳入统一的法律关系中调整,实现了退休前和退休后年龄上的衔接,也简化了个人和主管部门的程序负担。

对比祖国大陆,我们至今也不能找到对身心障碍者提供统一的医疗、供养、养老等方面的法律制度。据研究显示中国精神病患超过1亿,重症人数逾1600万。[25] 毫无疑问,对这部分民众的照顾是一个不可回避的社会问题。从立法技术上看,我们可以将其纳入养老保险制度调整,也可以纳入医疗保险调整,但无论如何都是一个急迫的立法任务,并且也需要劳动、卫生、养老等多部立法体系的系统调整,台湾地区的经验殊为可贵。

(六)替代率的定位

养老金替代率,是指劳动者退休时的养老金领取水平与退休前工资收入水平之间的比率。它是衡量劳动者退休前后生活保障水平差异的基本指标之一。按照国际一般标准,认为替代率达到60%到70%才可维持退休前的生活水平。[26] 国民年金保险在养老金体系中属于社会保险,与其他类型的社会保险如劳工保险可以并行,加之商业保险和个人储蓄,共同构成替代率算式中的分子。立法中对国民年金保险替代率的定位不仅关系政府财政负担,与其他社会保险的分工协调,还影响着个人的经济行为,并不是越高越好。[27]

㉔ "身心障碍者"是台湾立法上固有称呼,其涵盖范围较为广泛,主要包括,但不限于祖国大陆使用的精神病患的概念。在"国民年金法"实施前的《身心障碍者权利保障法》已经使用。据2009年6月9日职训局身心障碍者就业训练组组长周惠玲指出,现行适用身心障碍者保护法法定进用身心障碍者人数约3.4万人,实际进用4.9万人。而受惠于身心障碍年金的人数更多。见台湾"内政部"全球信息网 www. epochtimes. com/b5/9/6/9/n2552855. htm,最后访问为2010-12-21。

㉕ 《研究显示中国精神病患者超1亿重症人数逾1600万》,来源环球时报——环球网,2010年5月29日,见华商网,http://news. hsw. cn/system/2010/05/29/050522706. shtml,最后访问2010-12-21。

㉖ See *Pension, Social security, and the Privatization of Risk*, Edited by Mitchell A. Orenstein, Columbia University Press, 2009, p. 4.

㉗ 如有学者认为过高的强制养老金可能造成个人储蓄的不足,基金投资效率过低等不利后果。如张五常:《我反对公共养老金》,见其博客文章,http://blog. sina. com. cn/s/blog_47841af70100dm8o. html,最后访问2010年9月11日。

确定一个合适的替代率,才能发挥其提高全社会福祉的立法目的,不至于扭曲社会经济运作规律,异化民众经济行为。㉘ 台湾在数年的立法过程中也广泛参考国外经验,经历摇摆。㉙ 目前国民年金保险的计算是按照最低生活标准,而据其"行政院"主计处的统计,2008 年民众的平均年收入为 52 万余元,可见,国民年金的给付水平平均下来应该不超过 15%。我国正在经历经济转型,各种养老制度形式处在初建阶段,台湾地区的经验对祖国大陆今后的立法工作提供了政治、财政收支、金融投资、劳动关系多重领域的参考样本。

㉘ 参考台湾"内政部":《先进国家年金保险制度》,1994 年课题报告。

㉙ 参考陈琇惠:《台湾国民年金制度规划的发展与挑战——一项艰巨社会工程的构筑》,载《社区发展季刊》第 116 期,2007 年 5 月。

企业内部公平分配的经济法保障研究

温　雅*

目　次

一、企业内部收入分配的概貌

(一) 企业内不同的利益主体

企业内的收入分配作为初次分配领域的重要组成部分,其分配原则和方法对解决我国居民收入差距过大的问题具有重要的意义。

* 温雅,北京大学法学院硕士研究生。

企业收入的分配过程以及由此形成的分配关系构成国民收入的宏观分配总格局当中的微观载体和国民收入分配关系的基本构成要素。具体而言，企业收入分配关系主要表现为生产要素所有者或支配者就企业收入的分割而形成的一种财产关系，它取决于各生产要素在企业收入创造中的地位、作用和相互之间的优化选择和有机结合的状态。①

在新古典理论中，企业长期被看成一个“黑匣子”，被简化为一个主要从技术角度，运用边际分析方法追求利润最大化的生产函数，资本和劳动只不过是生产要素而已。然而实际上，企业内收入的分配是十分重要的，因为企业内收入的公平分配对企业核心竞争力的培育和提升具有决定性的作用，而企业作为国民收入的创造主体，是实现国民收入公平分配的微观基础。由于不同生产要素的供给者，可能是股东、债权人、企业的管理者、普通员工，以及政府、社区和客户等，而呈现一种极为复杂的格局，从而形成了对企业收入存在着分层次要求的一个庞大的权利群。②

（二）企业内的公平分配

围绕企业利润分配，在新老股东之间、大小股东之间、股东与债权人之间、股东债权人与非股东债权人之间、股东与管理层之间、股东与普通雇员之间、股东与国家之间存在着有关股权保护、债权实现、职工利益保护、税收等诸多方面的利益冲突。

所谓企业内收入的公平分配就是指在分配公平原则的前提下，企业各要素主体对净剩余拥有平等的控制权和索取权，从而实现企业内初次分配权利和机会的均等。③ 随着我国改革开放和经济体制改革的不断深入，企业内分配制度改革也在不断地探索和日益深化，但是我国现行的企业内收入分配制度在激励企业内要素所有者及专业型生产技术人员，提高企业自身技术能力演进机制方面还存在很多不足之处。

在社会主义初级阶段，分配的基本原则是：按劳分配与按生产要素分配相结合，使不同的单位、个人的初次分配收入，能够与其所付出的资源（劳动、

① 范海玉：《论经济法在社会分配中的作用和边界》，载《当代法学》2007 年第 1 期。

② 美国经济学家詹森和麦克林在研究企业性质时把企业定义为一种组织，是各利益相关者（包括股东、债权人、经营者、员工和政府）所构成的“契约联合体”。参见 Jensen and Meckling, *Theory of the Firm: Managerial Behavior, Agency Costs and Ownership*, Journal of Financial Economics, October, 1976, V. 3, No. 4, pp. 305-360.

③ 杨建军：《以公平分配为基础的企业核心竞争力研究》，湘潭大学 2009 年硕士学位论文，第 3 页。

资本、土地技术等）相适应。而经济法的介入实际上可以起到对社会财富公平分配的调节作用，既肯定经济主体的努力，又同时维持整体经济的协调发展。

（三）企业内部公平分配的重要意义

如上所述，企业内部的分配公平是指初次分配的公平，促进企业内部的公平分配对于实现初次分配的公平意义重大。而在我国当前形势下，解决分配不公问题的核心在于“初次分配”还是“再分配”，是一个值得我们谨慎考虑的问题。笔者认为，解决中国当前的收入分配问题，要启用一系列的再分配手段，但不宜对再分配机制期望过高。相对而言，打造初次分配的公平基础则更为重要，解决初次分配层面的“分配不公”更加迫切。

由于初次分配是基础性的分配，是在全社会各种微观单位内部分散进行的分配。因此在整个国民收入分配中，初次分配的数额要比二次分配大得多，涉及面也更广。初次分配的大格局一旦确定，二次分配是无力从根本上改变的，只能在此格局基础上通过财政收支和转移支付手段在局部或一定环节上作出调整。因此，如果初次分配中的问题比较大，不公平问题很严重，二次分配即使能从社会公平的角度采取必要的调节措施，其效果也未必理想。

一方面，导致中国当前居民收入分配差距过大的主要原因在于初次分配层面的“分配不公”，这主要是由我国长期倾斜的产业政策、区域政策及垄断行业的长期垄断决定的。另一方面，我们所追求的社会主义市场经济条件下的公平，是竞争机会的公平，是效率基础上的公平，而绝不仅仅是竞争结果的平等。只有将“分配不公”的问题解决好，将初次分配的秩序规范化，再分配层面的各种调节手段才能乘势而上，收入“差距过大”的状况也才有可能切实得以缓解。④

正如党在“十七大”报告中指出的：“初次分配和再分配都要处理好效率与公平的关系，再分配更加注重公平。”这就表明了公平原则是初次分配和再分配的共同原则，初次分配同样要体现公平原则。因此，探析初次分配中的公平具有非常重要的理论与现实意义。

企业内的收入分配直接关系到企业内部的经济公平，不仅影响企业参与市场竞争的能力，更是决定市场是否可以达成分配公平的关键步骤。也就是

---

④　参见高培勇：《规范政府行为：解决中国当前收入分配问题的关键》，载《财贸经济》2002 年第 1 期。

说,企业内的收入分配是否公平直接决定了我国最终收入分配公平的实现程度。

二、控制股东与中小股东的利益分配

企业是一个包含了各个参与方在内的集合,股东作为剩余风险的最后承担者,其利益不能像债权人、雇员的利益那样通过签合同得到保障。⑤ 因此,如何确保股东的利益,特别是作为弱势群体的中小股东的利益,不仅是公司治理所要解决的核心问题,也是维护企业内部分配公平的第一要义。

(一) 控制股东与中小股东的利益冲突

股东平等可以解释为:"在基于股东资格而发生的法律关系中应按股东所持有的股份的性质和数额实行平等待遇。"⑥资本多数决原则正是基于股份平等原则而得以确立的,公司的资本多数决原则早在 1807 年的《法国商法典》中就确立了下来,体现了股东地位的形式平等。

然而,法律赋予的股东平等权利与实现这种权利之间仍有一段距离。对资本多数决原则的绝对贯彻却又造成了股东间事实上的不平等——持有多数股份的股东掌握公司事务的控制权成为控制股东,中小股东享有的表决权变得毫无意义,任由控制股东恣意妄为。控制股东与中小股东之间的权利与财富分配不均便由此而来。

(二) 资本多数决原则与资本民主的异化

1. 资本多数决与股份平等原则

资本多数决(majority rule),"是指股东大会依持有多数股份的股东的意志作出决议,法律将持有多数股份的股东的意思视为公司的意思,并且多数股东的意思对少数股东产生拘束力。"⑦资本多数决原则是随着股东大会制度的产生和发展而逐步确立的。

在现代公司制度下,公司的出资者——股东的个人的身份并不重要,重要的是资本。从而,当作为公司意思机关的股东大会需要通过决议以形成公

---

⑤ 杨秀丽:《弱势利益相关者保护探析——以大、小股东为例》,载《现代商贸工业》2010 年第 24 期。

⑥ 刘俊海:《股份有限公司股东权的保护》,法律出版社 1997 年版,第 30 页。

⑦ 梅慎实:《现代公司治理结构规范运作论》,中国法制出版社 2002 年修订版,第 375 页。

司的意思时，就只有依据资本进行表决，而不是依据股东的人数进行表决。在这里，股东的身份被其持有的股份所代表的资本所掩盖。股东大会之所以依据资本进行表决，是因为不同的股东投资的数额不同，从而承担的风险也不相同。“依据资本的多寡进行表决，有利于激励股东的投资热情，确定股东投资风险系数与投资回报之间的正比关系，以补偿股东为此而承担的代价，具有合理性。”⑧

而资本多数决原则确立的逻辑前提则是“股份平等原则”。即公司发行的每一股份所代表的股东享有的权利、利益和股东对公司承担的责任、风险程度应该是相同的，即一股一权。“各股东之间利益的分配和表决权的行使依照各股东的股份数额来确定，这是一种比例的平等、股份的平等。”⑨也就是说，股份平等是以股东所持有的股份为基础的一种比例上的平等，即股份平等是从资本角度出发的一种资本平等，并进而导致了资本多数决原则的确定。

可以说，企业是一种组织生产的方式，而公司是将资本引入企业的一种方式。作为资本结合体企业形态的股份公司，股东的权利建立在所持股份的基础上，公司的民主是股份的民主、资本的民主。因此可以说，“资本多数决”与全体股东平等地通过“一股一权”机制行使控制权或支配权的股份平等制度共同体现着资本平等的原则。⑩

2. 资本民主的异化

资本多数决原则源于股份平等原则，其确立和发展对公司快速有效地形成决策，并对保护和激励投资热情有着不容否认的贡献。然而，在发挥上述积极功能的同时，如果资本多数决原则被滥用而发生异化，则会带来若干弊端。

当资本多数决原则被滥用时，即没有依照其制度本身的功能被运用时，会产生损害公司或者中小股东利益的不利后果。所谓资本多数决原则的滥用，指“控制股东为实现自己或第三人所追求的利益，而行使表决权或运用基于控制股东资格所具有的影响力”⑪。

正如法国判例所确认的，对于资本多数决原则的滥用，一般可从两个方

---

⑧ 顾功耘：《公司并购法论》，高等教育出版社 1999 年版，第 514 页。

⑨ 朱慈蕴：《资本多数决原则与控制股东的诚信义务》，载《法学研究》2004 年第 4 期，第 107 页。

⑩ 余永祥：《资本民主与小股东利益保护机制》，载《浙江学刊》2000 年第 5 期。

⑪ 顾功耘，同注⑧引书，第 506 页。

面的要素认定：一是决议违反公司的总体利益，二是此种决议的唯一目的是为了有利于多数股股东的利益，有损于少数股股东的利益。[12]

3. 资本多数决滥用的原因

发生资本多数决被滥用的原因在于：

第一，公司的利益有别于股东的利益。公司作为独立的民事主体，有其自身的利益。公司利益的实现，有赖于公司的意思表示。但是公司作为一个无生命的组织，必须借助于股东作出意思表示。依据资本多数决原则，多数股东意志被拟制为公司的意志，中小股东的意志被多数股东意志所吸收或者征服。这样就使持有多数股份的股东成为公司事务事实上的控制者。正是由于这一环节的存在，控制股东能将其自身的意思以公司意思的面目表达，从而产生了控制股东以其自身利益取代公司利益而置公司利益、其他股东的利益于不顾的可能性。

第二，控制股东的利益与小股东的利益存在区别。股份有限公司股东人数众多，股东和股东之间都存在异质性，他们的利益诉求、参与管理程度、投资分散化程度及投资目的与动机各不相同。[13] 控制股东有可能采取各种手段以牺牲少数股东的利益的代价来实现、扩大自身的利益。

（三）滥用资本多数决的危害

依据股东平等原则，不仅拥有相同股份的股东之间平等，即使拥有不同股份的股东，其法律地位也是平等的，不允许股东以损害其他股东的利益为手段来实现自身的利益。然而，建立在股份平等基础上的资本多数决原则，却使股东间发生了分化：股东被分成两个群体，即多数股东和少数股东。

1. 公司决策参与权不平等

资本多数决原则在使多数股东的意志上升为公司意志的同时，使少数股东的意志屈从于多数股东——少数股东“声音”被多数股东“声音”淹没，少数股东成为“处于黑暗中的人”。正如有学者在书中提到的，“他们将自己的财产投入公司并无法取回；他们没有机会选出自己的代表在董事会中关心他们的权益、防止财产被浪费、挥霍或滥用；他们善意的提议别人可以不接受；他们希望公司繁荣并保障自己的权益，可往往只能在受到压迫、排挤、欺诈以

---

⑫ 参见〔法〕伊夫·居荣：《法国商法》，罗结珍、赵海峰译，法律出版社2004年版，第503页。

⑬ 邓峰：《作为社团的法人：重构公司理论的一个框架》，载《中外法学》2004年第5期。

及不公正歧视后愤怒而又无可奈何地用脚投票，离开公司。”⑭可见，资本多数决原则只是实现了股份的形式平等，却妨碍了股东间实质上的平等，使多数中小股东丧失了公司决策的参与权。

2. 股利分配权不平等

控制股东滥用资本多数决的最直接表现，则是利用其手中所掌握的优势表决权使公司不分或少分股利，不合理地剥夺中小股东合法的受益权。在公司股利分配这个问题上，控股股东本身就更倾向于将公司的利润留存于公司而不是进行分配。因为对于大股东而言，其获利方式不限于股利分配一种，即使不分配股利，他仍然可以通过其他方式获取利润，更何况“对于公司的大股东而言，钱在公司，等同于钱在自己手里，丝毫不影响使用本应分配给他的那一部分股利。留存的收益，或许可以用于更有利于自己的关联交易。因此控股股东可能更倾向于不分配的股利政策”⑮。在缺乏外部监督的情况下，这种天然的不分股利的倾向可能变本加厉，即大股东以牺牲小股东的利益为代价甚至是出于损害或者排挤中小股东的目的，不进行股利分配，以此来实现自身利益的最大化。

中小股东的股利分配权利难以实现，是导致企业内部股东之间利益分配不均的最直接因素，因此，设置中小股东强制分配股利之诉的机制迫在眉睫。

（四）保护中小股东机制研究

对大股东的利益是否给予保护是一个国家公司制度的基本标准，而对中小股东的权利给予应有的尊重和保护则体现了一个国家公司法制是否现代、科学。⑯ 因此，有必要从中小股东权利保护的视角探讨如何规制控制股东控制权的滥用，维护股东权利平等。

1. 完善表决权行使机制

完善股东决议制度，建立保护中小股东表决权的法律机制，一般采取累积投票制度、表决权代理制度、独立董事制度等等来保护中小股东表决权的行使，防止公司控制股东、大股东等利用“资本多数决原则”排挤中小股东。

---

⑭ 齐斌：《股份有限公司小股东权益保障研究》，载《商事法论集》（第3卷），法律出版社1999年版，第595—596页。

⑮ 邱海洋：《公司利润分配法律制度研究》，中国政法大学出版社2004年版，第46页。

⑯ 李鲲：《控制股东控制权滥用的法律规制》，中国政法大学2002年硕士学位论文，第13页。

（1）表决权限制制度之建构

表决权限制制度，是指当某一股东持有的股份数额超过法律规定或公司章程规定的限额以上时，超过限额部分的股份便不再享有表决权的制度。[17]该制度即是限制大股东利用资本多数决原则控制股东决策权，以适度平衡大股东与中小股东的表决权的差别，保障其意志上的平等性。

表决权限制制度已成为国际上公司立法的通行规定，例如，比利时和卢森堡法律规定：在股东大会上掌握超过公司股份40%的股东，其超过的股份丧失表决权。1982年《意大利商法典》也有类似规定。然而，我国新《公司法》仍然坚持资本多数决原则，该法第43条规定："股东会会议由股东按照出资比例行使表决权；但是，公司章程另有规定的除外。"

我国公司法虽然对资本多数决原则有一定的限制，但规定较为暧昧，其唯一的效力源于公司章程。然而实际上，现实中公司章程的决定程序仍坚持资本多数决原则，期待大股东在章程中限制其表决权无疑是空想，在现实中无实践可能性。因此《公司法》应打破思维局限，大胆借鉴国际通行的表决权限制制度，对大股东的表决权予以限制，具体比例设计上仍应在资本多数决原则下保障中小股东的平等表决权，以掣肘大股东控制决策权，保障中小股东的权益。

（2）有限责任公司累积投票权制度之建构

累积投票权制度，是中小股东选举权上平等性的体现，是对资本多数决原则的限制，是中小股东权益保护的重要制度，也是股东主体平等原则的体现和要求。

按照累积投票权制度，股东（大）会在选举两名以上的董事时，一个股东可以投票的总数等于他所持有的股份数额乘以待选董事的人数；它可以不为董事会的每一待选董事投票，而将其总投票数投给一名或几名候选人。累积投票制可能使得中小股东赢得董事席位，从而在董事会中拥有代言人，以便在投票委托劝诱争夺战中处于有利地位，从而达到制衡大股东权利、保障小股东权利的目的。

我国《公司法》虽规定了累积投票权制度，但仅限于上市公司，对有限责任公司未予考虑，而在资本多数决原则下的选举，大股东完全可以控制选举权，选举其利益代言人进入公司决策层，为侵犯中小股东权益埋下祸根。因此，有限责任公司累积投票权制度的建立是保障中小股东权益的一项根本之

---

⑰ 胡菁菁：《我国中小股东权益的保护》，载《湖南科技学院学报》2008年3月。

策,建议我国在设计有限责任公司机制时引入此制度。

2. 确立强制分配股利之诉

强制分配股利之诉是指在控制股东基于从公司获利或侵犯中小股东权益的目的使公司不分或者少分股利时,利益受损的股东向法院请求强制公司向其分配股利,保障其股东权利的诉讼。

针对我国目前股东分红权的现状,我们应当引入强制公司分配股利之诉。刘俊海教授认为,请求法院强制分红是救济小股东的"一剂良药"。王欣新教授也认为"……实践中,大股东经常采取长期不分配股利的方式以求将小股东排挤出公司,而大股东则通过担任董事、监事、高级管理人员等职位取得高额报酬,甚至通过关联交易获取利益。如果在此种情况下不能给予股东股利分配请求权以司法保护,将导致公司法规定的股东权利完全落空,与立法之宗旨和本意相违背。"[18]在法律实务界,赞成设立强制分配股利之诉的呼声也很高。最高人民法院《关于适用〈中华人民共和国公司法〉若干问题的规定(二)》的征求意见稿中,关于第 28 条有一种意见即认为:"股东因为公司被大股东控制,长期不分配利润,其以公司为被告起诉请求分配利润的,人民法院应予支持,其数额应当依据公司可分配利润与原告股东的持股比例确定。"最高人民法院民二庭的杨咏梅法官在其《有限责任公司股东股利分配请求权保护的困惑与出路》一文中也认为,"我国公司法应当赋予少数股东提起强制分配公司股利之诉诉讼的权利……当公司过分提取任意公积金,以致超过了公司发展需要并导致股东连年无股利可分或只分派很少股利时,股东可以资本多数决滥用为由一并向公司提起股东会决议无效确认之诉和股利分配给付之诉。"[19]

3. 对控制股东权利行使予以限制,课以诚信义务

对控制股东课以诚信义务是对其权利加以制约的必要条件,控制股东的义务实际上就是法律考虑到由于他们在公司中处于控制者的地位,具有对公司实际业务执行和经营的影响力和支配力,并因此对其他股东的利益产生影响,为避免其滥用权力,而加以特别规定的义务。

在控制股东与公司进行关联交易时,要求遵守公平交易程序,确立公平价格。在转让控制股份时,控制股东应履行对受让方合理调查的谨慎义务,

---

[18] 王欣新:《论法院对股东股利分配请求权的保护》,载中国民商法律网,http://www.civillaw.com.cn/Article/default.asp? id = 30592,2011 年 4 月 11 日访问。

[19] 杨咏梅:《有限责任公司股东股利分配请求权保护的困惑与出路——成敏与四川英集实业有限责任公司股利分配纠纷案》,载《中国民商审判(总第 8 集)》,法律出版社 2005 年版。

但对控制权交易所带来的溢价问题,我们则需考察具体情形下我国的经济、社会背景,在追求公平和效率最大化之间进行利益衡量。同时,禁止控制股东利用内幕信息进行内幕交易。

我国《公司法》第20条、第21条被认为是体现股东诚信义务的条款。然而该条的规定是从控制股东损害公司和其他股东利益承担责任的角度对控制股东的诚信义务作出规定,并未从正面明确规定控制股东的诚信义务。通说认为,控制股东的诚信义务包括忠实义务与注意义务,义务的对象包括公司与其他股东。[20] 因此,应从正面明确完整地规定控制股东的诚信义务,建议立法严格忠实义务,对控制股东违反忠实义务的民事责任予以详细规定,但对违反注意义务行为的民事责任予以原则性的规定,并坚持谨慎、合理之立法原则。一方面,限制控制股东滥用股东权利损害中小股东利益;另一方面,要注意保护控制股东参与公司经营决策的积极性。

4. 确立中小股东的检查人选任请求权

我国《公司法》和其他规范性法律文件中并没有对中小股东的检查人选任请求权进行规定。从其他国家和地区的立法和司法实践中看,赋予中小股东申请法院选派检查人,检查公司业务账目和财产情况是一项非常有效的保障中小股东监督权的机制,因此,有必要在我国公司法中引入这一制度。

参照英国1985年《公司法》第431—441条及我国台湾地区《公司法》第245条之规定,建议建立如下制度[21]:

(1) 明确股东的持股比例和持股时间的要求。

行使检查人选任请求权的股东其持股比例不能低于法定的持股要求,并且股东在行使此权之前,应当持续持有该公司的股份达到一定法定期间。

(2) 行使检查人选任请求权应当有正当理由。

行使检查人选任请求权的股东应当有正当理由怀疑公司的经营管理过程中存在有违反法律或公司章程的重大事实,或公司的控制股东、经营管理者严重违反了忠实义务和注意义务,损害公司和其他股东利益的重大事实。

(3) 请求选任检查人须提交请求书,并载明具体请求事由。

中小股东向法院请求选任检查人,应当提交请求书,并载明具体请求和事实、理由。法院认为正当,则依法指定检查人对被请求检查的事项进行调

---

⑳ 李建伟:《公司制度、公司治理与公司管理——法律在公司管理中的地位与作用》,人民法院出版社2005年版,第135页。

㉑ 参见宋立志:《股份有限公司股东账簿记录查阅权研究(一)》,载王保树主编:《商事法论集》第十三卷。

查。检查人可以是法官,或法院指定的会计师、审计师等专业工作人员。

(4) 明确检查人的职责。

检查人对公司调查完毕后,应向法院提交报告书。如果法院认为有必要,可直接命令董事长召集股东大会,无须经董事会之决议。通过召开股东大会,可决定追究责任者的民事责任。如果该股东大会由于控制股东滥用资本多数决原则而未能作出决议,则中小股东可代表公司提起派生诉讼。

三、股东与劳动者的利益分配

(一) 劳动者与资本所有者在企业中的差别待遇

关于企业中劳动者与资本所有者在利益分配上的不公平待遇,奈特(Knight,1921)沿用了熊彼特关于"企业家"的概念,根据"企业家精神"和"主观风险差异偏好说"解释了为什么在企业中包括高级管理者在内的工人只能领取固定工资和薪水,而资本家成为雇佣者,拥有剩余索取权和剩余控制权。他认为在不确定条件下,决定干什么以及如何去干是有风险的。作为企业家的资本家必然是风险偏好者,工人是风险厌恶者。作为对资本家承担风险和为工人提供保障的一种补偿,资本家成为雇佣者,拥有对工人的指挥权,而工人则成为只领取固定工资的被雇佣者。[22]

马克思则从生产关系的角度,运用矛盾分析和历史动态的分析方法,对资本主义企业资本雇佣劳动的契约关系进行了详细的阐述。他在《资本论》中指出,资本雇佣劳动的形成是由资本主义所有制形式决定的,雇佣劳动制度同劳动力成为商品有着必然的因果关系。资本家作为企业"剩余支配权"和"剩余索取权"的拥有者,在不违背价值规律所要求的等价交换原则下购买劳动力商品,并通过对这一特殊商品的使用获得剩余价值,劳动者被剥夺了自己剩余产品的索取权。[23]

然而,在现代企业理论发展过程中,随着人力资本重要性的提高,人力资本产权的问题日益受到学术界的关注。尤其是在我国,与英美相比,我国的公司治理的模式有所不同——并不倾向于以董事、经理为中心,控股股东力量过强和过度控制公司。相反,经理市场不发达,两权分离非常弱,并且在法律中甚至压制两权分离,权限分配上向股东分配过多,实际运作中由控股股

㉒ Knight, Frank, *Risk, Uncertainty, and Profit*, American Economic Review, 1921, pp. 77-89.

㉓ 参见马克思:《资本论(第1卷)》,人民出版社1975年版,第782—784页。

东直接管理。㉔

因此，无论是劳动者中作为人力资本的高级管理人员、高级技术人员，还是作为普通劳动者的雇佣员工，其参与企业收益分配的资格和能力都受到了股东的压制，难以实现收益的公平分配。

周其仁把企业看成一个人力资本和非人力资本的特别合约，由于人力资本与其所有者不能分离，因此，人力资本只能激励不能压榨。他还根据企业的契约性，认为不存在独立的企业所有权，所谓资本雇佣劳动其实是人力资本雇佣劳动。他同时强调了企业中人力资本产权的重要性。㉕

（二）劳动者内部分层

应该认识到，所谓劳动者群体，也并非是一个同一化无差异的群体。它的内部不仅存在普通的受雇劳动者，也存在处于管理和决策地位的高级管理人员、高级技术人员。不同地位的劳动者，他们在权利主张、议价能力等方面，都会存在很大差异。事实上，随着社会经济的发展，劳动者"内部分层"现象已经成为一种客观事实。"处于顶层强势地位的劳动者拥有知识和技能以及优厚的薪金待遇；而处于底层弱势地位的劳动者则因为年龄、体力和知识结构等原因，出现权利保障薄弱的问题。"㉖

虽然大多数劳动者在就业中处于弱势地位，但不排除部分人员的强势地位，例如，经理和专业技术人员阶层。因此，我们必须认识到，劳动者"不仅仅是一个利益共同体，更是一个利益差异体"㉗。

（三）经营管理人员、专业技术人员的利益分配

1. 企业核心管理人员与企业收益分配

企业内收入分配是由企业产权结构决定的。而目前我国产权制度不合理，不仅影响企业核心竞争力的培育和提升，也导致企业内收入分配不公平。企业是一个物质资本所有者和非物质资本所有者联合投入共同创造、控制、分配净合作剩余的生产性组织。㉘ 然而，按照传统的企业理论，由于股东拥

㉔ 邓峰：《中国公司治理的路径依赖》，载《中外法学》2008 年第 1 期。

㉕ 周其仁：《市场里的企业：一个人力资本与非人力资本的特别合约》，载《经济研究》1996 年第 6 期。

㉖ 张志远：《论〈劳动合同法〉公正立法价值的缺陷》，载《法学研究》2008 年第 6 期。

㉗ 董保华：《十大特点事件透视劳动合同法》，法律出版社 2007 年版，第 37 页。

㉘ 参见黄嘉妮：《人力资本参与企业剩余收益分配实现机制研究》，暨南大学 2005 年硕士学位论文，第 50 页。

有物质资本,物质资本要素所者对企业的管理拥有重大的人事权、监督权和最终决策权[29];而高级管理人员与核心技术人员作为非物质资本所有者,虽然可以参与部分经营管理,但是对于企业剩余收益的分配却不存在任何权利,成为资本的附庸。造成了资本所有者独占企业剩余,高级管理人员与专业生产技术人员只能得到等价于甚至低于其自身价值的劳动力工资,劳动者不拥有企业的任何产权的局面。这无疑破坏了收入的公平分配原则,在企业收益分配环节造成了分配不公。

2. 人力资本

被誉为"人力资本之父"的西奥多·舒尔茨曾精辟地提出:"所谓人力资本是相对于物质资本或非人力资本而言的,是指体现在人身上的,可以被用来提供未来收入的一种资本,是指个人具备的才干、知识、技能和资历,是人类自身在经济活动中获得收益并不断增值的能力。"[30]在我国,有学者将人力资本界定为"在知识、技术、信息与能力同劳动力分离成为独立的商品,且在市场交换中起主导作用的条件下的高级劳动力,它主要由知识、技术、信息组成。"[31]

由于企业经营管理者的行为具有很强的不可监测性,正如张维迎所言:"企业家不是在阳光下工作,也不是在月光下工作,而是在月光下的树荫中工作。"[32]可见,企业家的工作难以监督,或者完全监督要付出巨额的成本,因此,较为有效的办法是对企业家实施合理的激励制度。

3. 人力资本参与企业收益分配的必要性

(1) 有利于内部权利约束

长期以来公司治理上"股东至上"的逻辑,把企业由各要素与劳动者的合作所创造的剩余统统归于自己名下,完全排斥了其他资本形态对剩余的分享。人力资本所有者及普通劳动力所有者仅仅是作为雇员进入企业,并以工资的形式获得收益。物质资本所有者通过内部监督激励或外部监督激励行使对经营管理者的监督控制,物质资本控制模式由于股权的分散化,绝大多数的股东所关心的只是股票行情,对公司管理不感兴趣,因此企业外部的物

---

[29] 关于 stock-holder 与 stake-holder 的争论,可参见邓峰:《作为社团的法人:重构公司理论的一个框架》,载《中外法学》2004 年第 5 期。

[30] 舒尔茨:《论人力资本投资》,北京经济学院出版社 1990 年版。

[31] 冯子标:《人力资本运营论》,经济科学出版社 2000 年版,第 46 页。

[32] 转引自崔建华:《企业家人力资本收益权特殊性的三大原因》,http://hr.cqjob.com/info_show_3665_1.html,2011 年 4 月 18 日访问。

质资本所有者不能有效地实施控制权。造成物质资本控制型企业内部经营管理者或者大股东的权利常常得不到有效的约束,很容易造成严重的内部人控制现象及贪污腐败等现象。[33]

而将人力资本引入企业内部的收益分配机制,有利于内部权利的约束和监督,高级管理人员及专业技术人员有激励积极地作为公司资产的守护人,防止股东的恣意行为及腐败的滋生。

(2)有利于抑制高管的道德风险

实体经济背景下的高管与公司的代理关系与虚拟经济形态严重不相适应。根据实体经济形态下的传统法理,高管与公司存在代理法律关系。高管受托管理公司资产,只要合乎法律规定,其行为的法律后果由公司一体承担。在这种法律框架内,华尔街的投行高管们可以通过高额的福利和在职消费安排,公开"合法地"侵蚀公司财产,以减损对债权人的债权担保为代价而中饱私囊。[34]

企业对普通员工的监督控制主要是通过经营管理者来进行的,但经营者自身的监督都成问题,这样一方面造成员工工作积极性不高,另一方面造成了很大的监督成本。在阿尔奇安和德姆塞茨的"古典企业"模式里,解决谁来监督监督者的问题一个方法就是让监督者享有企业的剩余索取权,而且这个监督者必须在企业这一合约集合中享有特殊的、处于中心的位置,并且适宜由能够承担风险的人(一般是物质资本所有者)来担当。[35] 而现代企业的发展,使得企业越来越脱离这种"古典企业"模式,从而带来了所谓的"委托—代理问题"。

如果将企业高级管理人员作为企业收益分配的重要一方,变代理关系为产权关系,将企业作为一个人力资本和物质资本合作创造剩余的组织而存在。这种企业剩余的分享使得各产权主体把他们自己的切身利益与企业的经营目标联系在一起,从而形成了对各方有效的物质激励。而且企业的所有成员共享企业的经营成果,改变了劳动者被动参与的受控制、受支配的地位,使他们成为企业经营权利的共同体,直接参与企业经营决策的制定,使他们在劳动中受到了足够的重视,个人的社会价值也通过参与得到了充分的实

---

[33] 刘长庚:《联合产权制度及企业内部治理结构研究》,人民大学出版社 2007 年版,第 59—80 页。

[34] 参见吴志攀:《华尔街金融危机中的法律问题》,载《法学》2008 年第 12 期。

[35] Armen Alchian and Harold Demsets, *Production, Information Costs, and Economic Organization*, The American Economic Review, 1972, pp. 777-795.

现,从而形成了对高级管理人员一定的精神激励。

同时,建立起企业所有成员通过协作产生剩余的机构而存在人力资本参与企业收益分配的制度,可以在控制高管人员道德风险的同时促进企业内部收益的公平分配。

4. 人力资本参与企业内收益分配的制度构建

(1) 员工持股

我国对于人力资本参与企业收益分配的首次尝试是从员工持股计划开始的。[36] 员工持股计划(Employee Stock Ownership Plan,简称 ESOP),是生产服务型人力资本参与企业收益分配的主要实践模式之一,指由公司内部员工个人出资认购本公司部分股份,并委托公司进行集中管理的产权组织形式。

20 世纪 80 年代,对于企业股份制,我国认为以员工持股方式既能够使职工成为企业真正的主人,体现职工的主人翁地位,又能够为企业筹集发展资金,是我国社会主义性质和股份制优势的最佳结合。正是基于这种理论认识,员工持股计划成了我国企业实施人力资本参与企业剩余收益分配的首次实践。遗憾的是,我国特别强调企业全部人力资本都要参与企业收益分配,都要持股,并且只要是企业员工就必须参与,必须缴纳股金,从而陷入了"全员参与"的误区。[37]

(2) 股票期权

经理人股票期权是经理人参与企业剩余索取权分享的一种重要方式,这是经理人股票期权计划的经济实质之所在。[38] 股票期权(Stock Option)就是给予经营者在未来的一段时间内按预定的价格(行权价)购买一定数量本公司股票的权利。它是公司给予经营管理型或技术创新型人力资本的一种权利。

经营者股票期权的激励作用表现为:减少代理成本,激励经营者努力工作,解除经营者的后顾之忧,使其追求长期收益。然而另一方面,期权激励也存在着进一步扩大公司内部分配差距,激化公司利益相关者的矛盾的风险。[39]

---

[36] 参见王利锐:《我国员工持股制度的发展与改革》,载《理论界》2008 年第 5 期。

[37] 我国的员工持股制是随着企业股份制改造而出现的,最初的员工持股并不是源于改善公司治理结构的设想。一些企业为了筹措资金,在股份制改造过程中向本企业员工发行了内部职工股。

[38] 张维迎:《所有制、治理结构及委托代理关系》,载《经济研究》1996 年第 9 期。

[39] 例如,美国在 20 世纪 80 年代以后不断加大对企业家的期权激励,结果使得美国公司企业家与普通工人的收入差距不断扩大,由 1980 年的 42 倍扩大到 1998 年的 419 倍。

在我国,股票期权制度的建立缺乏相应的政策与法律保障,国家没有统一的法规约束,人力资本所有者缺乏心理稳定。国内没有类似于美国国内税务法则的国家法律,没有涉及股票期权制度的基本框架与实施细则,也缺乏类似于美国证券交易法中关于股票期权行权与交易的法律条款,可以说我国期权法律方面基本处于空白。另一方面,关于上市公司的管理层持股激励模式,散见于民法通则、公司法、证券法、税法、劳动法、反垄断法以及民事诉讼法等法律领域,并受到国家有关国有资产政策的影响。目前,我国缺乏这方面比较系统的法律法规,原有的法规由于没有进行及时的调整,对实际的实施造成了许多法律制度上的障碍。

5. 问题及建议

在赋予企业人力资本的收益分配权的同时,应特别注意一个问题,即区别对待企业的普通员工与高级管理人员、核心技术人员。

我国人力资本参与企业收益分配曾经存在一个典型的误区:即不管企业人力资本所有者是否愿意,在全体员工中强制推行人力资本参与企业收益分配。实际上,人力资本参与企业收益分配是企业人力资本与物质资本博弈的产物,既然是博弈产物首先就要遵循自愿原则,要求人力资本所有者具有参与企业收益分配的意愿。从我国的情况来看,自有资本的缺乏和生活的压力使他们不愿承担任何风险。因此,我国普通人力资本所有者并不全部具有参与企业收益分配的意愿。

其次,人力资本能否参与企业收益分配在根本上取决于人力资本的谈判力,这个谈判力不仅包括人力资本的整体谈判力,而且主要是个别人力资本与物质资本的谈判力,并非所有人力资本都具有与物质资本议价的能力。在企业中,往往是高层次人力资本才具有这种能力。

因此,人力资本参与企业收益分配往往是从高层次人力资本开始的,只有在社会发展到一定程度的时候,低层次人力资本才能够参与企业收益分配。而现阶段,我国显然没有发展到允许全体员工都参与企业收益分配的程度。

我们应当允许贡献人力资本的企业高级管理人员或者核心技术人员参与企业收益的分配,从法律上承认企业投资主体多元化的客观事实。既然已经承认了人力资本是企业主要的生产要素之一,那么,用人力资本进行投资也应算是对企业进行投资的一种形式。在我国现行的《公司法》中,有对专利、商标、商誉等无形资产入股的相关规定,允许它们作为公司股份。尽管从法理上看,人力资本属于无形资产的一种形式,我国《公司法》中也包含了对人力资本入股的规定,人力资本应该可以入股。但是在实际操作中,人力资本入股仍然缺乏具体细致的法律规定。因此,应该把人力资本纳入我国《公司法》的规范范围中,明确规定人力资本可以作为企业的投资主体。这样,在法律地位上,人力资本所有者才能取得与物质资本所有者相同的法律地位。不仅对于公司内部治理与运行大有益处,而且有利于企业内部收益的公平分配,从长远上来看有利于我国各类市场主体实力的增强及运行的稳定。

(四) 企业普通劳动者参与企业内部分配

1. 普通劳动者在企业内部的弱势地位

在企业改革的过程中和公司治理的框架内,我们基本上看不见组成企业的基础与企业生存发展休戚相关的员工应有的改革参与活动,很难听到广大企业员工为捍卫自己的利益和改革权利发出的声音。在中国当下这个利益博弈的舞台上,更是很难见到他们为自己的生存和发展所做合法角逐的身影。这是由于,当今企业的物质资本所有者(企业主)在经济社会中处于强势地位,他雇佣劳动者为其劳动,劳动者依附于企业主,本身力量薄弱,几乎不存在任何议价的能力。因此,在我国现有的劳动关系下,社会上的大部分财富就不可避免地流向少数的物质资本所有者手中,这样,贫富分化问题是难以甚至不可能解决的。

我国《劳动合同法》第 1 条开宗明义地指出:"为了完善劳动合同制度,明确劳动合同双方当事人的权利和义务,保护劳动者的合法权益,构建和发展和谐稳定的劳动关系,制定本法。"我们可以体会其中要义,是将劳动者合法权益的保护放在首位的,但同时还强调了和谐与稳定,也就是说该法是通过倾斜保护劳动者权益的方式来实现劳动者和用人单位的利益平衡。[40] 因此,劳动合同法在明确劳动者的各项合法权益时,倾斜保护劳动者的权益,平衡劳动者和用人单位双方利益,向用人单位施加各项法律义务,同时适当兼顾用人单位合法权益,以此达到二者利益的平衡。

2. 倾斜保护的必要性

我国现阶段,"原始的劳动关系至少在私营企业、中小型外资企业和港澳台资企业占了主导地位。在这些企业,资本对劳动者的压榨、劳动者的悲惨

㊵ 董文军:《我国劳动合同法中的倾斜保护和利益平衡》,载《当代法学》2008 年第 3 期。

处境可以说与资本主义原始积累时期相比毫不逊色。”㊶

这种状态由很多原因造成:非公企业的快速发展和户籍制度的松动将无数的下岗职工、农民工和其他出卖劳动力的职工卷入主体力量极不均衡的劳动力市场;人口多、素质低和劳动力供大于求的就业局面将广大劳动者抛上任人宰割的案板;以经济为中心的政策导向使经济与社会发生断裂;对资本的巨大需求和政府官员行政的政绩本位使社会主义市场经济制度在施行中偏重市场的力量而漠视了“社会主义”的内在公正性。㊷

不可否认,上述原因都是我国劳动立法上需要对劳动者进行“倾斜保护”的有力支持。

3. 确保普通劳动者获得公平分配的保障机制

关注普通劳动者在企业内部的弱势地位,保障劳动者在企业内获得公平分配的权利,是实现企业内公平分配的重中之重。

(1) 对劳动者的法律保护

我国 2008 年颁布实施的《劳动合同法》可以说为企业内普通劳动者提供了前所未有的利益保障机制,对于劳动者经济权利的保障也全面提升了水平和力度。从以下制度可以体现出来:

① 强制签订书面劳动合同。我国《劳动合同法》第 7 条、第 10 条、第 82 条中明确规定用人单位用工之日必须与劳动者订立书面劳动合同,通过书面劳动合同的形式保障劳动者的基本权利。单位用工之日起一个月内未与劳动者订立劳动合同的,劳动者工作一个月可以要求支付双倍工资。这样,一方面以书面形式固定了劳资双方的劳动关系,在劳动合同中明确约定岗位、工资、社会保险、加班费支付等内容,避免用人单位以没有劳动合同只有事实劳动关系为由剥夺劳动者权益,致使劳动者有苦难言,缺乏有力维权证据的被动局面;另一方面,加大用人单位违法用工成本,迫使用人单位主动与劳动者订立劳动合同,在操作层面上推动了劳动合同的签订。

② 劳动者同工同酬。我国《劳动合同法》第 11 条规定,对于工资报酬约定不明确的,实行同工同酬。这主要针对新聘用的人员,防止他们与同岗位的其他人员付出同样的劳动,却得不到同样的报酬,造成收入分配不均。

㊶ 劳动与社会保障部劳动科学研究所“转型时期中国劳动关系问题研究”课题组:《转型时期中国劳动关系研究》,http://wenku.baidu.com/view/6fb4366eb84ae45c3b358ca0.html,2011 年 4 月 18 日访问。

㊷ 王全兴、汪敏:《经济与社会断裂的法律修复路径》,载《湘潭大学学报(哲学社会科学版)》2006 年第 4 期。

③ 试用期最低工资保障。在现实生活中,存在大量不规范企业违法用工,延长试用期期限、利用试用期随意辞退员工、在试用期内少发工资的严重侵害劳动者合法权益的现象。我国《劳动合同法》第20条为试用期内员工的工资待遇设定了底线:首先,工资待遇不低于当地最低工资标准,其次,不低于本企业同岗位最低档工资或劳动合同约定的本人工资的80%。这样可以有效地预防单位利用试用期做文章,损害职工的权益。

④ 明确限制经济性裁员的适用范围。我国《劳动合同法》第41条明确了经济性裁员的法定条件、经济性裁员规模,以及经济性裁员程序,对于严格控制经济性裁员的适用,保护劳动者权益有重要作用。

⑤ 扩大用人单位经济补偿的适用范围。我国《劳动合同法》第46、47条规定,除了劳动者因自身原因而提出辞职,或者用人单位依照劳动合同法第39条规定的用人单位解除劳动合同的6种法定情形解除劳动合同不需要支付经济补偿金之外,所有因用人单位单方解除、双方协商一致解除、劳动合同到期终止不再续签等情况,用人单位均需要向劳动者支付经济补偿金。关于经济补偿金的上限,我国《劳动合同法》规定,劳动者月工资高于用人单位所在直辖市、设区的市级人民政府公布的本地区上年度职工月平均工资3倍的,向其支付经济补偿的标准按职工月平均工资3倍的数额支付,向其支付经济补偿的年限最高不超过12年。

上述条款显然极大地推进了劳动者保护的力度和水平,然而另一方面,它也引来了众多学者对其"过度僵化的保障劳动者权利"的强烈质疑与批评。有学者认为我国《劳动合同法》会"大幅提高企业用工成本,使企业难以维持正常经营,而无固定期限劳动合同将导致用工机制僵化"[43]。曾参与我国《劳动合同法》起草的董保华教授认为:"……固化企业用人机制,是这部法律带来的最大灾难,结果是损伤企业,损伤经济,影响就业。"[44]在现实操作中,我国《劳动合同法》也并未像人们所期待的那样,给劳动者的各项权利带来切实的保护。反而因为其近乎苛刻的法律条款,引来了用人单位的剧烈反弹和各种形式的法律规避。[45]

---

[43] 林嘉:《〈劳动合同法〉的立法价值、制度创新及影响评价》,载《法学家》2008年第2期。

[44] 董保华:《华为事件是第一个双输的案例》,载《南方周末》2007年11月29日。

[45] 2007年10月,在我国《劳动合同法》实施前夕,沃尔玛全球采购中心在中国的四个分部同时下达了裁撤令。2007年11月17日,家乐福中国总部给全国各大门店的人事部下发了将与全体职工重新签订劳动合同的指令。而深圳华为技术有限公司则宣布"鼓励7000余名工作满8年的老员工在2008年元旦之前,都要办理主动辞职手续,竞聘后再与公司签订1—3年的劳动合同"。

有学者认为我国《劳动合同法》将劳动关系凝固化和书面化，企业将从追求效率的市场主体变为实现公益目标的安置机构，劳动关系变得行政化，消耗大量公共资源却未必能取得预期效果。[46] 可见，在目前我国劳动力供大于求、劳动者就业能力不强、企业工会维权不力，劳动法对于劳动者的保护水平与世界各国相比整体上仍有较大的差距的现实情况下，劳动合同本就难以达到平等自愿、协商一致的立法本意。因此，仅仅片面地强调从立法的角度提高劳动者的权利保障标准，恐怕不仅不会使得企业普通职工受惠，反而会引起用人单位的反弹，以及劳动力市场的波动。

因此，保障劳动者的经济权利和企业内的公平分配，还应当着重加强劳动者的集体谈判制度，使得劳动者之间可以达成协同一致，形成可以与用人单位议价和谈判的合力。

（2）劳动者集体谈判制度

关于劳动者的集体谈判制度，学者史尚宽曾精辟地指出，"近代劳动运动之重要现象，一为劳动者之为职业的团结，他为团结之劳动者因经济的斗争手段以达其目的，而订立团体协约。所谓团结权、罢工权皆相关连而为用。即劳动者团结一方依罢工之争斗手段，他方依团体协约之和平方法而发挥其本来之机能。"[47]

根据国际劳工组织 1981 年通过的 154 号公约——《促进集体谈判公约》第 2 条规定："集体谈判是适用于一名雇主、一些雇主或一个与数个雇主组织为一方同一个或数个工人组织为另一方之间就以下目的所进行的所有谈判，包括：(1) 确定劳动和就业条件；(2) 解决雇主和工人间的关系；(3) 解决雇主或其组织同一个或数个工人组织之间的关系。"可见，集体谈判发生在工人组织和雇主或者雇主组织之间，谈判的主要内容包括劳动就业条件、雇主和工人及其组织相互间的关系等相关问题。

在我国，建立劳动者的集体谈判制度，对于保护劳动者的各项权利，保障各类劳动法律在企业内部的有效实施，通过提高劳动者群体的实力进而维护劳资双方的均衡关系，至关重要。关于劳动者的集体谈判制度，借鉴先进的国外经验，我们应当注意如下几点：

① 建立集体谈判的多层级结构。西方社会存在三个层级的工会组织，即企业工会、行业或者产业工会和中央工会。与此相应，也存在三个层级的

---

[46] 董保华：《企业的"冬天"不一定是劳动者的"春天"》，载《第一财经日报》2006 年 5 月。

[47] 史尚宽：《劳动法原论》，台湾正大印书馆 1978 年版，第 154 页。

集体谈判:即中央级集体谈判、行业集体谈判和企业集体谈判。工会和雇主组织内部的紧密程度能够决定一国集体谈判的层级,工会越强大,谈判的层级越高,例如,德国、荷兰、意大利等多数欧洲国家,以中央级和行业级集体谈判为主,而英国、美国、日本等国,则以企业级集体谈判为主。对中小型企业而言,行业集团谈判最为重要,而对大型企业而言,企业一级的集体谈判更加重要。[48] 在我国建立多层次集体谈判结构能够更立体和全面地保障劳动者集体谈判权的实现。

② 明确劳动者集体谈判的内容。美国法律就集体谈判内容的明确规定可资借鉴,美国《劳资关系法》中规定:资方与工会务必就分配比例、工资、劳动时间和就业条件进行协商。劳资关系委员会和法院将集体谈判的议题分成三类:一是强制性议题。包括直接涉及有关"工资、劳动时间和其他劳动条件"等方面的双方有义务进行谈判的内容;二是允许谈判的议题。是由劳资关系委员会规定的某些管理性的问题,如工作地点、条件、社会保障等。在此类议题中,如果一方拒绝谈判,不能视为违反法律责任的行为;三是不合法的议题,是指国家法律和劳资关系委员会均认为不合法的议题。例如,歧视非工会会员的议题即为不合法议题。在司法裁判中,美国法院还围绕着"强制性议题"提出雇主应当承担的义务,包括雇主不得基于恶意而拒绝集体谈判,雇主在集体协商过程中负有向工会提供相关信息的义务,在协商过程中,雇主不得单方改变劳动条件等。[49] 明确劳动者集体谈判的内容,有利于对劳资双方的集体谈判给予一个积极的引导,也有利于工会根据法律的规定主张劳动者的权利,防止用人单位在程序上及议题上钻空子,以充分的保障劳动者群体的利益。

③ 加强工会的独立自治。西方社会集体谈判的主体是工会和雇主或者雇主组织,而独立自治的工会组织是西方社会集体谈判制度有效运转的最根本因素。西方社会的工会具有三个特征:独立性、对抗性和自治性。工会在组织和经济上均具有独立性,不依附于其他的任何组织。工会在组织上的独立性通过法律予以确认,并受到法律的保障。由于工会的经费自筹,工会主席的薪酬来源于工会,经济上的独立性也能保证工会与企业的资方和管理层保持相对独立。自治性与工会组织独立性相互依存,它意味着任何个人、团体包括国家都不得介入工会的内部事务,工会依照结社自由的原则依法成

[48] 程延园:《集体谈判制度研究》,中国人民大学出版社2004年版,第203页以下。

[49] 吴亮:《美国法中的集体协商的"强制性议题"及其启示》,载《电子科技大学学报》2008年第10期。

立,法律既不强制工会的设立,亦不介入工会的运转,这是西方社会自由思想在社团运转方面的具体体现。[50]

而我国,工会在事实上没有独立地位是为理论界和实务界一直诟病的问题。我国《工会章程》在总则中规定,“中国工会在企业、事业单位中,支持行政依法行使管理权力,组织职工参加民主管理和民主监督,与行政方面建立协商制度,保障职工的合法权益,调动职工的积极性,促进企业、事业的发展。”从中可见,该章程把“支持行政依法行使管理权力”作为工会的职责放在首位,而把“保障职工的合法权益”置于其后,显然与工会设立的本意相悖。另外,纵观我国《工会法》和《中国工会章程》,虽然职工在法律上有“组织工会”的权利,但该权利在职工一方却是无法独立行使的。关于如何成立基层工会,我国《工会法》则语焉不详。因此,工人如果不加入现有的工会系统,就没有其他的工会供其加入,也无权建立自愿组织的“新工会”。事实上,工会组织在财政上的不独立,是工会难以独立自治,发挥保障劳动者权利的功能的重要原因。在我国,工会专职、兼职工作人员的工资、奖励、补贴,由所在单位支付,工会领袖成员逐渐脱离了劳动岗位,被纳入国家行政干部序列之中。[51] 工会的人、财、物均受制于用人单位,工会工作人员很难开展维护职工利益的工作。因此,从法律地位上、组织运行上、财政收支上,以及劳动者结社权利上给予工会更多的支持,是我们应当着力作到的。

---

[50] 石旭雯:《集体谈判——劳动者外部参与机制比较研究》,载《甘肃金融》2009 年第 9 期。

[51] 参见我国《工会法》第 48 条:“县级以上各级工会的离休、退休人员的待遇,与国家机关工作人员同等对待。”

略论促进公平分配的税收优惠法律制度*

项紫君**

目　次

一、引　论

税收优惠法律制度是税法中所有能实际减少纳税人税负的一类特殊税

---

* 本文为中国法学会法学重大研究课题“公平分配制度法律保障研究”（课题编号：CLS-A1002）的阶段性研究成果。

** 项紫君，北京大学法学院硕士研究生。

法规范的总称,是税法课税要素中的税收特别措施。广义的税收优惠措施包括减税、免税、优惠税率、出口退税、税收抵免、加速折旧、先征后返、税额抵扣、税收饶让、税项扣除、投资抵免、亏损弥补等,它们通过与既定税制的弹性偏离,实现政府的公平分配、产业促进、鼓励创新等宏观调控目标。

公平分配是横跨伦理学、经济学、社会学、法学的重大命题,与人类的自由、正义、福利等价值追求密切相关,其重要性自不待言。上述学科对公平分配问题有诸多研究,怎样有效促进分配公平是研究的核心问题。在论及公平分配的促进手段时,学者们大多从社会保障、财政转移支付等角度展开研究,忽视了税收优惠手段的运用。虽然税收优惠法律制度在设计之初并未承载公平分配的价值目标,但是实践中的确对收入分配格局产生了影响,因此,对其开展研究非常必要。

研究的重心之一是税收优惠法律制度的整体定位,作为一种宏观调控政策工具,税收优惠法律制度能否与社会保障、财政转移支付手段一样,成为促进公平分配的有效手段?如果可以,它对公平分配的促进作用是利大于弊还是弊大于利?这些问题的解答将有助于从整体上把握税收优惠法律制度对公平分配的促进价值。研究的另一个重心是具体税收优惠法律规范对公平分配的影响,作为一种多目标型①的宏观调控手段,哪些税收优惠法律规范旨在促进公平分配?它们是否能够达到预期效果?如果不能,原因何在,怎样改进?这些问题的解答将有助于从具体制度建构层面优化税收优惠法律制度设计,对基尼系数逐年增加、居民不公平感与日俱增的我国而言具有直接的现实意义。

本文的研究试图从这两大重心切入,从理论角度探究税收优惠法律制度作用于公平分配的机理,从正反两面分析其对于公平分配的不同影响,在此基础上对制度功用进行综合辨析,回答它是否能成为促进公平分配的有效手段这一问题。随后,本文试图深入挖掘税收优惠给公平分配带来消极影响的根本原因,并对我国现行的税收优惠法律制度提出改进建议。

二、税收优惠影响公平分配的基本原理

不论是减税还是免税,抑或是纳税时间的递延,税收优惠措施有一个共

① 税收优惠的调整目标是多元化的,产业促进、科技创新、出口拉动等都是其可能的调控目标,从这个意义上而言,可以将税收优惠称为多目标型的宏观调控手段。

性，它们都是给予一部分人税款缴纳上的优待，使其保有更多的经济利益，从而影响不同群体之间的收入分配格局。一国居民在某个时期的收入平衡公式可以表示为：财富（税后收入）= 税前收入 − 税收，这个等式有助于我们更好地理解税收优惠作用于公平分配的机理。公平分配的目标旨在使公式左边的“财富（税后收入）”分布相对均衡，根据代数原理，对公式右边因子的调节可以达到相同的目的。世界各国的收入分配调节手段均是基于这一原理设计而成的：社会保障、转移支付等制度作用于“税前收入”因子，通过“减少高收入阶层的税前收入，增加低收入阶层的税前收入”完成收入分配调节过程，收入调节税[②]制度作用于“税收”因子，通过“增加高收入群体税收，减少低收入群体税收”调节收入分配。与收入调节税相似，税收优惠也是作用于“税收”这一因子，它通过对居民税负的差别调节，使居民财产性支出的相对值发生变化，从而影响收入分配。

具体言之，税收优惠法律制度对收入分配的调节作用可以从初次分配、再分配、第三次分配等领域深入详细论证。

第一，初次分配领域，税收优惠法律制度通过改变生产要素的价格影响公平分配。

国家统计局使用的国民经济核算体系中，初次分配是指生产活动形成的净成果在参与生产活动的生产要素的所有者及政府之间的分配。[③] 根据该核算体系，政府因直接或间接介入生产过程而获得生产税，从而参与国民收入分配过程。[④] 在国家统计局权威发布的主要统计指标解释中，生产税指政府对生产单位从事生产、销售和经营活动以及因从事生产活动使用某些生产

---

② 收入调节税指的是为了调节收入分配而单独开征的一类税种，例如，历史上的所得税（当然，现在的所得税已经不仅仅限于收入分配调节这一个目标了），西方国家的遗产税、赠与税等。

③ 国家统计局国民经济核算司编著：《中国经济普查年度资金流量表编制方法》，中国统计出版社 2007 年版，第 57 页。

④ 生产活动的净成果是增加值。生产要素包括劳动力、土地、资本。劳动力所有者因提供劳动而获得劳动报酬；土地所有者因出租土地而获得地租；资本所有者因资本的形态不同而获得不同形式的收入；借贷资本所有者获得利息收入，股权所有者获得红利或未分配利润。政府因直接或间接介入生产过程而获得生产税或支付补贴。初次分配的结果形成各个机构部门初次分配总收入。初次分配总收入 = 增加值 − 运用方的劳动者报酬 + 来源方的劳动者报酬 − 运用方的生产税净额 + 来源方的生产税净额 − 运用方的财产收入 + 来源方的财产收入初次分配。参见国家统计局国民经济核算司编著：《中国经济普查年度资金流量表编制方法》，中国统计出版社 2007 年版，第 57 页。

要素(如固定资产、土地、劳动力)所征收的各种税、附加费和规费[⑤],主要包括主要包括营业税、增值税、消费税、进口税、固定资产使用税、烟酒专卖上缴政府的专项收入、车船使用税、排污费、教育费附加和水电费附加等。[⑥] 在初次分配中,国家通过给予生产税减征、免征等税收优惠,影响初次收入分配格局。这种调节有可能产生正向的效果,缩小企业、居民间的收入差距;也有可能产生逆向的效果,使原有的收入差距增大。最终产生正向还是逆向调节的效果,取决于国家宏观政策目标,一般而言,旨在促进社会事业发展的宏观调控政策有助于缩小收入差距,而旨在促进经济增长、结构转型的宏观调控政策容易产生公平分配的逆向调节效果。

第二,再分配领域,税收优惠法律制度通过对不同收入群体的差别对待、对特定群体的减免税影响公平分配。

在再分配领域,税收优惠法律制度对公平分配的调节作用一般都是正向的。一方面,遵循税收公平原则和量能课税原则,各类具体税收优惠法律规范在不同领域设定多重标准,以准确判断纳税人是否具有相同的纳税能力,保证税负公平。譬如,在个人所得税领域,对工资薪金所得采用收入标准判断纳税能力大小,实行累进所得税制,对不同收入水平的纳税人采用不同的税率标准课税;在消费税领域,采用消费水平标准判断纳税能力大小,仅对高档消费品课征消费税;在营业税领域,针对娱乐业征收的高税率同样是采用了消费水平的纳税能力判断标准;在财产税领域,则是采用财产占有水平高低的标准判断纳税能力等等。通过对纳税人纳税能力的准确定位和差别课税,税收优惠法律规范有效地调节了不同纳税能力群体的税负,从而差别调节其税后收入,保证最终分配公平。

另一方面,税收优惠法律规范通过给予特定群体倾斜性保护,以减免税的形式增加低收入群体福利,保证分配公平。残疾人、失业者、遭受自然灾害者、农业从业者等群体往往在自然资源或社会资源的享有方面处于劣势地位,税收优惠法律规范有针对性地给予他们税收减免,降低这些弱势群体的税负水平,促进他们向社会优势阶层流动,保证分配公平。由于这一类税收优惠法律规范在促进公平分配方面的目标明确、效果显著,可将其归类为“照顾型税收优惠法律规范”,以区别于旨在促进其他宏观调控目标的“激励型

---

⑤ 中华人民共和国国家统计局编:《中国统计年鉴 2009》,中国统计出版社 2009 年版,第 79 页。

⑥ 同上书,第 27 页。

税收优惠法律规范”。[⑦]

第三，第三次分配领域，税收优惠法律制度通过对第三次分配的鼓励，间接影响公平分配。

为区别现有的“一次分配”和“二次分配”，厉以宁等一批经济学家把“慈善、公益事业”称为“第三次分配”。[⑧] 在第三次分配领域，税收优惠法律制度通过对纳税人特定的捐赠支出设定税前扣除比例，使一部分捐赠支出用于抵减纳税人的税基，鼓励高收入群体从事慈善、公益事业，从而引导社会资源由高收入者向低收入者转移。在这一领域，税收优惠法律制度对公平分配的影响一般是正向的，具有显著的促进公平分配效应。

第四，法律制度设计领域，某些税收优惠法律规范还可能由于未能遵守机会公平的原则，影响到公平分配格局。

由于可能涉及国家与企业、企业与居民、企业之间、居民之间等多重主体的利益关系的调整，税收优惠法律规范的设计需要进行充分的考查和论证，稍有不慎，很有可能引发制度性分配不公。这种制度性分配不公一方面体现为前文提及的促进经济增长、结构转型的税收优惠法律规范未能照顾到公平与效率价值的平衡，从而引发分配不公的情形，另一方面，则是法律规范设计中未能遵守机会公平的理念而带来的分配不公。

机会公平要求每个主体都有达到相同目标的可能性，具体到税收优惠法律规范设计上，就要求法律规范的设计穷尽多种可能情形的考虑，保证主体之间享受税收优惠机会的公平性。在“激励型税收优惠法律规范”的设计领域，机会公平表现为达到宏观调控政策目标要求的相关主体都能享受到税收优惠，不因特殊化、定制化的优惠标准而被排除在税收优惠政策实施对象之

---

⑦ 根据调整目标不同，万莹、董玉明等学者将税式支出分为照顾型和激励型两类，借用这一思路，笔者以是否以公平分配为调整目标，将税收优惠分为照顾型税收优惠法律规范和激励型税收优惠法律规范。照顾型税收优惠法律规范以社会公平为目标，通过给予税收优惠，扶持特定类型的困难企业和公民，调节社会收入分配，防止矛盾激化，保证社会的和谐与稳定，主要包括“调高”、“增低”的税收优惠法律规范、扶持残疾人的税收优惠法律规范、调节城乡收入差距的税收优惠法律规范、调节地区收入差距的税收优惠法律规范、促进就业的税收优惠法律规范等。激励型的税收优惠法律规范通过给予特定领域的纳税主体税收优惠，引导纳税主体的行为模式，优化资源配置结构，实现国家的产业政策、行业政策、对外经济政策等一系列宏观调控目标，主要包括鼓励高新技术产业发展的税收优惠法律规范、扶持国家基础产业的税收优惠法律规范、鼓励投资的税收优惠法律规范、调整产业结构的税收优惠法律规范、区域性税收优惠法律规范、鼓励出口的税收优惠法律规范等。参见万莹：《税式支出的效应分析与绩效评价》，中国经济出版社2006年版，第108—184页；董玉明：《税式支出法律问题研究》，载《与改革同行——经济法学理论与实践问题研究》，知识产权出版社2007年版，第577—583页。

⑧ 参见厉以宁：《股份制与现代市场经济》，江苏人民出版社1994年版，第77—80页。

外;在“照顾型税收优惠法律规范”的设计领域,机会公平表现为处于弱势地位的相关主体都有机会享受同等的倾斜性减免税优待,不因准入标准的不周延而导致相同群体不同对待。如果未能遵循这一机会公平的制度设计标准,初次分配、再分配、第三次分配领域都可能因为不合理制度的实施而引发新的不公,这是税收优惠法律制度影响公平分配的另一个重要途径。

三、税收优惠制度对公平分配影响的利弊分析

当一项制度既存在其合理的一面又存在不合理性时,有必要对这项制度进行不同效应的影响评价,根据评价结果决定制度的存废变易。前文已经提到,税收优惠法律制度对公平分配可能产生积极影响和消极影响,本节拟对税收优惠的影响进行系统的分析:它给公平分配带来的积极影响是不是独占的、不可替代的?它给公平分配带来的消极影响是否是根本的、不可扭转的?通过这些分析,可以从整体上把握税收优惠法律制度对公平分配的促进价值,从理论上回答税收优惠法律制度能否成为促进公平分配有效手段这一问题。

(一)税收优惠法律制度对公平分配的促进作用

税收优惠法律制度综合运用多种税收优惠措施,根据不同税种的特点定制化地设计相应的优惠规则,在所得税、商品税、财产税等各个领域都能有效地调节收入差距,有效、适当、合理地促进公平分配。它对公平分配的促进作用主要表现为以下几个方面:

第一,在所得税方面,通过减除费用、特定所得减免税、特定所得低税率等税收优惠,增加低收入群体的福利。

所得税针对纳税人的收入课税,通过收入水平的高低判定纳税人应纳税负的大小,“高收入者多纳税、低收入者少纳税”的所得税设计理念使其与生俱来具有调节收入分配的功能,将这一设计理念转化为现实的便是所得税税收优惠法律制度。具体言之,通过减除费用的设置,将大部分低收入群体排除在纳税人范围之外,使其没有纳税义务的负累;通过对福利费、救济金、抚恤金等特定补偿性收入免税,增加低收入群体的税后收入;通过对勤劳所得征收较低税率,对资本等非勤劳所得征收较高的税率,降低所得来源结构主要为勤劳所得的低收入群体整体税负。

第二,在商品税方面,通过起征点、生活必需品低税率、非生活必需品和

奢侈品课征特别消费税,达到“调高补低”的目的。

商品税针对流通环节中的商品课税,由于商品税大多数实行的是比例税率,具有累退性,在实施过程中容易不当扩大收入差距,学界对此多有诟病。商品税税收优惠法律制度通过不同的制度设计,试图将商品税税制带来的消极影响降到最低,主要表现为:通过增值税、营业税的起征点设计,将一次性收入较低的劳动者排除在纳税人范围之外,使其没有纳税义务的负累;增值税方面,对日用消费品征收更低税率可以有效地防止低收入群体的消费支出过大化⑨;消费税方面,对非生活必需品和奢侈品课征特别消费税,促进公平分配;营业税方面,对娱乐业实行5%—20%的弹性税率,高于一般行业营业税3%或5%的税负水平,可以有效调节娱乐活动较多的高收入群体的收入。

第三,在财产税方面,通过起征点、免征额或特定财产的减免税,调整社会财富分配格局。

财产税针对纳税人的财产课税,它既包括对纳税人具体财产的课税,也包括对纳税人抽象财富的课税,它的课税环节不仅限于财产的保有阶段,还波及财产的流通阶段。⑩ 遗产税、赠予税等财产税本身就是为了调节收入差距、保证分配公平而设立,其中的税收优惠法律规范对公平分配的促进作用自不待言,房产税、车船税等财产税虽然不以调节收入分配为单一目标,但其中的税收优惠法律规范仍然能够有效地保证分配公平:通过起征点和免征额的设计,将用以保证基本生活的财产排除在课税范围之外,防止过度征税;通过对特定财产的减免税,保证有特殊需要的群体的福利,而这些群体往往在

---

⑨ 具体而言,低收入群体的消费支出中大部分投入到日用消费品之中,优惠税率的实行将有助于他们减少税费型消费支出,而对于高收入群体而言,由于其购买力的主要投向并非日用消费品,因此,因税收优惠减少的纳税额在其所缴纳的全部增值税中所占的比重极低,对他们的税费型消费支出影响不大。这样,结果是,由于税收因素造成的购买力下降速度不同,高收入群体的购买力下降得更快,低收入群体的购买力下降不明显。通过对不同的消费偏好的选择,低税率优惠可以有效调节高、低收入群体的实际收入水平,促进分配公平。

⑩ 各国实行的财产税主要有以下几种:土地税、房产税、不动产税、机动车辆税、净财富税、资本利得税、遗产税和赠与税等。房产税、车船税是对具体财产保有环节课征的财产税,净财富税是按年对纳税人持有资产减去有关负债后的余额征收的一种税,是对抽象财富保有环节课征的财产税,遗产税、赠与税是对具体财产流通环节课征的财产税,资本利得税是对抽象财富流通环节课征的财产税。

低收入群体中所占比重较大[11],这一税收优惠可以有效减少低收入群体的税收负担。

(二)税收优惠法律制度促进公平分配的独特优势

传统的保证公平分配的宏观调控措施包括税收、转移支付、社会保障等手段,税收优惠是重要的税收调节手段之一。由于转移支付和社会保障都是由政府直接将资金补贴给受益相对人,因此,可以将其统称为"政府直接支出",财政学上,也将税收优惠称为"税式支出",通过税式支出与政府直接支出两种调控手段的比较,可以发现税收优惠法律制度作用于公平分配领域的独特优势。

第一,税收优惠的支出形式可以在公平分配的调节过程中节省国家成本。

直接支出是通过"居民[12]取得经济收入——国家以税收形式形成财政收入——向特定群体转移支出"的路径来完成分配调节的,税式支出则无须经过后两个环节,在取得经济收入的当期就完成了转移支付的过程,使公平分配调节活动效率更高。

第二,税收优惠的支出形式可以提高国家行政机构效率。

与直接支出不同,税式支出并不需要政府通过设立专门的转移支付机构来完成社会资源再分配过程,税式支出可以借助已有的机构设置条件——广泛分布于全国各地的税务系统,来完成支出过程,有力地提高了行政机构的效率。

第三,税收优惠的支出形式可以加快资金到位速度,增强对公平分配调节的时效性。

直接财政支出建立在公共财政的基础理念之上,政府花的每一分钱都必须经过法定的编制、审批、调整、执行等预算程序,加上我国目前的五级行政管理体制的制度因素,直接导致了财政资金拨付链条长,财政资金迟拨、滞拨,资金拨付时效性差、效率低等问题。税收优惠作为一种特殊的支出形式,

---

⑪ 例如,2011 年颁布的《中华人民共和国车船税法》第 4 条规定:"对受严重自然灾害影响纳税困难以及有其他特殊原因确需减税、免税的,可以减征或者免征车船税",第五条规定:"省、自治区、直辖市人民政府根据当地实际情况,可以对公共交通车船,农村居民拥有并主要在农村地区使用的摩托车、三轮汽车和低速载货汽车定期减征或者免征车船税。"《中华人民共和国房产税暂行条例》第 5 条第 4 款规定:"个人所有非营业用的房产免纳房产税",第 6 条规定:"除本条例第 5 条规定者外,纳税人纳税确有困难的,可由省、自治区、直辖市人民政府确定,定期减征或者免征房产税。"

⑫ 此处的居民作广义解释,既包括法人、其他组织等企业类型的居民,也包括个人居民,既包括国内居民,也包括在我国纳税的其他居民。

纳税人只需向国家一次性净支付就可以完成财政收、支的两个过程，使得在直接财政补贴进程下的资金的上缴下拨链条大大缩短，有利于节省资金到达时间，减少资金运行过程中的漏泄，完整、及时地到达需要调整的领域。

第四，税收优惠的支出形式可以巧妙回避直接财政支出形式下的财政负担级次矛盾。

与直接支出相比，税收优惠无需考查直接财政支出制度下需考虑的财政负担级次问题。在我国，中央和地方财政分别承担各自的社会职能，公平分配作为一种应当由政府提供的公共物品，由哪级政府提供是一个需要谨慎考虑的问题。税式支出用相对隐蔽的方式回避了中央政府和地方各级政府之间的财权事权之争，支出应当由哪级财政负担、各级财政的负担比例分别应当是多少的争端被巧妙回避。

第五，税收优惠的支出形式可以更有效地促进第三次分配。

税收优惠可以促进第三次分配，加快社会财富从高收入群体向低收入群体的转移速度，这种促进作用是社会保障、转移支付等直接财政支出形式所无法达到的。在与其他现有的促进公平分配的宏观调控手段对比，如果说税收优惠的前述几点优势来自于其成本、效率、时效、矛盾调和等方面的“相对更优”，那么，其在促进第三次分配过程中的优势则更为明显，具有“补白”的功效，更能凸显其作为公平分配调节手段的重要价值。

也许会有人提出异议，如果采用政府对捐赠行为人给予财政奖励的形式，不也是以同样的财政代价换回相同的政策效果吗，税收优惠有什么特殊之处呢？原因是多方面的。其一，是经济原因，以直接奖励的形式鼓励第三次分配耗费的是大量的库存财政资金，以税式支出的形式鼓励第三次分配耗费的是尚未入库的财政资金，考虑到我国征收率不足的现状，这部分尚未入库的财政资金在现实的税收征管条件下，会出现许多应收未收的漏洞，根据征收率的比例，政府只需要耗费少量的财政资金就能达成良好的政策效应。[13] 其二，是心理原因，根据马斯洛的需求层次理论[14]，在收入水平达到一

---

⑬　我国对高收入群体的征税一直处于监管乏力的状况，在征收率偏低的情况下，与其让这些应征而未征的税源游离在政府监管之外，还不如鼓励它们合法化，用税式支出的形式鼓励这些资金投向慈善、公益事业。

⑭　马斯洛需求层次理论（Maslow's Hierarchy Of Needs）：美国心理学家亚伯拉罕 · 马斯洛于 1943 年在《人类激励理论》一书中提出该理论，需求层次理论将人类需求分成生理需求、安全需求、社交需求、尊重需求和自我实现需求五类，依次由较低层次到较高层次排列，某一层次的需要相对满足了，就会向高一层次发展，追求更高一层次的需要就成为驱使行为的动力。相应的，获得基本满足的需要就不再是一股激励力量。

定程度的时候,基本的生理需求、安全需求等都能够得到有效满足,高收入者更希望得到的是精神需求的满足。税式支出的方式为他们提供了一个冠冕堂皇可以轻而易举获得这种满足的平台。通过“支寓于收”这种特殊的形式,慈善家们可以以最少的代价取得最荣耀的社会地位,从而满足自己的精神需求。另外,税式支出的形式使得一般的社会公众很难了解到捐赠行为背后的税收利益,这种形式独具的隐蔽性使社会误以为他们是主动捐赠,行为的主动性、正当性、无目的性和道义性使得这种精神需求的满足程度更大。⑮其三,是社会效应原因,税式支出对高收入者捐赠行为的鼓励有利于整个社会形成慈善的社会风气。社会风气是指某一特定区域、特定时段里受到舆论普遍褒奖和有许多人仿效的行为方式。古希腊哲学家柏拉图曾经说过:“一个国家所滋长的正是它所尊重的。”⑯一个人的行为受多重因素制约,社会风气的好坏有重要影响。鼓励慈善捐赠的税收优惠有助于使越来越多的高收入群体将所得投入到慈善事业之中,他们的行为带动形成良好的社会风气,整个社会慈善的氛围一旦建立,便会对其他人的行为产生积极影响,良性循环并产生不可估量的公平分配效应。

(三)税收优惠法律制度对公平分配的消极影响

税收优惠法律制度本来是税法中为了宏观调控目的设定的特殊制度安排,在其设计之初,并没有通过税收优惠加大收入差距的意图,但在实际执行中,某些税收优惠确实产生了逆向调节收入差距的效应——高收入阶层享受更多的税收优惠。从这个意义上来说,税收优惠法律制度对公平分配产生了消极影响。

税收优惠对于公平分配的消极影响方面,学界争议纷繁,大多数学者从税收优惠制度本身出发,认为该制度不具有合理性,将会对公平分配产生不利影响,从而否认整个制度对公平分配的促进作用。主要观点如下⑰:

观点一:税收优惠法律制度对纳税人群体区别对待,降低了一部分纳税人的税负水平,不符合税收公平原则,制度本身就是一种不公平。

---

⑮ 试想,如果采用政府直接支出的形式对捐赠行为给予奖励,不论是一定比例的金钱奖励还是某种官方授予的精神奖励,且不论权力寻租和腐败现象的存在,单就这种奖励而言,可能会给社会公众造成一种“被动向善”的印象,好处政府揽尽,他们怎么还能获得慈善家的美名呢?没有这种精神激励,还有多少人真的会为了区区一点奖励而做善行呢?

⑯ 转引自谢希德主编:《科学思想和科学方法》,上海科学普及出版社 1999 年版,第 397 页。

⑰ 参见孙玉栋:《收入分配差距与税收政策研究》,经济科学出版社 2008 年版,第 29 页。

观点二:税收优惠的制度安排使得本无纳税义务的低收入群体无法享受政策优惠,那些应纳税额很小甚至因收入低于起征点或免征额而无需纳税的低收入者和亏损企业、免税的非盈利机构被排除在受益对象之外,而这些群体恰恰是最需要被扶持的。

观点三:税收优惠使得边际税率高的纳税人受益更多,而这部分纳税人恰恰是收入阶层分类中的高收入阶层。现实中,有很多税收优惠采用按实际支出比例进行税基扣除,由于纳税人支出的实际情况不同,在相同的扣除率下,适用高边际税率的纳税人所享受的税收优惠远高于适用低边际税率的纳税人。

观点四:激励型税收优惠所鼓励的领域往往是社会中的高收入阶层才有能力介入的领域。高新技术行业、基础设施建设等领域只有资本雄厚的个人和企业能参与其中,对这些领域的税收优惠激励将不当地扩大已有的分配差距。

(四)对税收优惠产生消极影响的反驳

前述各种由税收优惠引发的对公平分配的消极影响,有些是某一类税收优惠具体法律规范设计不周延所带来的后果;有些是税收优惠导致的分配差距,并未达到分配不公的程度;有些则是所有的旨在促进经济增长的措施所共有的弊端,并非税收优惠法律制度所独有。因此,笼统地认为税收优惠法律制度将不当影响公平分配的观点过于片面,详细论证如下:

(1)反驳一:利益主体假设——税收优惠是政府"利诱"的形式之一,税收优惠带来的公平与效率的冲突并非这种调整方式所独有,是所有经济性宏观调控手段所共同面对的难题。

利益主体是经济法的重要分析框架之一,它假设各类主体都有自己独立利益,为了各自的利益,都会采取有利于自己的行动,都会努力使自己的利益最大化。[18] 正因为经济法主体都有着独立利益存在,因此,才有可能对它们进行利益诱导,才有可能通过物质或精神利益来引导这些主体的行为,实现宏观调控的目标。国家的宏观调控表现为,在一定的经济发展阶段,必须推行一系列的产业政策、行业政策、区域政策等,这些政策的顺利实施靠的是利益诱导,如贷款贴息的优惠、政府直接补贴的优惠等等。税收优惠也是利益诱导的方式之一,它通过"减收"的方式进行"增补",不论是其政策目标还是实际效果都与直接补贴等手段无异。当然,某些税收优惠确实在一定程度上可能带来收入差距,但却是宏观经济政策中公平与效率权衡之后的更优选

---

[18] 张守文:《经济法总论》,中国人民大学出版社2009年版,第8页。

择,而且适度的差距有利于经济的繁荣,否则,如果不承认差距,是不是连直接财政补贴、贷款贴息等宏观调控手段也将因为分配不公的原因而取消呢?认为"税收优惠法律制度对纳税人群体区别对待,降低了一部分纳税人的税负水平而维持另一部分纳税人税负水平不变,制度本身就是一种不公平"的观点显然有误。

(2)反驳二:税式支出理论——虽然税收优惠无法惠及没有纳税义务的弱势群体,但是政府直接支出形式可以保证对这部分群体的公平分配。

前文已经提到,税式支出是与政府直接支出相对应的一个概念,其本质是各类税收优惠制度。财政学界提出税式支出理论,目的是要将税收优惠纳入政府预算,以便更精确地测度各类税收优惠所带来的财政支出额度。在法学领域,这一概念的借鉴有助于我们转换视角,更有效地评估税收优惠对公平分配的消极影响是否真实。前述观点二认为,"税收优惠加大了社会的分配不公,因为其制度安排使得本无纳税义务的低收入群体无法享受政策优惠,那些应纳税额很小甚至因收入低于起征点或免征额而无需纳税的低收入者和亏损企业、免税的非盈利机构被排除在受益对象之外,而这些群体恰恰是最需要被扶持的",这种观点看似非常有道理,其实忽略了税收优惠也是一种政府支出形式的本质。在各类政府支出中,税收优惠法律制度的作用范围仅限于纳税人,它通过税式支出的形式对纳税人当中的弱势群体进行补偿性分配,保证纳税人群体内部的分配公平。对于那些非纳税人的弱势群体,国家并非不扶持,而是采用另一种支出形式——政府直接支出,即通过社会保障、社会福利等制度调整他们所处的分配地位。税式支出与政府直接支出分别作用于不同的群体,共同实现公平分配的目标。

(3)反驳三:结构功能定位——税收优惠法律制度结构的局部微瑕并不影响其整体功能的发挥,扬长避短、不断完善才是根本解决之策。

结构—功能主义是20世纪最重要的社会理论之一,其基本假设是,任何系统都是由各类要素或称子系统构成的,而这些要素或子系统有一定的层次性和数量比例关系,从而体现出一定的结构。由于各类系统的结构不同,因而其能够产生的功能也不同,亦即特定的结构会产生特定的功能。为此,要研究一个系统,还要认真研究其特定的结构,以及由此而产生的不同于其他系统的功能。[19] 结构功能主义要求我们将研究定位于系统的结构上,强调特

---

⑲ 张守文:《经济法系统的系统分析》,载杨紫烜主编:《经济法研究》(第2卷),北京大学出版社2001年版,第153页。

定的结构产生特定的功能。税收优惠法律制度通过特殊的“寓支于收”的结构,低成本、高效率地实现着调节收入分配的功能。[20] 我们不能仅仅因为其系统中某一个细节的设计不符合规律,而全盘否定该结构的合理性,相反,应当因时而动,对不符合条件的结构加以改进,使之具备预期的功能。对于税收优惠使边际税率高的纳税人受益更多、从而可能影响公平分配的观点,它只是税收优惠法律制度中局部的结构失衡,是采用比例型费用扣除税收优惠方案带来的局部性问题,不能反映税收优惠法律制度的全貌,这种可能的不公平完全可以通过优化制度设计、调整制度结构来解决,不影响整个税收优惠法律制度的存在价值。

(4) 反驳四:风险补偿理念——对高风险行业的税收优惠是对投资人承担高风险的价值补偿,不会导致分配不公。

风险补偿主要是指事前(损失发生以前)对风险承担的价格补偿机制,经济学上对于那些无法通过风险分散、风险对冲或风险转移进行管理,而且又无法规避、不得不承担的风险,投资者可以采取在交易价格上附加风险溢价,即通过提高风险回报的方式,获得承担风险的价格补偿。[21] 风险补偿理论在法学的各个领域都得到了运用,如民法中的预期违约责任、海商法中的共同海险制度等。税法领域运用风险补偿理论集中表现在对高风险行业的税收优惠方面。高新技术行业面临着长时间大资金的研发投入无法得到预期研发成果的风险,投资行业面临着资金投入领域利润低下的风险,基础设施领域面临着投资初期零回报甚至负回报的风险等等。这些领域的风险高,但同时又对国计民生以及经济长远发展有重要意义,因此国家会通过税收优惠的形式对他们的风险进行补偿,换言之,在这些领域获得的高回报并非不合理的收入分配不公,而是承担高风险所带来的合理的分配差距,仍属于公平分配的题中之意。[22]

(五) 小结

前文已经论证,税收优惠制度本身的特性使其能够有效地促进公平分

---

[20] 在前文税收优惠法律制度对公平分配的积极影响部分已有详细论证。

[21] 中国银行业从业人员资格认证办公室编:《风险管理》,中国金融出版社 2007 年版,第19 页。

[22] 单飞跃教授的产业公平理论也许是风险补偿理念的另一个合理运用,“产业公平是指在一个国家的产业结构中,根据国家经济主权和制约经济增长的客观国情各个产业部类的分布处于比较均衡和合理的状态”。参见单飞跃:《经济法理念与范畴的解析》,中国检察出版社 2002 年版,第 36 页。

配,实践中出现的消极影响是制度内、外多方面原因综合的结果,不能以偏概全,全盘否认制度的合理性。整体而言,税收优惠法律制度对公平分配的影响利大于弊,并且在某些方面具有直接财政支出无法比拟的优势,因此,税收优惠法律制度可以成为,也应当成为收入分配领域的重要调控手段。实践中,应当充分发挥税收优惠法律制度的工具价值,使之与直接财政支出手段形成制度合力,共同调节收入分配,有效保证国民收入分配均衡。

四、构建促进公平分配的税收优惠法律制度

前文已经论证,税收优惠对公平分配的消极影响是制度内、外多方面原因综合的结果,要想将消极影响控制在最低的限度内,使税收优惠法律制度更好地发挥促进公平分配的功效,首先就必须解决税收优惠法律制度内部的问题:为什么产生消极影响？怎样消除？

税收优惠法律制度由具体的税收优惠法律规范构成,根据调整目标的不同,可以分为照顾型税收优惠法律规范和激励型税收优惠法律规范两类,前者以公平为基本理念,旨在促进社会公平,后者以效率为基本理念,旨在促进经济效率。相应地,它们对公平分配产生消极影响的途径迥异:某些照顾型税收优惠法律规范由于未能充分发挥其对公平分配的促进作用而导致分配不公,某些激励型税收优惠法律规范由于过度追求效率使收入差距不当扩大,导致分配不公。

进一步的剖析可以发现,具体税收优惠法律规范的盈位[23]、缺位、错位、移位等问题一方面使其在调节既有的收入差距方面表现欠佳,未能发挥作为收入调节重要手段的作用;另一方面,甚至还引发了新的分配不公——不仅没有有效调节收入差距,反而不当地扩大了收入差距。一个比喻可能更有助于理解这一原理:不同收入水平的群体好比天平的两极,低收入群体为天平的轻极,高收入群体为天平的重极,收入分配的原初状态是天平向高收入群体倾斜,税收优惠等宏观调控手段就好比人为地给天平轻极补加一定重量的物质,使天平能够恢复平衡。不给天平轻极加重、补加的物质掉出了天平的托盘外、给天平轻极加重超过合理的度、错给重极加了重都不能使天平达到平衡状态,相应地,税收优惠的盈位、缺位、错位、移位都无法使天平恢复平

---

[23] 《说文》中对"盈"字的解释为"盈,满器也",《吕氏春秋》中也有"全则必缺,极则必反,盈则必亏"的论述,与"缺位"、"错位"、"移位"已在法学或其他学科领域有过深入详细论证、属于较易理解的范畴不同,"盈位"一词是笔者新造,用以描述过度给予税收优惠的状态。

衡,仍然无法改变收入分配不公的格局。

(一)税收优惠盈位:对受惠主体过度给惠

税收优惠法律规范的盈位包括两种情形,一种情况是单纯型税收优惠盈位,指的是在某些以税收优惠为唯一调整手段的领域,税收优惠法律规范过度给予受惠主体优惠;另一种情况是复合型税收优惠盈位,指的是某些税收优惠法律规范未能与其他宏观调控手段紧密配合,在相关法律制度已经采用了其他有效调节手段后,仍盲目给予税收优惠,使调节结果"矫枉过正"的情形。具体到公平分配领域,如果一定额度的单纯税收优惠能够足以保证分配公平,就没有必要再过度给予该额度以上的优惠,以免引发新的不公;如果转移支付、社会保障等宏观调控手段已经足以使某个群体的收入不平衡状况得以缓解,那么就没有必要再给予"照顾性税收优惠"以进一步增加他们的福利。不遵从这两个原则都属于税收优惠盈位,它们将使弱势群体因为政策的过度倾斜转为收入水平上的强势群体,引发新的不公。

但是,税收优惠盈位面临着一系列的判定难题。难题之一在于给予优惠的额度的把握。要判断是否盈位,就必须找到"标准位",也即回答给予怎样额度的税收优惠将使公平分配的天平"恰好归正"这一问题。由于公平的标准极具主观性、收入分配的天平处于动态的平衡状态等原因,很难找到一个确定的"标准位",因此,给公平分配这一天平加重的幅度非常难于准确把握和测度,是否"盈位"变得模糊不清。这并非税收优惠调控手段所独有,是所有收入分配的宏观调控手段所共同面临的难题。难题之二在于实证数据的缺失。我国的公共财政预算体系处于建立初期,社会保障、转移支付等与公平分配直接相关的预算刚刚建立,预算科目尚未细化,而与税收优惠直接相关的税式支出预算则处于空白。预算不透明的现状使决策层无法得到既有调控手段是否达到预期目标的反馈,税收优惠是否盈位自然也变得无法判定。难题之三在于与其他宏观调控手段的配合过程中的信息不对称。税收优惠与其他宏观调控手段的制定、执行分属不同主体,在我国现行部门主导的立法体制下㉔,它们分别由财税机关与国务院其他宏观调控部门㉕分头运用。信息不对称加大了税收优惠是否盈位的判定难度,这在复合的税收优惠盈位判断中表现得更为显著。正是由于以上三点难题的存在,在没有进行充

㉔ 税收优惠的立法是通过"部门起草立法——国务院提请人大审议"过程完成的,更多的税收优惠散见于财政部、国家税务总局的涉税行政规范性文件中,部门主导倾向明显。

㉕ 包括农业部、住房和城乡建设部、民政部等部门。

分的理论研究、调查论证和实证分析之前，笔者不敢枉然纸上谈兵，无法列举现行税收优惠法律制度中对公平分配产生消极影响的税收优惠盈位的实例。

（二）税收优惠缺位：应当给惠的未给惠

税收优惠法律规范的缺位指税收优惠法律制度中某些特定的税收优惠法律规范缺失或给惠力度不够，导致应当享受税收优惠的主体未能享受或未能完全享受税收优惠的情形。狭义的缺位指的是既有的制度设计完全没有给予特定主体税收优惠，广义的缺位还包括给予了税收优惠但是力度不够，没有充分发挥税收优惠的激励作用的情形。

与税收优惠盈位一样，在公平分配领域，税收优惠缺位的判断同样也面临着税收优惠标准额度不定、实证数据缺失、与其他宏观调控手段配合过程中的信息不对称等三大难题。但是，有两个领域的税收优惠缺位判断可以不受这些因素的制约，其一是税收优惠作为唯一调控手段的第三次分配促进领域，前文已经论证了税收优惠是唯一能够促进第三次分配的国家宏观调控手段，如果现实中第三次分配未能得到有效促进，国家层面的原因必然是税收优惠法律制度的缺位；其二是对税收优惠的调控方式已经形成路径依赖的领域，根据路径依赖理论[26]，如果对某一类收入分配的调控已经形成了税收优惠调控方式的路径依赖，那么由于制度变迁具有报酬递增和自我强化机制，对该领域的调控应当延续既定的制度模式，否则调控路径的巨大变化将引发成本的急遽上升，得不偿失。路径依赖理论排除了在这些领域采用其他宏观调控手段的必要性，如果出现了分配不公，自然可以将其归因为税收优惠的缺位；其三是与税收相关的分配问题领域。前文已述，税收优惠法律制度通过作用于“税收”因子达到公平分配的调节目的，因此，因税负不公平而带来的收入分配差距必然是税收优惠法律规范缺位所造成的后果，不能归咎于其他调控手段。从以上几个角度切入，我国现行的税收优惠法律制度的缺位包括但不限于以下几个方面：

---

[26] 路径依赖（Path-Dependence）又译为“路径依赖性”，它的特定含义是指人类社会中的技术演进或制度变迁均有类似于物理学中的惯性，即一旦进入某一路径（无论是“好”还是“坏”）就可能对这种路径产生依赖。路径依赖问题首先由保罗·大卫在1985年提出，尔后W.马兰·阿瑟在此基础上进一步发展，形成了技术演进中的路径依赖的系统思想，后来，道格拉斯·诺斯将前人有关这方面的思想拓展到社会制度变迁领域，从而建立起制度变迁中的路径依赖理论。参见金吾伦主编：《当代西方创新理论新词典》，吉林人民出版社2001年版，第179页。

第一,鼓励第三次分配的税收优惠法律规范缺位。

我国现行的《个人所得税法》、《企业所得税法》中虽然规定了对"慈善、公益事业"捐赠的税前扣除优惠[27],但力度仍显不够,处于广义缺位的状态。与西方发达国家相比,我国在这方面税收优惠的缺位主要表现为法定受捐赠组织的范围过小、捐赠扣除比例过低且不能向后结转、缺乏实物捐赠的规定等方面。税收优惠法律规范的缺位导致我国公益、慈善事业发展缓慢,第三次分配进程动力不足,由社会力量主导的资源流动受阻,收入差距较大的社会问题失却了重要的解决渠道。

第二,促进中、西部地区发展的税收优惠法律规范缺位。

税收优惠历来是促进地区发展的重要调控手段,我国东部沿海地区从改革开放初期至今一直在享受着税收优惠,经济高速发展的同时其与中、西部地区的收入差距也越来越大。为了调节地区收入差距,我国现行《企业所得税法》实施后叫停了许多东部沿海的税收优惠,并给予西部地区税收优惠以平衡地区收入差距,但由于东部地区原有的区域性税收优惠在过渡期内仍有效[28],并且西部地区税收减免力度不及东部地区[29],因此现行的税收优惠规范对东西地区差距的调节力度明显不足,促进西部地区发展的税收优惠处于广义的缺位状态。更为严重的是促进中部地区发展的税收优惠缺位,中部地区享有的税收优惠大多属于普惠制的税收优惠,并且优惠形式非常少,处于狭义的缺位状态,有的学者指出,如果这种局面得不到根本性扭转,中部不但不

[27] 《中华人民共和国个人所得税法实施条例》第24条规定:"个人将其所得通过中国境内的社会团体、国家机关向教育和其他社会公益事业以及遭受严重自然灾害的地区、贫困地区的捐赠,捐赠额未超过纳税义务人申报的应纳税所得额30%的部分,可以从其应纳税所得额中扣除。";《中华人民共和国企业所得税法》第9条规定:"企业发生的公益性捐赠支出,在年度利润总额12%以内的部分,准予在计算应纳税所得额时扣除。"

[28] 《国务院关于实施企业所得税过渡优惠政策的通知》规定:"自2008年1月1日起,原享受低税率优惠政策的企业,在新税法施行5年内逐步过渡到法定税率。其中享受企业所得税15%税率的企业,2008年按18%税率执行,2009年按20%税率执行,2010年按22%税率执行,2011年按24%税率执行,2012年按25%税率执行,原执行24%税率的企业,2008年起按25%税率执行。"由于我国东部地区税收优惠种类繁多,事实上大量企业享受着15%的税收优惠,在2012年之前,与按法定税率25%纳税的其他地区企业相比,仍然具有较大的比较优势,收入差距将进一步拉大,只是差距的扩大速度有所减缓。

[29] 现行的西部地区税收优惠措施主要是企业所得税的优惠,对满足一定条件的企业实行一定年限的15%或"两免三减半"的低税率,与已废除的东部地区的原有税收优惠相比,企业所得税、增值税、消费税免税的规定少了很多,并且享受条件更为严格,本来西部地区自然条件和人文环境就有劣势,再加上税收优惠的政策优势不明显,很难吸引足够的投资,短期内无法改变贫穷落后的面貌。

能顺利崛起,反而会出现"中部塌陷"[30]的危机。

第三,个人所得税特殊群体收入调节的税收优惠法律规范缺位。

前文已述,我国现行的个人所得税税收优惠通过免征额、差别税率等措施,可以有效调节高低收入群体之间的收入差距,但遗憾的是,个人所得税税收优惠在设计时未能周全考虑到某些特殊群体的收入状况,使本应享受税收优惠的纳税人被排除在受惠主体之外。这些特殊群体主要包括两类:一类是收入时间特殊的纳税人,一类是收入稳定性特殊的纳税人。

收入时间特殊的纳税人主要指现金收入与账面收入有时间差的纳税人,某些纳税人在取得现金收入时并未发生账面收入,某些纳税人在尚未获得现金收入之前收入已入账。对这类纳税人的课税如果不采取优惠措施加以调节,极易造成过度课征或课征不足,影响公平分配。个人将自有的资产作价入股投资兴办企业即是一例,根据我国税法相关规定,在资产评估作价并登记转移给所投资企业的当期,即产生个人收入,应对其征收个人所得税,但现实中个人持有的资产只是发生了所有权的转移而并不产生现金流。对于这种情况,各国税法均有递延纳税或分期纳税的规定,我国的规定不仅不利于鼓励个人投资创业,而且在零现金流的条件下课征高额个人所得税的行为也不当地干涉了收入分配过程。

收入稳定性特殊的纳税人是指收入波动幅度较大,甚至在一段时间内可能出现负收入的纳税人。由于收入不稳定,这类纳税人承担极高的生存风险,各国均通过税收优惠的形式对其承担的风险进行一定程度的补偿。例如,创业投资家获得的创业投资收入在创业的初期波动性很大,可能出现巨幅亏损和大幅盈利之间的大起大落,如果在其盈利时课征高边际税率的所得税,有可能过度地调节了这部分群体的收入。国外大多数国家允许一定跨度的创业期间,在创业期间取得的收入先按法定税率预缴所得税,待该期间结束后,与创业过程中发生的亏损盈亏互抵,再选择适用合适的边际税率计算实际应纳所得税。[31]

(三)税收优惠错位:不应给惠的却给了优惠

税收优惠法律规范的错位指:某些税收优惠法律规范未能厘清"谁应当

---

[30] 参见孙力、蒋瑛:《通向大国之路的中国区域发展战略》,人民日报出版社2009年版,第328—334页。

[31] 朱东辰、余津津:《美国创业投资风险驾驭机制研究》,载《外国经济与管理》2003年第1期。

享受税收优惠”这一问题，税收优惠受惠对象出现偏差，法律规范将某些税收优惠给予了不应当享受税收优惠的群体。值得一提的是，税收优惠错位可能是由于税法制度设计未经过充分的考察论证所带来的后果，也可能是法律执行的宏观环境发生变化但制度未能及时更新所导致的。以公平分配的价值目标进行衡量，以下税收优惠法律规范可能出现了错位的情形：

第一，房地产开发企业与普通企业享受的土地增值税税收优惠错位。

我国取消福利分房制度之后，在20世纪90年代出台了大量的房地产业税收优惠规定，旨在促进行业的健康发展，这些措施在一定时期成效显著。在房地产行业迅猛发展并出现过热倾向的今天，往日的受惠主体显然已经不具备受惠条件。法律制度未能及时更新导致了税收优惠错位，不应当享受税收优惠的房地产行业仍在旧的制度框架下享受着优惠，行业差距进一步拉大，对公平分配将产生不利影响。例如1995年的《土地增值税暂行条例实施细则》给予“从事房地产开发的纳税人”加计20%扣除的土地增值税税收优惠，其他纳税人计算土地增值税时不能加计扣除[32]，这一规定加大了专门从事房地产开发的企业和普通纳税人之间的收入差距，起到了扩大收入差距的作用。这一法律规定属于因法律执行的宏观环境发生变化但制度未能及时更新所导致的税收优惠错位。

第二，“国际工资”职工与普通职工享受的个人所得税税收优惠错位。

在我国工作的外国人以及在国外工作的中国人取得的工资形式大多是以美元计价的“国际工资”，转化成人民币后，这部分人的收入水平是同行业收入的5—10倍左右，是名副其实的“金领阶层”。对于这个本应成为高收入重点调节对象的群体，我国的《个人所得税法》不当地给予了加计扣除的税收优惠，进一步加大了他们与普通工薪阶层的收入差距。[33] 这种税收优惠的错位显然是在制度设计时没有经过充分的考察论证所带来的后果。

---

[32] 《中华人民共和国土地增值税暂行条例实施细则》第7条规定：“土地增值税计算增值额的扣除项目，具体为：(一) 取得土地使用权所支付的金额；(二) 开发土地和新建房及配套设施的成本……对从事房地产开发的纳税人可按本条(一)、(二)项规定计算的金额之和，加计20%的扣除。”

[33] 《中华人民共和国个人所得税法》第6条规定：“对在中国境内无住所而在中国境内取得工资、薪金所得的纳税义务人和在中国境内有住所而在中国境外取得工资、薪金所得的纳税义务人，可以根据其平均收入水平、生活水平以及汇率变化情况确定附加减除费用。”现行《个人所得税法实施条例》将附加减除费用确定为2800元。根据这一规定，非居民纳税人和从境外取得工资的居民纳税人的免征额为月工资4800元，这部分人的工资形式往往是以美元计价的国际工资，属于收入阶层中的高收入群体，附加减除费用的规定将进一步加大收入分配差距。

(四) 税收优惠移位:税收优惠实效欠佳

税收优惠法律规范的移位现象关乎制度设计和制度执行两个领域,其本质在于因制度设计欠周全而导致的法律实效与法律效力的偏差,在公平分配方面,移位主要表现为本应促进公平分配的税收优惠执行中无法起到促进作用、本来与公平分配问题无关的税收优惠引发了分配不公两个方面。具体而言,前者指某些旨在促进公平分配的"照顾型税收优惠法律规范"设计时未能进行周密论证,在实际执行中无法达到促进公平分配的效果,有些甚至还起到了相反的作用;后者指某些以经济转型、企业创新等为目标的"激励型税收优惠法律规范"在实现原定政策目标时对公平分配造成了不利影响。无论是哪一类税收优惠移位的情形,其本质原因都在于税收优惠法律制度设计时没有充分考虑各相关主体的利益分配,"恶法"的实施引发了新的不公。我国现行税收优惠法律制度体系中,可能诱发税收优惠移位的法律规范包括但不限于:

第一,扶持残疾人的税收优惠法律规范在残疾人人群中引发新的不公。

残疾人天生具有身体上的缺陷,是天然的弱势群体,处于收入分配天平的"轻极",我国税收优惠法律制度通过鼓励残疾人就业、对残疾人提供的劳务免税等一系列措施保证他们的福利,促进分配公平。遗憾的是,该制度将残疾人群体人为成两类:"四残"人员(包括盲、聋、哑和肢体残疾)和其他残疾人,前者可以享受大量税收优惠,而后者无法享受,引发了制度性的分配不公。㉞ 根据我国《残疾人保障法》的规定,智力残疾、精神残疾、多重残疾和其他有生理、心理缺陷的人与"四残"人员一样,也属于残疾人,也应当重点加以保护。㉟

第二,个人所得税无法调节高、低收入群体收入差距,甚至出现"倒挂"现象。

㉞ 例如,国家税务总局《关于民政福利企业征收流转税问题的通知》(国税发[1994]155号)规定:"'四残'是指盲、聋、哑及肢体残疾……安置的'四残'人员占企业生产人员50%以上(含50%)的民政福利工业企业,其生产增值税应税货物除本通知第3条列举的项目外,经税务机关审核后,可采取先征税后返还的办法,给予返还全部已纳增值税的照顾。……安置的'四残'人员占企业生产人员35%以上(含35%)的民政福利企业,其经营属于营业税'服务业'税目范围内(广告业除外)的业务,免征营业税。"

㉟ 《中华人民共和国残疾人保障法》第2条规定:"残疾人是指在心理、生理、人体结构上,某种组织、功能丧失或者不正常,全部或者部分丧失以正常方式从事某种活动能力的人。残疾人包括视力残疾、听力残疾、言语残疾、肢体残疾、智力残疾、精神残疾、多重残疾和其他残疾的人。"

个人所得税在开征之初就具备收入调节税的良好品性，前文也已经讨论，起征点和免征额、差别税率等个人所得税税收优惠可以使其达到调节收入差距的目的。现实中我国出现了调节效应“倒挂”现象：个人所得税非但没能有效调节高收入群体收入，反而使中低收入群体成为个人所得税来源的主力军。[36] 学界对此讨论颇多，扣除费用标准过低、累进税率设计不符合我国实际、征管乏力是公认的原因，这些恰恰也是个人所得税税收优惠移位现象的表现。

第三，促进高新技术企业发展的税收优惠无法实现税负公平。

“激励型税收优惠”定位于公平分配以外的政策目标，但这并不意味着它与公平分配完全无关，如果在制度设计过程中忽略了公平分配的价值标准，也可能在法律规范的执行过程中发生税收优惠移位，引发分配不公。例如，我国《企业所得税法》规定高新技术企业可以享受一定的税收优惠，但由于该税收优惠规定过于笼统，没有配套细则规范高新技术企业的认定标准，实际执行中造成了相同生产工艺水平的企业有的享受了税收优惠，有的无法享受，甚至出现同一家企业在不同地区的分支机构资质认定状况不一的情形，税负不公导致分配不公，税收优惠移位再次对公平分配产生了消极影响。

（五）税收优惠法律制度的完善

为了提高税收优惠法律制度促进公平分配的实效，防止税收优惠法律制度在实施过程中引发新的不公，应当在制度设计时就着力构建促进公平分配的税收优惠法律规范体系。在总体价值取向上，应当对照顾型税收优惠和激励型税收优惠采取不同的立法策略——在照顾型税收优惠领域采用积极的公平分配促进观，将是否能有效促进公平分配作为立法评价标准，注重充分发挥税收优惠对公平分配的促进作用；在激励型税收优惠领域采用消极的公平分配评价观，将是否会不当影响公平分配作为立法评价标准，使激励型税收优惠在追求既定经济目标的同时不过分影响到收入分配格局。具体言之，针对上述税收优惠法律规范出现的盈位、缺位、错位、移位等一系列问题，应当采用以下几点措施进行修补：

（1）去盈。去盈指的是在税收优惠法律规范盈位的情况下，应当适当减少税收优惠，防止“矫枉过正”，防止因政策向弱势群体过度倾斜保护而引发

---

[36] 根据国家税务总局的统计，近年来，我国在个税收入当中，来自工资薪金所得的份额一直维持在50%以上，2007年为54.97%，2008年更上升至60.31%。参见万莹：《工薪族该不该成为个税纳税主力》，载《中国财经报》2009年12月8日。

新的不公。具体而言,单纯型的税收优惠盈位仅需适当减少给惠力度,在税收优惠的减免额度、宽限期限等方面稍加紧缩即可;复合型税收优惠盈位的去盈应当在充分考察论证各类既有宏观调控手段的实效基础之上,通过"损有余、补不足"的标准判断是否需要税收优惠手段的介入、介入的程度多少,以决定去盈的幅度,最终保证各类促进公平分配的宏观调控手段此消彼长,有机配合,集约、有效地调节收入格局。

(2)补缺。补缺指的是在税收优惠法律规范缺位的情况下,应当及时对缺位的税收优惠进行补充,使应当享受税收优惠的主体真正享受到优惠。在狭义的税收优惠缺位状态下,这种补缺体现为"补白",即在现有制度中加入全新的税收优惠法律规范;在广义的税收优惠缺位状态下,这种补缺体现为"补不足",即增加税收优惠的优惠力度,使其能够更加有效地调节收入分配。针对前文提到的三类具体税收优惠法律规范缺位的情形,应当采取以下措施:促进第三次分配的税收优惠缺位方面,应当通过扩大法定受捐赠组织的范围、适当提高对"慈善、公益事业"的捐赠税前扣除比例、允许当期未能结转扣除的税收优惠结转下年扣除、将实物捐赠也列入允许税前扣除的范围等方式补缺;促进中、西部地区发展的税收优惠缺位方面,应当通过加大针对西部地区的税收优惠力度、制定适合中部地区发展的特色化税收优惠等方式补缺;个人所得税特殊群体收入调节的税收优惠缺位方面,应当通过增加针对收入时间和收入稳定性特殊的群体的税收优惠[37]方式补缺。

(3)纠错。纠错指的是在税收优惠法律规范错位的情况下,应当及时纠正制度设计中出现的优惠对象错误,取消本不应当享受税收优惠主体的优惠待遇,防止税收优惠的适用错误而不当地扩大收入差距。纠错的理念要求我们在税法适用过程中不断地对现行的税收优惠法律规范进行评估,不仅进行一般意义上的合法性评估、协调性评估、立法技术评估[38],还要进行功能性评估,充分评价其是否能够达到预定的公平分配调整目标,及时发现由于税法设计或宏观环境变化所带来的受惠对象的偏差,并合理加以调整。具体到前

---

[37] 例如,对于收入时间特殊的纳税人,针对其账面收入与现金收入发生时间不一致的情况,可采取分期纳税或递延纳税的税收优惠,使其纳税时间尽量与现现金流流入时间保持一致;针对收入稳定性特殊的纳税人,可以参照企业所得税汇总清算的规定,规定一定期限的纳税计算期,在该期间内按一定比例预缴个人所得税,期间结束后再根据盈亏状况进行汇算清缴,保证税负水平合理、适当。

[38] 合法性评估是指评估立法与上位法的规定是否相抵触;协调性评估是指评估立法与同位阶的法律是否能协调一致,是否能有效地指导下位阶法律的制定工作;立法技术评估是指评估立法技术是否规范、逻辑是否严密、表达是否准确等。

文提到的税收优惠错位现象，针对房地产行业的税收优惠错位，应当取消土地增值税中对房地产企业加计扣除20%的规定，并由此切入对遗留的房地产税收优惠规范进行清理，取消历史上制定的鼓励房地产企业发展的税收优惠，防止行业差距不当扩大；针对"国际工资"职工与普通职工享受的个人所得税税收优惠错位，应当取消对在中国境内无住所而在中国境内取得工资、薪金所得的纳税义务人和在中国境内有住所而在中国境外取得工资、薪金所得的纳税义务人的附加减除费用优惠，防止税收优惠的错位给收入分配带来的消极影响。

(4) 移正。移正指的是在税收优惠法律规范移位的情况下，应当通过合理的制度设计纠正税收优惠的效力与实效之间的偏差，在制度设计中贯穿公平分配的理念，使得"照顾型税收优惠法律规范"能够发挥应有的促进公平分配的作用，"激励型税收优惠法律规范"在达到既定的政策目标时兼顾公平分配的要求，不会不当地影响公平分配。具体到前文提到的税收优惠移位现象，扶持残疾人的税收优惠移位方面，应当改变既定的只能由"四残人员"享受优惠的规定，将税收优惠的受惠对象扩展到《残疾人保障法》规定的全部残疾人群体；个人所得税调节高低收入差距移位方面，应当适当提高个人所得税工资薪金所得的减除费用，同时改革累进税率制度，防止其对收入差距调节的"倒挂"现象发生[39]；促进高新技术企业发展的税收优惠移位方面，应当配套制定高新技术企业的认定细则，并规范认定程序，使得具有相同技术条件的纳税人能够享受同等待遇的高新技术企业税收优惠。

五、简短的结论

税收优惠法律制度在初次分配、再分配、第三次分配等领域都能对社会收入分配格局产生影响，其通过所得税、商品税、财产税中的各类特色化优惠措施能够有效促进公平分配。与社会保障、财政转移支付等其他促进公平分配的宏观调控手段相比，税收优惠法律制度具有财政成本低、支付效率高等优势，并且能够介入前述手段无法调控的第三次分配领域，因此，税收优惠法律制度可以成为，并且也应当成为促进公平分配的有效调节手段。

税收优惠法律制度也可能会给公平分配带来消极影响，其原因是多方面

---

[39] 本文封笔之际，《个人所得税法修正案(草案)》已全文向社会公布并公开征求意见，拟将个税减除费用标准由现行的2000元/月提高到3000元/月。将现行工薪所得9级超额累进税率修改为7级，如该草案获得通过，必将使个人所得税税收优惠发挥更大的促进分配公平作用。

的——可能是旨在促进经济增长的宏观调控措施所共有的弊端，可能是公平与效率权衡之下的更优选择，可能是某类具体税收优惠法律规范设计不周导致的状况——不能归咎于税收优惠法律制度本身。在承认这一前提的基础上，对我国现行税收优惠法律制度进行优化：在总体价值取向方面，对照顾型和激励型两类不同的税收优惠法律规范采用不同的立法策略，通过在税收优惠制度中贯穿公平分配的理念，充分发挥照顾型税收优惠对分配公平的促进作用，将激励型税收优惠的消极影响控制在合理的限度内；在具体规范制定方面，针对现行的税收优惠法律规范的盈位、缺位、错位、移位四类情形，采用“去盈、补缺、纠错、移正”的方法进行修补，从而不断完善我国税收优惠法律制度体系，使其对公平分配的促进作用达致最优，并且与现行的其他宏观调控手段紧密配合，共同改变目前收入差距过大的现状，促进经济、社会的协调可持续发展。

宏观调控

论民生财政及其法制化*

陈　治**

目　次

在2011年财政部提交全国人大审议的《关于2010年中央和地方预算执行情况与2011年中央和地方预算草案的报告》中，“优化财政支出结构，保障和改善民生”的问题再次得到强调。报告显示今年中央财政用于民生的开支，将占到中央财政支出的2/3左右，而在刚刚过去的“十一五”期间，全国用于民生的支出已经达到10510亿元。从近几年中央到地方的财政预算报告中，均可清晰地看到各级政府强化民生领域财政支出的基本思路。这不仅表现在着力增加与人民生活直接相关的教育、医疗卫生、社会保障和就业、住房、文化等民生领域的财政支出总额，而且民生支出在整个财政支出结构中所占的比例、单项民生支出的规模都在不断提高。那么，是否加大对民生领

* 本文是国家社科基金项目“我国实施民生财政的法律保障机制研究”（09XFX021）的阶段性成果。

** 陈治，法学博士，西南政法大学经济法学院副教授。

域的支出就是民生财政？民生财政的提出有着怎样的背景？在构建民生财政的框架体系中，法制的作用应当如何体现？构建民生财政的法制框架如何展开？笔者拟从民生财政的内涵、法制化的框架、构建民生财政的若干制度几个方面展开讨论，以求教大方。

一、民生财政的基本内涵及其法制框架

（一）民生财政的基本内涵

目前学界涉及民生财政相关问题的探讨主要从以下方面展开：一是明确使用民生财政的提法并认同民生财政的概念价值与研究意义。但在民生财政与公共财政的关系、民生财政是具有普世性抑或特殊性价值、民生财政的评判标准等方面存在明显差异。比如有的学者将民生财政作为与公共财政相并列的一种财政收支模式，有的学者则将民生财政视为公共财政理念转型的产物而非财政模式的替代；有的学者将民生财政界定为我国现阶段特有的财政运作模式，但也有学者提出民生财政承载人文关怀的终极诉求，具有"普世性的基本价值"；有的学者主张以"民生方面的支出占到相当高的比例，甚至处于主导地位"作为判断是否是民生财政的基本标准，有的则明确否认以占财政比重的结构性标准来评判民生财政，而主张以"与民生的直接关联度"将公共支出对象进行"阶梯性"排列，换言之，公共支出均关系民生，只不过民生财政是集中于"民生最直接最急需的问题上"而已。① 二是不直接使用民生财政的提法，而是围绕财政与民生间的关系展开论述，将财政作为改善民生的重要途径之一。三是对民生财政的提法抱以谨慎乃至否定的态度，强调财政的正当基础是民主而非民生。

笔者认为对民生财政的理解应当从几方面展开：

1. 民生财政的支出对象——民生的范围应当有所限定

民生并不是一个专门的学术概念，亦并无异域语境下的直接对应物，在很大程度上它是一种植根于中国历史传统与国人信仰之中的善良情结与人文关怀。作为一种中国式的、感性的表达，人们似乎都习惯于在"心照不

---

① 相关文献参见张佐：《公共财政转向民生财政现状分析》，载《社会主义论坛》2007年第8期；刘尚希：《论民生财政》，载《财政研究》2008年第8期；安体富：《民生财政：我国财政支出结构调整的历史性转折》，载《地方财政研究》2008年第5期；张馨：《论民生财政》，载《财政研究》2009年第1期。

宣”、“众所周知”的预设前提之下将它与其他概念拼接，由此形成民生工程、民生政策、民生法制、民生财政乃至民生中国等难以辨识其确切内涵的似是而非的概念。问题的关键并不在于概念本身，而在于当民生与其他概念相拼接之后往往容易从一种模糊的社会常识演变成带有权威性的公共决策从而影响到社会公众的利益。因此，追问这一预设前提实属必要。可以基于不同学术立场对民生进行分析，比如在社会学、政策学上对民生作客观化理解，乃指各种影响人们生活质量的公共服务；或者在伦理学、经济学上对民生作主观化理解，将之与幸福、满意、效用等联系起来；又或者在政治学、哲学上，将民生作为构设一个正义社会的前提条件、评价政府行为的道德标准以及人的权利与自由的重要组成部分。本文则侧重于法学立场的分析。具有法律意味的民生概念，其主观性、个人性色彩有所减弱，而客观性与整体性明显增强：一方面民生可以通过政府提供公共服务的方式加以改善；另一方面，民生是对人们生活状态的整体性、一般性描述，而不完全是个人的幸福感受和心理满足，并不凸显纯粹的个体偏好。除去纯私人的以及虽属公共范畴但与民生没有直接关联的欲求（比如对国防和一般行政服务的需求）外②，那些直接关乎人之生活质量、具有共性、能诉求于公共途径加以解决的共同需要将借助政府行为并最终通过法律调整的方式，以制度化的手段得到保障。

这些“共同需要”便构成了民生财政的支出边界。它们主要包括养老、医疗、住房、教育、就业、生产生活基础设施，以及与前述领域有所交叉且具有自身特点的“三农”问题等。这也是官方文件③及不少学理分析④所采用的方式，即直接列举民生所涉及的各个具体单项问题。除此之外，还可以通过归纳、整合的方式以一定的标准对民生进行类型化。比如深圳市政府于2007年出台的《深圳市民生净福利指标体系》将收入分配与公平、安全水平、社会保障水平、公共服务水平、人的全面发展水平五个方面作为民生净福利的具

② 排除在外的纯私人欲求属于个人选择的范畴，不必纳入公共途径加以解决；属于公共领域但与民生没有直接关联的欲求是公共利益的组成部分，仍然可以通过财政的方式予以实现。在传统财政理论上，凡是为满足公共需求而在提供公共产品过程中从事的经济性收入和支出活动都被称为公共财政。可以说民生财政在本质上即是公共财政，属于公共财政的一个子范畴。

③ 比如，中共十七大报告在论及“加快推进以民生为重点的社会建设”问题时，提出了几项重要的民生服务，包括教育、就业、收入分配制度、社会保障、医疗卫生、社会管理；2008年政府工作报告在论及“切实保障和改善民生”问题时，提出民生的范围涉及教育、卫生、文化教育等。

④ 比如，中央财经大学财经研究院与北京市平谷区财政局合作完成的“北京市平谷区民生服务财政支持问题研究”课题报告中将民生服务分为生产性基础设施、生活基础设施、信息与网络、医疗保障、教育与培训、社会保障、金融服务几方面。参见王雍君、杨凤山：《民生服务财政支持问题研究——北京市平谷区的实践与探索》，经济科学出版社2009年版，第5页。

体范围,是一种类型化的成功尝试,为从整体上把握民生提供了可靠蓝本。

2. 民生财政的判断标准包含合法性、合理性、程序性、人本性四方面的因素

民生财政不能以简单的财政支出占比来判断,否则容易一味强调"增加对民生的投入",乃至将"民生"本身当做财政支出的正当性基础。民生财政首先应当具备合法性,即经由权力机关批准政府预算,使政府支出获得明确的事先授权。这是判断是否构成民生财政的形式标准,当然也是构成一切政府财政活动的根本依据。民生财政既不是应急性的政策措施,亦非偶然性的"送温暖"行动,而必须依托并受制于法制。即使为应对经济社会发展中出现的紧急特殊状况——比如自然灾害、经济危机而需要调整财政支出时,亦应当遵循"先有预算后有支出、无预算即无支出"的基本原则,通过加强财政应急预算编制、强化预算审批等方式回归法制化的解决轨道。其次,民生财政应当具备合理性,即民生财政是否为解决特定问题所必需的手段,是否具备实施的可行基础和条件,对投入与产出是否可以量化计算以便对其实施状况作出评价,对实施过程中可能出现的风险是否可控制和防范。这是判断是否构成民生财政的实质标准。如果仅仅强调财政对民生的投入而无视财政投入前期的必要性与可行性论证、财政投入后期的绩效评价与风险控制,那么这样的财政不是真正的民生财政。再次,民生财政应当具备一定的程序制约机制。财政在本质上表现为公共权力对经济领域的介入,而介入的范围、程度、方式等又在根本上取决于公共选择的过程。程序便是帮助作出理性选择、限制权力恣意的一种机制。它应当贯穿在民生财政从预算批准、执行到绩效评价环环相扣的运作过程中。其具体表现形式包括权力机关预算、决算的正式审批程序,以及社区企业、居民参与地方预算活动的各种灵活、弹性的非正式议事程序。⑤ 这是判断是否构成民生财政的民主标准。是否有利益相关者(最重要的是社会公众)参与财政活动及其参与的方式、参与的范围、参与的程度、参与的影响如何等因素将直接关系到对该财政活动是否是民生财政的评价。最后,民生财政应当具备人本性。这是判断是否构成民生财政

⑤　比如 2008 年北京市平谷区财政局与中央财经大学联合以"北京市平谷区民生服务调查问卷"的方式,吸纳平谷区居民对财政支持民生的现状、问题、改善建议的意见。参见王雍君、杨凤山主编,同注④引书;1988 年南方某市商业街的经营企业组成商人自治组织与该条商业街改造领导小组以"座谈会"等多种形式商议街道改造预算方案,开启了该地区地方政府与民间社会关于地方政府实施公共预算的对话。参见陶庆:《宪法财产权视野下的公民参与公共预算——以福街商业街的兴起与改造为例》,载《中共浙江省委党校学报》2009 年第 2 期。

的价值标准。只有以保障与改善民生、提升人的生存质量的财政才是民生财政,人本性是民生财政的题中应有之义。

3. 民生财政的职能在于改善人们对财富的消费与使用水平

主流的财政学理论将为满足所有公共需要而提供公共产品(服务)的财政活动称为公共财政,其承担的职能有三种:资源配置职能、收入再分配职能与经济稳定职能。资源配置职能的本质是公共产品的提供及其具体的生产机制问题。尽管公共产品相当部分涉及民生利益,但诸如行政管理、军事外交等公共产品与民生没有直接关系甚至在一定程度上与民生的诉求背道而驰;同时该职能主要针对公共产品的提供(生产的问题)而未解决公共产品的可获得性、分享性问题(消费的问题),因而对民生的影响必然是间接的。收入再分配职能的本质是财富的分配。尽管该职能直接影响民生状况,但财富的分配不等于财富的使用,财富的多寡并不意味着从根本上改变人们创造财富的能力和条件,“授人以鱼”的方法对民生的改善仍然有限。经济稳定职能的本质是通过逆向调节经济社会总需求与总供给实现国民经济供求均衡,对民生的影响明显,但稳定宏观经济水平是该项职能的基本目的,而民生问题则可能仅作为一种工具在实现经济调控目标过程中受到重视,甚至因实施调控措施(比如提高总需求政策)附带产生的效应(引起通货膨胀)反而受到不利影响。总之,传统财政职能侧重于经济增长与财富的增加,即使对财富分配有所关照,其实施方式亦决定了财政对民生的有限影响。民生财政的职能则以财富的消费为逻辑起点⑥,旨在直接改善人们对财富的消费与使用水平,可以进一步划分为:第一,公共产品消费均等化职能,该职能与传统财政的资源配置职能相对照,强调对公共产品的可获得性与分享性⑦;第二,社会投资性分配职能,该职能与传统财政的收入再分配职能相对照,重在对影响初次分配的就业机会、技能素质等因素进行干预,强调“授人以渔”与人力资本投资;第三,居民消费能力保障职能,该职能与传统财政的经济稳定职能相对照,不仅强调消费在维系经济运行发展中的作用,而且将促进消费、保障消费需求视为目的性价值,着力增强居民消费能力。正是基于民生财政具有的有别于一般公共财政的职能,凸显出其存在的独立价值。

---

⑥ 参见刘尚希,同注①引文,第6页。

⑦ 对“公共产品的可获得性与可分享性”的更为直观的表述体现在胡锦涛总书记在党的十七大报告中提出的“努力使全体人民学有所教、劳有所得、病有所医、老有所养、住有所居”的民生承诺。

4. 民生财政的提出有其特殊背景但承载普世性的价值诉求

民生财政的提出与我国经济高速发展而社会问题不断出现的特殊背景密切相关。财政支出结构中经济建设支出所占的比重自20世纪90年代以来一直保持较高水平，尽管从1996年开始呈逐年下降趋势，但在整体上仍然高于其他部分的支出，尤其当遭遇经济下滑的形势时动用财政资金加大公共投资更加凸显出财政支出结构上典型的生产性特点，而非生产性的关乎民生需求的支出在有限财政资源的配置格局中自然退居次位。不可否认，这种资源配置方式在一定历史阶段有其合理性，但却形成了财政支出上强大的路径依赖并引发了严重的利益失衡，表现为诸如上学难、看病贵、就业难、收入分配差距等严重社会问题，直接影响社会稳定与经济持续发展。在近几年对公众最关心的经济社会问题抽样调查的结果显示，"关注民生"是公众对政府决策的最大期待，医疗改革、收入分配、就业、住房、教育与培训等成为最受关注的话题。这从一个侧面印证当前社会民生状况不容乐观，甚至在某些领域存在的尖锐矛盾。⑧ 民生财政的提出其直接的目的在于改变财政支出结构，突出民生支出的重要地位，而其深层次原因在于建立以社会公平、实现包容性增长⑨为其最重要的价值目标，进而推动政府职能转型的财政运行机制，以注重经济建设为中心转向"以人为本与科学发展"，将人自身的发展重新置于价值目标的首位。由此来看，民生财政既是社会转型期特殊历史阶段的产物，亦包含恒久性、普世性的价值诉求。

（二）民生财政的法制化及其基本框架

民生财政的法制化，其本质是将民生财政运作的整个过程纳入法制的轨

---

⑧ 以居民收入和房价的对比为例。统计资料显示我国居民劳动报酬占GDP的比重自1983年达到56.5%的峰值之后就持续下降，2005年已经下降到36.7%，22年间下降了近20个百分点；而根据《经济蓝皮书：2010年中国经济形势分析与预测》的研究报告，我国城市居民房价收入比已经明显超过了合理的承受范围，加上每年需要向城镇转移的农民人口，有85%的家庭没有购买住宅的能力。巨大的房价收入比实际上已经成为比户籍制度更为严重的阻碍农民进入城市的门槛。参见李静睿：《我国劳动报酬占GDP比重连降22年，降幅近20%》，载《新京报》2010年5月12日；周天勇：《房地产2009年形势与2010年展望》，载《陈佳贵、李扬·经济蓝皮书：2010年中国经济形势分析与预测》，社会科学文献出版社2009年版，第255—256页。

⑨ 2009年亚太经合组织第十七次领导人非正式会议就包容性增长达成共识，提出应当切实解决经济发展中出现的社会问题，为实现经济的长远发展奠定坚实的社会基础。2010年9月16日胡锦涛总书记在出席第五届亚太经合组织人力资源开发部长级会议中强调，实现包容性增长的根本目的在于让经济全球化和经济发展成果惠及所有国家和地区，惠及所有人群，在可持续发展中实现经济社会协调发展。

道，通过制定具有权威性与约束力的法律规范对财政行为进行约束。民生财政的法制化应当具有针对性，即构建一套适应于民生财政运行需要的制度体系，而不是简单重复既有的更为宏观的关于推进公共财政法制改革的一般思路。尽管可能在某些问题上有所重合，比如本文也将涉及预算制度改革这个"老"问题，但在切入点和制度改革重心方面仍有明显差异。民生财政的法制化还应当具有前瞻性和引领性，以民生之本、财政保障为契机，找准现行财政法制的薄弱环节，突破现有制度的桎梏，寻求制度创新。比如围绕财政支出绩效评价，在现有立法基础上设计更具操作性、示范性的实施方案。民生财政的法制化必须提供社会实证的验证机会和民主决策的参与条件，而不能一味强调自上而下的行政主导。比如民生财政绩效评价制度应当有反映社会公众对某项支出计划的切身感受和经验评价的内容，以此作为绩效评价的一种有效方法；又如民生财政的预算制度应当吸纳社会公众或代表对预算过程的亲身参与和自主决策。

民生财政法制化的基本框架，首先包括从制度上廓清民生领域的具体边界，在确立民生财政支出范围的同时强化财政投入民生的硬约束。担当这一使命的是对财政活动作整体性制度安排的财政预算法制。为适应民生财政法制化的需求，应当对现有预算制度进行改革，突出预算过程中的民主参与与权力制衡；其次，构建财政支出的来源保障与财政支出的具体方式制度。前者涉及对公债、税收、政府融资机制的完善，后者除关注传统的转移性支付与购买性支付的支出手段之外，重点放在财政手段与市场机制有机结合的其他多种方式上；最后，建立民生财政实施绩效的评价体系及激励、约束机制。这是民生财政法制化的最大亮点，亦同时面临着从管理意义上的"绩效"转向法制意义上"绩效"的诸多困境与障碍。

二、构建民生财政的预算制度

民生财政在其规范意义上不仅不能脱离预算而运行，而且基于支出项目直接关乎人们的生存与发展利益，预算过程中需要综合考量经济形势、社会事件、自然环境等各种因素的作用，以及决策的复杂性、不确定性强等原因，对预算的民主参与、权力制衡、程序公开、制度弹性方面有着更高的要求。围绕民生财政的法制化，在预算制度层面应当着力加强参与式预算的构建。

参与式预算是一种基层、社区、地方性的民主预算模式，是在相关公众与政府间围绕财政资源配置及资金来源展开的商谈机制，其目的在于通过商谈达成关于财政收支、财政目标等方面的基本共识,并以此作为制定、调整预算方案的依据。参与预算是一个理性决策与民主治理的过程,具有参与主体多元化(根据实践及制度设计的不同,普通公众、人大代表、知识精英、政府官员不同程度地参与预算过程)、参与环节的多层次性(包括预算编制、预算审批、预算执行、预算监督、预算绩效评价各环节)⑩、参与过程的公共性(进行公开广泛讨论,作出公共选择、实现公共利益)、参与结果的拘束力(参与审议过程中提出的意见将作为修改预算草案及形成最终报告的依据,并直接约束预算的执行)的特点,有助于推动公平合理分配财政资源、监督制约财政行为,积极引导公民从财政资源的提供者与配置结果的接受者转变为公共决策行为的参与者、监督者,同时促进公共权威与民间力量的合作、对话,建构对公民更负责任、以人为本的服务型政府。可以说参与式预算的功能与民生财政的价值诉求完全契合。参与式预算作为一种实践模式已经在世界很多国家和地区,包括中国的部分基层政治组织得到实施,但在正式制度上除了《宪法》、地方性的行政程序规定为参与式预算提供了间接依据⑪之外,现行的《预算法》、《预算法实施条例》等直接规范预算行为的法律、法规并未作出规定;以"民主恳谈"作为参与式预算核心程序发展起来的浙江温岭模式⑫亦只是在一系列党委文件⑬的框架指导下运行,缺乏稳定性与约束力⑭;再者,既有的参与式预算的正式制度或非正式制度非专为民生财政而设计,尽管其民主的价值取向及某些具体的技术性规范可供参考,但考虑到民生财政自身的特点,仍有必要进行有针对性的制度建构或完善。笔者认为,完善民生财政的参与式预算制度,应当从基础规范与技术规范着手,并注重规则刚性与适度弹性的有机统一:

---

⑩　这里对参与预算环节的描述采取简化的方式,不单列"预算调整"(我国《预算法》中将此单列)而将其放在预算执行中。

⑪　我国《宪法》从宏观的管理国家社会事务的人民主权原则、《湖南省行政程序规定》从微观的参与地方预算编制、重大财政资金安排等民主决策原则的角度为参与式预算提供了间接依据。

⑫　所谓民主恳谈,即是由基层政治组织就其所面临的政治、经济、社会问题按照一定的工作机制和程序召集民众进行商谈。以浙江温岭为代表的基层政治组织在民主恳谈实践的基础上,进一步发展了参与式预算,对温岭各乡镇的公共资源分配进行商谈。

⑬　温市委发〔2001〕35号《中共温岭市委关于进一步深化"民主恳谈"活动加强思想政治工作推进基层政治建设的意见》;〔2002〕55号《中共温岭市委关于进一步深化"民主恳谈"推进基层民主政治建设的意见》;2004〔7〕号《中共温岭市委关于"民主恳谈"的若干规定(试行)》等。

⑭　比如温岭新河镇2006年的预算民主恳谈过程形成对政府预算草案六十多条的意见和建议,涉及预算调整资金高达八百多万元,但在预算执行阶段,实际的预算支出与预算安排的资金相差悬殊。

(一)完善以《预算法》为核心的基础规范

首先,修订我国《预算法》关于预算支出范围的规定,为民生财政的参与式预算提供制度前提。明确增设民生支出项目,以概括加列举的方式明晰民生支出的含义并对民生支出的具体范围按一定的标准(比如涉及利益相关者的广度、需求本身的轻重缓急程度)进行类型化排序,相应调整现有"教育、科学、文化、卫生、体育等事业发展支出"的规定,增加"三农"、社会保障、就业、住房等当前及未来较长时期迫切需要解决的民生支出的子项目。⑮ 其次,在我国《预算法》总则中明确规定参与式预算的基本原则,规定参与预算的主体包括政府财政部门、预算单位、社区居民与企业、专家以及其他与财政支出具有利害关系的主体,明确参与式预算的适用范围包括预算编制、审批、执行、监督、绩效评价诸环节。再次,改变行政主导(强调预算管理权力的配置)与封闭式(预算信息公开严重不足)的预算运行机制,在我国《预算法》中规定参与式预算的保障机制。赋予相关公众参与者的预算知情权、参与权、决策权、监督权,以及在其他主体违反预算参与原则情况下的问责、救济权;将信息公开的范围从《政府信息公开条例》规定的"财政预算、决算报告"扩展至拟议信息、预算草案、修正过程中的意见和建议、最终报告,实现预算过程与结果相关信息的真实、及时、充分公开。应当强调的是,预算信息公开是参与预算的基本前提之一,信息闭塞、沟通不畅、行政单边运行甚至人为阻碍公众参与预算相关决策和监督,拒绝提供参与预算的途径和方式,不仅不利于理性决策相反可能引发公众质疑,乃至以反对、对抗最后冲突的极端方式进行"参与"。⑯ 理智的做法无疑是提供信息沟通与意见表达的机会和条件。

---

⑮ 2006年财政部出台《政府收支分类改革方案》,政府支出类别与款项的划分已经有所变化。政府支出按功能分为一般公共服务、国防、教育、社会保障和就业、工业商业金融等事务、转移性支出等共17类、100多款,涉及民生支出的包括公共安全、教育、科技、文化体育与传媒、社会保障与就业、社会保险基金支出、医疗卫生、环境保护、城乡社区事务、农林水事务、交通运输共计11类、99款,极大扩展了现有《预算法》规定的政府支出范围,尤其是细化了民生支出的项目。在近几年的中央与地方预算执行报告中,都在首要位置详细列出"三农"、教育、卫生、社会保障和就业、保障性住房、文化体育、科学技术、环境保护等反映当前及未来较长时期民生需求的支出项目的预算执行情况,而将经济建设、国防、行政管理等非直接关系民生的预算执行情况列在后面,显示出预算实践已经走在预算法制之前。

⑯ 典型的是2007年厦门PX事件。由于台资企业厦门腾龙芳烃有限公司拟投资108亿元人民币建立年产80吨、可年创造800亿元GDP、相当于厦门全年GDP 1/4的大型化工项目受到厦门市民的联合强烈抵制,而从被宣布缓建到最终停止建设。厦门市民通过网络、媒体、手机短信、聚众抗议等方式对市政府不公开环评报告、不召开听证会等做法表达了自己的态度。这一事件一方面显示出传统行政管理模式具有典型的建设财政的特点,如注重招商引资、看重GDP、偏好财政规模扩张等,另一方面在财政决策过程中存在信息透明度不高、民主参与有所欠缺的问题。

（二）完善以程序制度为核心的技术规范

参与预算的具体途径需要借助程序制度提供具有可操作性的技术规则。目前，相关的程序制度呈现多元化、分散化格局，不仅存在正式制度与非正式制度之分，而且参与途径之间也有交叉。正式制度以成文法律、法规、条例、规章等为渊源，以稳定性、权威性、确定性为其基本特点，可进一步划分为以听证、信访、座谈、网络交流等方式直接参与政府预算活动的方式，以及通过人大、政协、其他社团间接参与政府预算活动的方式。非正式制度由政府政策文件、习俗惯例、价值观念、伦理道德、意识形态等构成，不受特定的内容和程序限制，具有较大的随意性、主观性。非正式制度中的预算参与途径更加多元。比如浙江温岭市委出台关于民主恳谈程序的文件，以此作为实践中推行参与式预算的基本依据，规定了普通村民、民意代表、人大代表、专家学者的参与途径有：人大主导式的参与（参与人大预算初审、大会审议、投票表决、以人大代表身份参与人大财经小组监督）、面对面协商式参与（人大代表走村串户与村民商谈）、网络平台开放式参与（将预算信息在网上公开并听取公众意见）的方式。此即非正式制度中的预算参与，实际上糅合了正式制度中的直接参与与间接参与，并覆盖了预算编制、审批、执行、监督各个环节。

就参与程序的成熟度与稳定性而言，正式制度仍然占优，但非正式制度中将直接参与与间接参与有机结合、体现人大代表与普通公众在参与式预算中的紧密联系[17]的特点则是正式制度所不具备的。更为重要的是，非正式制度在很大程度上是民间自发创制的产物，根植于地方特定的政治社会情境及其培育出的基层群众与政府协商交流、合作决策的制度衍生模式，具有其生成的文化土壤与更强大的适应力。为此，笔者建议一方面将现有正式制度中分散的、非正式制度中欠稳定与规范的涉及参与式预算程序的规定进行系统化、规范化，吸收非正式制度中将直接参与与间接参与有机结合的做法，按预算编制、审批、执行、监督的顺序分别归并在我国《预算法》中的相关章节，或者单列一章作出统一规定；另一方面借助非正式制度中的价值观念、意识形态等要素强化公众的预算参与意识与民主治理文化。

---

⑰　比如浙江温岭箬横镇人大代表按地区在全镇六个管理区进行分片审议，直接听取村民对政府预算草案的意见。参见徐珣、陈剩勇：《参与式预算与地方治理：浙江温岭的经验》，载《浙江社会科学》2009年第11期。

三、构建民生财政的收入保障制度

在我国《预算法》及《政府收支分类改革方案》中所规定的政府收入范围即构成民生财政的收入来源，主要涉及税收收入与债务收入。税收、公债均具有双面性，即一面具有增加财政收入、提高公共产品供给能力与宏观经济调控水平、平衡个体收入差距的积极作用；另一面则会产生增加税负、扭曲经济行为、抑制私人投资并最终导致经济衰退、民生恶化的消极作用。这也就意味着为实现社会整体福利改善的目的，政府的财政收支活动应当尽量避免采取对私人福利产生过度影响的手段，否则，其结果可能是社会整体福利也将遭受贬损。因此，保持政府财政收支规模的适度性，是建构民生财政的收入保障制度所必须遵循的逻辑与现实前提。何谓"适度"？归根结底是由社会成员的消费偏好决定的，而这种消费偏好源于经济的、社会的、文化的、政治的等多种因素，除非政府是无所不知的全能计划者，否则政府不能无视受消费者原则支配的市场选择而自行决定政府财政收支规模。[18] 法制的作用除了提供尽可能彰显这一消费偏好的途径（比如前述参与式预算）之外，还应当根据民生需求的刚性与民生支出逆转的敏感性特点，通过多元的税制安排、风险可控的公债制度妥善平衡民生财政收入与支出的矛盾关系，并留足制度试错的空间。当前实践中出现的"以资源税、环境税、房产税、个人所得税为代表的税制改革"、"自 2009 年开始的财政部代地方政府发行公债"，以及对"地方政府融资平台公司的清理"三个事件便是上述为追求"适度性"法制安排的生动写照。

资源税、环境税、房产税、个人所得税改革无不与民生财政相关，但这一税制改革是否能切实改善民生[19]、税制改革究应多做"加法"或是多做"减法"[20]的问题却已引发了不少争议。笔者主张多元的税制安排，是指在私人与政府之间，应当多做减法，减轻私人的整体税负，若需增加税种或扩大现有

---

⑱ 张志超：《现代财政学原理》（第三版），南开大学出版社 2007 年版，第 144 页。

⑲ 比如针对房产税提出了是否会在财政增收冲动下异化、房产税实施的可行性及其计税标准、房产税能否发挥调控房地产市场尤其是抑制高房价的作用、房产税对普通消费者购房需求的影响等诸多疑问。

⑳ 即增加或是降低人们的税负的问题。当前孕育改革的几大税种中，对于民生影响较大的资源税、环境税、房产税从一定意义上都增加了人们的税负：环境税是新增的税种；资源税虽已征收，但改革方案是由从量税改为从价税，从实质看也是增加了税负；房产税则是从以前的对城镇非经营性住房免征扩大为向居民住房征税，也是税负增加的表现。

税制征收范围,亦应当通过信息公开在广泛征求意见基础上全面衡量、审慎抉择,并确保所征税收直接用于提供相应民生公共产品(如资源税、环境税对应于自然生态环境的治理,房产税对应于保障性住房建设),使社会公众真正从政府财政活动中分享收益;而在私人之间,应当依据支付能力原则量能课税,尤其是发挥累进制个人所得税的作用,让相对高收入者承担更大的税负。自2009年开始的财政部代地方政府发行公债是在《预算法》框架下为"应对国际金融危机,扩内需保增长"。[21] 而经国务院批准采取的举措,体现了落实民生财政收入保障的基本意旨。根据规定,地方政府债券资金主要用于中央投资地方配套的公益性建设项目以及其他难以吸引社会投资的公益性建设项目,包括保障性安居工程、农村民生工程和农村基础设施、医疗卫生、教育文化等社会事业基础设施、生态建设工程、地震灾后恢复重建以及其他涉及民生的项目建设与配套等,一方面充分回应了当前的民生需求,另一方面借助一系列实施代发地方政府债券的规范性文件,有效监督了财政资金的运行,确保财政风险在可控制的范围。政府融资平台公司相对于税收、公债这种典型的、稳定的、制度内的收入来源方式而言具有非典型性与明显的试错性,是地方政府为解决融资问题而将银行资金优势、财政信用优势与市场力量结合起来的制度外尝试,"在促进地方经济发展尤其是应对国际金融危机冲击过程中发挥了重要作用"[22],但也出现举债规模增长过快、运行欠规范、金融财政风险双双加大的问题。根据国务院新近发布的《关于加强地方政府融资平台公司管理有关问题的通知》,要求加强政府融资平台公司的债务清理核实,对于其中还款来源主要依靠财政性资金的公益性在建项目,除特别规定外,不得再继续通过融资平台公司融资。这体现了地方融资体制在试错中不断完善的发展路径。

四、构建民生财政的支出方式制度

在传统意义上,财政支出方式可以按不同标准划分为不同种类,最主要的是按经济性质划分为购买性支出与转移性支出,前者体现市场等价有偿的

[21] 佚名:《财政部详解2000亿元地方政府债券》,网站 http://business.sohu.com/20090318/n262864213.shtml,2011年1月24日访问。

[22] 佚名:《四部委有关负责人就加强地方政府融资平台公司的管理相关事项的通知答记者问》网站 http://www.financialnews.com.cn/jryw/txt/2010-08/20/content_306686.htm,2011年1月25日访问。

效率原则,后者通过单方面无偿转移支付实现社会公平的目的。而就民生财政而言,无论是从其价值取向还是从支出的具体运作来看,似乎都更适宜于、事实上也更多采取转移性支出这种带有明显再分配特性的方式。但民生财政的支出方式是多元的。比如就业促进中的财政支出可以通过向企业或非政府组织"购买"职业培训或职业介绍服务的形式实现;又如促进公用事业发展中的财政支出可以通过向经营者授予特许经营权并提供相应财政补贴的方式实现;再如支持"三农"发展中的财政支出可以通过向农村金融机构提供奖励、补贴引导金融支农的形式实现;在政府财政的上述购买性支出、特许性支出与利益诱导性支出过程中还可以引入竞争的方式实现财政支出效率与公平的结合。这些支出方式,可以统称为民生财政的市场化支出方式。由于市场机制的引入,财政扮演的是民生服务的组织者而非具体生产者的角色,具体生产交由其他组织或机构完成。与资金直接支付给接受对象、资金运行呈行政管理性与封闭性、公众与社会组织参与度低的转移性支出方式相比,民生财政的市场化支出方式具有支付对象的间接性(财政资金支付给具体生产者而不是直接支付给相关公众)、资金运行的对等性(财政资金的给付与相关组织民生服务的提供具有一定的对价性)与开放性(资金运行过程向社会公开并接受社会监督)、社会参与度高(接受服务的公众与提供服务的具体生产者都有机会参与财政活动过程)的特点,适宜于运用在民生财政中的就业促进、卫生保健、环境治理、公共交通、"三农"扶持等政府与市场结合程度较高的领域,应当给予高度重视。而反观现有的相关立法,对上述市场化的财政支出方式的规定均有待完善。

其中,涉及政府购买性支出方式的主要体现在《政府采购法》中。由于民生财政的购买性支出中包含大量的服务性政府购买,如就业培训、职业介绍、职业教育等,而该法重点规定的是以公开招投标的方式对货物或工程进行的政府购买,对比较适宜于服务采购的"其他采购方式"(邀请投标、竞争性谈判、单一来源采购)明显重视不足。笔者建议在《政府采购法》中增加适宜于服务性政府购买的一般规定。至于具体民生项目的政府购买,则采取分散式立法调整的办法,并就政府部门、服务供应商、服务接受者各自在政府采购活动中的地位、权利、义务作出规定。涉及政府特许性支出方式的规范在总体上呈现出财政对特许经营的浓厚的"管理"色彩,而公众和经营者的"参与"度不高。有必要明确建立特许经营中的公众参与机制,并规定具体的参与方式;同时赋予经营者对政府作出的特许经营权授予与撤销决定提出异议与救济的权利。涉及财政诱导性支出方式的立法散见于财政激励金融支农的一些专项规定及《就业促进法》、《产品质量法》等规范中。利益诱导性的财政支出方式的法制化程度相对较低，且无论正式制度还是政策文件基本反映的是这一支出方式的适用范围、对象、条件等，而对于该支出方式的具体类型、适用程序、公众参与、监督管理等方面则语焉不详或者尚付阙如。法制化的要求不仅是要确定在什么样的条件下对于何种对象适用哪些财政诱导措施，更要对财政支出中民主参与与权力制衡进行规定，是授权与限权的统一。

五、构建民生财政的绩效问责制度

传统的财政法制框架是一个旨在进行财政资金分配并保证资金合法、合规运行的法律体系，它并没有包含对财政运行效果、是否实现预期目标、效果与目标的偏离或吻合程度的财政绩效的评价的内容，更缺乏相应的将评价结果与预算资金拨付、财政问责相联系的激励约束机制，在总体上具有重投入轻产出、重过程轻结果的特点。[23] 而民生财政在确保合法、合规性运行的基本前提下，更加重视为完成既定数量与质量的公共服务而投入的各项成本是否最低、公共服务提供过程中实施者对计划的遵从度与对具体项目的质量控制状况、在投入既定情况下是否获得最大的产出，以及实现财政支出目标的程度。因而，民生财政的绩效评价包含了投入、过程、产出、结果四个阶段不同的评价内容：在投入与过程着重针对经济性、合规性；在产出与结果着重针对效率性与有效性。若仍停留在资金分配环节，不问使用及其绩效，则有违民生财政的本意，背离了民生财政承载的改善民生、增进福利的历史使命与基本宗旨。

作为财政管理改革的重要成果，尽管绩效评价往往由政策推动付诸于实践，但最终离不开法制的保障。脱法运行的绩效评价，其作用仅限于内部管理而难有稳定、持续的激励约束效应。这也是践行绩效管理的西方发达国家的基本经验。就我国现有制度来看，《预算法》缺乏相关规定，由财政部及

---

[23] 以我国《预算法》为例，无论从《预算法》的立法宗旨还是具体规定来看，都以强化预算的管理与监督为中心。比如赋予人大及其常委会对政府预算、决算进行监督的权力、赋予各级政府财政部门对本级各部门及所属各单位预算执行情况的监督权力、赋予各级政府审计部门进行审计监督的权力，尽管这些主体在监督过程中也要对相关对象做出评价，但并不是绩效评价，而是合法性、合规性评价。

有关部门颁布的规范性文件[24]构成了财政支出绩效评价的主要依据，内容涉及绩效评价的主体、原则、依据、对象与内容、绩效目标、评价指标、评价标准、评价方法、组织实施、评价结果的运用等方面。纵观现有制度，笔者认为在评价主体、评价指标、评价方法、评价结果运用几方面尚需进一步完善。

一是构建民生财政绩效评价的多元化主体体系。在现有的绩效评价制度中，评价主体是单一的，即财政部门与各预算单位。尽管现有制度也包括直接、间接有助于社会公众、专家、社会中介机构参与绩效评价的规定，比如将公众评判法作为绩效评价的重要方法之一、专家或中介机构可受聘参与绩效评价、绩效评价结果予以公开等，但是作为民生财政最重要的利益相关者——公众，基于专业、中立立场提供客观、理性分析的专家与社会中介机构并不是最终的、独立的评价主体，他们的"评价"是否以及在多大程度上被接纳，取决于财政部门或预算单位对评价方法（是采用公众评判法还是其他方法）、实施机制（是自行评价还是聘用委托其他机构评价）的选择以及对"评价"的再评价，这就使得绩效评价中最为重要的"结果"环节即"有效性"评价实际上难以真正展开。此外，立法机构、审计部门作为法定的预算、决算监督主体理应成为绩效评价主体，因为绩效评价从一开始就是财政监督的重要组成部分。但现行《预算法》及财政部的规范性文件却均未作出规定。这又导致立法机构、审计部门只监督预算资金的合法性、合规性运行而不问效率性与有效性、产出与结果的问题。由于财政部门与各预算单位同时又是预算编制、执行主体，将绩效评价主体限于二者无异于让绩效评价变成一种内部管理、自问自纠的机制而在影响年度预算调整、落实财政问责方面作用极其有限。由上观之，民生财政的绩效评价主体应当包括立法机构、审计部门、社会公众、相关领域专家及社会中介机构。

二是构建灵活的民生财政绩效评价指标体系。衡量民生财政的实施绩效，必须依托一定的指标体系。指标的类型依据不同的划分标准而有所不同，如依据指标适用范围的大小可以分为共性指标与个性指标；根据指标在评价体系中的地位可以分为初始指标与终极指标；根据指标可否计量分为定性指标与定量指标。指标的内容可以基于民生财政支出的结构、规模、增长速度、管理、效果等分项设计，也可基于民生财政投入、过程、产出、结果分阶

---

[24] 财政部颁布的《关于加强财政支出绩效监督工作的若干意见》、《财政支出绩效管理暂行办法》；有关部门颁布的《公共卫生项目支出绩效考评暂行办法》、《中央级教科文部门项目绩效考评暂行办法》、《小型农田水利重点县建设资金绩效考评暂行办法》。

段设计，或者基于民生财政的经济性、效率性、有效性分别设计。绩效评价指标还存在部门评价指标与项目评价指标，一级指标、二级指标与三级指标的层次之分。面对众多类型、不同内容和层次的绩效评价指标，制度建构的核心在于确定绩效评价指标制定的原则与选择的原则。民生财政绩效评价指标的制定首先应当突出其个性化特征，这是因为民生财政绩效评价的重点对象是项目，而各支出项目之间的共性较少，缺乏横向比较的基准，难以适用统一的评判尺度，适宜结合具体项目的特点有针对性地设计评价指标；其次，应当注重定性指标与定量指标的结合与匹配，定量指标是基础和首选，当不适宜采用数量指标评价实施绩效时，则选择采用客观描述和分析的方式进行评价。比如民生财政支出的社会效益，通常包含社会公平性、公众满意度这类难以量化的评价指标，需要采取客观描述、纵横比较的方式做出评价；再次，应当赋予评价指标的开放性与动态性，评价指标的制定本身是一个面向社会的开放过程，应当通过听证、商谈、公共讨论等多种形式随时吸纳社会意见、接受社会监督，并动态调整指标内容与优先性。民生财政绩效评价指标的选择有必要延续《财政支出绩效管理暂行办法》中的做法，遵循相关性、重要性、系统性、经济性的基本原则。总之，在民生财政绩效评价指标的制定及其选择过程中都应当保持高度的灵活性，充分考虑经济、社会各方面因素的影响，反映不同部门、项目类型和评价工作的现实需要。

三是构建民生财政绩效评价的特殊方法体系。财政绩效评价的一般方法包括成本效益法、因素分析法、公众评判法等，而这些方法运用在民生财政绩效评价方面均有一定局限。民生财政所提供的大都是公共服务，无形产出较高、社会效益较大，正如同普通服务质量相对于商品质量而言更难进行标准化和量化测度一样，无形的公共服务相对于有形的公共产品在选取恰当的评价方法上难度更大，其根本原因就在于成本、效益、质量、服务态度、努力程度等无法定量，因而民生财政不宜采取成本效益法进行绩效评价；影响绩效评价的各种因素过于庞杂，涉及经济、政治、文化、心理、公共舆论、意识形态等，以至于无从权衡、比较，因而不宜采用因素分析法；公众是民生财政最重要的利益相关者，采用公众评判法调查民意无疑最契合民生财政的基本宗旨，但公众评价所依赖的信息常常被高度垄断，公众缺乏进行科学理性评判的条件和基础，同时主体的分散性与背景的多元化也造成不同的评价者会基于不同的评价视角、选择不同的参照体系，对同一行为的结果给予不同理解的状况，难以避免评价的主观臆断或随意性，因而公众评判法亦应当慎用，至少不宜单独适用。笔者认为，在民生财政绩效评价方法的设计上，“途径”比

“内容”更重要。成本效益法、因素分析法、公众评判法等都是方法的具体内容，如何确保内容的实现，即如何实施这些方法则是途径问题，比如如何使公众获取有关政府财政活动的充分、全面、真实的信息就是实施公众评判法这一绩效评价方法的途径。显然，途径的有无及有效性程度将直接决定内容能否实现及实现的程度。因此，应当高度重视评价方法的实现途径问题，其中尤为关键的是除了要完善政府信息公开制度，确保信息的可获得性、真实性之外，尚需建立来源更广的信息采集机制，避免绩效评价完全基于受评价对象单方提供的信息，导致出现信息失真、绩效评价失效的结果。

四是构建民生财政绩效评价的结果运用体系。财政绩效评价的结果是否与预算分配挂钩、能否发挥财政问责的作用，这一直是财政绩效评价制度的核心问题，它关系到绩效评价本身的有效性。然而，即使是在运用绩效评价比较成熟的西方发达国家，“在绩效测量和预算之间亦没有明确的联系”。[25] 在我国，从财政绩效评价实施的总体状况来看，存在起步较晚、法制规范化程度较低、绩效评价容易流于形式、评价结果的运用缺乏约束力的问题。可以说，民生财政实施绩效评价所处的制度环境并不理想，同时由于较多运用定性指标，弹性较大，难以挖掘真正存在的问题，这些因素都直接影响了评价结果的有效性及其运用范围、程度，限制了绩效评价的作用。民生财政绩效评价结果的运用应当包括几个方面：其一，将绩效评价结果作为政府及其部门调整经济社会目标、计划的依据；其二，借助绩效评价发现财政运行管理过程中的问题，提出解决方案，供立法机构和其他监督部门参考；其三，将绩效评价结果作为制定或调整年度预算的依据，根据完成情况增减预算金额或调整投入方向；其四，将绩效评价结果作为落实财政问责制的依据，强化绩效评价的激励约束作用。对于上述运用范围，必须诉诸法制的手段予以确认并保障其实施，重点是规定绩效评价结果的运用程序、实施主体，细化绩效评价奖惩标准与具体形式，明确界定财政问责的主体、权限及财政法律责任形态。

㉕ 〔美〕艾伦·鲁宾著：《公共预算中的政治：收入与支出，借贷与平衡》，叶娟丽等译，中国人民大学出版社2001年版，第22页。

宪政视角下的财税改革

——兼论财政立宪主义之局限

孙健波[*]

目　　次

* 孙健波，法学博士，北京大学税法研究中心研究员、副主任。

当前,我国处在发展的重要战略机遇期,同时又面临一系列前所未有的挑战。为了实现高质量的经济复苏和增长,我国积极主动地推动经济结构调整,并将健全有利于经济结构调整的财税体制确立为经济转型战略的一项重要内容。深化财税改革,完善公共财政体系,加快形成有利于科学发展的财税体制机制,不仅是调整经济结构的迫切需要,也是完善社会主义市场经济体制的内在要求。本文拟从宪政视角深入研究财税改革相关问题,并兼论与财政宪政主义密切相关的财政立宪主义之局限。

一、问题的提出

财税改革,在很大程度上取决于对现行财税制度的评价。对于不同的人,财税改革的意义不同。对于负责制定预算的决策者来说,财税改革在于在尽量不引起纳税人反对的情况下增加税收收入,或改善税制的弹性,以及在有些情况下,希望利用财税改革实现更多的目标。对于大多数单个纳税人来说,财税改革最好能使自己享受更多的财政支出,或者降低其自身的税收负担,而增加他人的税收负担。而对税务官员、实业家、政治学家、社会学家、经济学家和法学家来说,财税改革的目标各有侧重。[①] 因而,财税改革是否会带来改善是个价值判断问题[②],需要人民在宪政规则的平台上进行讨论和表决,由此使得财税改革可以经由宪政上的观念而具有意义。

宪政国家的财税改革,通常充分关注技术性手段就会取得实效,而对于转型国家和发展中国家而言,财税改革若想取得真正的成功,除了必要的财税改革技术性措施外,更为根本的问题还是如何尽快确立改革的宪政基础,同时财税改革也可能在一定程度上推动宪政进程。

1994 年开始,我国的财税改革不断走向深入,范围逐渐扩大,目前已拓展到包括公共财政改革、财政体制改革、部门预算改革、税制改革、税费改革、财政转移支付制度改革等各个方面。国家财政收入持续增长,中央政府的宏观调控能力日益增强。根据党中央和国务院的决策和部署,财税改革的近期目标已经转到"民生"财政和实现公共服务均等化上面来。说到底,财税改革在根本上与我国公民的基本权利和基本利益等宪法权利的确立和保障相

---

① 参见刘军、郭庆旺等:《世界性税制改革理论与实践研究》,中国人民大学出版社 2001 年版,第 3 页以下。

② 〔英〕锡德里克·桑福德:《税制改革的深层次问题》,许建国等译,中国人民大学出版社 2001 年版,第 203 页以下。

关，这决定了我国下一步财税改革的方向。不过，当前我国的财税改革尚未取得根本性的进展，面临着很大的阻力和局限性。理论准备的不足、现行制度的缺陷等都决定了，尽管近些年财政公共化改革进展最为迅速，也最为国人关注，但至今为止仍然只是大致建成了公共财政制度的框架而已，而部门预算制度尚未真正建成。财税改革其他领域的情况也都大同小异。因而，实质性、根本性、突破性的财税改革及相关基础制度改革已不可避免。

“经济理论研究是学术层面的事，不会一言兴邦或一言丧邦，说什么都无所谓。但制定经济政策绝非儿戏，一项政策的失败也许会给经济带来灾难性影响。”③为此，不是依靠代价惨重的所谓经济规律的事后纠正，而是依靠宪政下的法治手段，从具体的政治运行过程入手④，形成一整套有效地决定、制约和监督政府活动的宪政程序及制衡机制，才能真正防止财税悲剧在我国的上演，从而尽可能地避免我国建立市场经济体制过程中的弯路和不必要的损失。

我国的宪政历史如果从清末的“预备立宪”开始算起，已有近百年的历史。从一个封建专制社会，到民主政治深入人心，宪政成为不可逆转之目标，与发达的法治国家相比，财政宪政主义对我国具有特别重要的意义。在西方国家，自生自发的宪政秩序形成之前，强大的市民社会及其财产权就已经确立，国家的财政权受到制约。在我国，宪政的开端缘起于专制统治者自救或顺应世界潮流的迫不得已的选择。财税改革何以取得成功，人民何以真正成为自己的主人，“财政宪政既是突破口也是原则”。⑤

二、财税改革的政治经济学

（一）财政的经济和政治属性

财政是一个兼具经济属性和政治属性的范畴。一般而言，政治学假设政治家追求公共利益的最大化为自己的目标，而经济学则假设所有的人都追求

③ 梁小民：《经济学家不能治国》，载《读书》2003年第11期。
④ 参见张馨：《公共财政论纲》，经济科学出版社1999年版，第251页以下。
⑤ 李龙、朱孔武：《财政立宪主义论纲》，载《法学家》2003年第6期。

自己的私利。[6] 其实,二者并不是对立的关系,在公共选择中政治人和经济人就是同一个人。就研究的内容而言,公共选择与政治学没有什么两样:国家理论、投票规则、选民行为和官僚体制等。但是公共选择的分析工具和方法却属于经济学。[7]

亚当·斯密在《国富论》中称财政为"庶政之母"。我国宋代的苏辙说过:"财者,为国之命而万事之本。国之所以存亡,事之所以成败,常必由之。"[8]我国封建时代的当政者就十分重视财政的作用,战国时期的商鞅变法、北宋的王安石变法、明代的张居正改革等,都把财政改革作为一个主要内容。从某种意义上讲,财政制度是整个政治过程中的经济因素,人们可以从成本和利益的角度对政治决策进行有意义的讨论。财政学,作为一个学术分支,作为一门科学,处于狭义经济学和政治科学之间的分界线上,可成为政治的经济学。以往,财政学一直是经济学的一个分支,人们几乎一直仅仅根据个人在市场上的反应来考察财政制度的影响,因为市场是经济学家专门的用武之地。而个人在政治选择过程中的反应,一直基本上被忽略了。[9]

在财政制度和法律、政治或宪法制度之间很难划一条鲜明的界线。例如,指定用途资金的筹措、年度预算、收入决策和支出决策的分离等等,是"政治"制度,同时严格地说又是"财政"制度。[10] 倘若说政府部门或公共部门所从事的公共管理活动多种多样,可从不同的角度、基于不同的目的加以分类的话,那么,无论从哪一角度、基于哪样一种目的作出的分类,公共财政收支活动,或者说财政收支活动,都是全部公共管理活动的核心内容。正如有美国经济学家所说:"如果你想了解联邦政府在过去的一年里都干了些什么,或

---

⑥ 政治学研究的是人在政治活动中的行为,而经济学研究的是人在市场上的行为。亚里士多德通过观察公元前四世纪的古希腊人,认为"人本质上是一种政治动物";而经济学创始人亚当·斯密认为,人具有一种从事经济交换的倾向。由此发展出两个独立的社会科学领域:政治学和经济学。恩格斯曾经指出:"亚当·斯密在1776年发表了自己关于国民财富的性质和原因的著作,从而创立了财政学。在这之前,全部财政学纯是国家的;国家经济被看做全部国家事务中的一个普通部门,从属于国家本身。"

⑦ 公共选择的创新就在于首次将经济人假设延伸至那些以投票人或国家机构代理人身份参与政治或公共选择的人们的行为上。产生一种规范性结论:立宪过程中必须构造和设计出能最大限度地限制以剥削方式追求个人利益,并引导个人利益去促进整个社会利益的规范化和制度化。〔美〕詹姆斯·M.布坎南、〔美〕里查德·A.马斯格雷夫:《公共财政与公共选择——两种截然对立的国家观》,类承曜译,中国财政经济出版社2001年版,译者的话。

⑧ 《温国文正公文集》卷二三《论财利疏》;《栾城集》卷二一《上皇帝书》。

⑨ 〔美〕詹姆斯·M.布坎南:《民主财政论——财政制度和个人选择》,穆怀朋译,商务印书馆1993年版,第180页以下。

⑩ 同上书,第215页以下。

者，在未来的一年里将要干些什么，那么，你只要看一下联邦政府财政预算就足够了。”[11]因此，相对于其他领域的公共管理活动而言，公共财政收支活动，或者说，财政收支活动，是居于“牵一发而动全身”地位的。“只有财政收支到位之处，才是政府职能履行之地”。[12] 另外，如果说西方宏观经济学有时不涉及财政范畴的政治属性的话，其原因在于，经过数百年的发展演变，它们的政治（宪政）制度已经比较稳定，从而可以将政治（宪政）制度作为一个既定的不变的前提条件来看待，只需分析各项财政收支的数量变动的影响就行了。[13]

（二）财税改革的政治含义

现代财税改革的意义已远远超出财政工作本身，而具有重要的财政、经济和社会意义。[14] 近三十年来，几乎每一次财税改革，都直接间接地引起具体的政治制度变革。人代会对于政府预算的发言权、决定权和监督权的逐步增大，更意味着具体的政治制度格局的根本变化，是财政决定权和支配权从政府手中向人代会，向社会公众的转移。这些都直接削弱、危害和侵犯了政府及其官员的既得利益，这是公共财政改革，尤其是1998年以来费改税、编制部门预算、建立国库集中收付制度等改革遇到越来越大阻力的直接原因。财政制度的许多公共化改革措施，其效果之所以大打折扣，甚至无法进行下去，关键原因不在于改革措施、方法和步骤是否正确，而是在于具体的政治制度没有相应的变革。

这样，我国财政制度的公共化改革进展到今天，人们更加清楚地认识到，改革的困难和问题已经日益集中到具体的政治制度改革上来了。政治体制改革严重滞后于市场化和公共化改革，是众所周知的事实，但反过来也应当承认的是，近三十年来，我国具体的政治制度并不是没有改革的。在经济基础全方位变革的背景下，政治体制不相应变革是不可能的，只不过是其改革的力度和程度不够而已。为此，我国进一步的改革，应当考虑对具体的政治

---

[11] 〔美〕阿图·埃克斯坦：《公共财政学》，张愚山译，中国财政经济出版社1983年版，第2页。

[12] 高培勇：《“一体两翼”：新形势下的财政学科建设方向——兼论财政学科和公共管理学科的融合》，载《财贸经济》2002年第12期。

[13] 参见张馨：《构建公共财政框架问题研究》，经济科学出版社2004年版，第225页。

[14] 早在16世纪，现代欧洲国家还处在它们的形成阶段，Jean Bodin认识到，没有一个稳定的收入流，政府就不可能存在，他提出，财政是国家的神经。参见王绍光：《国家汲取能力的建设——建国初期的经验》，载《中国社会科学》2002年第1期。

制度作较大的变革。[15]

三、财政立宪主义[16]

当前,在财政法、税法领域,无论是发达国家学者还是我国台湾地区学者,都立足于宪法,站在宪政的高度,对各种现行财政立法进行检讨点评。[17]宪法与财政结合而成的财政宪法逐渐成为当代宪法及财税法学研究的潮流取向。[18] 在我国,宪法学者、财税法学者、财政学者乃至法理学者都不约而同地关注财政立宪问题,以至于渐渐成为学术热点。不少学者指出,财政立宪是我国通向宪政的突破口,财税法制要体现宪法精神,形成宪法秩序[19],更要进一步沿着财产权入宪的思路,确立"税收法定"的宪政主义赋税模式。[20]

(一)财政立宪的含义

财政立宪,顾名思义,即是确立财政宪法。财政宪法是广义政治宪章的一个组成部分。[21] 从一般意义上来理解,财政宪法可以说是与政治宪法、军事宪法、文化宪法并称的一种宪法专门制度,它是指有关国家公共财政收入、支出以及财政监督方面的宪法规范与宪法制度。[22] 在英语世界,财政宪法有两种表达方式,即"Financial Constitution"与"Fiscal Constitution"。前者指代一般意义上的"财政宪法",及有关财政受制于监督方面的宪法规范与制度,如欧盟执委会2003年3月27日发布的公告中就使用了这个概念;后者是美

---

⑮ 张馨,同注⑬引书,第230页以下。

⑯ 通常而言,税收作为国家财政收入最主要的部分,可以被包括在财政之内,因而,此处的"财政立宪主义"亦即是"财税立宪主义",后面部分论述的"财政宪政主义"亦即是"财税宪政主义"。

⑰ 侯作前:《论财政税收法研究中的宪法之维》,载《云南大学学报法学版》2005年第5期。

⑱ 葛克昌:《国家学说与国家法——社会国、租税国与法治国理念》,台湾月旦出版社股份有限公司1996年版,第110页以下。

⑲ 参见李龙、朱孔武:《财政立宪主义论纲》,载《法学家》2003第6期;刘剑文:《税收法治:构建法治社会的突破口》,载《法学杂志》2003年第3期;张守文:《财政危机中的宪政问题》,载《法学》2003年第9期;刘剑文:《关于我国税收立宪的建议》,载《法学杂志》2004年第1期;李龙、朱孔武:《财政立宪主义:我国宪法时刻的理论基础》,载《法学杂志》2004第3期。

⑳ 王怡:《立宪政体中的赋税问题》,载《法学研究》2004年第5期。

㉑ 布坎南,同注⑨引书,第312页以下。

㉒ 周志刚:《论公共财政与宪政国家——作为财政宪法学的一种理论前言》,北京大学出版社2005年版,第31页以下。

国公共选择学派的代表人物布坎南所提出的一个概念,他认为要通过“财政宪法”,即“Fiscal Constitution”来限制政府的公共收支。目前,宪法学研究多侧重于人权宪法和政治宪法部分,而对于其他诸如财政宪法、军事宪法(国防宪法)及文化宪法等都尚未成为公法研究者青睐的对象。[23]

财政立宪不仅是世界宪政国家的源头,也是一国实行宪政的基础。[24] 财政权是宪政的重要内容,是宪政产生的根本原因,财政制度是宪法规范的重要内容,也是宪政体制运行的重要保障。财政立宪主义是从财政权在宪政主义产生和发展过程中的重要性而言的。“对政府行为的控制,至少在最初的时候,主要是经由对岁入的控制(control of revenue)来实现的。”[25]财政立宪主义在我国历史上有其萌芽形态,并对我国现行宪法体制产生了很大影响。

(二) 财政立宪实践

1. 宪政国家的财政立宪

英、美、法等资本主义宪政国家的宪法几乎无一例外地把财政制度作为权力分立的关键内容写进宪法,并将此权力仅仅赋予给议会,在宪法中规定有大量财政条款,明确规定财税收支的主要原则和有关权限,构成其政府财政制度的宪法框架,包括公共财政事务的管理,均以宪法为中心,纳入法律化和制度化的轨道,实行依法治国,成为所谓的“宪政”国家。主要包括[26]:一是宪法明确规定税收法定原则。税种的开征、停征、调整和税收减免必须由法定最高立法机关所通过的法律加以规定,并不得违反宪法的规定。二是宪法明确规定财政支出法定原则。宪法明确规定政府安排支出必须经过立法机关批准。三是宪法明确规定财税立法权限。四是宪法明确划分了政府事权与财权。

2. 其他国家的财政立宪

对于财税立宪,新兴国家有着比西方发达国家更为迫切的需求。西方发达国家的宪法可以简单规定,因为宪法制定之前就有了私有财产权和财政权,在那里,自然法和市民社会先于宪法。新制定的宪法不仅要确立基本的

---

[23] 陈新民:《由释字五二〇号解释检视我国宪法的预算法制》,载台湾宪政(研) 090-015号,2001年3月28日。

[24] 张永忠:《我国财政立宪问题探讨》,载《人大研究》2004年第11期。

[25] 〔英〕弗里德利希·冯·哈耶克:《法律、立法与自由(第二、三卷)》,邓正来、张守东、李静冰译,中国大百科全书出版社2000年版,第426页。

[26] 俞光远:《构建我国公共财政收支法律制度框架的国际借鉴与启示》,载《地方财政研究》2006年第4期。

政府架构，保护传统范畴的自由权利，还要努力创设向市场经济和法治国家过渡的保障措施。

大多数新兴国家的宪法都对财政权有比较详细的规定。菲律宾在宪法中不仅把财政权赋予众议院，而且设立独立的审计委员会对财政事项进行监督。斯里兰卡宪法设"财政"专章，对议会的财政权有详细的规定，并且设立独立的审计长制度保障对政府的财政监督。[27] 广大发展中国家在民族革命取得胜利并纷纷独立后，也完成了财政立宪，各国制定或重新修改的宪法以确认、引导、促进和保障本国的经济发展为中心任务。如印度、希腊、土耳其、韩国等国。

20 世纪 90 年代以来，从计划经济体制向市场经济体制转轨的国家，也纷纷尝试并完成了财政立宪，在新制定的宪法中对财政权大多作出了比较详细的规定，力图通过限制国家的财政权限制国家对社会和经济的干预。[28] 如俄罗斯、乌克兰、立陶宛、斯洛文尼亚、罗马尼亚、白俄罗斯等国。《俄罗斯宪法》专设"联邦体制"一章，规定联邦预算、税收及收费等财政权属联邦管辖，确定联邦税收及收费的一般原则由联邦与联邦各主体共同管辖。依据《克罗地亚宪法》第 80、90 条的规定，国家的收入和支出必须在国家预算中确定并由代表院审议通过。财政立宪作为宪政之必不可少的、至关重要的一个环节在各国都得到了充分重视，财政立宪在世界范围内得到了普遍实现。

3. 当前我国财政立宪实践

我国现行宪法文本中虽然没有"财政制度"专章，财政制度的重要意义尚没有受到应有的重视，但我国宪法有关财政权制度的规定也在一定程度上体现了立宪主义的基本原理，如我国《宪法》第 62 条、第 67 条、第 99 条、第 117 条等。《立法法》就我国财政、税收的立法权限划分，立法程序等方面作出了具体的规定，保证了中央财政、税收的立法权，地方立法机关非经全国人民代表大会及其常务委员会授权不得制定地方性财政、税收法规，除非为了执行财政、税收法律。

尽管现行宪法对国家财政权作出了基本界定，我国《立法法》对财政、税收的立法权限和立法程序等作出了进一步的规定，并从法律上确立了我国中央财政、税收立法权体制，但《宪法》的规定非常简约，仅有的几条与预算有关的条款只是明确了各级立法机关在预算方面的审批权，以及国家行政机关

---

[27] 李龙、朱孔武：《财政立宪主义论纲》，载《法学家》2003 年第 6 期。

[28] 参见王茂庆：《略论财政立宪在我国的可能性》，载《人大研究》2005 年第 5 期。

的预算编制权，非常粗糙。而《宪法》有关税收的条款只有一条，即第 56 条规定：“中华人民共和国公民有依照法律纳税的义务”，仅强调了国家征税权和人民必须履行的义务，而不是规范国家的征税权、保护人民的财产权，不能说是财政立宪的实质内容；而对于国债、国库以及中央和地方的财权分配关系等没有任何规定。总的来看，我国宪法和法律对国家财政权的配置过于虚化，执行中基本不起实际作用。事实上，人大的财政立法权薄弱，司法机关财政司法审查权缺失，而政府的财政行政权过分强大，由此造成的后果就是政府财政权滥用的愈演愈烈。㉙

四、财政宪政主义

财政立宪主义虽然表达了美好的愿景，但它的作用是有限的，只是迈出了财政宪政主义的第一步，完成了确立财政宪政形式的过程，但财政宪政并不只是简单地将有关财政税收条款加入宪法中就大功告成了，应当从宪政角度审视财税改革，否则任何有关财税改革设计的讨论都毫无用处。㉚ 为了保证国家能够按照纳税人的意愿履行财政职能，实现国家财政权与公民财产权之间的平衡，保障纳税人经济、社会和文化等权利的实现，实质意义上的财政宪政主义是不可或缺的。

（一）财政立宪主义的局限

1. 财政立宪作用有限

各国宪政史表明，财政立宪了，却不一定有财政宪政；财政没有立宪，也不一定没有财政宪政。世界上有三个国家（英国，新西兰，以色列）无成文宪法而有宪政，其中英国是世界上最早和最成熟的宪政国家。在像法国、美国这样实施狭义的宪法制度的国家里，普通立法者无权制定与财政宪法确立的规则相违背的财税法律。但在没有严格的财政宪法制度的国家里，立法者也会受到一种能支配他的“法”的限制。在将议会享有最高权力视为基本原则的英国，也存在某些英国人民不愿意让议会侵犯的最高规则。㉛

㉙ 张永忠：《我国财政立宪问题探讨》，载《人大研究》2004 年第 11 期。

㉚ 〔澳〕布伦南、〔美〕布坎南：《规则的理由——宪政的政治经济学》，前言第 4 页，载〔澳〕布伦南、〔美〕布坎南：《宪政经济学》，冯克利、秋风、王代等译，中国社会科学出版社 2004 年版。

㉛ 〔法〕莱昂 · 狄骥：《宪法学教程》，王文利、庄刚琴、马利红等译，辽海出版社、春风文艺出版社 1999 年版，第 245 页。

不过,世界上大多数国家是有成文宪法而无宪政。[32] 与人们的一般认识相反,一部宪法并不一定代表一种与共和原则或民主原则、尊重人权或其他独特价值的原则相吻合的构架。许多宪法仅仅是对政府形式的描述,亦就是一种宣言或是对未来的一种希望或设计。[33] 有些宪法并不含有权利法案,有些宪法甚至不具有法律意义。有些自称是最高法律的财政宪法,事实上并不如此:它们或是未受到重视,或是未得到执行,甚或政治当局可以随时修改它们。[34] 另外,财政宪法的文本是不充足的,而且立宪者的不明确的意图也会随着时间的推移发生变化。[35] 因而,财政立宪的作用和效果如何,最终还要取决于纳税人对财政宪政主义的接受和愿意付诸实施的程度。[36]

2. 财政宪法实施困难

在各种财政制度中,财政宪法最重要,但也最容易被违背。这是因为,第一,财政宪法规则比较抽象,不够直观,人们往往容易辨别自己的直接受益或损害,却较难辨别对财政宪法规则的违背;第二,在人类社会的制度设计中,往往较少针对违宪的可操作的程序,即使是美国的违宪审查,也是在历史进程中逐渐成熟的;第三,最重要的一点是,恰恰是财政宪法规则应该约束的主体,即政府各个有财政权的部门,由于掌握着法定权力并处于垄断地位,往往更难对其利用财政宪法进行约束。[37] 这正是财政立宪只是手段和过程,而财政宪政才是最终目的的原因。

3. 财政立宪存在风险

财政宪法是财政制度中的重中之重。它是生成其他财政制度的制度,是其他财政规则的规则,属于元制度、元规则。所以,当财政宪法出现问题时,它对社会和纳税人的损害远非一般财政制度能比。因而,并非财政立宪就一定会给国家和纳税人带来益处,财政立宪必须要在财政宪政主义整体机制的

㉜ 杨小凯:《基督教和宪政》,中评网,http://www.china-review.com/sao.asp? id = 18873,2008年1月12日访问。

㉝ L. Henkin, The Rights of Man Today (Boulder, Colo: Westview Press,1978),ch.2. 转引自〔美〕路易斯·亨金:《宪政·民主·对外事务》,邓正来译,生活·读书·新知三联书店1996年版,第9页。

㉞ 同上书,第9页。

㉟ 〔美〕理查德·A.波斯纳:《超越法律》,苏力译,中国政法大学出版社2001年版,第225页。

㊱ 参见张千帆:《西方宪政体系》(上册·美国宪法),中国政法大学出版社2000年版,第3页。

㊲ 盛洪:《宪政经济学与宪政改革——〈宪政经济学〉中文版序》,参见布伦南、布坎南,同注㉚引书。

统率之下进行。

当然,即使形式上的财政宪法存有上述缺陷,但它也包含有对政府财政权力的某种限制。存在财政宪法这一事实本身,就意味着某种财政民主和财政法治,某种对政府财政垄断权力和财政收支范围和方向的限制。

(二) 财政宪政主义的几个基本问题

1. 传统意义上的财政宪政主义

在传统上,西方宪政思想的突出主题是要设计一些政治制度来限制政治权力的行使。[38] 政治制度被认为是一些人用来谋求取得对另一些人的优势的手段。其论述的基础是休谟关于人性的精辟观点:"政治作家们已经确立了这样一条准则,即在设计任何政府制度和确定几种宪法的制约和控制时,应把每个人都视为无赖——在他的全部行动中,除了谋求一己的私利外,别无其他目的。"[39]

依照这一传统的宪政观念,对于最终的立宪者——纳税人而言,财政宪政的意义绝不仅于一部财政宪法,它意指政府活动要受到财政宪法的制约,而且只能根据其条款来进行财政收支并受其限制。这种财政收支必须局限于人民同意授予它的权力和为了人民同意的目标。人民同意将其财产交给政府并同意由其支配,仅仅是为了保障其生命权、自由权、财产权和其他权利。因而对于纳税人而言,其权利并非来源于财政宪法亦不取决于财政宪法。公民的财产权利和政治权利先于宪法,先于社会和政府而存在。在同意型构一个国家的同时,人民同意放弃其某些自由和财产,并将这些自由和财产授予其代表以便实行统治和管理。但是人民又保有终极权力,并且个人能够继续享有对抗人民代表的权利。

总之,在传统的宪政观下,财政宪政意味着政府应受制于财政宪法。它意味着在财政上的有限政府。另外,财政宪政还要求一个诸如司法机构的独立机关行使司法审查权,以保证政府不偏离财政宪法规定,尤其是保证财政权力不会集中以及纳税人的财产权权利不受侵犯。[40]

---

[38] 〔美〕斯蒂芬·L.埃尔金:《新旧宪政论》,载〔美〕斯蒂芬·L.埃尔金、卡罗尔·爱德华·索乌坦:《新宪政论——为美好的社会设计政治制度》,周叶谦译,生活·读书·新知三联书店1997年版,第28页。

[39] Hume, David. 1882. "On the Interdependency of Parliament", In Essays Moral, Political and Literary. Edited by T. H. Grose. London: Longmans, Green. p. 117-18. 转引自〔美〕斯蒂芬·L.埃尔金:《新旧宪政论》,参见同上书,第27页以下。

[40] 参见亨金,同注[33]引书,第9页以下。

2. "新宪政论"下的财政宪政主义

新宪政论㊶反对狭义的宪政概念,反对把宪政看成是一个制度的和智识的历史的事物,而且,反对那种认为宪政的目标仅仅在于通过限制政府的作用和权力来保护个人自由的观点。㊷ 它的基础不应只是对限制政治权力行使这一传统所给予的关注。

历史上,西方国家的财政宪政发展也远非完美。把视野局限于政府财政权力之限制,过分夸张政府财政权与纳税人权利及社会发展的对立,以至于造成了观念上的狭隘、片面与僵化,并使得财政宪法之精神未能渗透到现代社会的深处。这部分是缘于对纳税人权利和政府财政权力性质的误解。困难在于国家同时是两者的源泉,因为即使对纳税人的权利,也只有在政府机构贯彻财政宪法或法律条款时才获得切实保护。另外,除了国家财政权力的侵害外,纳税人也有可能受到他人或社会的侵犯。完整的理解是,政府同时是纳税人权利的保护者与潜在的侵犯者。㊸

财政宪法既不仅仅是早已逝去的立宪者们的命令,也不是财税法律的死板文字,它是一部财税领域"活的宪法",它的精神和生命是由许多具体的财税宪法理论赋予的,也是由于关于财政宪法理想的更一般的发展概念赋予的。这种理想以各种不同的方式在各种不同的情况下发展,而财政宪法则只有一部。㊹ 因而,在新宪政论下,财政宪政政体必须不止是限制财政权力的政体,它必须还能有效地利用这些财政权力,制定财政政策,为公民提供福利。㊺

3. 财政宪政选择的局限性与非财政手段的宪政约束

应当认识到财政宪政选择的局限性,并关注非财政手段的宪政约束。财政规则的作用是限制和恰当控制政府的强制力,这种强制力最显著地体现在它的征税权上。对统治者的控制,一直是通过对征税权的约束来实现的。英国议会通过限制君主的税收而处于支配地位,这是人类政治遗产的一部分。

㊶ 新宪政论是以一种建设性的激情为基础的:它对目前社会科学中朝着制度主义的转向作出了贡献,并对最近以来的政治经济学的复兴起了很大的作用,它是从制度设计者的角度研究政治和经济现象的一个纲领。〔美〕卡罗尔·爱德华·索乌坦:《什么是新宪政论》,参见埃尔金、索乌坦,同注㊳引书,第5页。

㊷ 参见同上书,第7页。

㊸ 参见张千帆:《宪政与民主:论美国联邦政府的三权分立与政党统治》,载《中国社会科学季刊》总第十四期。

㊹ 〔美〕卡罗尔·爱德华·索乌坦:《一般的宪政论》,参见埃尔金、索乌坦,同注㊳引书,第108页。

㊺ 〔美〕斯蒂芬·L.埃尔金:《宪政主义的继承者》,参见同上书,第156页。

所有的立宪规则,都可以被理解为对潜在的权力的限制。同样,征税的权力也不是政府强制力的唯一维度,尽管它是一个主要维度。然而,我们不能排除财政约束与其他约束之间有着重要的相互依赖关系的可能性。[46]

公开的财政限制的潜在有效性严重依赖非财政手段的维持和落实,后者的作用是防止有着利维坦嗜好的政府成功避开前者。[47] 政府追求预算的最大化[48],但对预算的欲望说到底是为了获得真实产品和服务的支配权,那它对征税约束或限制就有可能进行规避。当政府的征税权面对法律限制时,如果它发现用非征税手段获得真实的产品和服务更为容易,全部征税限制就变得没有多少意义了。

财政约束和非财政约束之间的潜在可替代性,使我们不能主张前者在任何情况下都是把政府限制在恰当范围内的绝对要素。相反,财政约束和非财政约束的互补性使我们不至于走极端,认为单凭财政约束就能达到限制利维坦的目的。一组恰当的非财政规则得到实施,这为对不同的财政约束进行分析和评价提供了背景。一般而言,现有的非财政约束,也就是我们在现代西方民主国家普遍看到的那些约束。实施特定的财政约束这种做法本身,并不能省略通过非财政渠道对财政的限制。可以考虑对征税和开支的权力施以直接的宪法约束,也可以考虑对做出政治决策的程序或规则进行宪法变革。[49]

㊻ 〔澳〕布伦南、〔美〕布坎南:《征税权——财政宪法的分析基础》第9页以下,参见布伦南、布坎南,同注㉚引书。

㊼ 同上书,第137页以下。

㊽ 政府追求预算规模最大化大致有四种途径:(1)利用所掌握的信息和经验说服或争取政治家(议员),使他们相信,支持扩大自己所在机构的预算是维护公共利益的迫切需要。(2)可以利用政治家需要关注的问题很多,预算问题只是其众多工作之一这一特点,向政治家提供"要么全要,要么全不要"的抉择,只要所提出的方案让决策者感到符合公共利益,这当然一般是能够做到的,那么,在聊胜于无的考虑下,官僚的方案很有可能得到批准。(3)即使所提出的要求未能完全得到满足,官僚也自有办法变相地实现自己的目标。如果得不到他所追求的理想价格,那么,官僚将会通过降低工作效率,拖沓工作,使实际的价格趋向理想价格。官僚们做到这一点是不难的,一来他没有竞争对手;二来官僚的绩效不易考核与衡量,干好干坏难以判断。(4)官僚还可利用投票的力量影响政治家。美国的合法选民中,有12%是公共部门的雇员,加上这些雇员的家中具有选民身份的人口,共占选民总数的18%。刘宇飞:《当代西方财政学》,北京大学出版社2000年版,第201页以下。

㊾ 〔澳〕布伦南、〔美〕布坎南:《征税权——财政宪法的分析基础》第184页以下,参见布伦南、布坎南,同注㉚引书。

（三）宪政下的财政民主制和财政法治化

1. 国内通常观点

目前，在我国人们似乎已经习惯于将"财政民主"、"财政法治"和"财政宪政"这三个概念捆绑在一起使用，认为三者之间是孪生的共生共长关系，有此即有彼，即在现代市场经济社会，宪政几乎成了财政法治与财政民主的代言词，宪政的国家财政必须是民主的，财政民主的国家必须是宪政的。于是乎，套用"立宪民主"、"民主法治"的治国方略，"财政民主"、"财政法治"和"财政宪政"似乎是逻辑上顺理成章的财税改革目标，对此大家都已耳熟能详，似乎只需要坚信，而勿须有一丝的怀疑。相应地，国内理论界提倡，从宪政与财政民主和财政法治相统一的角度来看，财政宪政以财政宪法为前提，以财政民主为核心，以财政法治为基石[50]；或者说，财政宪政以实现一系列财政民主原则与制度为主要内容，以厉行财政法治为基本保证[51]；并普遍认为，财税改革的关键内容是建立财政民主制和实现财政法治化，似乎只要财政民主了、法治化了，财税改革就能取得成功，并且对财政民主制和财政法治化之间的关系缺乏深入的分析。不可否认，这一观点的正面意义毋庸置疑，尤其是对于我国这样一个在"民主"、"法治"、"宪政"各方面都十分匮乏的国度而言，其中任何一方面的进步，都将给我们带来欣喜。但当我们深入分析的话，就会发现，对财税改革而言，财政民主制和财政法治化更多的只是形式上的保障，它们利弊并存。为防止国家财政权过度侵犯公民财产权，财政宪政还必须对财政提出实质的要求。[52]

2. 财政民主、财政法治与财政宪政的关系辨析

毛泽东曾经在《新民主主义宪政》一文中指出："宪政是什么呢？就是民主的政治。"[53]但我们发现，在某种意义上讲，"民主"与"宪政"这一概念本身可能是有矛盾的。因为民主以信奉民治政府为目的，而宪政的主题是让国家权力特别是立法活动受到某种超越性高阶规范的约束，避免"阶级立法"或者法律实证主义中的弊端，使社会正义以及基本人权的理念能在现实的制度安排中得以具体化。一般认为，宪法就是或者应该是上述理念的化身。因此，推行宪政的关键在于首先要制定一部合乎正义的宪法，然后要切实保障

---

[50] 参见周叶中主编：《宪法》，高等教育出版社、北京大学出版社 2000 年版，第 177 页。

[51] 参见李步云：《走向法治》，湖南人民出版社 1998 年版，第 2 页。

[52] 熊伟：《宪政与中国财政转型》，载《法学家》2004 年第 5 期。

[53] 《毛泽东选集》第 2 卷，人民出版社 1991 年版，第 732 页。

宪法作为根本规范的最高效力、对国家各种活动的合宪性进行审查和监督。[54]

把社会主义民主与社会主义法治结合起来,是邓小平理论的一个基本观点。邓小平多次指出,“政治体制改革包括民主和法制。我们的民主同法制是相关联的”;“社会主义民主和社会主义法制是不可分的”;“民主要坚持下去,法制要坚持下去。这好像两只手,任何一只手削弱都不行”;“一定要把……民主和法制……结合起来”。不过,还需要指出的是,以民主方式控制政府的理想与用法律限制政府的理想,乃是两种极为不同的理想。如果把制定规则的权力与政府治理的权力都置于同一个代议机构之手的话,那么我们就可以肯定地说,这两种理想无法同时得到实现。[55]

人民当家做主、党的领导、依法治国、民主政治等等,这些概念要在法学上寻找一个基本的范畴来概括,最恰当的概念就是“社会主义宪政”。宪政把理念与价值观隐藏在规则和程序当中,只有凭借宪政的规则和程序,才能为民主提供法律和制度的实现手段。在宪政统领的规则和程序下,公民个人才不再是被统治的对象,而是社会的主人,他们才具有平等的和自主的意志和理性行为,享受法治中的民主。民主政治更是一种责任政治,它需要对法律、对社会、对人民负责。[56] 宪政是在正当程序概念普遍化过程中的更进一步,它旨在以多种方式限制权力,不一定通过法律限制,并且提供保护,使个人免遭一切的专横权力之害。[57] 因而,只有在宪政背景下,才能真正实现财政民主制和财政法治化,如果没有实质意义的宪政作为基础,它们还可能会阻碍财税改革的成功。

五、公共财政改革的宪政观

(一) 对“公共财政”的官方理解

对于公共财政一词,人们并不陌生。从 20 世纪 80 年代初学术界围绕公共财政问题展开的讨论,到 90 年代初财政管理部门将其引入财政支出结构调整和税费制度改革的实践,再到 90 年代末中央明确提出构建公共财政框

[54] 季卫东:《合宪性审查与司法权的强化》,载《中国社会科学》2002 年第 2 期。

[55] 哈耶克,同注[25]引书,第 307 页以下。

[56] 孙笑侠:《法律对行政的控制》,山东人民出版社 1999 年版,第 53 页。

[57] 〔美〕卡罗尔·爱德华·索乌坦:《一般的宪政论》,参见埃尔金、索乌坦,同注[38]引书,第 103 页以下。

架的目标,以及党的十六届三中全会作出健全公共财政体制的战略部署[58],它已经伴随我们走过了二十多年的历程。然而,与公共财政一词的日渐普及和深入人心颇不协调的是,人们对公共财政的实质意义的理解和解释却有些五花八门,甚至有一些歧义。比如,在一些党政机关颁发的文件,甚至一些学术刊物中,只是把公共财政与以往的财政概念作了简单置换。于是,财政预算变成了公共财政预算,财政收入变成了公共财政收入,财政支出变成了公共财政支出,财政政策变成了公共财政政策。也有人将公共财政同国家财政对应起来,做了定语上的置换,凡是过去使用国家财政概念表述的地方,均被相应替换成了公共财政。[59]

按照我国官方的说法,公共财政是指,"在市场经济条件下,主要为满足社会公共需要而进行的政府收支活动模式或财政运行机制模式,是国家以社会和经济管理者的身份参与社会分配,并将收入用于政府的公共活动支出,为社会提供公共产品和公共服务,以充分保证国家机器正常运转,保障国家安全,维护社会秩序,实现经济社会的协调发展。公共财产的基本功能是满足社会公共需要、法制规范和宏观调控"。[60] 官方的基本观点是,公共财政应该是政府能动的,即国家作为公共财政主体,以社会和经济管理者的身份参与社会分配,进行收支,并提供公共产品和服务。在这里,财政"公共性"的判断和实现皆以国家为中心。应当说,这一观点在我国有着根深蒂固的思维定式,多年来,我国的财政学研究一直谨慎地将自己的研究领域限制在财政收支阶段,对财政与宪政的关系问题基本上是避而不谈。[61]

(二)公共财政的真正含义

笔者认为,以上观点值得商榷。迄今为止,完整的公共财政制度仅存在于西方社会。尽管西方各国财政的具体制度形式和内容是形形色色的,但在种种差异的表象下,却有着稳定的和共同的基本制度框架和内涵。[62] "公共财政"体现了财政活动的广度和深度,更离不开必要的限度,"对一个国家来

㊽ 党的十六届三中全会的决定指出:"推进财政管理体制改革。健全公共财政体制,明确各级政府的财政支出责任。"在这里第一次提出了健全公共财政体制的概念和任务。

㊾ 高培勇:《公共化:公共财政的实质》,载《人民日报》2004 年 10 月 22 日。

㊿ 《公共财政的基本含义是什么?》,财政部网站,http://www.mof.gov.cn/zhuantihuigu/czrdwt/czzc/200805/t20080519_25459.html,2008 年 3 月 20 日访问。

[61] 李炜光:《私产入宪引发税制革命》,中国选举与治理网,http://www.chinaelections.org/newsinfo.asp? newsid =40316,2008 年 3 月 24 日访问。

[62] 张馨,同注⑬引书,第 92 页。

说,公共财政的核心问题都是何为适当的政府规模。”[63]缺少财政活动的“限度”,就不成其为“公共财政”,财政的“公共化”只有在宪政的框架内才能实现。正如法国宪法学者狄骥的精辟论述:“公用事业是统治者因其自身地位而肩负的义务。统治者的权力受该公用事业行为限制,与公用事业的目的相违背的统治者法律是无效的。公用事业是政府权力的基石与对政府权力的限制。如果有公共权力,那么公共权力只能是义务,是职责,而不是权利。”[64]

如果通俗地说,可以把财政两个字拆开再合在一起来理解,就是“以政控财,以财行政”的运作系统。公共财政要求以公民权利平等、政治权力制衡为前提的规范的公共选择作为决策机制。[65] 这不只是在管理上有利于加强监督和约束,提高财政运行效率,更重要的是财政民主化的必然趋势。[66] 只有当政府受到宪法规则的适当约束,政府才有可能变得目光长远。[67]

(三) 公共财政与宪政的关系

从西方宪政的建立过程可以得知,公共财政与宪政之间呈现良性互动关系。宪政可以促成公共财政的产生,而公共财政也可以推动宪政的发展。[68]宪政制度下的国家财政必然是一种公共财政制度,反过来,公共财政也构成宪政制度的基本内容之一。[69]

从理论上讲,是先有宪政体制,后有公共财政。财政立宪是民主宪政制度下的一个具体制度,离开了民主宪政的大环境,财政立宪制度不可能单独存在。从历史发展的角度来看,财政立宪,特别是其中的税收法定原则是近代民主、宪政制度的开端,从税收法定原则的确立到其他一系列民主、宪政原则的逐步确立,最终才演化成了现代的民主宪政制度。而民主宪政制度的最

---

[63] 〔澳〕布伦南、〔美〕布坎南:《征税权——财政宪法的分析基础》第221页,参见布伦南、布坎南,同注[30]引书。

[64] 狄骥,同注[31]引书,第61页。

[65] 贾康:《公共财政 蓝图初绘》,财政部科研所网站,http://www.crifs.org.cn/crifs/html/default/caijingshilun/_history/1430.html,2007年10月31日访问。

[66] 贾康、苏明:《部门预算编制问题研究》,经济科学出版社2004年版,第184页。

[67] 正如布伦南和布坎南指出,从20世纪70年代和80年代美国等西方国家遇到的经济困境中的几个比较明显而又为人熟悉的例子,如“高征税陷阱”、“通货膨胀陷阱”和“公债陷阱”,证明了即使在现代民主政体也普遍存在着收支无度的问题,不同国家都曾经经历过这些难题,只不过它们的相对严重性各不相同而已。参见布伦南、布坎南,同注[30]引书,第91页以下。

[68] 参见熊伟:《公共财政、民主政治与法治国家》,载刘剑文主编:《财税法论丛》第5卷,法律出版社2004年版,第1页以下。

[69] 李炜光:《公共财政的宪政思维——公共财政精神诠释》,载《战略与管理》2002年第3期。

终确立反过来又促使了预算法定原则的确立，并最终实现了财政宪政。

公共财政制度只有在宪政体制的基础上才可能建立起来。我国要构建公共财政制度，首先遇到的和不可回避的问题就是宪政改革，离开宪政意识、宪政改革、构建宪政体制而奢谈建立公共财政体制，即使表面上采取了一些与民主国家相同或者类似的制度，那也不是真正的财政宪政，只能是一些有形式而无实质的制度，不可能如同在民主国家那样真正发挥作用。[70]

当代中国的制度缺失特别是公共财政制度的缺失是严重的，目前出现的许多深层次矛盾和社会问题在很大程度上就是由于这种制度缺失所引起的。更为复杂的是，这些深层次的矛盾和问题又往往构成中国宪政之路的重大障碍。但在另一方面，构建中国的市场经济和公共财政体制已成为中国官产学各界的共识和政府唯一的政策选择，而历史又早已证明宪政与市场经济、公共财政之间有着本质的和内在的联系，中国的宪政改革已被提上议事日程，而三十年改革开放和市场经济探索将为其奠定坚实的社会经济基础。基于公共财政与宪政之间的伴生关系，中国公共财政制度的确立必须与政治体制改革配套进行，或者说，中国政治体制改革的切入点就在于公共财政制度的构建上。如果我们现在真正着手进行公共财政制度的构建，那么，这将是中国历史上经济体制改革与政治体制改革结合得最为紧密的一场改革行动。

六、我国财税改革宪政化的通道

为了深化行政管理体制改革，就要有效制约与监督政府活动，而制约与监督政府的财政活动又是其中的关键，这是因为“赋税是喂养政府的娘奶”[71]，“赋税是政府机器的经济基础”[72]，“它是行政权力整个机构的生活源泉”[73]。我国今后的财税改革方向应该是，以实现宪政为目标，以纳税人制度为中心，以政府预算制度改革为主线，强化财政民主化和法治化，逐步形成事前控制、事后监督和全面审查的宪政化通道，真正建成公共财政制度。其中，

---

[70] 翟继光：《论和谐社会中财政立宪的基本要素》，载陈少英主编：《东方财税法研究》第1卷，上海交通大学出版社2007年版。

[71] 《马克思恩格斯全集》（第7卷），人民出版社1959年版，第94页。

[72] 《马克思恩格斯全集》（第19卷），人民出版社1963年版，第32页。

[73] 《马克思恩格斯全集》（第8卷），人民出版社1961年版，第221页。

事前的预算控制、事后的审计监督和全面的司法审查(包括违宪审查)是我国财税改革宪政化措施的关键内容,以纳税人制度为中心的宪政机制是这三项制度的基础。

(一) 事前的预算控制

遍观各宪政国家,财政权无不由议会掌管,它"在现代自由国家,实为议会监察行政机关的最大利器"[74]。议会最重大,也是费时最长的职能是运用预算手段来控制和监督政府的财政,"这是因为政府需要管理费(如防务、社会福利、行政开支),而议会必须批准政府筹款和开支经费的手段。"[75]

预算是行政权施展的物质条件,没有预算,任何行政构想将成泡影,因此预算往往是"政治之力"的显示,当国家度过了立宪初期民主不成熟期,议会代表民意对抗行政权力的拘束,这种拘束与服从拘束,是现代立宪政体与法治国的神圣表征。预算还是公共财政赖以形成和存在的基本制度,因而预算控制监督也就是财政宪章的核心和基本内容。[76] 从西方看,预算基本上经历了从专制、人治预算到民主、法治预算的过程,最终确立政府预算制度。预算控制监督作为立法机构对政府预算的控制制度,也经历了同样的发展过程,其目的是实现立法机关对政府财政权的有效控制。[77] 由于预算处在财政收支程序的最前端,所以相对于决算和审计程序而言,它的事前控制功能强于监督功能。[78] 而具备事前约束监督和纠正国家行为的机制与能力,防患于未然,是任何一个成熟的社会所必不可少的。[79]

目前中国预算改革的重点应该是建立西方国家在19世纪时形成的现代公共预算体制,即一种控制取向的预算体制。在建立现代公共预算的过程中,中国不仅应该致力于在政府内部建立以财政部门为核心的行政控制,而且应该在加强政府内部行政控制的同时适时地推进预算民主,落实人大预算监督,推行"预算议会",从而使得人大能够从外部对政府预算进行监督。预

---

[74] 王世杰、钱端升:《比较宪法》,中国政法大学出版社1997年版,第224页。
[75] 龚祥瑞:《比较宪法与行政法》,法律出版社2003年第2版,第222页以下。
[76] 张馨:《论财政监督》,载《财政监督》2003年第5期。
[77] 韩东平、白志刚:《中西预算审查监督比较研究》,载《学习与探索》2006年第5期。
[78] 陈新民:《由释字五二〇号解释检视我国宪法的预算法制》,载台湾宪政(研)090-015号,2001年3月28日。
[79] 张馨:《公共财政论纲》,经济科学出版社1999年版,第255页以下。

算改革仅有“自我革命”是不够的，要真正建立起对预算的硬约束[80]，实行预算的公共责任，必须强化外部力量对预算的监督，将预算过程纳入政治控制过程。[81] 实际上，这意味着我国必须在预算改革的同时进行政治体制改革，落实纳税人通过宪法赋予人大的预算控制和监督权力。[82]

总之，中国预算改革的当务之急是形成宪政通道，并将行政控制与政治控制引入预算过程，中国应该将预算改革的重点继续确定在建立一种控制取向的预算模式。此外，单纯的预算改革和财政改革还是远远不够的，还需要进入到宪政规则设立和改革的视野之内，在以上财政宪章范围之外，形成非财政的宪政途径，改革政治体制的其他环节。

（二）事后的审计监督

对政府财政收支的审计监督权是西方宪政国家宪法规定的最重要的财政权力之一，由对议会负责的独立审计监督机构来运作，以公开化和制度化的方式代表纳税人对政府财政收支进行事后的监控。独立的审计监督机构主要指在议会之外建立的一些独立的会计和审计机构。它们的主要工作是详查政府的支出账目，检查款项是否按议会的要求使用。西方各国基本上都有这类审计机构，但有些国家的审计机关主要向议会负责，有些国家的审计机关则由政府部门设立，主要进行政府内部的监督。在向议会负责的独立审计监督部门中，以英美两国的“国家审计署”和“会议总署”最为著名[83]，德国

---

[80] 预算在西方宪政国家是一种硬约束，预算未被通过的后果是不容妥协的。如，2006 年 7 月 1 日，美国新泽西州政府的“关门歇业”。由于一项州预算草案没有在州议会如期获得通过，美国新泽西州州长乔恩·科尔津只好签署一项行政法令，“关闭”已经没有权力支出任何预算的州政府，致使约四万五千名政府雇员处于休假或待业状态，就连新泽西州法院也被迫处于“半停工”状态。2002 年 7 月，因预算没有通过，田纳西州州长唐·森德奎斯特也曾宣布关闭政府办事机构。相同的事还曾发生在 2005 年 7 月，同样因新财政预算未能在议会通过，明尼苏达州政府停止办公。更令人不可思议的是，不仅仅是美国的州政府，就连联邦中央政府也曾因预算问题而遭遇“关门”危机。1995 年，美国国会与总统在平衡预算问题上没有达成一致，国会迟迟不批准政府预算，致使大多数政府机构因缺乏经费而被迫关门 7 天。当时正值圣诞节，克林顿总统不得不自掏腰包支付白宫的电费，才让美国第一圣诞树的灯光不至熄灭。这些情况在我国不用说现实，甚至连想象一下都是很难的。惠铭生：《宁可政府“关门”，也不让法律闭眼》，新华网，http://news.xinhuanet.com/comments/2007-09/05/content_6667707.htm，2007 年 9 月 6 日访问。

[81] 蔡定剑：《对公共财政制度的改革是必要的》，载网易，http://news.163.com/07/0905/09/3NK9FS08000121EP.html，2007 年 10 月 20 日访问。

[82] 参见马骏、赵早早：《中国预算改革的目标选择》，载《华中师范大学学报（人文社会科学版）》2005 年第 3 期。

[83] 参见徐红：《英美议会账目监督与信息辅助系统比较分析》，载《北京行政学院学报》2007 年第 2 期。

"联邦审计院"也很具有代表性。

宪政国家的审计监督经验提供给我们一些重要的启示：

一是审计监督是纳税人的一项宪法权利。审计监督是对整个预算年度财政收支状况的检查和审核，目的是确保各项财政收入和支出都严格依法进行，因此，审计监督是纳税人及其代表控制政府财政收支的重要手段。[84] 世界各国宪法几乎都规定了严格的审计监督制度，如《芬兰共和国宪法》第71条规定："设立审计署负责审核国库的账目和资产负债表，包括账目的数字是否正确，收支是否合法，以及是否符合预算的规定等。议会应于每届常会开会时任命五名国家审计委员，代表议会监督预算的执行，并审核财政状况及其管理。国家审计委员接受议会的指示，有权要求有关当局提供任何必要的资料和文件。"

二是审计机构的民主合法性。一般而言，宪政国家的宪法承认两个不同层次的民主合法性。第一个层次是通过人民作为立宪者所确立的合法性。宪法确立整个国家权力，将它委托给一定的机构，并经常赋予这些机构以一定的职能。因为宪法本身立足于人民意志，那些由宪法所确立并赋予它们一定职能的机构，便取得了直接授予的、机构的、职务的民主合法性。与之相区别的第二个层次是，通过人民作为由宪法建立的机构所确立的合法性。这种合法性的形式主要建立在定期的大选基础上，它在行使国家权力时——直接或通过中间机构——对人民承担着义务，它具有人事的和实际内容的因素。

这两个层次的民主合法性对我国重新理解审计监督机构应有的宪法地位非常重要。在财税改革的宪政化通道中，审计监督机构应当同时具有机构的和职能的民主合法性，纳税人通过宪法建立审计监督机构，保障其独立性，并赋予它审查"财政预算的执行和经济管理的账目以及经济效益性和合规性"的职能。[85]

三是审计监督机构的独立性。审计监督机构的独立性是有效监督的根本前提，缺乏独立性，监督则无从谈起。所谓独立性，主要强调三个方面的内容：(1) 审计监督机构独立于资金使用单位之外；(2) 审计监督机构不接受外部的行政指令，只服从宪法和法律；(3) 审计监督机构的人员拥有独立行使职责的权利。西方国家审计机构的设立普遍遵循了独立性的原则。比如，

---

[84] 翟继光，同注[70]引书。

[85] 〔德〕汉斯·赫伯特·冯·阿宁姆：《作为审计院监督标准的经济效益性》，载〔德〕海因茨·君特·扎维尔伯格：《国家财政监督——历史与现状（1714—1989）普鲁士会计总署建立275年周年纪念文集》，刘京城、李玲等译，中国审计出版社1992年版，第262页以下。

澳大利亚按照《总审计长法案》设立的总审计署，直接向议会负责，而在其审查政府各部门的财务状况的过程中，政府无权干涉。又如德国，《宪法》第114条第2款规定了审计机构的常设性，联邦审计院不受联邦立法机构一般立法程序的干预，只有通过修改宪法的途径才能撤销联邦审计院。这实际上赋予了联邦审计院履行职责时抵制干扰的权利。此外，在德国宪法和一些地方法律中，还强调了审计院审计委员的"法官独立性"。因此，在西方国家，宪法保护下的独立审计机构是财政监督的一支重要力量。[86]

因此，在我国下一步的财税改革中，审计监督宪政化通道的主要目标就是，逐步确立审计监督的宪法性地位，赋予审计机构宪法层面的民主合法性和独立性，以监督和制约行政机构滥用预算收支权，履行审查财政预算执行、经济管理账目以及经济效益性和合规性的职能，最终实现"财为民所用"的财政宪政格局。

（三）全面的司法审查[87]

宪法是国家最高且唯一的母法，其贵在遵行实践，而不在其完美。[88] 一部合格的宪法必须设定某种可行的机制，来处理政府任何分支的越轨行为。这一职能通常由特殊的司法机关完成，由此衍生出司法审查或宪政审查。以司法性质为主的中立机构必须被赋予宪法权力，以根据宪法条文之规定，去审查由公民本人或不同政府部门针对国家机构所提出的法律申诉。如果缺乏独立的司法机关的实施，宪法只能是一纸空文。由法院独立审查所保障的现实约束力，乃是一部宪法之所以合格的必要条件。[89] 在现代法治国家，由于司法功能的健全，特别是由于不同形态的司法审查制度（包括对立法和行政立法的审查）的存在，裁判者对法律的解释甚至具有统一法律适用的作用，其意义就更为重大。[90]

从我国宪政改革的长远来看，既要建立立法机关、司法机关对行政权力

---

[86] 宋夕元：《借鉴西方国家先进经验推进我国财政监督制度建设》，载《冶金财会》2004年第12期。

[87] 包括"违宪审查"和"宪政审查"。如果详细区分的话，"违宪审查"和"宪政审查"与"司法审查"也有差异，后者侧重于明确审查的主体，是由司法机关进行的审查，以美国为代表；而大陆法系国家中负责审查的机关形式多样，比如，在德国是由宪法法院负责违宪审查，在法国是由宪政院进行宪政审查。

[88] 翁岳生：《宪法之维护者》，载《行政法与现代法治国家》，台湾大学法学丛书编辑委员会1985年版，第475页以下。

[89] 参见张千帆，同注㊸引书，第6页以下。

[90] 张志铭：《法律解释操作分析》，中国政法大学出版社1998年版，第76页以下。

的制约机制,也要建立司法审查制度,通过司法审查控制行政行为,还要维护宪法的权威性,尝试建立违宪审查制度。

结　论

财税改革与宪政之间必然具有内在联系。评价财税改革是否成功,有很多标准:是经济的增长,还是财政收入的增加?是人民绝对收入的增加,还是减轻两极分化的程度?或者是人民幸福感的增强?……如果单纯以经济增长率、财政收入增长率为指标,我国这些年的财税改革显然取得了巨大的成功。但是当我们以基尼系数[91]、快乐指数、社会进步、环境资源、信任信仰等作为衡量标准时,就不那么乐观了,结果可能恰好是相反的。显然,中央决策层对此已有洞见,于是,财政改革的目标逐渐从偏重生产建设转向关注民生,表现为从"建设财政"到"吃饭财政",再到"公共财政"和近两年的"民生财政"。[92] 这样看来,财税改革就不只是财政制度、经济制度的变化,改革的作用范围可以扩展至整个经济社会体制,甚至包括民族精神、文化理念、价值观念等方面。因而,财税改革是否会带来改善是个价值判断问题,需要人民在宪政"元规则"的框架内进行充分的讨论并表决。

技术性的财税改革措施是容易实施的,因为它只需要有权机关的认可、依靠行政手段就可以实施,而不必经过代议机关的辩论、表决过程。不过,这种改革的最终效果却并不取决于有权机关的主观意志或者其所宣示和标榜的那样。当前我国的财税改革基本上是技术性的行政努力,至多只是推进到落实财政部门对其他预算单位的外部行政控制权的程度。这种改革更多地依赖于各部门之间的利益博弈和讨价还价,因缺乏合理配置行政控制权力的宪政基础,取得成功的可能性很小。虽然,财税改革可能会推动宪政进程,财税改革的技术性措施累积到一定程度时也可能会发生某种"质变",但缺乏宪政基础的这种"可能"是脆弱的、摇摆不定的,它会随着领导人的改变而改变,也会随着领导人的好恶而改变。并不存在某种外在于人的永恒的"善",

---

[91] 亚洲开发银行的一项研究报告显示,中国的基尼系数在亚洲最高,最富有的20%人口的花销比最贫穷的20%人口的花销增长要快。据该行估计,中国的基尼系数已从1993年的0.407上升到2004年的0.47,接近拉美地区水平。"不均等加剧给亚洲国家带来了明显而切近的危险。"《亚洲开发银行研究表明:亚洲地区的收入分配有利于富人》,商务部网站,http://anhui.mofcom.gov.cn/aarticle/sjdixiansw/200708/20070804990999.html,2007年9月3日访问。

[92] 其实,"民生财政"更多的是一种阶段性财政目标,它是"公共财政"的应有之义。

任何无宪政规则约束的“善”在政府代理人面临诱惑时都有可能转变为“恶”。[93] 当然,宪政规则约束不是目的,而是为了使国家权力更好地为人民服务,是权力制衡与协调的统一。

宪政的具体内容和实现路径不可强求,它不是固化的东西。不同的文化、历史、民族背景,甚至不同的地理和自然环境背景,都可能使宪政的具体形式和程度有所差异。我国的改革开放不仅是经济的开放,同时也是思想的解放、人性的解放。衡量真理的标准已由内在于一个国家或民族的标准转变为衡量该标准本身是否适合、适当的“元标准”。正所谓,真理本无客观、绝对的标准,它不过是合理的语义交往中形成的“公正舆论”。[94] 哈贝马斯的“交往行为理论”表明,对话、商谈过程是一个程序性的过程,是一个程序能够充分满足参与对话者的要求、条件和主张的过程,是一个冲突的利益主张者之间的交涉和妥协的过程,是程序对对立利益的宽容、斡旋和容纳的过程。[95]

财税改革和宪政都是不可复制、不可试验的,以至于认可现状似乎是最好的选择。不过,相较于宪政而言,财税改革是改之有物、易于实施的,这是因为财税改革不只是单纯对行政权力的调整,它的调整对象是看得见、摸得着的。比如,“取之于民、用之于民”的税收是对国民财产权的合法剥夺,因而哪怕是细微的税收调整,也会触及纳税人的自身利益,可能会引起振荡,甚至轩然大波。

综上,本文可以得出以下主要结论:

一是我国当前的财税改革主要依赖于行政力量的推动,属于技术层面的改良,难以解决实质问题。财税改革若想取得真正的成功,根本出路是尽快构建宪政基础。同时,财税改革也会在一定程度上推动宪政进程,推动我国行政体制改革和政治体制改革走向深入。

二是当前学术界倡导的财政立宪主义的作用有限,它只是迈出了财政宪政主义的第一步,完成了确立财政宪政形式的过程。为了确保国家能够按照纳税人的意愿履行财政职能,实现国家财政权与公民财产权之间的平衡,保障纳税人经济、社会和文化权利的实现,实质意义上的财政宪政主义不可

---

[93] 我国 2008 年 3 月开始的大部制改革,由于缺乏宪政基础,恐怕也会面临这个问题。

[94] 参见〔德〕哈贝马斯:《诠释学的普遍性要求》,载洪汉鼎主编:《理解与解释——诠释学经典文选》,东方出版社 2001 年版,第 269 页以下。

[95] 参见〔德〕哈贝马斯:《交往行为理论》,洪佩郁、蔺青译,重庆出版社 1994 年版;谢晖、陈金钊:《法律:诠释与应用——法律诠释学》,上海译文出版社 2002 年版,第 26 页。

或缺。

三是在更为广阔的背景下，财政宪政也有局限性，还需要非财政手段的宪政约束。财政宪政与非财政手段的宪政约束之间有着重要的相互依赖关系和潜在可替代性，公开的财政宪政的潜在有效性严重依赖非财政手段的宪政约束的维持和落实。

四是就财税改革而言，财政民主制和财政法治化更多的只是形式上的保障，只有在财政宪政的背景下，它们才能真正发挥作用。

五是设计我国财税改革宪政化的三条通道，即事前的预算控制、事后的审计监督和全面的司法审查，将对我国财税改革的最终成功具有重要的意义。

论量能课税原则在税收调控中的适用性*

——以房产税改革为例

朱一飞**

目　　次

一、问题的提出:量能课税原则不适用于税收调控吗

作为现代国家实施宏观调控的重要方式之一,税收调控①的作用范围,业已深入到公平收入分配、优化资源配置、乃至于促进经济稳定增长等各个方面。以我国房地产领域的宏观调控为例,2010 年 4 月 17 日,国务院发布了

---

* 本文为笔者主持的浙江省社会科学界联合会 2001 年重点研究课题“房产税改革的合法性研究”(课题编号“2011Z09”)的研究成果。

** 朱一飞,法学博士,中国计量学院法学院讲师。

① 本文所谓“税收调控”,就是调控主体为实现特定的经济政策或社会政策目标,而创设或调整税制的行为。它除了包括对于特定人实施的税收优惠和税收重课、以及税收特别措施以外,还包括某些适用于全体纳税人的普遍性的税制创设与调整,例如,基准税率的调整、税基的调整、新设或取消某一税种等。具体参见朱一飞:《税收调控权研究》,南京大学法学院 2010 年博士学位论文,第 31—35 页。

《关于坚决遏制部分城市房价过快上涨的通知》（“新国十条”），明确提出：“发挥税收政策对住房消费和房地产收益的调节作用。”同年5月27日，国务院同意并批转了发改委《关于2010年深化经济体制改革重点工作的意见》，将“逐步推进房产税改革”列为深化财税体制改革的重点内容。② 2011年1月，重庆市率先确定开征高档商品房房产税，由此正式开启了全国范围内的房产税改革。③

由于税收调控措施（亦即“调控税法”④）的制定与实施，直接服从于国家在特定时期的经济政策或社会政策，并根据政策的需要（而非纳税人的实际负税能力）来调节税负，这就使得，对于作为调控受体的纳税人来说，其负税能力可能比其他纳税人要强，却负担了较轻的税负；也可能其负税能力并不强于、甚至弱于其他纳税人，却负担了较重的税负。因此，学者们普遍认为，税收调控立法已然突破了“量能课税原则”（以下简称“量能原则”）。⑤ 而量能原则不适用于税收调控领域，则又构成该原则无法成为税法基本原则的关键性障碍之一。⑥

上述推论从表面上看似乎是可以成立的，然而，这其中却隐含着两个重要的问题：首先，量能原则是否要求“纳税人的税负水平必须绝对等同于其负税能力”（即“绝对的负税能力标准”）？因为假如量能原则并不绝对禁止税

② 我国现行的《房产税暂行条例》于1986年10月1日起施行。自2009年1月1日起，外商投资企业、外国企业和组织以及外籍个人，统一依照《房产税暂行条例》缴纳房产税。因此，新闻媒体有关“开征房产税”的报道是不准确的，应当表述为“房产税税制改革”。

③ 参见《重庆确定开征高档商品房房产税》，载《今日早报》2011年1月10日，第13版。

④ 众所周知，大部分的税法规范属于“财政目的规范”，其乃以满足公共预算所必需的财政需要为目的（这也是税收的原始功能）。但是由于经济、社会的发展，以及国家职能的演进，税收在继续履行财政收入职能的同时，又承担起贯彻特定的经济政策和社会政策的重任。与此相适应，税法中除了传统的“财政目的规范”以外，又出现了一些“社会目的规范”——社会目的规范乃是管制的（规制的、指导的、干预的、工具的）规范，以实现社会政策的（修正福利的、重分配的）、经济政策的、文化政策的、健康政策的、职业政策的目的，而非财政的目的（参见陈清秀：《税法总论》，台湾元照出版有限公司2006年版，第18—19页）。本文则将此种新型的税法规范统称为“调控税法”。

⑤ 参见刘剑文、熊伟：《财政税收法》，法律出版社2007年版，第164页。更详尽的论证参见李刚：《论税收调控法与税法基本原则的关系》，载《厦门大学学报（哲学社会科学版）》2008年第3期。

⑥ 关于量能原则在整个税法体系中的地位，学界存有“税法基本原则说”、“税收立法原则说”、“财税思想说”等多种观点。各种观点之间的分歧，归根结底，在于“量能原则究竟是作用于税法的所有领域，还是只对某一局部发生作用?”其中，量能原则在税收调控领域（主要是针对税收特别措施）的适用性，又构成最关键的焦点。对于上述各种观点的评析，具体参见朱一飞，同注①引文，第184—187页。

负的承担适度偏离于纳税人的负税能力,那么,至少从逻辑上说,税收调控的实施,就未必是违反量能原则的。

其次,作为人权理论和宪法平等原则在税法中的具体化,量能原则是否真的容许为税收调控立法(调控税法)所突破?因为调控税法固然在立法目的上与传统的财政税法有着显著差异,但其不可能不受到宪法原则之拘束,故而,其是否可以全然不顾及量能原则之要求,颇值怀疑。

因应于以上两方面的疑虑,笔者认为,学理上如欲较为完整地论述量能原则在税收调控中的适用性(亦即该原则对于调控税法立法与实施的适用性),则须以量能原则的准确内涵为切入点,先考察该原则与税收调控的相容性,继而研讨量能原则是否具有调整税收调控之规范作用及其具体的适用方法。

二、量能课税原则与税收调控的相容性

(一)绝对负税能力标准之否定

以房产税改革为例,无论是征税对象的选择,还是税率和税收优惠的设置等,都应当充分考虑纳税人的负税能力,并且尽可能地使房产税的税负分配与纳税人的实际负税能力保持一致,这固然是量能原则的基本要求。然而,问题的关键在于,量能原则是否应当被阐释为一种"绝对的负税能力标准",亦即要求"纳税人的税负水平必须绝对等同于其负税能力"呢(果如此,则量能原则俨然会排除其他经济政策或社会政策上的考量因素介入房产税之改革,并成为房产税立法的唯一价值目标)?

笔者认为,答案是否定的。原因主要可归结为以下两个方面:

1. 负税能力难以准确量化

在税收学理论中,关于纳税人"负税能力"的测度,大体上可以分为"主观说"和"客观说"两种标准。"主观说"主张以纳税人因纳税而感受到的牺牲程度大小,作为测定其纳税能力的尺度。而牺牲程度,就其经济意义上说,是指纳税人在纳税前后从其财富得到的满足(或效用)的差量。征税以后,如果能使每个纳税人所感受的牺牲程度相同或均等,则说明征税的数额与各纳税人的纳税能力相符,此时税收就是公平的。进一步而言,按"均等牺牲原

则”测定纳税能力，则又有绝对牺牲、比例牺牲和边际牺牲等三种标准[7]；而“客观说”则认为，必须从客观方面对纳税能力做出说明，亦即以纳税人拥有财富之多少作为衡量其纳税能力的标准。由于财富的多少可通过收入、支出和财产来予以量化，故而“客观说”衡量纳税能力的标准又可分为收入、支出和财产等三种标准。[8]

虽然税收学理论一直致力于如何准确衡量纳税人的负税能力，并且给出了多样化的测量标准，但这也恰恰印证了，在现代社会中，准确衡量负税能力确实是极其困难的——这一方面是因为，财富获取途径、存在样态及使用方式的多样化，使得纳税人的负税能力难以通过任何一项单一客观标准得以准确反映；另一方面，纳税人的负税能力受到其所处的家庭背景、身份地位、工作生活环境和地域等各方面因素的影响，而这些因素又很难得到准确和全面的量化。

这个问题在房产税改革中表现得非常突出——与其他任何一项客观标准（例如净所得额）一样，房产的价值和数量，虽然可以在一定程度上反映出房产所有权人负税能力的大小，但是此种联系毕竟有其片面性和局限性。换言之，纳税人所拥有的房产价值（或使用价值）不可能完全等同于其负税能力；与此同时，从税制设计的角度上说，虽然可以对负税能力较弱的房产（例如家庭首套房，以及家庭人均使用面积在一定标准以下的房产）给予税收减免，但此种税收优惠的程度，也很难对纳税人负税能力的差异予以精确的反映。

由于负税能力测度与量化的困难，故而所谓量能课税的原则，本身便不可避免地具有相对性，它只能要求纳税人的税收负担应当“尽可能”符合其负税能力，但二者却不可能是绝对相等的。而且，量能原则不可能排除，或拒绝立法者对于“纳税能力”的某些主观判断和界定——由此，也就为量能原则与税收调控的衔接创造了可能性。

2. 绝对的负税能力标准有违实质平等

一般而言，量能原则被认为是由宪法上平等原则以及税法之税收公平原则所衍生，并且可以作为前述两项原则之下位原则。如学者所言，税收公平原则在判断纳税人的税负之间是否公平时所选取的“负税能力”标准（而不

⑦ 参见周全林：《税收公平研究》，江西人民出版社 2007 年版，第 81 页。

⑧ 参见刘剑文、熊伟：《税法基础理论》，北京大学出版社 2004 年版，第 129 页；刘剑文：《财税法专题研究》，北京大学出版社 2007 年版，第 198 页。

是“受益标准”[⑨]),经过法学的演绎,在税法上便直接以“量能课税原则”的形式表现出来。[⑩]

由此可见,量能原则乃是宪法之平等原则在税法中的展开与具体化——这是因为,宪法所规定的平等原则,必须以“合乎事理的比较”为前提,亦即必须通过确立某项用以衡量平等与否的正当标准,使得平等原则能够适用于具体情况。而税收的理论和实践均已证明,量能原则所确立的“负税能力标准”便是一项用以衡量税负分配是否公平的“合乎事理的标准”——量能原则解决了平等原则所没有回答的具体问题,亦即在税负承担方面什么是平等、什么是不平等。不仅如此,从总体上看,就税负平等的衡量而言,实在找不到其他任何一项标准,比“负税能力标准”更具普适性和说服力。也正因为如此,量能原则便成为衡量税负公平的一项基础性原则,其实质乃是为税负平等的衡量提供了一项基础性的(并且是默认的)标准。

但是,量能原则毕竟只是着眼于纳税人的负税能力,而并不顾及(或较少顾及)纳税人对于社会公益的贡献或侵损等问题。例如,就财富获取和使用的方式而言,多数人的财富增长是与社会整体利益的增长保持一致的,有的还能够促进资源优化配置(例如投资于国家鼓励发展的产业),从而裨益于社会公共利益和其他社会成员;但也有些人获取和使用财富的方式不利于社会整体利益之增长,甚至会损害他人利益(例如投资于高能耗产业、污染产业),经济学上称之为“负外部效应”。可见,具有同等或近似负税能力的纳税人,对于经济和社会发展的影响力也有可能是不同的。很显然,负税能力标准无法反映出这些方面的差异性。

而宪法上的平等原则,虽然意味着以各人的性别、能力、年龄、财产、职业以及人与人的特别关系等各种事实上的、实质上的差异为前提,在法律赋予的特权或法律所科以的义务等方面,“在同一的情况或条件下”,都予以平等对待。[⑪] 但是,当某方面的条件或情况存在差异之时,平等原则也允许,甚至要求立法上依据人与人之间的差别,采取不同的对待方式,以实现实质的平等。此即所谓“等者等之,不等者不等之”的原理。恣意性的差别对待虽不

⑨ 关于税收公平原则的理论内涵(主要是税收公平之衡量方法),历史上曾有过“利益说”(或称“受益标准说”)与“负担能力说”之争。后者在当前已经完全占据主流地位(参见刘剑文,同注⑧引书,第196—197页)。从这个意义上说,量能课税原则的确立,实则可以被视为对于“受益标准”之否定,以及“负担能力标准”之法定化。

⑩ 李刚:《论税收调控法与税法基本原则的关系》,载《厦门大学学报(哲学社会科学版)》2008年第3期。

⑪ 参见〔日〕芦部信喜:《宪法》,林来梵等译,北京大学出版社2006年版,第112页。

被允许，但在法律上得以设定差别对待的事项（例如赋税），其和事实的、实质意义上的差异（当然包括纳税人对于经济和社会发展的影响力之差异）之关系，只要在社会通常观念看来是合理的，这种差别对待就可认为没有违反平等原则。⑫ 反之，假若税收立法上忽略了纳税人之间客观存在的差异，而机械地强调税负承担的等同性，则反倒是违反了实质平等的原则。

由此，也就不难理解，国家之经济政策和社会政策之所以得以适度干涉税负的分配，从根本上说，恰恰在于宪法所规定之平等原则，系“保障人民在法律地位上之实质平等”，故而，立法者可斟酌各类事实差异及立法目的，而为合理之不同处置（调节税负分配），此为立法裁量权。⑬

综上所述，笔者认为，量能原则所确立的负税能力标准，尽管在衡量税负公平方面是一项基础性的标准，但它却远非是排他性的，更不可能成为直接决定纳税人税负水平的唯一标准。量能原则并不排斥经济政策和社会政策对于税负分配的影响，而绝对的负税能力标准，乃是对量能原则的一种误读，甚至会使其走向宪法之平等原则的反面。所谓“税收调控必然违反量能原则”的观点，便是基于对量能原则的此种误读——正是由于将量能原则的内涵过于绝对化地解读为“具有相同负税能力的人必须承担同等税负”，这才错误地推导出税收调控措施直接违反量能原则的结论。

（二）量能原则与需要原则和功绩原则的协调

由于在某些情况下，量能原则并不能为税负的差别设置提供正当理由，故而此时，问题的关键便在于，必须在“负税能力标准”之外，寻找一些其他的用以衡量和证明税负公平的正当理由——这是因为，宪法之平等原则虽然并不禁止对于不同情况作出不同处置，但却要求不同的处置必须具有“正当的理由”，即合理的差别对待才是合宪的。

就此问题，学者们普遍认为，税收调控的实施，应当遵循“需要原则”和“功绩原则”。所谓“需要原则”，是以（尤其是以经济上的）需要为衡量标准。经济上的需要乃是消极的经济上给付能力，尤其是指并无充分的所得供给；“功绩原则”乃是为了公共利益，而酬谢特殊的功绩，例如对发明或捐助给予税捐优惠，以奖励其特别的经济上、学术上或者文化上的给付或贡献。⑭

具体来说，“需要原则”和“功绩原则”的适用范围，则又是有所不同的：

---

⑫ 参见〔日〕芦部信喜，同注⑪引书，第112页。

⑬ 参见葛克昌：《税法基本问题（财政宪法篇）》，北京大学出版社2004年版，第179页。

⑭ 参见陈清秀，同注④引书，第32—33页。

社会目的税捐之正当性论据,主要是“需要原则”、“功绩原则”以及“公共利益原则”。其中,需要原则主要适用于超出最低生活保障之生活需要的照顾,例如自用住宅之税捐优惠。功绩原则主要适用于对政府或者公益事业的捐赠,或者对偏远地区或基础建设之投资。此外,公共利益原则主要适用于环保税⑮;而经济目的税捐法之正当性理由,则主要应归结于“功绩原则”:即对于公共利益,其经济活动有功者,给予优惠;有过者,则课以特别负担。⑯

而基于本文对量能原则的解读,则其不仅未与需要原则和功绩原则发生冲突,反倒是相互衔接、相得益彰的:因为量能原则作为税负分配的一种基础性方案,固然要求纳税人实际承担的税负应当尽可能地符合其负税能力,但是,负税能力标准并不是绝对的,它并不排斥经济政策和社会政策对于税负分配的影响。不仅如此,宪法平等原则在税收中的具体化,反而从客观上需要引入一些经济政策和社会政策的标准和考量,来作为量能原则和负税能力标准的补充,以确保课税之实质公平。

以我国的房产税改革为例,在房产税法修订的过程中,尤其是在决定“是否向个人所有的非营业用房产征收房产税”之时⑰,立法者首先要考虑的是在特定地域范围内,房价是否上涨过快、是否存在房产投资过度投机的现象,从而扰乱了房产价格的正常形成机制和房产资源的合理配置;以及该区域内的房产价格上涨是否会导致贫富差距扩大、收入分配不公等问题。质言之,在判断税收调控之目的正当性时,主要的依据应当是基于产业政策立场的功绩原则和基于社会政策(主要是公平分配)立场的需要原则。至于量能原则是否对税收调控具有规范作用,则属于下一步所要探讨的问题。

三、量能课税原则在税收调控中的功能定位

(一)量能原则之不可突破性:作为人权之“保护原则”的量能原则

通过否定绝对负税能力标准、厘清量能原则与需要原则和功绩原则的关

⑮ 参见黄茂荣:《税法总论:法学方法与现代税法》,台湾植根法学丛书编辑室 2005 年版,第 165—166 页。

⑯ 同上书,第 168 页。

⑰ 根据我国现行《房产税暂行条例》第 5 条,个人所有非营业用的房产免纳房产税。这就使得房产税几乎不具备调节住房消费和房地产收益的作用。

系，笔者认为，量能原则并不与税收调控产生冲突。然而，这仍然未能证明量能原则在税收调控中的适用性。为此，我们必须从更广阔的视野上去考察量能原则的理论基础和现实意义，进而论证该原则在整个税法体系中所具有的不可突破的基础性地位。

正如日本税法学家北野弘久教授所言，量能原则作为一种法律原则，乃是从宪法中抽取出来的：日本《宪法》第13条要求在租税方面也要强调“尊重个人”。而根据日本《宪法》第14条“法律面前，人人平等”的原则，则可引申出在租税方面有适应能力平等的含义。第25条要求在租税方面也要保障“健康且富有文化性的最低限度的生活”。而且，第29条将一定的生存权上的财产权作为基本人权来加以保障，它在租税方面分明也不失妥当。如此这般，在日本《宪法》中，量能负担原则就被作为一种法律的原则而抽取了出来。[18]

我国台湾地区著名学者葛克昌教授亦指出，量能原则不仅基于宪法平等原则，而系由宪法中民主原理，自由权、平等权及社会国理念共同作用所衍生。具体而言，基于宪法所保障之概括自由权、财产自由权，个人得依财产存续状态行使其自由使用、收益及处分之权能，免受公权力之侵害，俾能实现个人自由、发展人格及维护尊严。唯此种财产使用收益自由，须受社会衡平（公共）负担正义之限制。[19]

不仅如此，与“受益标准”指导下的税收公平原则截然不同，量能原则以纳税人的负担能力为标准来分配税负，旨在创设纳税人与国家之间的距离，以确保国家对每一国民的给付无偏私，而不受其所纳税额多少的影响。[20] 申言之，量能原则使得税负的承担与公共服务的获得脱离了必然关联，也即是将人民的纳税义务与国家的给付义务相互分离，进而使得税收立法脱离了等价交换的逻辑前提。[21] 这体现了福利国家的职责，从根本上说，乃是对公民基本权利的有力保障。

---

⑱　参见〔日〕北野弘久：《税法学原论》，陈刚、杨建广等译，中国检察出版社2001年版，第96页。

⑲　参见葛克昌：《法律原则与税法裁判》，载《中国财税法学教育研究会2007年年会暨第七届海峡两岸财税法学术研讨会会议论文》。

⑳　参见葛克昌：《量能原则与所得税法改革》，台湾《中原财经法学》1995年6月第1期，第31—41页。

㉑　而假若根据“受益标准”，则纳税人应纳多少税，要根据每个人从政府提供的服务中所享受的利益多少来确定，没有享受利益的人就不纳税（参见刘剑文，同注⑧引书，第196—197页）。质言之，“受益标准”要求人民按照个人所享用利益的多寡来缴纳税收，从中体现出公民纳税与政府公共服务之间的一种“交换关系”。

综上所述，作为一项重要的税法原则，量能原则实则是与整个人权理论紧密联系在一起的：通过确立以负税能力为标准的税负分配方案，该原则不仅在税收领域贯彻了宪法上的平等原则，而且旨在维护人格尊严和最低限度的生存保障。与此同时，由于量能原则禁止纳税人的实际税负过分偏离其负税能力，故而该原则实际上起到了防止国家公权力过度干预市场活动（包括市场分配的过程和结果）以保护经济自由的作用。

随着时代的发展，"人权"的内涵以及人权保障的要义正在发生着深刻的变化：如果说第一代人权更多地强调形式上的自由与平等，强调一切权力属于人民，人民通过议会来行使最高权力——立法权，贯彻的是"人民主权"的思想；那么，在现代社会，人权主要成为防止多数人的暴政、维护少数人权益或弱者权益的重要机制。[22] 因应于人权保障的此种要求，任何一项税收的开征、停征与变更，都不能仅仅被视为是政治决定的产物，亦不能经由形式上的立法程序即获得正当性，相反，它必须受到公平正义等价值观念的拘束，并负担起人权保障的义务。而在控制国家征税的整个法律体系之中，量能原则正日益凸现其所特有的、不可替代的人权保障功能：如果说税收法定原则偏重于从形式上控制国家征税，即人民通过议会保留的方式来集中行使税收立法权，体现了人民主权的要求；那么，量能原则则立足于防止不正当的税收立法，着力于控制实质的税负水平、规范税负承担方式，进而维护弱势群体（纳税人和调控受体）的权益。

尤为重要的是，既然人权的基本理念是不可侵犯的，而量能原则又与基本人权之保障具有直接的、重要的关联性，因此，作为人权之"保护原则"，量能原则的基本理论内涵——要求纳税人的实际税负水平尽可能地与其负税能力保持一致，也必定是不可突破的。这一点，不会因为税收立法的目的不同而有所改变——而这就决定了量能原则除了适用于传统的财政税法之外，也同样应当适用于调控税法的立法与实施。

（二）量能原则之于税收调控的规范作用

作为人权理论在税收领域的具体化和规则载体，量能原则不容为任何税收立法所侵损。而将该原则的基本理论内涵运用于税收调控之规范，也分明不失其妥当性。笔者认为，具体来说，量能原则之于税收调控的规范作用，主要应当体现在以下三个方面：

㉒ 参见张千帆主编：《宪法学》，法律出版社 2005 年版，第 14 页。

1. 量能原则要求税收调控尊重和体现纳税人“质的负税能力”

在税法学理论中，“量的负税能力和质的负税能力相结合”（意为既要考虑纳税人量的负税能力，又要考虑纳税人质的负税能力）乃是量能原则的一项重要的下位原则。[23] 其实质，乃是要求税收立法应当尊重纳税人和征税对象在各个方面的差异性，并且将各个方面的差异性通过“质的负税能力”这一判断基准、较为全面和准确地反映出来，从而为税收课征以及税负分配方面的差异，提供一个合理的、具有说服力的事由。其中贯彻了宪法上实质平等的原则，自不待言。

根据此原则，对于同额所得，如劳动所得（工资所得、退职所得等）与资产所得（利息、分配所得、不动产所得等），由于它们之间因所得来源不同而在负税能力上存在着质的差别，故而要区别对待，对前者应采取低税负，对后者则应采取高税负。[24] 而在对财产进行课税时，则要根据生存权性质的财产、资本性财产以及投机性财产在宪法上的价值，作不同的税负分担。[25]

由此可见，所谓纳税人的“质的负税能力”，在许多情况下是为税收调控立法指明了政策取向。尤其是，多数社会政策（公平分配）立场上的税收调控措施，实则便是以“使纳税人的实际税负符合其质的负税能力”为目标的一系列的税负差异化设置。具体就房产税改革而言，就是应当根据房产的不同性质和使用目的，实施差别化的税收政策。例如，对私人住宅、中小企业的经营场所应当轻课税，而对于大企业的经营场所以及作为投机商品的房产，则应当适度加重其税负。原因便在于前者属于生存权性质的财产，而后二者则分别为资本性财产和投机性财产，它们所具有的“质的负税能力”是不同的。

当然，如前所述，负税能力标准并不是绝对的，尤其是，许多经济政策（主要是产业政策）立场上的税收调控措施会在客观上使得调控受体的实际税负水平适度偏离其负税能力。但这并不与量能原则发生冲突，因为负税能力标准只是要求，“当各个纳税人其他方面的因素较为接近时”，采用“量的负税能力和质的负税能力相结合”的方式来决定其税负。而在此基础之上，税收调控还应当尊重和体现纳税人在社会公益和经济功绩上的差异性。唯其如

---

[23] 参见〔日〕北野弘久，同注⑦引书，第97—109页。
[24] 同上书，第105—106页。
[25] 同上书，第108—109页。

此，才能使得税负分配符合宪法上的实质平等原则。

2. 量能原则保护纳税人免于超越其负税能力的税收负担

量能原则除了着眼于税负平等的衡量之外，尚负有保护纳税人最低限度的生存及人格尊严之功能。此种功能在税收调控中主要表现为，量能原则保护纳税人免于超越其负税能力的税收负担——该原则既保障未具负担能力者或有限之负担能力者，免受税课侵害（垂直正义）；又为具负担能力者其负担程度，依其负担能力与他人比较定之（水平正义）。[26]

依此原理，在税收调控中，通过税收优惠或税收减免的方式，使得纳税人的实际税负适度低于其负税能力，以体现对纳税人功绩的褒奖，虽然并不为量能原则所禁止，但是，对于新税种的开征、各种税收重课措施和税制改革，则应当严厉禁止其超越纳税人的负税能力。即使新税种的开征、税收重课措施或税制改革本身具有充足的社会政策或经济政策依据，但如果其超越了纳税人的负税能力，则对于此类纳税人即应不适用之。

就财产税之课征而言，由于纳税人的负税能力应以"量的负税能力和质的负税能力相结合"的方式确定之，而生存权性质财产之质的负税能力极弱，故而，无论基于何种目的之税收调控，均不得对此类财产课税或仅能予以轻课税。否则，就有可能不适当地加重纳税人的税负，以致超越其负税能力。也正是从这个意义上说，"生存权财产不课税或轻课税原则"、"最低生活费不课税原则"作为量能原则保护纳税人免于超越其负税能力的税收负担之生动体现，在税收调控中依然具有重要的规范作用。以房产税改革为例，无论将来采用何种税制设计，都应当将"评估价值"和"家庭人均使用面积"均低于一定标准的自用性住房、经济适用房（此类房产可视为生存权性质的财产），排除在房产税的征税范围之外。

3. 量能原则禁止纳税人的实际税负过分偏离其负税能力

纳税人的负税能力，乃是通过自由竞争和市场分配所形成的客观结果。依据负税能力来决定税负承担，本来符合市场经济之运行规律。而倘若政府无节制地调节税负分配，则会改变和歪曲市场机制运行的结果，如果任由其

㉖ 参见葛克昌，同注⑲引书。

发展下去,就势必对于纳税人之经济自由构成严重限制[27],甚至可能回到政府主导的经济体制。因此,对于任何形式的税收调控(包括税收优惠、税收重课等),都应当强调其限度,禁止其过分偏离纳税人的负税能力。从根本上说,这体现了税法对于私人财产自由、劳动成果、乃至于自由经济体制的尊重与维护。

就此而言,税法中新近出现的“最高税课理论”和“最低税负理论”均可被视为是量能原则的具体实现途径:

(1) 最高税课理论(半数原则)

“半数原则”为德国法上的一种理论学说,至今并未完全成熟。作为其中一种具有代表性的观点,Kirchhof 法官乃是从德国《基本法》第 14 条第 2 项推论出宪法对课税权之界限。他认为,依《基本法》第 14 条第 2 项之规定,财产权之行使“同时应有利于公共福利”。因为“同时”(Zugleich)一词,在德文中即有“同等”、“同样”之意,故而,财产权人在税后所保留之收益,应“至少接近半数”——此即所谓“半数原则”。[28]

(2) 最低税负理论

最低税负理论源自 1969 年的美国。当时美国财政部发现许多高所得公司或个人仅缴纳少量税或不用缴税,主要系租税减免、租税扣抵等被过度滥用所致,故而便出台了最低税负的制度。[29]

根据美国《联邦税法典》第 55 条(a)款,纳税主体至少必须缴纳的联邦所得税(亦即本文所指“最低税负”),等于纳税年度的暂定最低税额(tentative minimum tax)超出纳税年度正常税额的部分。《联邦税法典》第 55 条(b)(1)(B)款规定,纳税年度的“暂定最低税额”,等于替代最低应税所得

---

[27] 传统的税法学理论一般认为,国家税收的对立面,乃是公民之财产权,因而任何一种税收行为,即为对公民既有财产利益之侵犯。但事实上,此种理解是不甚准确的、至少是不深刻的。因为,宪法财产权保障,多视为自由权,而非对私有之所有物予以国家保障,故而私有股票、证券、不动产,国家并不负保障其原有价值之义务,国家只保障其得自由使用、收益、处分,不受公权力不必要之干预。故宪法上财产权定义,非指不受国家税课之经济财,而指财产权人之行为活动空间(参见葛克昌:《国家学与国家法——社会国、租税国与法治国理念》,台湾月旦出版社 1996 年版,第 65 页)。基于对财产权的此种解读,则不难发现,国家税收行为所针对者,实为个人之经济自由。

[28] 参见葛克昌:《租税国家界限》,载刘剑文主编:《财税法论丛(第 9 卷)》,法律出版社 2007 年版,第 82 页。

[29] 同上书,第 84 页。

(alternative minimum taxable income)超出免税数额(exemption amount)[30]的部分乘以20%,减去替代最低税额之外国税收抵免。同时,《联邦税法典》第55条(b)(2)款将"替代最低应税所得"界定为,纳税主体在纳税年度内由《联邦税法典》第56条与第58条来修正的正常应税所得,加上《联邦税法典》第57条的多种税收优惠。不难看出,替代最低应税所得是对应税所得的重新计算,基本思路在于要求纳税主体排除或者减少在计算正常应税所得时原本应当享有的多种税收优惠。换句话说,替代最低应税所得等于正常应税所得加上原本应当享有的多种税收优惠。此外,根据《联邦税法典》第55条(e)(1)(A)款,如果在以前的3个连续纳税年度内,公司的年平均总收入不超过750万美元,那么该公司则被视为小型公司而且其暂定最低税额为0。从而使得替代最低税额制度并不适用于小型公司。[31]

通过这样一系列复杂的税制设计,美国《联邦税法典》有效地遏制了税收优惠的滥用,使得公司实际缴纳的所得税不至于过分偏离其负税能力。诚如美国参议院金融委员会所言:"替代最低税额可以实现的一个关键目标在于,使得具有较多经济收入的纳税主体无法通过税收扣除、税额抵免或者税收排除等方式逃避相应的联邦纳税义务。否则,即使立法的原意具有价值,但如果纳税主体能够利用税收优惠条款规避几乎所有联邦税收负担,那么这些条款只能具有负面作用。"[32]也正因为如此,"最低税负理论"可以被视为量能原则对于日益泛滥的税收优惠的回应与制约。

毋庸讳言,从德国《基本法》第14条第2项中解释得出的最高税课理论很难沿用于我国,而美国的最低税负理论则主要是针对企业所得税而设置的。尽管如此,其中所蕴含的立法精神及其对于量能原则的贯彻落实,无疑对于我国的房产税改革极具借鉴意义:

一方面,为了防止房产保有环节的税课过重,我国未来之房产税法有必要设置一个税负的最高限额,即房产税的征收额度不得超过纳税人财产收益(指房产增值收益)之一定比例。与此同时,当纳税人所缴纳的房产税,以及因出租房屋而缴纳的个人所得税之总和与其净收入的比率达到一定标准时,其应可享受一定的抵免额,用来抵免个人所得税或直接退回现金。另一方

---

[30] 根据《联邦税法典》第55条的有关规定,公司的免税税额为4万美元。《联邦税法典》第55条同时规定,当公司的替代最低应税所得超出15万美元时,免税数额必须减去等于超出部分25%的修正数额。但公司的免税数额不能为负数(低于0)。参见姜浩:《美国联邦公司税法制度研究》,中国政法大学出版社2009年版,第84页。

[31] 参见同上书,第82—83页。

[32] Senate Finance Comm. Rep. No. 313, 99th Cong., 2d Sess. 518-19(1986).

面,应当严格控制基于经济政策(主要指产业政策)目的的房产税税收优惠,防止税收优惠被滥用。主要是针对一些地区为促进本地经济发展,对某些急需发展、鼓励发展的行业所占用的房产或经济技术开发区、高科技园区内的企业所给予的不同程度的房产税减免,必须予以总量控制。㉝

四、结　　语

从根本上说,现代国家之所以享有税收调控的权力,乃是因为在“社会法治国”中,基本人权须附有社会义务,为公共利益国家保有限制之权。而财产权所附有的最主要的社会义务即为纳税义务,盖因税收一方面增进公共利益,另一方面对人民之营业、职业自由作最小程度限制,符合必要范围。㉞ 故此,国家基于公共利益之目的,得以通过税收调控的方式,对个人经济自由(包括营业自由、职业自由、财产权等各个层面)予以必要之影响与限制。也正是从这个意义上说,税收调控的广泛运用,实则是现代国家职能转变与权力扩张之趋势使然。

但是,在另一方面,税收调控对于税负分配的调节,必须是有限度的,否则,便极易造成经济政策和社会政策的恣意滥用,乃至于国家权力的“越位”。而作为人权理论和宪法原则在税收领域的直接体现和规则载体,量能原则在税收调控中的功能定位,恰恰就是防止税收调控对于基本人权和经济自由之不当侵害。也正因为如此,税收调控越是层出不穷,量能原则就越有必要得到重申和强调,而绝不能轻言放弃或牺牲。

以房产税改革为例,本文不仅论述了量能原则与税收调控的相容性,而且进一步分析了量能原则在税收调控中的规范作用,亦即该原则对于税收调控立法的具体要求及其实现途径。至此,量能原则作为一项可以同时适用于财政税法和调控税法之立法与实施的法律原则,其税法基本原则的地位,应当可以确立无疑。

㉝　各个国家对于房产保有环节的税收,通常有以下五类税收优惠:一是对非商业用途而占有的住宅房地产实施减免,二是对国家机关、军队和各种非营利性(科研、医疗、慈善、教育等)组织的自用不动产及社会公共物业免税,三是对于弱势群体减免,四是灾情减免,五是对鼓励发展的事业或行业,给予不同程度的减免税(参见张富强:《关于我国物业税立法的基本构想》,载《法学家》2009年第1期)。而本文所主张的控制房产税税收优惠,主要是针对上述第五类税收减免。

㉞　参见葛克昌,同注㉗引书,第50—51页。

“国家协调”视野下的宏观调控层次结构

——以商品住宅价格宏观调控为分析样本

沈　晖*

目　　次

一、问题的提起:迷失的商品住宅价格宏观调控

2002 年 8 月 26 日,建设部、国家计委、财政部、国土资源部、中国人民银行、国家税务总局颁发《关于加强房地产市场宏观调控 促进房地产市场健康发展的若干意见》(建住房[2002]217 号),在肯定房地产对改善居民居住条件,带动相关产业发展,拉动经济增长作出重要贡献的同时,亦指出了局部地区出现了房地产投资增幅过大,土地供应过量、市场结构不尽合理,价格增长过快等问题,提出了加强房地产市场宏观调控,促进房地产市场健康发展的九条意见。自此,拉开了中国商品住宅价格宏观调控的大幕。至今,对商品住宅价格的调控已近九年。其间,为应对国际金融危机的冲击,2008 年 12 月 20 日,国务院办公厅发布《关于促进房地产市场健康发展的若干意见》,放松

* 沈晖,北京大学法学院 2009 级经济法专业博士研究生。

了对房地产价格的调控,以信贷、税收手段促进房地产市场发展。不过,面对房价的巨幅上涨,国务院常务会议决定,自2010年1月1日起,营业税征免期限从2年恢复为5年。2009年12月14日,国务院颁布"国四条",明确表示"遏制房价过快上涨,抑制投资投机性需求"。及至近期各城市根据国务院要求,纷纷采取限购令、颁布新建商品住宅价格控制目标等调控措施。对商品住宅市场的宏观调控重新进入了以抑制其价格为目标的调控期。

综观商品住宅价格调控历史,调控措施不可谓不多,力度也不可谓不大,然而,市场却似乎并不认同这些精心设计的调控政策,房价的不断攀升,以及伴随着房价上升的2009年底房产调控政策的迅速变脸,这一切都昭示着先前调控的失败。房地产调控思路的反复与摇摆不定,在暴露出房地产调控毫无章法的同时,显示出房地产调控已迷失了方向。

对于商品住宅价格持续上涨的原因,经济学界、法学界,乃至房地产界各有其不同的认识。不可否认的是,商品住宅价格上涨的原因是多重因素的叠加。从法学角度看,正如有学者所指出的,宏观调控关系作为在国家协调经济运行过程中发生的经济关系,应由经济法进行调整。[①] 而经济法在调整过程中应秉持"国家协调"的基本理念。"国家协调,是指国家运用法律的和非法律的手段,使经济运行符合客观规律的要求,推动国民经济的发展。……人们不能创造、改变和消灭规律,但是可以发展、认识和利用规律。所以,国家不能随意左右经济运行,而只能因势利导,力求把经济运行协调到符合客观规律的轨道上来。使用'国家协调'这一概念,体现了国家行使经济管理职能应该符合客观规律的要求,力求避免主观随意性。既充分肯定了'国家之手'在经济运行中的作用,又反映了对国家权力的必要限制。"[②]笔者以为,就商品住宅价格的宏观调控关系而言,"国家协调"原则要求尊重商品住宅价格决定的客观规律,即便在国家有必要对其进行调控时,也应注意对国家调控权力予以必要的限制,这体现在对商品住宅的调控领域、调控方法、调整手段等方面的多层次结构。这种多层次结构应当成为商品住宅价格调控思路与手段选择的基本指导。

本文沿着以下路径进行分析:首先,对宏观调控的领域进行分析,探讨商品住宅价格是否应属宏观调控的领域,这是决定是否对商品住宅价格进行宏观调控的前提;其次,如果需对商品住宅价格进行宏观调控,如何选择调控方

① 杨紫烜、徐杰主编:《经济法学》(第五版),北京大学出版社2009年版,第12—13页。
② 杨紫烜:《国家协调论》,北京大学出版社2009年版,第127—128页。

法,不同的调控方法之间也是有其层次结构的;最后,在具体的调控手段方面,确定调控手段时应遵循何种原则?

二、宏观调控领域的层次结构:市场调节优先,宏观调控居次

宏观调控调整的是国家"协调"经济运行中的经济关系。按照国家"协调"经济运行的理念,在经济运行过程中,应尊重市场规律,宏观调控只是通过在必要时的介入,使有关经济关系得以协调。因此,就宏观调控的领域而言,存在着层次的差别,在市场能够自我调节的领域,应由市场进行,只是在市场不予调整或无法有效调整时,方有宏观调控之必要,也就决定了宏观调控领域的"市场调节优先,宏观调控居次"的层次结构。

几乎所有对宏观调控必要性的论证,都从"政府之手"与"市场之手"的关系说起。无可否认的是,市场存在缺陷,但是,"假如市场的确是造成浪费、无效率和不公正的根源,那么我们拿什么来担保国家行动的结果确实符合它干涉的目的呢?"③"政府的缺陷至少与市场一样严重"。④

诚然,我们可以想象将市场这一无形之手与政府之手完美结合,但是,人类认知能力的有限性决定了这终究只能是一种美好的追求。历史的经验已经证明,尽管存在着这样或那样的缺陷,市场仍不失为一种有效的资源配置形式,只是需要通过"政府之手",在市场之手不能发挥效用时予以协助。正如学者所指出的,"管制过多的倾向可能是无知和鲁莽的标志,最能干的医师最能节约药物的使用,最相信自然的治疗力量。同样,最了解自己工作的政治家最不愿意干涉企业与资本的自然倾向。"⑤

政府内在职能的需要以及市场缺陷的客观存在决定了政府介入市场进行干预的必要性,但由于政府有限理性的普遍存在和干预成本的不可避免,政府对市场的干预应当是一种适度干预。科斯在他的《社会成本问题》一文中指出,政府的过度干预会使政府在配置资源时,其交易费用超过市场的交

---

③ 〔法〕亨利·勒帕日:《美国新自由主义经济学》,李燕生译,北京大学出版社 1985 年版,第 187 页。

④ 〔美〕布坎南:《自由、市场与国家》,吴良键等译,北京经济学院出版社 1988 年版,第 28 页。

⑤ 〔英〕马尔萨斯:《政治经济学原理》,厦门大学经济系翻译组译,商务印书馆 1962 年版,第 20 页。

易界限，从而导致配置效率的降低。划清市场与政府的边界是实施干预的前提。首先，市场失灵的领域是划定政府干预行为边界的前提，政府的干预应当是基于市场失灵的干预，而非擅自的干预。其次，干预成本与效益的考量是划定政府行为边界的工具。政府干预是在市场自身难以调节或者调节成本过高时的一种替代组织机制，其干预必须能使社会生活、经济活动得到改善。因此，政府干预的底线应当划在干预所导致的经济与社会边际成本等于市场失灵的边际成本这个基点上。最后，政府干预的边界还应考虑不同国家在制度变迁中的差异和特殊性。以中国的制度变迁为例，由于政府力量一直居于社会的主导地位，因此，在界定政府的边界时，应当遵守市场优先的原则，市场先于政府，市场扩展到哪里，政府的行为就应该收缩到哪里。⑥

因此，在市场体制下，市场调节是第一次的、基础性的调节，而政府干预是第二次的、辅助性的调节。⑦ 如果市场的第一次调节可以把资源配置得很好，配置到社会资源协调发展的程度，那宏观调控作为第二次调节就没有必要了。正是因为市场存在着缺陷，才有了第二次调节的必要性。⑧ 因此，既然已经选择了市场经济，在市场与政府的作用领域方面，就应当遵守其层次结构，即市场调节优先，宏观调控居次。只是在市场无法有效调节的领域，方有宏观调控之必要。

考察对商品住宅市场的宏观调控，除2008年应对金融危机时的调控外，历次调控均针对商品住宅的价格进行调控。然而，商品住宅价格应否作为宏观调控对象？

商品住宅，终究还是一种商品，经典的经济学原理指出，商品的价格应受价值规律的制约。可见，商品的价格是一种典型的应受市场调节的领域范围。关于宏观调控领域的研究表明，只是在市场不予调整的领域，或者市场不能有效调整的领域，方才有宏观调控的必要。商品房价格调整领域，当然不属市场不予调整的领域，至于其是否属于市场不能有效调整的领域？笔者认为，是否属于市场不能有效调整的领域，并非可由政府部门想当然地予以确定，对这一问题的认定应持一种谦抑的态度，商品住宅价格或高或低，多数情形下仍属市场调节的结果。从域外来看，即便美国次贷危机的发生，也并非市场不能调整房地产价格，事实上，其恰恰证明了，房屋这一特殊商品的价格也是受市场调整的，房价有涨就有跌。至于因房价过高引发的金融风险问

⑥ 李昌麒主编：《经济法理念研究》，法律出版社2009年版，第56页。

⑦ 邱本：《经济法总论》，法律出版2007年版，第127页。

⑧ 杨三正：《宏观调控权论》，厦门大学出版社2007年版，第131页。

题,与房价并无必然联系,而是由金融衍生交易等诸多因素引发。当然,市场并不能在价格领域完全发生作用,诸如垄断价格的形成,即属价值规律不能有效发挥作用的情形。我国的商品住宅市场明显处于高度竞争状态而非垄断状态,现行一系列房地产价格调控措施显然也非针对垄断而实施。考虑到确实存在市场难以对价格领域完全发生作用的各种情形,虽然不能完全排除商品住宅价格领域的宏观调控,但政府对于介入价格调控应持一种谨慎的态度,正如我国《价格法》第3条所言,"国家实行并逐步完善宏观经济调控下主要由市场形成价格的机制。价格的制定应当符合价值规律,大多数商品和服务价格实行市场调节价,极少数商品和服务价格实行政府指导价或者政府定价。市场调节价,是指由经营者自主制定,通过市场竞争形成的价格",因此,原则上,应当将商品住宅价格的确定交由市场决定。

如同学者在对政府规制问题进行研究时所指出的,在假定竞争性市场中的价格反映的是边际供应成本,但却高出许多低收入群体的支付能力,并且同时该产品为生活必需品(例如食物、衣服或住房)时,对此种商品进行价格控制的典型目标在于:分配正义,旨在使低收入阶层能负担得起特定商品,或者是某些宏观经济目标,尤其是控制通货膨胀。不过他们也是经济学家强烈抨击的对象,因此最近基本已经不被采用。⑨ 事实上,价格控制只是解决类似分配问题的其中一种规制工具,其他的规制工具,主要的财政来源为税收。例如,能够给予供应商补贴,使他们能够以低价向低收入群体供应商品;或者,可以向低收入群体发放代币券,用以交换相关产品;还可以通过社会保障体系运用更为一般性的再分配政策来提高穷人的收入。尽管无法一一讨论上述替代性规制工具的优劣,但是,标准的经济分析认为,价格控制很可能是有效程度最低的方式。一般情况下,实行一个低于市场自然价格的价格上限,将意味着某些供应商无法从中获取利润,因此产品的生产和供应都将有一定程度的减少,随后市场会出现供不应求,从而必须采取其他手段而非价格来分配产品,如果简单的手段只是"先到者先得",则分配必然是恣意的,且将会给购买人带来排队和/或等候的成本。另一种可能是,正式的定额分配体系或某些确定需要量的制度,不过这些都需要大量的行政成本。更为基本的,还有配置无效率的问题;供应的减少将意味着某一产品的生产成本高于收益,社会就会停止生产。价格控制的第二层效应也不能忽视。特别是,

⑨ 〔英〕安东尼·奥格斯:《规制:法律形式与经济学理论》,骆梅英译,中国人民大学出版社2006年版,第300—301页。

供应商可以通过其他方式从不受控制的价格中获益:容易形成“黑市”(也就是不合法的价格体系);相应地,生产商还可能降低产品的质量。为了解决这一现象,价格控制还必须辅之以其他的规制措施。[⑩] 正如一位经济学家所指出的,“价格上限控制的分析显示,在资源稀缺的世界中,供求关系的基本作用不可能通过颁布一部法律来消除。”[⑪]

对房地产价格进行调控还会使政府面临诸多困境,调控需要确定一个合理的价格水平作为调控目标。然而,这个价格水平,显然应由市场去发现,政府不需也无能力予以确定。这就导致调控目标的必然缺位,缺少目标的调控又如何进行?再者,对商品价格进行调控,将或抑制或稳定其价格作为一种调控目标,将形成民众对政府的一种信赖,这就导致本属符合规律的价格上涨也将被民众视为调控失败,进而影响政府公信力,中国政府历史上多次对商品住宅价格进行调控下房价的节节上涨,已严重损害了政府的公信力,以至于民间戏言,“房价应听总经理的,不是听总理的”,这虽属民间对政府调控失败的不满,却也无意间道出了房价应由市场决定的规律。如果政府强行通过行政手段控制商品住宅价格,则又将陷入逆市场规律而行事的困境中,计划经济模式下的经验,已经告诉我们这一行动的必然结果。

至于民众普遍关注的低收入者买不起房的问题,这并不属宏观调控应关注的问题,而属社会保障问题。正如有人所指出的,政府的目标乃在于让民众“居者有其屋”,而非“居者所有其屋”,这里的有其屋可以是有其屋之使用权,这些,也正是现行的廉租屋、经济适用住房、保障房等制度需解决的问题。尽管政府提供廉租屋、经济适用住房、保障房客观上可改变房屋供求关系,从而间接对商品房价格产生影响,但这与对商品房价格的调控不可同日而语。

或许,对商品住宅价格进行的调控,从起点就是错误,也就永远无法达到所期盼的终点,商品住宅价格调控,本就属一场不可能完成的事业。

三、宏观调控方法的层次结构:间接调控为主,直接调控居次

宏观调控领域,是国家“协调”经济运行的一个领域。在这一协调过程中,市场机制是主要机制,这便决定了宏观调控领域的调整方法,主要是通过

⑩ 〔英〕安东尼·奥格斯,同注⑨引书,第301—302页。

⑪ K. Hartley, *Problems of Economic Policy*(1977),126页,转引自同上书,第302页。

市场机制的间接调控。

在西方资本主义国家,无论是在自由资本主义阶段,还是在垄断资本主义阶段,就国家协调经济运行的手段而言,都是以间接手段为主的。以间接手段为主协调本国经济运行是资本主义国家经济法的特征之一。⑫

间接调控为主的原则也是我国宏观经济法的一个重要原则。⑬ 尽管宏观调控旨在瓦解私人自治的过度性,确保私人自治不扰乱市场秩序,达致市场配置资源过程中的社会正义,但宏观调控的立足点仍是作为资源配置基础的经济自由和私人自治。这被有些学者理解为"尊重市场原则"。⑭ "政府的宏观调控是对市场主体的经济行为进行调控,这种调控一般不是直接的,而是间接通过市场传导的,正所谓'政府调控市场,市场引导企业',市场是'中介',政府不通过直接行政命令指挥企业,而是利用市场调控机制作用,如通过经济政策措施改变经济变量,引导企业调整自己的投资行为、生产经营行为和供给量。"⑮"大量的事实表明,宏观调控无论是计划、财政、货币等经济政策,还是意识形态、道德、精神等非物质控制,必须经由众多企业、私人等落实配合"。⑯

因此,"市场机制与宏观调控是相互依存、相得益彰的。……没有市场,宏观调控就失去了运作的机制和生效的中介,宏观调控只有结合市场、通过市场、利用市场才能有所成就……没有市场的宏观调控最终没有市场。"⑰宏观调控运用市场规律,利用经济参数发挥对市场经济的宏观调控作用,这样就为宏观调控权的运行设置了一个中介环节,提供了一个缓冲机制,使宏观调控权"市场化"、"软化",不会构成对市场的粗暴、强制干预。⑱

可见,在进行宏观调控时,原则上应采取通过市场间接调控的方法。尽管有时也用计划的方法直接进行调节,但此种计划一般是宏观性、全局性的计划,宏观调控中的计划主要是"合理确定国民经济和社会发展战略、宏观调控目标和产业政策,搞好经济预测,规划重大经济结构和生产力布局,安排国

---

⑫ 杨紫烜,同注②引书,第 31 页。

⑬ 卢炯星:《论我国宏观经济法的原则》,载刘文华主编:《宏观调控法制文集》,法律出版社 2002 年版,第 120 页。

⑭ 王全兴、管斌:《宏观调控法若干基本问题探讨》,载同上书,第 60 页。

⑮ 牛晓艳:《宏观调控法的几个理论问题》,载同上书,第 98 页。

⑯ 宋彪:《论宏观调控与政府》,载同上书,第 220 页。

⑰ 邱本:《宏观调控法论》,中国工商出版社 2002 年版,第 2 页。

⑱ 邱本,同注⑦引书,第 259 页。

土整治和重点建设等”⑲。“此种计划，与其说是一种强制命令，不如说是参考意见”⑳。

然而，商品住宅价格宏观调控中却出现了对市场主体的市场决策行为直接干涉的要求，例如，建设部、发改委、监察部、财政部、国土资源部、人民银行、税务总局、统计局、银监会2006年5月29日发布的《关于调整住房供应结构稳定住房价格的意见》中即要求，“自2006年6月1日起，凡新审批、新开工的商品住房建设，套型建筑面积90平方米以下的住房（含经济适用住房）面积所占比重，必须达到开发建设总面积的70%”，显然，这一对开发商产品结构的安排，直接干涉了开发商的经营决策自主权，“此种调控策略严重损害了私人企业的交易决策权，损害了企业自治”。㉑ 不过，此项调控策略在实践中并未得到广泛运用，其后更因应对金融危机而放松管制后再未使用，这或许成为以行政命令代替市场主体的经营决策而在市场中遭遇失败的有力例证。

四、调控手段的层次结构：从调控法定与利益协调的视角考察

一般认为，作为调整在国家协调本国经济运行的过程中发生的经济关系的法律规范的总称的经济法㉒，其协调行为应秉持国家协调本国经济运行法定原则和经济法主体利益协调原则。㉓

（一）调控法定原则的要求：法律手段与政策手段的层次结构

哈耶克指出，“法治的意思就是指政府在一切行动中都受到事前规定并宣布的规则的约束—这种规则使得一个人有可能十分肯定地预见到当局在某一情况下会怎样使用它的强制权力，和根据对此的了解计划他自己的个人事务。”㉔“法治为我们区别那些符合自由制度的措施与那些并不符合自由制

⑲ 王先林：《略论我国宏观调控的法治化》，载刘文华主编，同注⑬引书，第58页。

⑳ 蒋大兴：《宏观调控与私人选择——房地产市场价格调控措施的个别检验》，载《社会科学》2008年第8期，第84页。

㉑ 同上。

㉒ 参见杨紫烜、徐杰主编，同注①引书，第18页。

㉓ 参见同上书，第40页。

㉔ 〔英〕弗里德利希·奥古斯特·哈耶克：《通往奴役之路》，王明毅等译，中国社会科学出版社1997年版，第73页。

度的措施提供了一个评判标准"。[25]"政府所采取的一切强制性行动,都必须由一稳定且持续的法律框架加以明确规定,而正是这种框架能够使个人在制订计划时保有一定程度的信心,而且,还尽可能地减少人为的不确定性。"[26]

尽管"法治只是一种理想,它从来没有被哪个社会完全实现过"[27]。不过,这并不妨碍我们去追求尽可能达到这一理想的目标。

在一个法治社会,一切关涉和影响人们利益、社会关系的宏观秩序的行为都应纳入法治的轨道,实行法治化,调控亦然。调控实质上也是重大利益的调整,肯定会产生矛盾和冲突,影响社会关系和宏观秩序,必须予以整合,因而必须诉诸作为利益准则的法律。[28]

其实,作为宏观调控主要手段的财政、税收手段本也要求其实行法定原则。

财政法定原则,是法治精神在财政领域的体现。由于财政活动直接关系到国家的财政权和国民的财产权等宪法层面的基本权力和基本权利,因此,它要求一切财政活动,包括财政立法活动和财政执法活动、财政的收入和支出等,都要依法进行。具体体现有:(1) 收入和支出法定。(2) 内容与形式法定。(3) 实体和程序法定。[29]

税收法定主义则要求,课税要素应遵循法定原则。课税要素通常认为应当包括税法主体、征税课体、计税依据、税率、税收优惠等。课税要素法定原则要求课税要素必须且只能由议会在法律中加以规定,即只能由狭义上的法律来规定税收的构成要件,并依此确定主体纳税义务的有无和大小。[30] 行政机关未经授权,无权在行政法规中对课税要素作出规定。此外,税收法定原则中的依法稽核原则要求税收行政机关必须严格依据法律的规定征收,不得擅自变动法定课税要素和法定征收程序,因而该原则也称合法性原则。根据该原则,没有法律依据,税收行政机关无权决定开征、停征、减税、免税、退税、补税。[31]

㉕ 〔英〕哈耶克:《自由秩序原理》,邓正来译,生活·读书·新知三联书店 1997 年版,第 282 页。

㉖ 同上书,第 282 页。

㉗ 〔英〕T. A. O. 恩迪科特:《论法治的不可能性》,陈林、傅蔚岗译,载《比较法研究》2004 年第 3 期,转引自刘剑文主编:《民主视野下的财政法治》,北京大学出版社 2006 年版,第 87 页。

㉘ 邱本,同注⑦引书,第 163 页。

㉙ 张守文:《财税法学》,中国人民大学出版社 2007 年版,第 42 页。

㉚ 参见刘剑文主编,同注㉗引书,第 100 页。

㉛ 参见张守文,同注㉙引书,第 186—187 页。

然而，现行房地产宏观调控中，大量的调控措施却并非由法律加以规定，而只是由国务院及其部委的规章予以规定。在税收权的横向划分上，由于“授权立法”的存在，使得国务院享有过多的税收立法权，而由全国人大及其常委会制定的税法数量太少，这就造成了国务院既自行制定税收调控的区间，又自行予以调控，自由裁量权过大，不符合法治国家的基本要素。[32] 正如有学者所指出的，从权力来源的角度说，应当实行“调控权法定原则”。从权力监督的角度说，政府应主要是宏观调控的执行机关，执行者本身不应成为立法者，或者至少不应成为主要的立法者，但由于诸多方面的原因，我国国务院系统实际上大量地行使着宏观调控的广义立法权。其好处是提高了宏观调控的及时性，增强了应变能力；其不足却是对宏观调控行为缺少应有的约束，而且，随意性较大。为此，仍然要强调“调控权法定原则”。[33]

税率法定是税收法定原则的重要体现，房地产调控过程中，对税率的频繁调整，作为一种调控手段，事实上是违背税收法定原则的，也影响了法的安定性和可预测性。对此，张守文教授在论及出口退税的调控手段时即曾经指出，“出口退税率的调整本身是一种宏观调控行为，但宏观调控必须有法律依据，但我国在实施此类宏观调控时，往往存在依据不足，甚至违法调控的问题。出口退税率的频繁变动，同现行制定法的规定存在抵触，实际上是对纳税人的退税请求权的侵犯，也使法定的安定性和可预测性的价值、原则受到了不良影响。”[34]这一论述对于国务院频繁调整房地产交易税也是同样适用的。并且，虽然《营业税暂行条例》赋予了国务院调整营业税税目、税率及减免税项目的权限，但国务院频繁地修改同一课税要素，也会使税收法定原则所要求的税收制度的稳定性受到损害，纳税人对于纳税的基本预期变得不确定，严重影响了政府在税收方面的诚信形象。[35]

有观点提出，在法律没有规定限制条件的情况下，国务院及其职能部门在不违反宪法和法律的前提下，可以采取必要的宏观调控措施，以履行其法定的宏观调控职能[36]；甚至有学者认为，“因为法律的制定必须具有稳定性、准确性和较长的时间性，与宏观调控的不确定性抵触较大，所以宏观调控熨

㉜ 邢会强：《论税收动态法定原则》，载刘隆亨主编：《中国法学会财税法研究会 2008 年年会暨第六届全国财税法学学术研讨会论文集》，中国税务出版社 2009 年版，第 346—347 页。

㉝ 张守文：《宏观调控权的法律解析》，载刘文华主编，同注⑬引书，第 132—133 页。

㉞ 同上书，第 127 页。

㉟ 熊可：《房产新政避免与现行法规冲突》，载《法制日报》2006 年 6 月 5 日。

㊱ 参见杨三正，同注⑧引书，第 127 页。

平经济波动的主要活动不能法制化,而更多地宜于灵活、多变的政策调整。确定、稳定的经济活动可以用法律来调整,不确定、不稳定的经济活动,就无法用刚性的法律来调整"[37],笔者认为,调控手段的法律化并不排斥行政机关对具体问题的自由裁量权,"授予政府自由裁量权力是一个不可避免和必要的做法,对授权持绝对反对立场是十分愚蠢的。"[38]法律不可能对所有事项作出事无巨细的规定,其可授权政府机关在一定范围内作出具体规定,政府机关即可通过政策针对经济活动的具体情形对法律规定予以具体化。"宏观调控政策的复杂性、前沿性和灵活性与宏观调控法律制度的原则性与稳定性并不矛盾。宏观调控政策再复杂,也应当有其目标、原则、标准与法定化的手段,这一部分政策内容不但可以,而且应当制度化。"[39]基于宏观调控及其手段对私人利益的重大影响,应当坚持"宏观调控法定原则",对宏观调控中的重要问题通过法律予以规定,应首先并主要通过法律规定的手段进行调控,法律手段在宏观调控的武器库中应属第一层级。但是,对非属重要事项,法律中可授权国务院在一定范围内予以具体规定,以满足宏观调控适时调整及其灵活性要求。"由于政府的理性是有限的,因此,必须将政策纳入法治的轨道,防止政府利用政策扩大权力,伤害个人权利和市场机制的正常运行。"[40]政府通过制定政策规定具体的调控手段时应当注意:一是其只能在法律的授权范围内对法律规定的手段予以具体规定;二是其规定有关事项也应作好评估,避免朝令夕改,影响有关规定的稳定性,也影响政府的权威性。如果说需要对房地产价格进行调控的话,现行房地产宏观调控中的大多数规定均系由国务院部委规定,其层级不高,难以满足"宏观调控法定"原则的要求,应予提高其中重要的、有效的规定的层级,将之法律化。

按照宏观调控法定原则的要求,即便确需对商品住宅价格进行调控,也应采用法律规定的调控手段。我国《价格法》第30条针对个别商品的价格调控措施作了专门规定,即"当重要商品或服务价格显著上涨或者有可能显著上涨,国务院和省、自治区、直辖市人民政府可以对部分价格采取限定差价或者利润率、规定限价、实行调价申报制度和调价备案制度等干预措施",这是对个别商品价格调控手段的特别规定,因此,对商品住宅这一个别商品的价

---

[37] 郝铁川:《宏观调控的不确定性与法律、政策调整》,载《南都学坛》2009年第3期,第79页。

[38] 转引自肖金明:《论政府自由裁量及其立法控制》,载《中国行政管理》2003年第12期。

[39] 吴越:《宏观调控:宜政策化抑或制度化》,载《中国法学》2008年第1期,第84页。

[40] 李昌麒主编,同注⑥引书,第300页。

格进行调控时,也应首先用尽这些法律明定的手段。至于目前房产调控中经常使用的税收、金融等手段,则是规定在我国《价格法》第26条中,即“稳定市场价格总水平是国家重要的宏观经济政策目标。国家根据国民经济发展的需要和社会承受能力,确定市场价格总水平调控目标,列入国民经济和社会发展计划,并综合运用货币、财政、投资、进出口等方面的政策和措施,予以实现”,可见,采取货币、财政等措施是法律规定的调整市场价格总水平的措施,而非针对个别商品的措施。现行商品住宅价格调控弃法律明定的调控手段不用,却选择使用本非为个别商品价格调控而准备的措施,显然违背了调控法定原则。

因此,调控法定原则要求,应优先使用法律明定的手段,国务院可在法律授权范围内对调控手段予以落实。就法律规定的调控手段而言,如对某商品价格进行调控,应首先适用价格法明定的针对个别商品调控的手段,只有在该手段不能奏效的情形下,方可使用价格法中针对市场价格总水平调控所规定的财政、货币等政策。

(二)利益协调原则的要求:调控具体手段的选择序列的考量因素

国家“协调”经济运行,无论从其目的,乃至结果上,均应使经济法主体利益协调。经济法主体利益协调原则基本精神是,经济法主体的依法作为和或者不作为对于经济社会的发展为作出了贡献,就应依法获得相应的利益,即在增量利益的总和之中占有一个相对合理的比例,以实现经济法主体之间利益关系的“配合适宜”,而并不要求经济法主体之间利益的相等、均等或大致均等。[41]

在成文法国家,立法的过程也是一个利益衡量的过程。立法的目的就在于公平合理地分配与调节社会的利益、不同群体的利益和个人利益以协调社会正常秩序,促使各种不同利益各得其所,各安其位,避免相互冲突,做到相互协调,从而促进社会的进步和发展。[42]

理论上,政府作为市场的干预主体除了追求公共利益以外,应该没有自己的特有偏好。但现实中,政府虽然是为实现公共利益而存在,但由于组成

---

[41] 杨紫烜,同注②引书,第361—362页。

[42] 梁上上:《利益的层次结构与利益衡量的展开—兼评加藤一郎的利益衡量论》,载《法学研究》2002年第1期,转引自刘剑文主编:《民主视野下的财政法治》,北京大学出版社2006年版,第89页。

政府的自然人是经济人,他们要追求自身利益的最大化,所以政府也摆脱不了经济人的特性,如果没有良好制度的规制,政府的经济人特性会凸现,为了实现其最大化利益,在进行立法时,公共利益可以被忽视,而自己的收费权和处罚权则不能忽视。政府的经济人特性可以通过政府体制改革和对政府官员的有效约束与激励等制度创新来加以弱化,但不可能彻底根除,除非彻底消灭自然人的经济人特性,而这是不现实的。[43]

现行商品住宅调控措施也体现出了政府的这种自利倾向。考察每一次试图抑制商品住宅价格上涨的调控措施,均主要从增加税收、加息着手,这些措施无疑有利于增加政府财政收入,毫无疑问的是,在供求关系局面没有改变的情况下,这些成本最终也可能加到了买房人身上,多次商品住宅价格调控的结果不断地验证了这一点。在这一调控手段的选择中,政府作为调控政策的主导者,其利益似乎总是能获得保障。如果调控得以实现,房价与交易量下降,政府可从因税率及利息升高而多得的税收和房贷利息(毫无疑问的是,国有商业银行的房贷业务在我国房贷业务中占了绝大多数比例,因此,这些因加息增加的收入主要为国有商业银行获得)中得以弥补因此造成的损失。即便调控失败,房价继续上涨,更高的税率与利率也使政府同样没有损失。反观购房者,调控失败,其将因承担更高的房价而蒙受损失,调控成功,也是以其支付了较之未调控时更高的利息和税收为代价的。即便房价下降了,或许政府的总收益并未减少。可见,无论调控成功与否,其成本均由买房人(或潜在的未来买房人承担)。这一点在2008年放松对商品住宅的调控后房价剧烈上涨,政府再次加强调控的过程中体现得极为突出。2008年对商品住宅调控后,因房价的急剧上涨,政府从土地出让金、房屋交易税收、房屋贷款利息等多方面获得了巨额的利益,2009年底调控政策的急速转向证明了此次调控是失败的。“有一个更为一般的原则它深深扎根于普遍的正义情感中,这就是,无人应当从他自己的不公中获利或者从他自己的错误中占便宜”[44],笔者认为,这一原则对国家也是适用的,这同时也是国家“协调”经济运行中各主体利益协调原则的必然要求,因此,在2009年对抑制房地产价格的调控中,并非要将所有可能的手段不分顺位地一并祭出,而是应有先后次序,以协调各主体(含国家这一调控主体)的利益,鉴于国家在2008年的调控中,政府因调控而获得大量利益,在2009年需要逆向调控时,在调控手段的

---

[43] 参见李昌麒主编,同注⑥引书,第196页。

[44] 〔美〕本杰明·卡多佐:《司法过程的性质》,苏力译,商务印书馆1998年版,第23页。

选择上，应优先使用其之前获得的利益进行调控，而不是简单地采用可能进一步加重其他主体负担的调控手段。就此而言，根据2008年及2009年调控的具体情况，可能增加买房人或潜在买房人负担的加息或增加税收的调控手段不应被首先采用，如果认为需对商品住宅价格予以调控，循着现行的调控思路，政府也应采取增加经济适用住房等保障性住房，进而改变商品住宅市场供求关系及市场预期的思路进行，这一思路可将先前政府因调控取得的利益重新“用之于民”，实现各主体之间的利益协调，如能在保障性住房的公平分配方面予以切实保障，或可切实降低房价，即便调控失败未能降低房价，因低收入群体已获得基本之居住房屋，作为“奢侈品”的商品房价格的上涨，恐也不会像今日这般刺激国人神经。事实上，此种调控模式下，以高价的商品房中产生的土地出让金、税收等用以保障低收入群体的保障性住房，恰恰是实现公平的一次财富再分配，此种高房价，不仅不应受到非难，或许倒是值得赞许。当然，政府如仍认为有进一步对商品住宅价格调控之必要，再采取其他调控手段也不迟。并且，如果政府认为商品住宅的价格确实已到了非调不可，不得不以政府之手干涉的地步的话，其也完全可以《价格法》第30条“当重要商品或服务价格显著上涨或者有可能显著上涨，国务院和省、自治区、直辖市人民政府可以对部分价格采取限定差价或者利润率、规定限价、实行调价申报制度和调价备案制度等干预措施”，而不是简单地采用可能导致增加购房人负担或者房价进一步上涨的税收、信贷政策手段。

或许，国家“协调”经济运行中应使各主体利益协调的要求，可成为我们进一步的调控，且并不限于商品住宅市场宏观调控的一种思路，也是政府在调控过程中有意无意忽略的一条思路。

五、结　　语

二百多年前的亚当·斯密就指出，在政府中掌权的人，容易自以为非常聪明，并且常常对自己所想象的政治计划的那种虚构的完美迷恋不已，以至不能容忍它的任何一部分稍有偏差。他不断全面实施这个计划，并且在这个计划的各个部分中，对可能妨碍这个计划实施的重大利益或强烈偏见不作任何考虑。他似乎认为他能够像用手摆布一幅棋盘中的各个棋子那样非常容易地摆布偌大一个社会中的各个成员；他并没有考虑到：棋盘上的棋子除了手摆布时的作用之外，不存在别的行动原则；但是，在人类社会这个大棋盘上每个棋子都有它自己的行动原则，它完全不同于立法机关可能选用来指导它的那种行动原则。[45]

在行文即将结束之时,重新提起这段略显古老的话语,只是想强调:首先依靠市场,更多依靠市场,依法调控,实现各主体利益协调。权且以这段类似于口号的话语结束本文,这是因为,这恰恰是我们经常忽视的。

[45] 参见〔英〕亚当·斯密:《道德情操论》,蒋自强译,商务印书馆1997年版,第302页。

市场规制

从实体论与集合论的分歧谈封闭型公司的发展*

〔美〕丹尼尔·S. 克莱因伯格**

张春燕　译***

目　　次

一、引　言

当我们在法律上将封闭型公司这种商事组织形式概念化时,是否考虑过这种类型的公司是独立于其所有权人而存在的,而不能简单地将其归纳为"人的集合"?这个问题曾经一度是普通合伙公司法的核心概念,但是《修正统一合伙企业法》(the Revised Uniform Partnership Act,RUPA)却将此问题搁置一边了。同时,作为非公司企业类型中占主导地位的一种商事组织形式,封闭型公司一再强调自身是独立存在的实体。虽然,目前它到底是"法人实

---

* 本文的翻译与发表已获得作者 Daniel S. Kleinberger 的授权。本文译自《Wake Forest Law Review》2005 年第 40 期,英文题目是《The Closely Held Business Through the Entity-Aggregate Prism》。

** 丹尼尔·S. 克莱因伯格(Daniel S. Kleinberger),美国威廉姆米切尔法学院教授。

*** 北京大学法学院经济法专业 2009 级博士研究生。

体”还是“人的集合”这个问题似乎已经被大家彻底遗忘了。

但是,这个问题并没有得到实际解决,只不过是被暂时搁置了。关于“法人实体”与“人的集合”的讨论涉及了一系列的法律制度,比如破产法、专门规范经理人与股东之间权利与义务的联邦雇佣劳动法、经理人员的诚信义务、税法、所有者权益转让限制等等。同时,这个问题的答案也会因其所依据的法律规则以及法律类型的不同而不同,尤其是涉及普通合伙公司、闭锁公司以及有限责任公司,这个问题所引发的深层次思考有点让人头疼欲裂。

但对于现代的封闭型公司而言,“独立实体”与“人的集合”的讨论有着非常重要的现实意义。比如,对于那些不直接参与公司事务管理的股东,如果想要质疑经理人员的行为,就得引申“独立实体”这个概念。也就是说,这些股东必须站在公司是“独立实体”的立场上来维护公司的权益,这不仅是提起诉讼的必要条件,也是股东在诉讼中一个不可逾越的法律障碍。

对“独立实体”还是“人的集合”的讨论还涉及另外一些问题,比如:有限责任公司是否可以先于其所有权人而存在(即所谓的有限责任公司的“架构”问题)?法官如果在处理闭锁公司案件时引用非公司型企业组织法中的“挑选你的合伙人”的理念,是否应当更加谨慎?

本文将会探讨“实体论”与“集合论”在现代封闭型公司中的意义,具体讲,本文的内容如下:

——介绍“实体论”与“集合论”的理念,简要回顾在美国法律体系下封闭型公司及其相关立法的进展,这一进展似乎也是结束“实体论”与“集合论”分歧的一个标志。

——探讨这一分歧被暂时搁置一边的现状,且该现状较之以前更为复杂和混乱;

——给出了学者及律师们应当关注此问题的一些理论及实践的理由;

——尝试性地提了一些合理的法律改进建议。

本文所探讨的“封闭型公司”(closely held businesses)是指符合以下三个标准的公司,而不论其法律形式是什么:(1) 有为数不多的股东;(2) 所有者权益不得自由转让(或基于法律的限制或基于实践的限制,或者同时基于两者的限制);(3) 多数(大多数情况下是指“所有的”)股东从事管理事务或参与公司的运营。这些描述基本上都是建立在“闭锁公司”的概念基础之上的,我们可以通过判例法及评论对此有所了解。

本文的讨论会涉及闭锁公司、有限责任公司以及普通合伙(这里包括过去人们常说的那种“普通”合伙,以及有限责任合伙。在有限责任合伙下,合伙人因为承担着与“有限责任公司”或“公司”相类似的有限责任,从而消除了以往打在合伙人身上“无限责任”的烙印)。本文会特别关注股东之间的诚信义务,因为该义务会在上述的几种商事组织中交互影响。目前规范闭锁公司的法律欠缺有关“诚信义务”的概念,而闭锁公司的规则在一定程度上又对有限责任公司的立法有所影响,因此,将这些看上去没有关联的商事组织形式结合在一起进行分析是有意义的。另外,本文仅针对判例法进行探讨。

二、“独立实体”与“人的集合”理念的分歧

在美国的公司组织法下,“独立实体”与“人的集合”理念的冲突可以追溯到引入普通合伙法之前的一个世纪:早在1914年《统一合法企业法》(Uniform Partnership Act,UPA)颁布之前,这一冲突就存在了。1908年印第安纳州的最高法院驳回了州政府对一个银行合伙人因在银行破产期间依然接受存款的起诉,因为该控告没有列出个人合伙人的姓名以及他们处于破产的状态。法官的解释如下:

如果为了州政府的利益而依据相关的组织法去认定合伙企业是一个“法人实体”是有争议的。这种表述在判例法中很难找到依据。这也很清楚地表明了当法官将合伙企业作为一个“法人实体”对待时,只能是基于对合伙人之间权益争议的考虑,或者是基于对那些从合伙人权益派生出来的债权人权益的考虑。否则,这样的陈述是不能被接受的,因为这其中所蕴含的观点是:合伙企业不是由各个合伙人组成的。

那一时期的法官主要引用下列法律理论,并以此作为判案的依据:

虽然法律上假设公司是一个法人或独立存在的实体,与其成员或股东相分离,但就合伙而言,至少在普通法下,这一假设是不成立的,合伙不能被看做是与其所有权人相分离的独立实体。根据这一规则,企业的财产就是合伙人的财产,企业的债务就是合伙人的债务…… 尽管我们不认可合伙企业是一个独立的法人实体,但是为了将企业“拟人化”或“人格化”的目的,当仅考虑全体合伙人的权利和义务时,我们常用“企业”或者“合伙企业”这一措词来表述“合伙人的集合”,以此与个别合伙人进行区分。当然这只不过是个比较简便的称谓,简化了对企业运营以及企业形式的考虑。因此,一个合伙企业也常被称做是“独立实体”,有其自己的财产、债权人等,但这仅仅意味着合伙人具有一些特殊的权利和义务,这是为了处理合伙人之间的合伙关系。

那段时期的另外一些判例也反映了相同的状况。随着 1914 年《统一合伙企业法》的颁布，这两种理论的分歧甚至体现在了法典之中：像其他“统一法”一样，1914 年的《统一合伙企业法》也是国家统一法委员会（NCCUSL）的一个杰作。在对该法案进行长达 12 年的立法探索中（1902—1914），委员会曾一度决定在此法案中直接运用“实体论”（the entity theory），但随着该法案第一稿的告吹，委员会决定采用“集合论”。最终，由委员会建议、国会采纳，法案采用了“集合论”或者称之为“普通法理论”（the aggregate or common law theory）。

虽然如此，1914 年的法案还是反映了上述两种理论。比如，根据该法案，普通合伙企业拥有自己的资产，包括不动产。财产扣押令将保护合伙企业的财产免受其债权人及其合伙人的侵犯。每个合伙人都是合伙企业的代理人，合伙事务的处理受各合伙人共同“许可”、“过失”及“违约” 行为的约束。

但是，1914 的法案却将合伙关系定义为“两个或多个合伙人以营利为目的的联合”。单个合伙人的代理权与其他合伙人的代理权相互制约，因为各合伙人都对合伙债务负责，并且，各合伙人在合伙中的所有者权益也依据“集合论”被表述为“对合伙财产的租用”。

另外，该法案反映且维护了“挑选你的合伙人”这一理论。根据《统一合伙企业法》，合伙关系具有内在的人身性：未经其他合伙人同意，某个合伙人不具有管理或监督合伙企业的权力。未经其他合伙人的同意，合伙人不能转让其合伙权益。同时，合伙人如果从合伙中退伙，合伙关系将会解除。不论是何种原因，任何一个合伙人的退伙，将会导致一个新的“合伙人的集合”，这一集合并不等同于原来的“合伙人的集合”减去这个退伙的合伙人。

总的来说，《统一合伙企业法》更倾向于运用“集合论”而非“实体论”，至少统一法委员会与美国法律协会以及美国财政部都是这样认为的。1957 年统一法委员会再次声明：“普通合伙企业应被看做是具有相互代理关系的企业组织，单个合伙人是其他合伙人的代理人，全体合伙人都应当对其授权的合伙人的合同违约行为以及民事侵权行为负责，因为这些行为是基于该合伙人所具有的代理权而行使的。”

财政部于 1960 年采用了“Kintner”规则（Kintner Regulations），即将合伙企业法下的“集合论”作为一种调整方式运用到对非公司企业的征税问题上，以此来决定应当对合伙人征税还是对企业征税。

直到 1997 年 1 月 1 日，这些规则依然被用来对非公司型企业进行分类，而且主要用来裁决这些企业是否存在“合伙关系”。根据这些规则,“公司”应当具有四个关键特征,即:有限责任,持续经营,所有者权益的自由转让,以及集中管理。因此,只有当一个非公司型企业至少具有三个或三个以上的公司的特征时,才能被认定为“公司”。

合伙所具有的特点就与公司的特点完全相反:没有完全的债务豁免,退伙即解散(即持续经营的假设不存在);不能自由转让其所有者权益(即:“挑选你的合伙人”),以及分权管理。其中,第二及第三个特点反映了合伙“人的集合”的特征。

三、以前是以前,现在我们是“独立实体”了

(一)《修正统一合伙企业法》(The RUPA)

《修正统一合伙企业法》的起草者力求将普通合伙摆脱“集合论”的范式,该法第201条(a)款明确规定:“合伙企业是指独立于其合伙人而存在的实体。”另外,当普通合伙转变成有限责任合伙后,其合伙人将会承担类似于公司股东的有限责任。并且,如果某个合伙人退伙,“人的集合”这一概念与未退伙之前的“人的集合”的概念有所不同。RUPA减弱了对“退伙即解散”的限制,在法案中引入了“收购”机制,并规定:“如果某个合伙人退伙,并不必然导致合伙企业的解散。”集合论下的“合伙企业财产租用”理论也被更加简单明了的表述所替代,即:合伙人的管理权和经济权。因此,美国的合伙企业法似乎已经解决了“实体论”与“集合论”的分歧,至少在《修正统一合伙企业法》下是这样的。

(二)闭锁公司与有限责任公司一样,都是“独立实体”

“实体论”与“集合论”的争议似乎在规范闭锁公司与有限责任公司的法律中也销声匿迹了。尽管闭锁公司常被认定为合伙企业来征税,且其有普通合伙与有限合伙两种类型,但封锁公司却是公司实体与其所有者相分离的一个例证,在此意义上讲,它就是“独立实体”。

公司的“法人人格”理论源远流长,美国最高法院曾于1908年做出如下声明:

近几年,将公司、合伙,以及其他组织形式视为“虚拟的人”的理念已经形成,这种理念忽略了作为完全意义上的“公司”的典型特点,而这些特点对于法律以及商业运作都非常重要。这一现象是由现代法改革所推动的,主要

目的是为了刺破公司的面纱,因为在与公司签订合同时并不知道公司背后的股东是谁。

法官福尔摩斯(Holmes)在其 1930 年的判决中也曾宣称:“法律引导我们将公司看做是虚拟的人,这是一种假设,是法律有意创造出来的……”

相比之下,有限责任公司虽然起源于有限合伙企业法,但作为一种新生事物,已经有大量的判例重申了有限责任公司的法律地位以及这种地位所引发的法律后果。比如:

股东对有限责任公司的债务不负责任;司法实践对有限责任公司与其股东责任之间的隔离,阻断了有限责任公司与其股东之间的无限连带责任;

除派生诉讼权外,股东没有权利行使有限责任公司的权利;

有限责任公司没有权利履行其股东以个人身份签订的合同;

当有限责任公司是利害关系人时,告诉陪审团有限责任公司的股东是谁,是一个可逆的过失;

对有限责任公司的捐赠是指从一个法人向另一个法人转移该财产的所有权。

在哥布哈特(Gebhardt)家族投资公司诉纽约产权保证保险公司一案中,法官对财产权进行了颇具讽刺意味且戏剧化的描述。在此案中,为了实现其遗产计划,夫妇俩(原告)将其名下的不动产转让给了一个有限责任公司,并将该不动产的产权缺陷汇报给了其产权保证保险公司。

然而,不动产转让后,保险公司宣称产权保证保险合同不再生效,因为该有限责任公司已经通过“购买”的方式而非通过法律的方式取得了不动产的产权,这不属于保险公司承保的范围。而夫妇俩则声称,从经济方面考虑,没有任何“购买”行为发生,他们依然拥有对该不动产的所有权。尽管产权转让证明中援引了关于不动产价值 $160,990 的条款,但丈夫反驳道:“转让过程中没有涉及一分钱,产权证明中对不动产价值 $160,990 的描述是为了方便税务局税款的征收进行评估。”

审理法院与上诉法院都否决了这一证词:“有限责任公司拥有该不动产的所有权,如果认为夫妇俩仍是不动产的所有权人,将会摒弃有限责任公司本身所具有特性。”因为有限责任公司是一个独立的法人实体,与其股东相分离。当夫妇俩将该不动产转让给有限责任公司时,“不动产就已经从一个独立的实体转让给了另一个独立的实体。”

对于“有限责任公司并没有付过一分钱”的论点,法官认为,这是“没有法律依据的……在转让财产的过程中,有限责任公司付出了相应的对价,包括股东承担有限责任,以及遗产计划的受益权”。简而言之,不动产的产权已经转让,即使该不动产依然被前所有权人所控制,由于新的所有权人是一个独立的且不同于前者的法人实体,因此,这不属于保险公司的承保范围。

颇具讽刺意味的是,另一起产权保险案也作了类似的判决,从而对《修正统一合伙企业法》产生了很大的影响。这起案子依据“集合论”将合伙认定为一个独立存在的法人实体,正如《修正统一合伙企业法》官方评论所描述的那样:

根据《修正统一合伙企业法》,合伙人的变更并不能导致新的“合伙关系”的产生。如果这一表述成立,则在 Fairway 发展公司诉产权保证保险公司一案中法官的判决就会完全不同了。因为在该案中法官认为,由于一个合伙人的死亡而导致新的合伙关系产生,而这一新的关系不能使针对旧合伙关系的产权保证保险合同继续生效。

暂且将冷嘲热讽放到一边,不管怎样,目前主要的封闭型控股公司:普通合伙、闭锁公司,以及有限责任公司均被看做是独立的“法人实体”了!

四、“统一”表相下的“分歧”

(一)普通合伙的“人合”特点

事情并不像它表现的那样明朗。《修正统一合伙企业法》保留了“挑选你的合伙人”规则,同时,新合伙人的入伙必须征得原合伙人的同意,这看上去更像是“集合论”的观点。即使是引入财产扣押令机制也只是为了保护合伙企业的财产免受其债权人的追偿,以及维护“挑选你的合伙人”规则。

另外,《修正统一合伙企业法》回避了一个与实体地位在逻辑上相关的重要问题,即直接诉讼权与派生诉权的区别,“该法没有赋予任何派生诉讼权”,合伙人必须是基于对合伙权益的侵犯而直接提起诉讼。

(二)有限责任公司的“人合”特点

有限责任公司法则主张将直接诉讼权与派生诉讼权进行区别,但同时又对“挑选你的合伙人”规则亦步亦趋。即使是依照“深入内部结构”(check-the-box)规则将有限责任公司与合伙作了税收上的区分,各州的有限责任公司法在这方面也没有作任何改变。在使用财产扣押令方面,有限责任公司法仍遵循合伙企业法对公司实体及其股东进行保护。

此外,有限责任公司既是一个依据法律而成立的独立实体,又是一个按照股东协议所创设出的公司。股东之间的协议即经营协议是公司的章程。《统一有限责任公司法》(Uniform Limited Liability Company Act,ULLCA)规定,按照相关法律,“有限责任公司的所有股东都应当签订经营协议……以管理公司的事务,控制公司的运营,调整股东、经理人以及公司之间的关系”。该法案还规定了在处理股东内部、股东与经理人以及财产受让人之间的关系方面,该协议比公司章程更为有效。

许多州的有限责任公司法案还特别强调了该协议的订立自由,以力求最大化地保护股东权益,以及股东之间的内部关系。特拉华州最高法院对股东之间的协议进行了很恰当的描述:公司的“奠基石”。而该奠基石恰恰是一种契约,由股东签订。从这个意义上讲,公司已经由“独立实体”转变为“人的集合”。

(三) 闭锁公司的“人合”特点

至于说那些与闭锁公司相关的法律,公司法理论一直将“集合论”作为“实体论”的替代品。但在实践中,这一理论对闭锁公司没有任何影响。十几年之前,大多数法官(或立法者)认为闭锁公司的股东应当事先签订股东协议,以便将公司的三层组织结构分解为协议所规定的那种“人合”关系。

由于闭锁公司的“诉讼”往往聚焦于股东内部之间的权利与义务,“约束”(oppression)及“合理预期”(reasonable expectations)规则就成为闭锁公司法最重要的组成部分。法官以及评论员们有时甚至将闭锁公司认定为“公司型的合伙企业”。

有限责任公司法紧随其后,认可了股东之间的诚信义务(即所谓的“人合”)。国家统一法委员会在其正在修订中的第二代《统一有限责任公司法》草案承认了这一现象。评论员们也表示认同。

因此,假设“实体论”与“集合论”之间的分歧不存在了,且发展成为同一个理论,那么该理论就会援引两方的观点,并且宣称“关于我死亡的报告被过分地夸大其词了”。

五、奥克姆与韦伯(Occam versus Weber)的观点及其启示

拉尔夫·沃尔多·爱默生(Ralph Waldo Emerson)曾在其文章中指出:“墨守成规的做法是愚蠢的”;若森教授(Rosin)则认为“实体论”与“集合论”之间的争议是庸人自扰。封闭型公司立法应当坚持“实体论”还是“集合论”

这一问题对学术界及实践方有意义吗？结合学术界、理论界以及实践方的各种观点，我坚信这一问题的答案是“有意义”。

（一）教育学及其理论

在教授法律的过程中，主张让学生们去追求精准是非常重要的。含糊意味着马虎或者武断，这当然不能帮到我们的委托人。在很大程度上讲，法律是一个关于“分类及其后果”的体系，这一观点可能会被当做是在讨论“分叉的头发”而遭到谴责，但是这个“分叉”却关系着一个人的生与死，关系着一个人的生计与梦想。这不是诡辩而是钻研，这就像我们问那个经典问题：“有多少个天使可以在针尖上跳舞”一样。

法律是一种传递信息的工具，它本身可以教会人“精准”。我们不应当满足于“含糊”，除非有理由这么做，并且这个理由在价值方面要超过由于法律本身不“精确”所引发的代价和损失。

而且，精准是事物可预见性的一个前提条件，法律所规范的商业组织结构也应当趋向于具有可预见性。企业家们认为他们常会做一些虎头蛇尾的、不精确的或者有瑕疵的商业决策，但是，他们不能接受这种决策是由于法律适用的不清晰而引起的。他们认为法律应当是清楚明了的，他们谴责不能依据相关法律做出商业决策的状况。

但是，现代法律或许像其他规则一样，不可避免地体现着两种或多种不同的思想。在当今西方社会，大多数人赞同相对论，并据此主张墨守成规不仅愚蠢而且令人难以接受。我最欣赏的相对论权威是德国的社会学家马克斯·韦伯（Max Weber），我崇拜了他将近四十年，韦伯认为“与文化有关的所有知识……都仅仅是在特定角度下分析的工具”。在这里援引韦伯的这段描述非常恰当。他是倡导“理想类型”的先驱，而“实体论”与“集合论”正好也是法律上的“理想类型”或者是接近“理想类型”的理论。

但社会学是用来分析的科学，而法律要制定出具体的规则。实践证明，真理往往掌握在少数人手中，尤其是当我们的社会有了“对类似的事情要同一对待”的观念。当理论决定实践时，我们或许应当放弃韦伯的相对论，转而支持奥克姆的“刮面刀”理论：“没有必要就不做多重假设”。或者我们用另一方式来解决问题：支持者对自己所支持的理论有收集或提供证据的义务。

（二）实践方的证据

支持奥克姆的论据大多来自于因“实体论”与“集合论”的分歧而引发的

现实问题。本章节将探讨几个例子。

1. 联邦就业法及闭锁公司中的职工股东

一个非常有趣的例子是关于闭锁公司的,即职工股东是不是联邦就业法下所谓的"雇员"。这一问题又与下列两个问题相关:(1) 联邦就业法是否保护那些与公司具有雇佣关系,同时自身又是雇主的个人;(2) 该职工股东是否可以将其雇主告上法庭。这个问题非常难以解答,因为联邦就业法对"雇主"与"雇员"的定义采用的是复杂的"循环法",比如,"雇员是被雇主雇用的人"。

几乎所有的判例都承认,雇员毫无疑问有资格作原告和被告。但是,直到2003年,巡回法院才对此问题进行了明确,而这对于理解"实体论"与"集合论"的分歧是非常有用的。

2003年之前的巡回法院,对于职工股东是不是"雇员"的判断取决于这个职工是否可以被看做是合伙人。巡回法院认为雇主与雇员的身份不能同时存在,如果一个人是雇主团队的一分子,他就不能被看做是雇员。这些判例可以追溯到鲍威尔(Powell)法官在Hishon诉King & Spalding一案中关于"同时存在"著名论断,他认为,"同时存在"意味着,一个传统的普通合伙企业,其全体合伙人都是雇主,而不能被看做是联邦就业法下所谓的"雇员"。

而从1986年开始,第二巡回法院采用的是另外一种完全不同的方法,认为合伙企业的类似性排除了它作为"公司实体"的可能性。在Hyland诉New Haven Radiology Associates, P. C. 一案中,法官宣称:企业采用公司这一组织形式"阻止了它成为合伙企业的可能性"。换句话说,是公司的组织形式而不是其运营方式,决定了公司应当"以此谋生,并以此结束"。几年之后,在另外一起判例中,巡回法院使用了一个不太明确的方式进行判决,但是巡回法院于1996年再次强调了要运用Hyland一案所确立的方法。

2003年,联邦最高法院在Clackamas Gastroenterology Associates, P. C. 诉Wells一案中决定舍弃第二巡回法院"以此谋生,并以此结束"的形式主义,开始使用其他巡回法院的"合伙企业类推法"。此案例涉及了美国伤残法(ADA),判决最终支持了雇员,而驳回了公司的起诉。该公司宣称公司只有为数不多的几个符合伤残法条件的雇员,这一观点后来又转变成了"四个内科医生是作为股东在公司里执业的,而公司的经理应当被看做是雇员"。

在法院审理该案件的过程中,两个巡回法院的观点都曾获胜过。地方法官依据"类推法"将医生股东认定为真实的合伙人,地方法院依据该法官的报告作了判决。而第九巡回法院的法官则运用第二巡回法院在Hyland一案中建立的“形式主义”方法推翻了原来的判决。

联邦最高法院最终舍弃了“类推法”以及“Hyland 方法”，在 Nationwide Mut. Ins. Co. 诉 Darden 一案中，作出了对以后判例有巨大影响的判决。法官 Darden 认为，在解释“雇员”这一术语时，应当重点考虑普通法下“雇佣”的含义，同时，法官还参考了平等就业机会委员会（EEOC）的法律手册来确定雇员的法律地位。法院认为，雇主/雇员的身份不能同时存在，“我们的调查是针对股东董事是不是雇员，或者说，是不是普通法下所谓的雇主”。

法院认为，在闭锁公司这一背景下，雇主不仅仅只是一个所有权人，“雇主是这样一个人或者一类人，他们拥有且管理着公司，他们可以雇用或解雇其员工，可以给员工分派工作，监督他们的表现，并决定利润和损失如何分配”。

简而言之，Clackamas 一案所确立的规则是：企业是否是一个与其股东相分离的法律上的独立实体与本案并不相干，重要的是公司中所有权人的相互关系。我们可以用那种政客的语调来解释这一观点：即使是在联邦就业法下，一个人也不可能既是闭锁公司的雇员，又是该公司的控制阶层（雇主）。

这种方法显然舍弃了 Hyland 案确立的方法：公司是不是独立实体并不重要，关键要符合“人合”的特点。或许不太明确但无法逃避的是，这种方法也显示出了“类推法”在关注合伙人相互关系方面是正确的，但是寻求问题解决的方面是错误的：“类推法”实际上是一种“集合论”的观点，但最高法院在正确辨别公司所有者之间的关系方面是没有任何问题的。问题在于那些“类推法”的判例是依据“集合论”来认定某个人是所谓的“雇员”还是真正的“合伙人”。与达顿（Darden）法官的观点一致，最高法院认为恰当的问题应当是决定股东是真正的“雇员”，还是“雇主”中的一员？

因此，由于第二巡回法院专注于“实体”问题，而忽略了其他法院所关注的“人合”的问题，而把事情完全弄错了。

2. 直接诉讼权与派生诉讼权的区别

另一个让人非常困惑的，也是因实体论与集合论的分歧所引发的例子，是法律对于闭锁公司直接诉讼权与派生诉讼权的区分。大多数涉及区分诉讼权的案例是与公司相关的，目前也出现了一些有限责任公司的案例。从一个相对狭义的“法人实体”的角度来看，以下的分析非常简单明了：除非原告起诉且可以证明其受到了直接的伤害，否则该诉讼权就是派生权利。派生诉讼的提起不仅需要满足一些必要条件，而且要受到特别诉讼委员会的审查。

ALI 于 1992 年建议，闭锁公司应当忽略直接诉讼权与派生诉讼权的区别。在处理有关闭锁公司的案件时，如果满足以下几个条件，法院有权将派生诉讼权认定为直接诉讼权，以避免法律对派生诉讼权行使的约束和限制：(1) 没有对公司或被告提起多重诉讼，(2) 没有无视公司债权人的利益，或者(3) 没有妨碍一个面向所有利益相关者的公平的分配方案的实施。

目前 ALI 仍代表着少数人的观点，其拥护者在处理有限责任公司案件时会采用处理闭锁公司的方法来进行判决。比如，在佐治亚州，上诉法院最近从一个很古老的公司判例法中作出了推断，且将"忽略直接诉讼权与派生诉讼权的区别"的方法运用到了实际判例中。

ALI 没有将公司分解为"人的集合"，而是将派生诉讼权有效地运用在合伙案件中。ALI 宣称："对于那些只有少数股东的公司而言，损害公司的概念完全不同于损害股东的概念，前者是将公司拟人化了。"

ALI 的方法也有其固有的问题，即：它并没有恰当地考虑公司组织结构中"人合"的重要性。ALI 假设闭锁公司的直接诉讼权与派生诉讼权在程序上没有差别，法官无须特别考虑即可决定什么时候将两者进行转变。但事实上，两种诉讼权在程序上的差别对于原告来讲却是一个不可避免的障碍。他们不得不在控股股东与少数股东的权利之间进行平衡。特别值得一提的是，程序的差异有利于防止那些心血来潮的少数股东将一个简单的商业判断上的争议转化为一个适格的诉讼。在这种意义上讲，法人实体的概念使 ALI 忽略了"人合"的微妙之处。

3.《修正统一合伙企业法》对于合伙人之间诚信义务的排除

另一个与"实体论"与"集合论"争议相关的困惑存在于《修正统一合伙企业法》之中，该法案并没有允许派生诉讼。第 450(b)条规定："合伙人可以提起针对第 404 条所规定的合伙人权利的直接诉讼。"第 404(a)条规定："诚信义务是一个合伙人对其他合伙人的义务。"乍看起来，这一表述意味着合伙人可以提起对其利益的直接损害(针对合伙企业)，以及违背诚信义务的间接损害(针对合伙人个人)的诉讼。前者无疑是确定的，但后者并不是非常确定。

第 404 条列了一个颇为全面的关于诚信义务的清单，但每一项义务都是在保护合伙企业，而不是为了保护合伙人。例如，第 404(b)条规定："合伙人对合伙企业以及其他合伙人的忠诚义务限于：不滥用合伙企业的资产，不篡夺合伙企业的商业机会，不能自我交易，不与合伙企业做相反的交易，同业禁止。"同样，注意的义务也是针对合伙企业的，法条表述为："该义务禁止那些有可能结束合伙企业的行为。"

因此,《修正统一合伙企业法》准许合伙人对那些损害合伙企业的行为提起诉讼,但排除了合伙人针对其个人利益损害提起的诉讼。从这点上看,《修正统一合伙企业法》下的普通合伙看上去更像是“法人实体”,而非封闭型企业。

颇具讽刺意味的是,如果规范封闭型公司的法律通过“类推”的方法引入了现代法下关于股东之间诚信义务的概念,而规定合伙人之间也有相互的诚信义务,那么针对“实体论”与“集合论”引发的困惑就更多了。这种情形已经迫使《修正统一合伙企业法》修改了之前的善意义务以及公平交易义务,使得该法案看上去对合伙人之间义务的规定是包罗万象的。这是一个令人不悦的事实,因为法案的基本作用是“保护那些正常公民之间所签订的合意的协议”,也就是说,法案中所规定的权利和义务应当是辅助性的,并不是应当作为一种判断是否具有诚信义务的方法。

在合伙人之间进行交易时,这种不适当的法律规定导致许多问题。《修正统一合伙企业法》颁布之前的判例法曾清楚地表明合伙人有义务披露此类的交易,但是,在《修正统一合伙企业法》下,诚信义务不在是合伙人与合伙人之间的义务了。法案的起草者显然期望善意义务在这一交易中发挥作用,他们在《修正统一合伙企业法》第404条的注释中规定:“善意义务在一定程度上包括披露的义务。合伙人有义务依据本法第403条的规定披露相关信息”。该条款的问题在于善意义务有其适用范围,仅仅适用于“合伙企业协议中所规定的义务和……权利”。该条款并没有清楚地规定合伙人之间权益的转让是否属于披露的范围。

大多数人并没有真正理解《修正统一合伙企业法》中“实体论”与“集合论”的冲突,但也有几个评论员指出了这一问题。这也是国家统一法委员会草拟“第二代”《统一有限责任公司法》时所面临的一个关键问题。下面是委员会于2005年2月提交的报告上的注释:

在2004年10月的会议上,起草委员会讨论了关于有限责任公司股东之间的信息披露义务。讨论涉及了股东之间交易的披露义务(比如权益交易),以及公司与股东之间交易的披露义务(比如回购交易)。该讨论是学术上的,倡议性的,非决定性的。起草委员会请其国会“视情况而定”。

但国会认为,诚信义务并不包括披露义务。国会首次在《修正统一合伙企业法》中提出了这一观点,又在《统一有限责任公司法》及《统一合伙企业法》中进行了重申。国会认为,委员会在此问题上有四个选择:

(1) 本法案对此问题继续保持沉默,交由其他法案,或者善意义务和公平交易义务去处理。

(2) 本法案保留普通法下的披露规则，包括：

a. 股东之间如果涉及诚信义务，就需要披露；

b. 不论是否涉及诚信义务，都将股东关系认定为具有诚信义务。

(3) 本法案包括股东之间的交易披露义务，以及公司与股东之间的交易披露义务，这是对财产受让人的保护。

(4) 拓宽本法案的诚信义务的范围，将判例法援引到本法案中。

在2005年的会议上，委员会暂时选择了第四个选项，暗示了修订的《统一有限责任公司法》、《有限责任公司法》与《统一合伙企业法》相比，可能会更倾向于运用"集合论"的观点。

4. 联邦司法权的分散

相信大家都知晓下面这个关于"实体论"与"集合论"分歧的案例，至少那些卷入到联邦法院有限责任公司诉讼案的人都应该知道。这一案例与司法权的差异有关。

尽管除了税收目的外，有限责任公司一般被认定为一个独立的"法人实体"，但由于司法权的不同，有限责任公司仍然有可能而被看做是其股东的"集合"。有限责任公司的股东如果分属于不同的州，公司的法律地位与其成员的身份就毫不相关。

这一原则是美国联邦最高法院在 Carden 诉 Arkoma Associates 一案中确立起来的，在法律建设以及忠于先例方面是有一定的意义。但从观念上讲，Carden 案与其他案子一样并没有解释清楚为什么州法下的"法人实体"，在联邦法律下却被看做是"人的集合"。

这种不一致在实践导致了一系列的后果。包括：

在有限责任公司与其股东所发生的诉讼中，司法权的分散是不可能发生的（比如，不论是公司对股东捐赠承诺的诉讼，还是股东对公司股利分配的诉讼，股东和公司都是同一诉讼中互相对立的当事人，公司具有与股东相同的法律地位）。

在有限责任公司股东之间所发生的诉讼中，司法权是否分散取决于公司是不是必不可少的一方当事人（假定诉讼当事人是不同的）。

在任何一起代表公司利益进行起诉的派生诉讼中，也是不可能存在司法权的分散，因为公司本身是必不可少的一方当事人。

如果有限责任公司有一个非法人的内部机构，那么该公司就既是该机构的法人，又是其股东的法人。

联邦司法权的分散在有限责任公司与第三方之间的诉讼中会有所扩展，这一情形仅会发生在第三方是该公司各股东的相对方。

有限责任公司援引或质疑联邦司法权时必须事先准备好披露其各个股东的身份，至少要以影像的方式向法庭呈上证据。

反之，如果有限责任公司的股东信息很难有记录可查，援引司法权分散的第三方可以用该信息资料的可靠性来对公司进行反驳，然后争取法庭的帮助以确定该公司各个股东的身份。

司法权分散所带来的问题是在有限责任公司的派生诉讼中，可能会导致法官在“实体论”与“集合论”之间左右摇摆。派生诉讼权是基于法人实体而产生的，在派生诉讼中，有限责任公司对其股东而言是独立存在的实体。此类判例常常主张某个股东由于其错误的管理行为、篡夺公司的商业机会、不当竞争、或是没有履行已经承诺过的捐赠而对公司的利益产生了损害。“有限责任公司的权利是显而易见的，诉讼会保护这些权利，而不论公司在派生诉讼中是原告还是被告，有限责任公司和另一方当事人有着相同的独立实体的法律地位。这些派生诉讼并不能导致司法权的分散。”

但是如果联邦法院希望对某一起派生诉讼保留其司法权，Carden 案所确立的“集合论”的方法就为其指明了方向：推定联邦最高法院无视地方法律中关于独立实体的规定，通过允许直接诉讼而规避必不可少的当事人问题。

这种做法出现在 1996 年关于有限合伙的判例中。在 HB General Corp. 诉 Manchester Partners, L. P. 一案中，第三巡回法院认为，有限合伙企业并不是在合伙人之间的诉讼中必不可少的一方当事人，诉讼的“参与者”即是诉讼中的当事人，有限合伙企业不能以相同的诉由再提起诉讼。正如法官所解释的那样：“合伙企业，就像牵线木偶，没有人在幕后操纵是不可能有所动作的。而在合伙协议下的全体合伙人，才有权利让一个合伙企业提起诉讼。”

最近，波斯奈(Posner)法官在处理闭锁公司的案例中表达了相同的理念。看上去他的观点也是这个套路，因为他认为普通合伙案是由各合伙人蓄意提起的，以另一种意义上讲，这也是一个由独立实体提起的诉讼。简而言之，波斯奈法官认为闭锁公司是“人的集合”，以便保护司法权的分散。

5. 对所有者权益转让的限制

两种理论的分歧也表现为法律对所有权转让的相关规定上。闭锁公司的股东不能随意转让自己的所有者权益，但是法律对于转让的限制取决于公司的组织形式。如前所述，这一领域下，普通合伙企业以及有限责任公司采用是“集合论”。既包括“挑选你的合伙人”这一规则，也包括对所有权转让的限制。相反,闭锁公司仍在"实体论"与"集合论"的分歧中挣扎。

实体论认为,对股东权益转让的限制问题涉及的是股东处置其财产的权利,而权利又不可避免地会引发了一系列连锁反应,如"对转让的限制"以及"严格的公司结构"。这些连锁反应虽然没有直接涉及实体论,但也潜在地表现出实体论的观点。

从概念上讲,"转让限制"表明了各个股东是相互独立的。但问题是在独立的法人实体中,各股东共同拥有公司的股权。仅从这个角度讲,对股东转让其个人财产的行为进行限制是有意义的。

相比之下,集合论认为,各股东的所有权均表现为股东之间相互的关系。同时,集合论主张,最重要的是如何保护股东自己的财产免受不当的侵害,比如慎重地"挑选你的伙伴"。

同一个案例常常会同时反映出以上两种理论,这让人感到既混乱又困惑。本文在这里举两个案例来解释这一现象:一个很久以前的案例和一个新近发生的案例。以前的案例是 Howe 诉 Roberts 一案,此案中,阿拉巴马州的一个公司在其公司章程中限制了各个股东仅能持有公司的 25 股股份,公司的总股数是 400 股。原告通过各种方式已购买了总计 235 股的公司股份,并要求公司将所有股份记在他的名下。而作为被告,公司则宣称章程中有规定,每个股东最多只能持有 25 股的公司股份。

法官的报告同时反映了实体论与集合论的观点。法官从实体论的角度表述了:"所有权的一项基本权利就是自由处置其财产",并且,"股份像其他的个人财产一样是可以转让的,法官一般会谨慎地处置产权转让案,那些不合理地限制公民转让财产权利的行为通常会因与公共政策相违背而被宣告无效。"同时,法官也认可集合论的观点:"公司的多数表决权不应当集中在一个股东那里,"而且,"对单个股东股权的限制属于公司的内部管理事务。"

面对互相冲突的两种理论,法官的解释显然勉强使双方都感到了满意。原告被认定确实有其股份的所有权,"但只能在股东会上以其中的 25 股进行投票表决。"该判决依据了合伙企业法与有限责任公司法,但却将原告置于最不利的地位。原告不太可能购买了公司的大部分股票但将股票所代表的控制权拱手相让,而这仅仅是为了遵守公司的内部管理规则。法官的意见试图"脚踏两条船",但显然这是不公正的,注定两头都要落空。

最近发生的一起案例是 F. B. I. Farms, Inc 诉 Moore 案,此案说明了实体论与集合论的分歧依然存在,现代公司法很清楚地规定了对股票转让限制,该案例是关于一个家族企业的,一个家庭成员的前配偶持有企业的一些股份。该企业试图实施一系列的股票转让限制，规定如下：

（1）公司的股票不得转让、分配、或者交换，除非得到董事们的允许；

（2）任何用于出售、分配、转让的股票，公司都有权利以股票的票面价格第一时间进行购买；

（3）如果公司既没有兴趣也没有经济实力购买上述股票，则任何登记在册的股东将有机会以不超过股票票面价格购买该股票；

（4）当本公司和任何一位登记在册的股东都没有兴趣购买上述股票时，本家族的直系血亲如有兴趣购买，可按照不超过票面价格的购买该股票。

其中的第 1 条和第 4 条是最有争议的，下级法院否决了这两条限制。但印第安纳最高法院比较开明，法院认为："普通法下不允许任何限制财产转让权的规定"，"本案例中涉及的主要是印第安纳州法下关于股票转让的限制"。根据相关法律，"印第安纳州，像其他州一样，事实上是允许公司限制其股东的股票转让行为的。该法律的基本理念是允许公司的所有权人控制并管理公司，并防止外来人插手公司的运营。"

目前，法院的意见反映了集合论的观点，而事实上，法院进而又引用了 Holmes 法官观点，即在闭锁公司中，所有权人的身份更多是指所有权人之间的关系，而不是对转让的限制："股票在公司中不仅仅是指资产，它也会引发一种类似合伙关系的人身关系……这似乎不是挑选合伙人规则的反对理由。"最后，法官重申了"类推法"的观点："这些限制背后的策略其实是让所有的合伙人都有信心去缔结正式的合伙契约，并且坚信他们不会因为一个不受欢迎的冒险伙伴而终结其合伙业务。"

因此，看上去在印第安纳州，股票转让限制被视为是再普通不过的合同。"转让限制是股东之间的合同或者股东与公司之间的合同。除了法定要求外，转让限制也像其他合同一样，使各方的意图更加清晰。"也就是说，没有严格的公司结构。

这一表述还包含另外一层含义："这是对股票转让的限制，除其清楚且正常的含义之外，该限制不得再做扩展解释。"这与下列规则相矛盾，即："对转让限制合同的解释应当像解释其他合同一样"，因为印第安纳州的合同法承认，如果合同解释上有潜在的歧义，那么适当的时候可以运用句法结构甚至外在的证据去解释合同真正的含义。这一矛盾使法官在分析案情时扭曲了该案件所涉及的两个核心问题：转让限制是否包括强制性转让，第四个限制（对直系血亲的转让限制）因为其意思含糊不清而不能实施。

对于第一个问题，上诉法院直接且明确地表示：尽管该条款并没有包含限制强制性转让的语句,但F. B. I. 农场希望我们支持如下观点:对转让的限制也适用于强制性转让。但我们发现,这一观点需要严格的句法结构做支撑,且要遵循印第安纳州之前的判例法,即:"对转让公司股票的限制实质上是对转让个人财产的限制,这与国家政策相违背。"法官因此将这一规则进行了限缩解释。

联邦最高法院并没有遵循此方法。从某个角度看,其判决似乎是基于以下的假设而作出的:尽管这个前家庭成员对其股票拥有所有权,而且很显然他依据该所有权对股票进行了处置,但其前配偶仍然可以基于对股票的所有权而转让该股票。事实上,法官甚至暗示,通过地方法官而进行的强制性转让(sheriff's sale)事实上涉及了债务人或股东的自愿转让行为。

法官随后又明确地承认,通过地方司法官所进行的转让是一个强制性转让,其表述概括如下:

本案例中涉及转让限制的语句并没有明确地指向强制性转让行为,但该语句中似乎包含了对所有类型转让的限制:自愿的转让和强制性的转让,该语句通过表示应当遵循公司对转让的限制,从而使公司的股票不得"转让、分配、交换、分离、销售"。这些语句的意图很直观明了:限制外来人员持有本公司股票,阻止任何方式的股票转让。

法官对于转让限制语句的解释无疑是合理的,但是,这并不是唯一一个合理的解释。根据句法结构的解释规则,我们应当根据语境中的其他相关语句的意思来进行解释,从这个意义上讲,本案中的那些语句全部是关于限制自愿转让的。另外,根据印第安纳州合同法的基本原理,由于存在潜在的歧义,外在的证据也应当被采纳。法官的解释忽略了上述两点理由,是因为法官不能承认该语句还可以有其他解释。这些可替代的解释方法会让法官与那点所剩无几的实体论观点争吵不休,比如,那些持有"清楚且正常的含义"的观点。

对于第二个问题——对"血亲"的限制——法官采用了"为了解释当前的目的,该语句是很清楚的"方法。法官承认了"术语可以是一语双关的,条款中所规定的血亲关系是有争议的,"法官认为,"争议的各方到底是不是Burger家族的血亲是很清楚的,他们或者是伊凡(Ivan)及其配偶的直系血亲,或者是他们的孩子"。但是,"清楚",并不等同于"清楚且正常"。法官的观点只是将伊凡孩子的前配偶归为血亲,且将该前配偶对股票的转让判定为血亲间的股票转让。假设此人想将股票卖给其前配偶的堂兄弟/姐妹(例如,一个非Ivan的直系后代),那该如何定性?法官"清楚"的解释没有给这个问题提供任何指导。实体论排除了限缩解释——转让限制的概念被限缩在“清楚且正常”的含义下。

6. 理论的分歧及法律的进化:有限责任公司及其经营协议

如前所述,从《修正统一有限责任公司法草案》(the RULLCA)来看,实体论与集合论的分歧也影响着成文法的立法进展。其中一个重要的表现是有限责任法案中关于有限责任公司与其经营协议之间的关系的表述。这种关系可谓是一脚踏两船:有限责任法将经营协议定义为股东之间的协议,毫无疑问,在立法者与实践方的观点来看,经营协议是管理公司内部事务最重要的工具,这是体现集合论观点的最好例证。

同时,有限责任公司又是独立于其股东而存在的实体,至少从一开始,它就是一个不同于经营协议的新事物。然而,实践方却很少质疑,股东之间的经营协议是否应当由有限责任公司来实施。这一疑问涉及了实践中经营协议是如何被表述的。

可能最简单的表述方式是将有限责任公司视为经营协议的一方当事人,或者将有限责任公司表述为被授权的协议一方当事人,但在目前,有限责任公司法并没有采纳任何一种表述方式。

以现行的统一有限责任公司法、特拉华州的法案以及目前的新一代统一有限责任公司法为例:修正统一有限责任公司法草案以及现行的统一有限责任公司法都将“经营协议”定义为“第103条款下所规定的涉及股东、经理以及有限责任公司的一个协议。”在第103条同时规定:“有限责任公司的所有股东应当签订经营协议”。第112条则规定了:“必要时,有限责任公司有权利作为一个独立的实体去执行公司的业务,这一权利……包括签订合同”,但是,条款中并没有指出有限责任公司是不是“所有股东”中的一员。

特拉华州的法律特别指出了有限责任公司是否应当遵守经营协议,但仅是规定了有限责任公司应当执行该经营协议,法律给出的“有限责任公司经营协议”的定义如下:“不论有限责任公司是否执行其经营协议,它都要受到其经营协议的限制。”这些语句很显然表明有限责任公司应当执行其经营协议,但是这些规定为什么不能再直接一点呢?

2005年2月,《修正统一有限责任公司法草案》曾特别指出,有限责任公司受其经营协议的约束,且要执行该协议,但是草案回避了是否将有限责任公司视为协议一方当事人的问题。其第110(c)条规定:“一个有限责任公司不论是否赞成其经营协议,都要执行该协议并受其约束。”

此为何意?遵守协议且执行协议之间的区别是什么,这是否意味着有限责任公司是其经营协议的一方当事人呢？还是在间接表明有限责任公司只不过是协议的一个第三方受益人？特拉华州法律是否认为赋予有限责任公司执行经营协议的身份是有争议的事情？

我猜想，这一情形反映了实体论与集合论之间的混同和变化。在闭锁公司下，签订股东协议，且让公司成为一方当事人是再普通不过的事情了。但在此情形下，股东协议固然重要，但并不是公司的龙头。至少从概念上讲，公司的章程要比股东协议更为重要，公司是依据章程而成立的，而不是依据股东协议成立的。因此，公司独立于其股东而存在，这一情形也使我们很容易理解为什么公司是股东协议的一方当事人。

有限责任公司较之闭锁公司有些许的不同。作为一种组织形式，有限责任公司如果没有组织章程就不能依法成立；而从观念上和实践上讲，经营协议却是有限责任公司的龙头文件。事实上，根据大多数有限责任公司法的扩大解释，有限责任公司的成立实际上就是为了实践其经营协议。没有经营协议也就没有有限责任公司。

从某种意义上讲，有限责任公司如果是经营协议的一方，就像是蛇钻入了自己的尾巴里，这是一种观念上的混乱。许多有限责任公司的实践方深陷于实践、理论以及合伙企业法中不能自拔，他们认为，有限责任公司是维系“有限责任”面纱的一个必要的恶魔，他们有着多年起草合伙协议的经验，而合伙企业并不是合伙协议的当事一方。对于这些专家而言，承认实体论与集合论的混同，会有其他的一些恶果出现。

7. 理论分歧以及有限责任公司的“架构”

这一忧虑也影响了另一个争议不休的问题，即法律是否应当承认有限责任公司的“组织架构”——例如，有限责任公司通过签订组织章程等文件而成立，但在成立时并没有任何成员。

在公司法下，这一安排是毫无意义的。例如，公司法规定，公司成立后的组织活动由董事会来执行，不论公司发起人是否在章程中对该条款予以说明，公司都有其自身的股东。在实践中，公司成立时没有股东或者股东还在“后台等候”的情况是非常罕见的，尤其是当公司注定是闭锁公司时。“成立公司前进行股份的认购”却是可能的，实际上这也是司空见惯的事情。闭锁公司的成立事实上反映着谁是公司未来的所有权人。公司的“架构”因此是非典型性的，但公司法却没有允许此类的安排。

相比之下，有限责任公司法鲜少提及公司的“架构”，有一些甚至还对此进行了禁止。例如，犹他州的有限责任公司法规定，“公司章程的签订意味着公司应当有一个或一个以上的股东”。加利福尼亚州公司法则声明“一个或一个以上的人”应当“签订并执行公司的章程……但他不必是公司的股东”，但是“有限责任公司至少应当有一个股东”。

特拉华州的法律是最模棱两可的，它规定“有限责任公司是依据特拉华州法律成立的公司，并且有一个以上的股东”，“为了成立有限责任公司，应当有一个或一个以上被授权的股东去执行公司的协议。”在这里，法律指出了“被授权的股东”，且假设此股东是有限责任公司的“发起人之一”。

《修正统一有限责任公司法》起草委员会在有限责任公司“架构”方面也是摇摆不定。2005 年 2 月草案的第 401 条规定(“成为股东”)：

满足以下几个条件，股东将会成为有限责任公司的发起人之一：

(1) 有限责任公司成立，或者

(2) 成为符合以下时间点的股东：

(a) 该股东是公司的唯一一个发起人；或者

(b) 股东协议认为该股东是公司的发起人。

草案的报告者在注释里将第 401 条与第 701(a)(3)条进行了联系。第 701(a)(3)条规定：“连续 90 个营业日没有股东”的有限责任公司的解散。该条款规定的条件可以依据营业协议而改变，但没有发起人，就没有经营协议。因此，RULLCA 2005 年 2 月的草案通过对有限责任公司 89 个营业日的限制，间接地规定了有限责任公司的架构。

“架构”的概念曾经使起草委员会分外困惑，但是在 2005 年 2 月的会议上，起草委员会的成员却一致同意拒绝使用该概念。主流的观点是：既然有限责任公司某种程度上类似合伙企业，而合伙企业没有合伙人又不能成立，那么，有限责任公司也不能没有股东而成立。

8. 理论分歧在第二代《修正统一有限责任公司法》中的体现

起草委员会在 2005 年 2 月的会议上提供了其他两个有关实体论与集合论的争议的例子。第一个例子是关于股东权利的，2005 年 2 月的草案中规定：“在股东同时是执行经理的有限责任公司中，其他股东可以在营业时间内、在合理的地点查阅并复制由该公司所记载的关于其营业活动及经营状况的各项信息。”

基于银行家协会顾问团的请求，起草委员会改变了该条款，将查阅信息的范围进行了缩小，“在一定程度上讲，依据经营协议及本法的规定，该信息对股东权利义务的实现是非常重要的。”银行家协会顾问团提议改变该条款的理由是，该信息是属于作为具有独立实体地位的有限责任公司的，而不属于其各个股东(这里的股东不是指股东的集合体)。

另一个例子是关于成员依据法案或经营协议对公司起诉时的补救措施。如前所述,2005 年 2 月的草案延续了《修正统一合伙企业法》、《统一有限责任公司法》以及《统一有限责任合伙法》的理念,规定"不论有没有理由",股东都可以起诉。但在 2005 年 2 月的会议上,起草委员会删除了该语句,认为,合伙企业对于股东权利的补救反映了合伙企业是"人的集合",而这对于有限责任公司而言是不适合的。

六、接下来该怎么办

还可以引用很多的例子继续对实体论与集合论的分歧进行说明,但是,本部分内容只想提供一些建设性的意见以使我们的法律更趋合理化。第一个建议是"自我控制"。我们不能也不应当规避这两种理论的分歧,两者对我们理解封闭型公司都有相当的价值,同时两种理论都深深地植根于我们的法律理念之中,不管将其中的哪一个连根拔掉都会带来不必要的麻烦。

但是,我们应当更加有意识地且更加理智地运用这两种理论,应当尽量避免用非此即彼的观念来做决定,并且必须谨记这两种理论仅仅是用来描述和分析股东之间的关系的。它们更像是一个事物的两面,而不是互相对立的两个事物。在这个意义上讲,我们应当做个不倒翁,将这两种理论作为我们分析问题的工具,而不能让这两者主宰我们的思想。

问题是我们应当知道什么时候我们该运用哪种分析工具。两个不同的先知的建议似乎给出了答案。一个是 H. L. A. Hart 的箴言:

> 如果我们以常识来看待这些理论,就会发现,它们是将公司看作一个"缩略词",这样就可以把公司指代为"虚拟的人"。我们可以看出它们错在什么地方,它们的错误在于没有详细地指出这个假设在什么条件下成立的,也没有指出它们所使用的方法。

另一个先知来自于一个犹太的判例,是关于一个人既可以是公民 Pan Levy,同时又是合法的屠夫 Levy:

> 一个犹太人作为目击证人被传唤到法庭上,波兰法官称呼他是"Shochet Levy!"(屠夫 levy),而犹太人说:"法官大人,反对,我不是屠夫 Levy,我是行政官 Levy。"但是,法官很固执,他坚持"在我的记录中,你也是个屠夫啊。因此,我称你为屠夫 Levy 是合理的。"。这个犹太目击者

庄严地辩解道:“法官大人,当我站在法庭上的时候,我叫 Pan Levy,当我在教会服务的时候我是领唱者 Levy,当我站在一头牛的面前时,我是屠夫 Levy。”

当我们分析具体问题时应当汲取实体论与集合论的哪一面呢?答案可以在另一部商事组织法中找到——要看争议是出在公司内部,还是会涉及第三方。内部争议只涉及公司的股东,对于这些争议,法律应当推定使用“集合论”来解决问题,这一理论可以将理论与实践有效地结合起来。而对于涉及第三方的争议,应当使用“实体论”来分析问题,因为“有限责任”对公司的保护比“人的集合”更为有效。但当下面的论述被运用时,该假设不成立:

公司的架构反映、维持且贯彻着“人合”的理念:

允许所有权人选择进入一个公司的组织架构看上去就是“集合论”的体现;

优先适用股东之间的协议。

对于涉及与第三方权利的争议,更需要运用实体论的“公司面纱”的理念;目前来说,这是公司最重要的特点之一。“面纱”理论将公司视为独立存在的实体,从概念及公平的角度讲,只有公司被放到与第三方相同的位置上,“面纱”理论的应用才有意义。

不同于处理内部争议的方式,这种方法不应当与公司的经营协议相违背。例如,所有权人不应当将公司看作为是“人的集合”,而认定公司不能以自己的名义参加诉讼。如果公司不能以自己的名义参加诉讼,会给债权人带来很多不便,尤其是当债权人没有权利对公司所有的股东提起诉讼的时候。

具体讲,闭锁公司的所有权人运用“公司的面纱”理论时,不应当将直接诉讼权与派生诉讼权的区别抛至一边。为了保护公司的利益,而将公司看做是“人的集合”而非“独立实体”会危及第三方的权益。

这个问题在 ALI 的“判例优先”理论中是不存在的。而这一理论也有其自身的问题,它没有考虑第三方的利益。第三方包括公司的债权人,“派生程序通过将收益重归公司的方式来保护公司的债权人。”

允许公司的股东提起派生诉讼也会形成对债权人的保护。在有限责任公司中:

如果经营协议允许其股东直接提起诉讼以补偿有限责任公司给其带来的损失,那么这将会危及派生诉讼权利,且有损公司债权人的监督权。从功能上及经济上讲,允许股东直接提起诉讼意味着当公司受到损失时,公司的财产会分配给公司的所有权人。如果公司破产或临近破产状态,这一分配显然是不合理的，它与欺诈性转移资产的行为类似。

七、结　　论

本文力求深入挖掘并重新审视随着《修正统一合伙企业法》的颁布以及有限责任实体的出现而引发的一些显而易见的问题，正如文章所讨论的那样，我们现在已经是独立存在的实体了，但这并不意味着，在所有的情形下，我们都是独立的。

受合法性概念影响的中国公司治理变迁

〔日〕佐藤孝弘*

目　　次

一、问题的提出

不同的公司治理的形成原因问题是公司法中一个非常重要的问题。差异的存在有其自身的原因，如果这种差异有某种意义，那么公司治理的法律规定应当将这种意义考虑在内。我们可以认为就公司治理的形成而言，组织社会学中的新制度主义学派所主张的合法性概念起了很大作用。Meyer 和 Rowan 关注外部环境中的制度对组织结构的影响，他们认为经营决策过程、内部程序等组织正式结构中的很多特点取决于"合理化的神话"(rationalized myths)，即组织外部存在的制度环境。制度环境之所以成为"神话"，是因为人们认为制度具有正当性并被广泛采用之后就会超越特定的个人和组织。制度主义认为，组织要满足外部社会拥有的某种期待，即把制度环境中的某种"神话"——制度规则等引入到结构中组织才能获得正当性。组织对内外部的人展示自己的有效合理、社会共有的价值体系才能够提高生存的可能性。① 制度主义强调合法性机制的重要性，这里的合法性不仅是指法律制度

---

* 佐藤孝弘，法学博士，北京大学企业与公司法研究中心特邀副研究员。

① John W. Meyer and Brian Rowan, Institutionalized Oraganizations: Formal Structure as Myth and Ceremony, *American Journal of Sociology*, Vol. 83, 1977. pp. 340-363.

的规范性,还包括文化制度、观念制度、社会期待等制度环境对组织行为的影响,该制度环境成为人们广为接受的社会事实以后才具有强大的约束力量,才能规范人们的行为。我们可以认为形成合法性机制的根本性、规范性内容为合法性概念。合法性概念是指公司组织外部或者内部人持有的认为公司组织应当如何的概念或者体现这种概念的法律和惯例所拥有的规范性是什么。笔者下文的合法性或者合法性概念都指制度主义上的合法性和合法性概念。

制度主义所使用的合法性机制非常重要,合法性机制强调在社会认可的基础上建立一种权威关系,其具有诱导和迫使组织采纳外部环境中的制度力量,这种制度力量具有合法性的组织结构或表现。依此逻辑,制度主义提出,组织要面对两种不同的环境,即技术环境和制度环境。技术环境要求组织有效率,这是经济学的基本思路。而制度环境是指一个组织所处的法律制度、文化期待、社会规范、观念制度等人们广为接受的社会事实。如果生存在制度环境中的组织的行为有悖于社会期待等"神话"就会出现合法性危机,则会对组织的今后发展造成不良影响。因此组织不得不接受并不断采纳制度环境中的合法性,这就是制度化的过程。而制度化一方面导致组织之间的趋同现象,另一方面使组织之间相互模仿学习。②

DiMaggio 和 Powell 认为组织结构的变化是由国家等外部主体的规定而产生的,这种规定的作用大于市场竞争的作用。他们还强调组织之间的趋同化现象,认为组织之间的趋同化可以分为竞争趋同化和制度趋同化。竞争趋同化的主要动力是合理性,即主要是市场竞争;而制度趋同化又可以分为强制性趋同化、规范性趋同化、模仿性趋同化三种类型。强制性趋同化是通过权威和强制权力进行的。比如国家通过命令或法律的形式使组织采用同一结构。规范性趋同化主要通过专门化产生,专门化是指通过会计师、律师等有特殊技术的人们之间的交流使他们的人际网络的规模扩大的过程,而这种网络迅速地把组织改革的理念传播到社会各个方面。用来应对各种不确定性的是模仿性趋同化,它在组织目标和外部环境不确定的时候产生,组织通常模仿的是其他成功的组织或者拥有社会正当性的组织的做法或结构。③

Scott 认为制度有规制性、规范性以及认知性三个层次的结构,这三个层次的结构都使社会主体作出的社会行为更稳定,赋予社会行为某种意义,也

---

② 周雪光:《组织社会学十讲》,社会科学文献出版社 2003 年版,第 73—78 页。

③ Paul J. DiMaggio and Walter W. Powell, The iron cage revisited: institutional isomorphism and collective rationality in organizational fields, *American Sociological Review*, Vol. 48, 1987. pp. 147-160.

会制约组织行为。规制性结构是法律等正式规则系统;规范性结构是社会对社会主体的期待和道德观念的系统,它与社会价值观有关;认知性结构是社会文化观念等社会主体共有的意义系统,它支持社会主体作出与社会文化观念一致的行为。Scott 认为这三种结构与 DiMaggio 和 Powell 的三个趋同化观点存在一定的联系。一般来讲,经济学家强调规制性结构。他们认为法律规定是以国家强制力量为后盾的游戏规则,为了自己利益而作出行为的组织在遵循该规则时才能获得社会正当性。从这种意义来说制度是与强制力有关的规则系统。而根据旧制度主义,制度是对行为主体提供道德标准的规范性结构。与规制性结构相比,在规范性结构层面上,个人或组织行为的目的不仅是为了追求自身利益,还体现着人们的期待。而新制度主义强调制度的认知性结构,重视人们对象征体系和文化规则的认知。根据新制度主义观点,客观事物都是通过人的主观认知之后才被确定的,组织若想让社会认知其正当性,就需要拥有一种合法性象征。从这个角度来看,组织结构本身也是一种"神话"或者象征性的存在。④

此外,新制度主义要说明的重要问题之一是组织正式结构和实际结构之间脱节的现象。在组织活动中产生的实际要求和外部环境对组织的合法性要求往往存在矛盾,这时,根据合法性概念形成的组织正式结构不一定是有效率的,它不能够保证实际运作。当作为"神话"的合法性概念和实际运作存在矛盾的时候,组织为了解决矛盾就会采取脱离(decoupling)或者松散结合(loose coupling)的战略,即组织日常活动要脱离组织正式结构的战略,这是因为组织一方面需要适应"神话",向组织内外部传达自己的合理性和社会正当性;另一方面要脱离"神话"的约束而根据现实情况进行活动。⑤ 我们可以认为这种现象体现了角色期待和角色表现之间存在的矛盾。

人们的认知是主观上的认知,即通过自己的内在的观点认知对象,正如 Heidegger 所说,这种观点受到外部环境的影响,带有历史性因素,通过带有历史性的观点,人们才能够认知外界的各种现象。⑥ 那么,分析中国公司治

---

④ 转引自〔日〕渡辺深:《組織社会学》,ミネルヴァ書房 2007 年版,第 127—140 页。另外,Pamela 认为模仿可以分为基于频率的模仿,即组织实施前很多组织已采用的模式的模仿;基于特征的模仿,即组织模仿具有特定特征的许多组织已经采用的模式的模仿和基于结果的模仿,即组织模仿其他组织已经采用的具有好结果的模式三种。转引自帕梅拉 · 豪斯查尔德、安妮 · 曼纳:《组织间模仿的模式:结果显著性和不确定性的影响》,载张永宏主编:《组织社会学的新制度主义学派》,上海人民出版社 2007 年版,第 68 页。

⑤ 〔日〕渡辺深,同上注书,第 127—140 页。

⑥ 转引自〔日〕田村正勝:《社会科学原論講義》,早稲田大学出版部 2007 年版,第 42 页。

理的历史变迁、人们过去是如何认知公司及其治理等问题，很有助于研究当前的中国公司治理问题。正因为如此，本文以下内容主要从合法性概念的角度来分析中国公司治理的演变。

二、改制前合法性概念对中国公司治理的影响

中国是社会主义国家，因此，社会主义社会拥有的合法性概念也自然地影响公司结构和公司治理制度。社会主义社会强调人们之间的平等，也强调职工利益的保护，那么以前的中国国有企业是否有重视职工利益的公司治理制度的内容呢？1982 年《国营工厂厂长工作暂行条例》规定国有企业内部的治理制度是党委领导下的厂长负责制。1984 年《中共中央关于经济体制改革的决定》和《全民所有制工业企业法》把党委的领导转变为党委的监督，扩大了厂长经理的经营自主权，改变了直接的行政干预，在政企分开和国有企业两权分离的改革中可谓是前进了一大步。⑦ 一般地认为，国有企业在改制前主要是按照《全民所有制工业企业法》设立运作的。该法第 7 条规定："企业实行厂长（经理）负责制。厂长依法行使职权，受法律保护。"第 8 条规定："中国共产党在企业中的基层组织，对党和国家的方针、政策在本企业的贯彻执行实行保证监督。"第 9 条规定："国家保障职工的主人翁地位，职工的合法权益受法律保护。"第 10 条规定："企业通过职工代表大会和其他形式，实行民主管理。"第 11 条规定："企业工会代表和维护职工利益，依法独立自主地开展工作。企业工会组织职工参加民主管理和民主监督。"这些规定都表示企业需要重视职工利益，但是有学者认为这些规定在现实中没有发挥作用。该法第 44 条规定："厂长的产生，除国务院另有规定外，由政府主管部门根据企业的情况决定采取下列一种方式：（一）政府主管部门委任或者招聘。（二）企业职工代表大会选举。政府主管部门委任或者招聘的厂长人选，须征求职工代表的意见；企业职工代表大会选举的厂长，须报政府主管部门批准。政府主管部门委任或者招聘的厂长，由政府主管部门免职或者解聘，并须征求职工代表的意见；企业职工代表大会选举的厂长，由职工代表大会罢免，并须报政府主管部门批准。"第 45 条规定："厂长是企业的法定代表人。企业建立以厂长为首的生产经营管理系统。厂长在企业中处于中心地位，对企业的物质文明建设和精神文明建设负有全面责任。" 从这些规定可以看

⑦ 顾功耘：《国有经济法论》，北京大学出版社 2006 年版，第 328 页。

出,厂长实际上是由政府部门派遣的,他们不是职工的代表,对他们的选任也不是根据他们的管理能力。另外,审议权、否决权、监督权都被赋予了职工代表大会,但是大会不是经常召开的,所以它的监督能力等实际上是很微弱的。⑧

改制前国有企业的公司治理有点类似于利益相关者主权型模式,然而其效果甚微,职工对管理者的监督能力有限,职工的主权程度也是有限的。不过,就整体而论,企业对职工的社会保障比较完善。比如,在改革以前,全国国有企业内部形成的与福利有关的非生产性资产达到1000亿元,占同期企业固定资产的10%左右。⑨ 我们可以认为,国有企业的公司治理中反应了重视职工利益和集体性等带有浓厚社会主义色彩的合法性概念,当时国有企业中存在工厂管理委员会、职工代表会议、生产班组会、经济活动分析会等,其中职代会扮演的角色很重要。带有浓厚社会主义色彩的合法性概念对职代会制度的形成也发挥了重要作用,职代会的形态可以分为党委领导下厂长负责制背景下的职工代表大会制、厂长负责制背景下的职工代表大会制、党委领导下的职工代表大会制以及职工代表领导下的厂长负责制四种,而这种变化的推动力量是与当时的政治思想有关的,职代会并不是为了达到提高经济效果或者降低成本的目的而设立和变化的。⑩ 职代会可以视为当时的合法性概念的一种体现或产物。

三、改制过程中合法性概念对中国公司治理的影响

具有这种特征的中国国有企业因为管理效率的降低需要将内部结构制度转变为公司制度,这种改制可以视为由于计划经济的失败而引入市场机制的制度创新,是整体经济制度改革的一部分。但是从制度主义的角度来看,这种现象是一种制度趋同化现象,制度趋同化可以分为强制性趋同化、规范性趋同化、模仿性趋同化三种类型。其中用以应对各种不确定性的是模仿性趋同化,它是在组织目标和外部环境不确定的时候产生的。中国过去发生过

⑧ 高美丽:《浅议企业法关于国有企业领导体制的规定》,载《生产力研究》2002年第3期,第233页。

⑨ 上海证券交易所研究中心:《上海公司治理报告(2007):利益相关者与公司社会责任》,复旦大学出版社2007年版,第7页。

⑩ 〔韩〕张允美:《中国职工大会制与职工参与模式的政治学分析》,载《北京行政学院学报》2003年第1期,第28—31页。

大跃进和文化大革命等政治运动，极大破坏了中国经济和社会，使人们对未来的预期非常不确定。同中国相比，美国虽然也有问题，相对而言还是成功的。模仿性趋同化是在组织本身的经济情况不佳，对将来的预期很不确定，并且其他的组织看起来比较成功的情况下发生的。因此，在作为一个组织的国家经济上困难而其他的国家相对成功的情况下，经济困难的国家很可能引进成功国家经济，以解决自己的问题。这种现象在很多国家中普遍存在，比如，泡沫经济爆发之后的日本，为了解决经济上的困难，引进了美国的制度，这是典型的模仿性趋同化的例子。当然，中国在坚持社会主义方向的基础上引进的市场机制和公司制度，并不是单纯的模仿，它反映了中国特色社会主义的科学内涵，别出心裁。方向很明确，走出了中国特色的社会主义道路，吸收了别国的长处，还保持了自己的传统，最终促进了经济发展和人民生活水平的提高。我们都知道，企业制度或者公司治理制度的改革始于外资企业的法律制引入，也就是 1979 年《中外合资经营企业法》出台之后开始的。上述现象表明，改革开放过程本身就是受国际因素影响的模仿性趋同化过程。

另一方面，社会大众持有的合法性概念也在逐渐变化，而这种变化会进而影响到公司法的发展变化。改革开放推动了中国经济进步，公司制度的完善对促进和保障经济发展做出了突出贡献。制度改革的成功除了专门学者的努力，更重要的是社会接受了改革、赞成改革，如果人民不接受制度改革，它就不会获得成功，产业也不会发展。比如，根据 Zelizer 的研究，美国生命保险行业因为涉及人的生死问题，曾遭到大众的抵制，该事实说明了社会大众持有的概念对经济行为的作用，随着文化框架和概念的变化，社会大众开始认识到生命保险能避免投保人和亲属的家境情况变得越来越糟，生命保险才逐渐地发展起来。[11] 在中国，改革时期社会持有的制度概念，即社会对制度的角色期待和制度改革的内容比较吻合，因此，公司制度也就固定下来了。由于社会的合法性概念的变化时间很长，而且新制度的价值取向和原来的合法性概念之间也可能存在差异，中国公司法制度的发展变迁也不顺利。改革开放带来了社会巨变，对管理者或职工等来说，国有企业改制为公司制的改革意味着环境更换，有时候它会使公司干部或者职工难以适应变化速度，导致原来的角色和新的角色之间产生认知矛盾，即角色中断，甚至出现不能扮演新角色的情况。比如，改制之后产生的新三会和老三会的问题也属于角色

---

⑪ 转引自〔日〕渡边深：《経済社会学のすすめ》，日本八千代出版社 2002 年版，第 73—76 页。

中断产生的问题。

此外,独立董事制度也是趋同化的产物。最近,日本和中国引进的独立董事制度是在美国产生的。引入该制度为了解决经济问题或者控制企业问题,独立董事制度可以视为一种模仿性趋同化。从制度主义的合法性机制角度来看,谢朝斌认为:其他国家或者企业在与美国经济的交往中,会在不知不觉中受到其企业文化的影响,并吸收其经验,从而在一种很自然的状态下移植独立董事制度;美国的机构投资者和个人投资者的制度思维促使他们强迫其投资对象采纳他们信得过的公司治理结构。[12] 公司外部投资者对公司的要求或者角色期待是一种合法性概念。所以,面对这种要求的公司更倾向于在他们内部形成与该要求相适应的结构,这种结构就是独立董事制度,依照这种看法,美国人或者美国的机构投资者持股比例较高的公司更多地引进了独立董事制度。比如,日本大公司中,引进独立董事制度较早的公司是索尼公司,该公司的外国人持股的比例就很高,其职工中 2/3 是外国人。2003 年索尼公司引进了美国型委员会设置的公司治理,该公司治理模式中拥有董事会内专门委员会,即提名委员会、监督委员会以及报酬委员会的三个委员会,而它的成员中独立董事过半。2005 年时,在其提名委员会的作用之下,诞生了外国管理者,在日本的企业中,这种现象是非常罕见的。[13] 日本索尼公司的例子也说明了公司内外部环境中存在的合法性概念对独立董事制度的影响。独立董事制度不仅是模仿性趋同化或者强制性趋同化的结果,还是规范性趋同化的结果。规范性趋同化主要是由有特殊技术的人们之间的网络迅速地把组织改革的理念传播到社会各个方面而导致的。在日本,强烈要求引进独立董事制度或者美国型公司治理制度的人中大部分是从美国回来的学者和官员。在中国,从证监会中试图引进独立董事制度的也是从美国和英国回来的人士[14],这种情形说明从美国或英国回来的人们之间的网络中自然形成的一种理念,即美国型公司治理是最好的,这种理念演变为一种制度,就是独立董事制度。但是这种由于规范性趋同化而形成的制度不一定是适合社会的制度,也会导致脱离或者松散结合的现象。在中国,独立董事经常被视为一种花瓶,原因也在于独立董事制度的形成是受到合法性概念的影响而产生的模仿性趋同化、规范性趋同化或者强制性趋同化,在日本,都采用独立董

---

⑫ 谢朝斌:《解构与嵌合:社会学语境下独立董事法律制度变迁与创新分析》,法律出版社 2006 年版,第 139 页。

⑬ http://www.asyura.com/0502/hasan39/msg/409.html 2009 年 6 月 30 日访问。

⑭ 谢朝斌,同注⑫引书,第 205 页。

事制度的索尼公司的经营业绩不如没有采用的丰田公司和佳能公司，其原因也是一样的。[15] 原因在于，虽然其制度的渊源是合法性概念，然而它并不是社会中存在的合法性概念，只能被当做肤浅的合法性概念。

从中国的合法性概念的角度分析，中国《公司法》的形成和以后的发展会是怎样呢？中国的上市公司中，存在着很多原来国有企业上市的或者国有企业把一部分资产改制之后上市的公司。这些企业中，原来的国有企业往往成为母公司，大股东侵害中小股东合法权益的现象不断出现。基于这一背景，2005 年，中国《公司法》大幅修改，增加了有关保护中小股东的权利的规定，也强化了股东对管理者的监督权限，这也是社会要求公司保护中小股东的一种角色期待的体现。在笔者看来，制度的形成渠道有两种：一种是社会对公司持有的角色期待影响社会责任的形成、影响公司治理的形成，而公司治理形态又影响制度形成；另一种是为了解决某种社会问题而产生的看法和根据社会文化自然产生的看法，这两种看法通过政治立法阶段融合在一起出台具体制度，这种制度又对公司治理的形成产生影响。从制度主义的视角考察，由于大股东侵害中小股东的现象频繁发生，以中小股东的利益保护为内容的社会对公司的角色期待自然会出现，而公司的认知没有一致于其角色期待，也没有承担相应的社会责任，在这种情况下，会通过上述的制度形成的第二个渠道，形成有关法律体系，使公司更好地扮演与社会角色期待相应的角色。这就是 2005 年中国《公司法》修改的原因之一。

四、结　　语

关于中国公司治理的发展趋向，有学者认为中国的证券市场和证券市场的监督能力没有美国等发达国家发达，所以需要形成日本、德国那样的内部机构取向型公司治理模式。[16] 虽然这种看法也有合理之处，但是正如本文以

---

⑮ 另外，旧公司法制定之前，有些学者认为中国的公司法会采用不设置监事会的美国型或者香港型的公司治理模式，但是实际上采用的公司治理模式为职工参与监事会的模式。龙卫球、李清池：《公司内部治理机制的改进：董事会 监事会二元结构模式的调整》，载《比较法研究》2005 年第 6 期，第 61 页。这也是一种社会角色期待的反映。

⑯ 有类似这种看法的论文的是朱伯玉：《公司法人治理结构的历史演变及典型模式》，载《山东大学学报（哲学社会科学版）》2001 年第 6 期，第 67 页；彭真明、陆剑：《德国公司治理立法的最新进展及其借鉴》，载《法商研究》2007 年第 3 期，第 150 页等。另外，有的看法认为需要考虑制度的路径依赖特性；施晓红：《德国职工共同决策制度及其对我国的启示》，载《经济管理》2004 年第 9 期，第 69 页。

上部分分析的那样,对公司治理的形成来讲,合法性概念以及公司自身的认知等因素比交易成本等因素更重要。因此,不能完全根据证券市场的发展程度等因素来判断公司治理制度的形成趋向,应该从中国社会的合法性概念或者中国社会责任应当如何的角度分析公司治理的制度趋向。

国有企业治理拷辨*

李昌庚**

目　　次

何谓国有企业？学界和实务界一直存有争议。法学界在吸收经济学界已有共识的基础上，提炼了法律意义上的国有企业概念。有学者认为，国有企业是指资本全部或主要由国家投入，该资本或该资本形成的股份归国家所有的企业。① 按照国际社会普遍采用的标准，国有企业包括政府对企业的投资达到50%的企业，甚至国有资本在企业资本中超过10%的企业，只要是国家或者政府对其实施控制或者控制性影响的各种企业。② 世界银行认为，国有企业是指政府拥有或政府控制的经济实体，它们从产品和服务的销售中创造主要的收入。③ 应该说，世界银行的观点也反映了国际社会普遍采用的标

---

* 本文是笔者主持的江苏省教育厅高校哲学社会科学基金项目“迈向民主的国有财产立法研究”（课题编号:2010SJD820022）和校级项目“市场转型下的中国国有企业治理研究”的阶段性成果之一。

** 李昌庚，中国人民大学法学院经济法学博士研究生，南京晓庄学院经济法政学院副教授。

① 漆多俊主编:《经济法学》，高等教育出版社2003年版，第274页。

② 史际春:《国有企业法论》，中国法制出版社1997年版，第10—18页。

③ 世界银行编:《官办企业问题研究:国有企业改革的经济学和政治学》，中国财政经济出版社1997年版，第21页。

准。笔者也认可这种标准,并以此种标准定义国有企业作为本文的展开。

国有企业不同于国家出资企业。根据我国《企业国有资产法》的规定,国家出资企业包括国有独资企业、国有独资公司、国有资本控股公司和国有资本参股公司。从国有企业的定义来看,国有独资企业、国有独资公司和国有资本控股公司属于国有企业范畴;但对于国有资本参股公司,如果国家对其达到控制性影响,则属于国有企业范畴,反之则不是国有企业范畴。从市场经济的一般意义来看,国家无权对国有资本参股公司施加控制性影响,除非特殊例外。

一、问题的提出

从我国 1949 年以来的国有企业治理来看,经历了民主管理委员会制、厂长负责制、党委领导下的厂长分工负责制、党委负责制等。上述均是计划经济模式下的国有企业治理。在企业普遍依附于政府时,就无市场意义上的企业。难怪国外学者青木昌彦当初曾说过,"中国无企业可言"。在无市场意义企业的语境下,论及国有企业治理无多少价值。至于承包经营责任制、租赁制等则是计划经济向市场经济转型过程中国有企业治理的阶段表现。

虽然我国 1983 年开始国企股份制试验,但公司治理概念却是从 20 世纪 90 年代中期以后才从西方国家引入中国。我国学者也是多从普通企业公司治理的角度加以分析。虽然也有学者开始把公司治理理论引入国有企业改革,比如吴敬琏、钱颖一、张维迎等,从而在国有企业中也有了"治理"或"治理结构"的概念。但从现有的理论文献资料来看,相当多的学者均是研究国有企业改革及其转型为私有企业或公私混营企业下的公司治理问题,而非专门的市场转型后的国有企业治理研究。即使关于国有企业治理的专门研究,也是多从"政企分开"以及围绕国有企业的出资人制度和国资委的监管加以分析,而忽视了国有企业的市场转型是否彻底完成以及我国法治化环境,在此语境下谈如何设置国有企业出资人代表机构及国资委的监管无非是"缘木求鱼"的做法;多从一般意义上阐述国有企业治理,而忽视了中国转型时期的特殊性,包括经济、政治和法治环境等,比如职工参与下的工会问题、中国的银行商业化问题;多从内部治理角度分析国有企业治理,而忽视了国有企业的外部治理环境等。也有学者强调国有企业和私有企业都必须面对"委托代理"问题,以此暗示国家所有权和私人所有权并无实质区别,并主张国有企业借鉴西方国家公司治理的有关制度。④ 但是，他们却忽视了国有企业的特殊性，国家所有权的公权力属性决定了其与私人所有权的本质差异，也决定了国有企业治理的相对性。

从相关立法来看，虽然我国《公司法》规定了国有独资公司董事会领导下的经理负责制，但其规定极其简单，而且国有独资公司在实践中也没有有效定位，许多不宜纳入国有企业范畴的企业也改制为国有独资公司。更为重要的是，作为特殊企业的国有企业，本身就不宜一概与普通企业一并纳入《公司法》规制；而且，公司治理模式也不能简单照搬到国有企业治理中。至于已有的计划经济条件下的《全民所有制工业企业法》等法律法规及其规章制度已经不能适应市场经济条件下的国有企业及其治理。

二、中国国有企业治理的逻辑前提

传统意义上，所有权如若从权利性质来划分，一般包括国家所有权、集体所有权和私人所有权。⑤ 但是，所有权概念从其产生之日起就与私有财产密切联系。在西方法学家眼里，所有权概念往往是指私人所有权。杰里米. 沃尔德伦曾经说过，所有权是一个只有私人财产制度才能加以具体说明的概念。⑥ 即使关于国有财产的研究，也是有着国家公私产划分及其区别法律适用，并多从私有财产的价值理念分析国家私产，而国家公产更多具有主权性质。⑦ 这种财产观念和研究方法，是由西方法学家根深蒂固的私有财产观念

④ 林毅夫、蔡昉、李周：《国有企业改革的核心是创造竞争的环境》，载《改革》1995 年第 3 期。

⑤ 民法学界关于所有权的分类一直存有争议，尤其在我国《物权法》起草当中，国家所有权和集体所有权概念是否有存在的必要，也一直颇受学界质疑。笔者以前论文也提及此问题。国家所有权公权力性质的不变，决定了无论概念是否转换就本文而言仅具有形式意义，不影响本文的论证。

⑥ 〔美〕克里斯特曼：《财产的神话——走向平等主义的所有权理论》，张绍宗译，广西师范大学出版社 2004 年版，第 39—40 页。

⑦ 所谓国家公产，是指国家所拥有的不以营利为目的，以社会公共利益为宗旨，不可自由处分，直接供社会公众使用并提供服务的一般适用公法规范的特别财产。比如国家机关办公用品、公立学校、医院、道路、河流、特殊国有企业等。所谓国家私产，是指国家所拥有的除国家公产以外的以营利为目的，可自由处分，能够满足类似于私人的私的需求，主要适用私法规范的国有财产。比如用于收益使用的国有房屋、土地、森林；国家在一般商业性企业中的股份、债券；知识产权、渔业权、采矿权等。国家公私产分类起源于罗马法，后被法国所集大成，目前世界上多数国家和地区一般均有国家公私产或类似划分及其区别法律适用。比如法国、德国、意大利、西班牙、墨西哥、阿根廷、委内瑞拉、智利、危地马拉、多米尼加、俄罗斯、蒙古、日本、韩国以及我国台湾地区等。这种分类并非追求国家所有权和私人所有权同等看待，而是意在限制国家所有权。

所决定的。[8] 正如马克思所言，罗马人的“主要兴趣是发展和规定那些作为私有财产的抽象关系的关系”[9]。然而，令人遗憾的是，传统社会主义国家基于公有制和私有制的意识形态分野与对立，把所有权与社会制度简单挂钩，使私人属性的所有权成为绝对公有制的化身，将国家所有权推崇至极致，使其发生异化。基于国家所有权属性的国有企业在传统社会主义国家计划经济时期走向一个极端便是其典型表现。

学界尤其民法学界关于国家所有权的消极因素论述颇多，在此不再阐述。从国有企业视角来看，具有国家所有权属性的国有企业至少存在两个致命缺陷：(1) 国有企业产权主体的天然缺陷。国有企业的终极所有者理应是“全民”，但“人民”毕竟是政治概念，不能成为法律意义上的民事主体。因此，国有企业的国家所有权主体是“国家”，但“国家”也是通过具体的国家机构及其行政公务人员行使国家所有权。人的本性在于只有给自己追求利润时才更有可能发挥最大潜能，而国有企业资产的实际行使者并不直接拥有产权，法律和道德在人性的驱动下，国有财产的实际行使者往往利用“全民”的名义蚕食或糟蹋国有财产，从而引发哈丁教授所谓的“公地的悲剧”[10]。尽管我国《企业国有资产法》的出台试图构建国有企业的出资人制度，解决国有财产的出资人问题，也仅具有相对意义。相比较出资人模糊不清而言要进步许多，但无法根本解决国有财产产权问题，因为作为国有企业出资人的国资委无论作为政府机构还是作为特设事业机构均存在委托代理问题，依然存在假“全民”名义而行蚕食或糟蹋国有财产的可能性，尤其是在“全民”的代议机构人大应有地位尚未落实的情况下。同时，在国资委名义下的各类国有企业在公权力干预下变相地关联交易时有发生，其独立性备受质疑。(2) 国有企业具有行政垄断的天然倾向。无论国有企业垄断，还是私有企业垄断，均是市场经济的天敌。但由于国有企业是政府财政投资的，无论政资分离还是政企分开，国有企业都难以逃脱政府的“魔掌”。作为国有企业股东的政府也不应当彻底放任国企不管，否则就是放弃了股东的权利义务，“政企不分”才是国有企业的本性。正因为如此，国有企业与行政权力存在天然联系，也就必然容易滋生行政垄断等特权现象，从而注定了私有企业与国有企业在市场竞争中的起点不公平。国有企业弊端就是政府失灵的具体体现，尤其在中

⑧ 王利明：《国家所有权研究》，中国人民大学出版社 1991 年版，“前言”部分第 1—2 页。

⑨ 《马克思恩格斯全集》第 1 卷，人民出版社 1972 年版，第 382 页。

⑩ Garrett Hardin, The Tragedy of the Commons, *Science*, 1968, p. 162.

国民主法治化程度不高、行政权力缺乏有效规制的情况下更是如此。[11] 因此，国有企业存在行政垄断的天然倾向，是国家所有权制度设计不合理的必然结果，而非市场竞争的规律性表现。[12]

由此可见，国有企业存在的缺陷并非简单地归咎于“政企不分”和“委托代理”等表象因素，而是国家所有权的公权力性质决定的。正如英国管理大师德鲁克曾经说过的，“政府是一个永远管理不得力的股东”。正因为如此，国有企业不可能成为市场经济社会的主要主体。在市场经济社会，国有企业主要存在于市场机制无法或难以发挥作用的领域，即存在于私人无法或难以自治的领域。

很显然，国有企业的诸多问题不是国有企业治理结构所能解决的。如果纠缠于国有企业自身，而置国家所有权神话于不顾，无疑是惹火烧身，亦是本末倒置和缘木求鱼的做法。其实，一旦实现国有企业的市场转型，则其诸多问题自然消解。因此，解决国有企业问题，当务之急是进一步完成国有企业的市场转型，合理界定国家所有权的市场边界。这是研究国有企业治理的逻辑前提，也只有在此前提下，研究国有企业治理才具有现实意义。

然而，有些学者却认为，我国已经完成了国有企业的市场转型。事实并非如此。虽然 1979 年到 2009 年，国有经济比重由 90% 以上降低到 1/3 左右，但仍达到 1/3，远远高于国际水平；而且，2009 年公布的中国 2008 年 500 强企业中，国有及国有控股企业共有 331 家，占全部企业总数的 66%。[13] 此外，根据统计数据显示，中国民企虽有较大发展，但民企 500 强仍与中央国企不可同日而语，以 2009 年为例，民企 500 强净利润总和还不及中国移动和中国石油两家中央国企。与此形成鲜明对比的是，美国政府财产大约占全社会财产的 5%，国有经济占国民经济比重不超过 5%—10%，其中工业不到 1%。[14] 鉴于国情差异，虽非我国国企比重完全参照美国标准，但若从市场经济标准来看，也足以可见，我国国有企业虽然经历了多次改革，但尚未彻底实现市场转型，国企改革在市场竞争领域依然是“国退民进”和“还权于民”的方向。

---

⑪　李昌庚：《金融危机视野下经济法价值拷辨——以国有企业为例的实证分析》，载《政治与法律》2010 年第 6 期。

⑫　私有企业的垄断多是市场竞争的经济规律性表现，往往通过市场机制、国家作用及法律手段得以消解。而国有企业的垄断则不然，尤其在民主法治化水平不高的情况下。因此，反国有垄断难上加难。

⑬　参见曲伟：《60 年发展：中国创造震惊世界的奇迹》，载《光明日报》2009 年 10 月 30 日。

⑭　李松森：《中央与地方国有资产产权关系研究》，人民出版社 2006 年版，第 185 页。

三、市场转型下的中国国有企业治理结构

如何解决市场转型下的国有企业治理问题呢？笔者认为，不能以普通企业的公司治理结构来看待国有企业。国家所有权的公权力属性决定了国有企业的“政企不分”。在市场经济社会，即使强调国有企业的“政企分开”，也仅具有相对意义，“政企不分”才是国有企业的本性。即使美国也不例外。比如美国对有些国有企业虽然比照私有企业运作，采取租赁经营或系统工程承包方式等，但也无法改变国有企业政企不分的本质属性，如国企负责人常由总统任命，并经国会批准；国企设立、变更、解散以及国有资本经营预算等需由国会审批等。如果说我们过去鞭挞国有企业是行政的附属物，那是基于国有企业过多地进入了不该进入的市场竞争领域，发生了与民争利的现象。但对于市场转型保留下来的国有企业，国有企业的行政附属物则是国有企业存在及解决市场失灵的代价，理应不是我们鞭挞的对象。国有企业治理及其立法只有立足于此，才具有现实意义。

对于市场转型下的国有企业，虽然也存在具有国家私产性质的国有企业，但主要是作为国家公产性质的国有企业，理应作为特殊企业对待，并主要以特殊企业立法考量国有企业治理。即便具有国家私产性质的国有企业，虽然与私有企业一道可以适用我国《公司法》等私法规范，但在国有企业治理方面仍具有有别于私有企业治理的特殊性。这在国外，尤其西方发达国家表现得较为充分。在国际上，国有企业一般以特殊企业对待，并加以立法，实行“一特一法”或“一类一法”，而非适用于普通企业立法。比如：美国的田纳西河流域管理局有专门立法、阿巴拉契亚区域开发委员会有相应的“阿巴拉契亚开发法案”等；又比如日本关于国有高速铁路有专门的立法；再比如新加坡为每个法定机构专门立法等。⑮ 然而在我国，国有企业长期以来却被以普通企业对待，无论国有独资公司还是国家控股公司等均适用《公司法》，并以普通企业的公司治理结构解决国有企业治理问题，结果却发生了公司治理的异化，也无助于国有企业问题的解决。即使我国《全民所有制工业企业法》及其实施条例也已经无法适用市场条件下的国有独资企业。因此，主要以特殊企业立法面对国有企业及其治理则是我国未来的发展趋势。

相对于普通企业而言，由于国家所有权本质上是公权力，而非遵循意思

---

⑮ 法定机构是新加坡政府设立的特殊国有企业。

自治和契约自由的私权利,导致国有企业产权主体的天然缺陷、行政垄断倾向以及公私企业市场竞争的非平等性等深层次问题,从而决定了国有企业治理的天然缺陷。在国家所有权体制内,所有者的“全民”只能通过政治机制而难以运用公司治理结构来控制和约束国家行为。同时,由于国有企业资本的不可分割性,缺乏“用脚投票”的资本市场,导致外部治理的市场环境也先天不足。[16] 正因为如此,国有企业更需要公权力的制度安排,即良好的国家治理及民主法治化水平;国有企业治理追求的是一种以公权力制度安排为核心的行政型治理模式,而非一般意义上的企业型治理模式。国有企业治理的关键在于外部治理,而非内部治理,其内部治理借鉴普通企业的公司治理结构仅具有相对意义。以此价值判断,构建国有企业治理结构往往起到事倍功半的效果。

(一)外部治理

1. 健全而成熟的市场经济体制

国家所有权的特权属性,决定了国有企业一直缺乏市场竞争压力。即使对于市场转型后的国有企业也是如此。长期的自然经济和计划经济体制,致使我国市场机制尚未成熟,从而进一步助长了国有企业治理的缺陷。国有企业的非市场因素尤其需要一个良好的外部市场环境,通过市场的私权利限制国家所有权的公权力,以此尽可能降低国有企业自身的弊端。

从西方国家来看,有着较为成熟的市场机制和社会中介机构,征信体系发达。在此基础上,西方国家企业外部治理又主要存在着英美模式和德日模式,两者的区别主要在于政府对市场的作用。英美模式强调市场约束的外部治理,政府更多的是从制度上来规范引导企业;德日模式则强调政府对市场经济的干预作用。英美模式的外部治理主要通过资本市场进行,德日模式的外部治理主要通过主银行制进行。[17]

我国在立足国情和国有企业特殊性的基础上,适当借鉴国外经验,进一步深化经济体制改革,完善市场机制,为国有企业提供私权利制约。主要包括如下:(1) 进一步深化国企改革。既然国有企业不能成为市场经济社会的主要主体,那么国有企业比重过大就成为阻碍市场的重要因素。因此,国有

---

⑯ 参见毛程连等:《国有企业的性质与中国国有企业改革的分析》,中国财政经济出版社2008年版,第69页。

⑰ 参见杨瑞龙主编:《国有企业治理结构创新的经济学分析》,中国人民大学出版社2001年版,第253页。

企业的市场转型是构建成熟市场机制的重要条件。(2) 尽可能完善产品市场的竞争机制,通过私有企业及外资企业、外国企业等形成国有企业的制约力量。但国家所有权的公权力属性决定了国有企业产品容易产生垄断性,从而决定了产品市场的竞争机制仅具有相对意义,关键还要取决于宪政国家的构建。(3) 加快金融体制改革,进一步推动国有银行的产权多元化及市场化,发挥银行在企业治理中的作用。(4) 进一步完善人力资源市场。但国家所有权的公权力属性决定了其仅具有相对意义,关键还取决于宪政国家的构建。(5) 进一步加强社会中介机构改革,提高其民间性、独立性和自治性,加强行业自律监管,构建征信体系等。

2. 构建积极宪政国家

国家所有权的公权力属性决定了国有企业的特权,包括但不限于公共财政投入、银行信贷的非市场优惠、国有垄断利润、政府官员进入国企高管层等。[18] 而这种特权必然容易滋生腐败等国有企业诟病。这是国有企业存在的孪生产物及解决市场失灵的应有代价。凡是公权力的副作用均有可能发生在国家所有权身上。因此,制衡国家所有权的关键来自对公权力制约的制度安排,国有企业需要一个良好的国家治理及民主法治化环境。除了前已述及的市场的私权利对抗国家所有权的公权力之外,还需要公权力对抗公权力,以构建积极宪政国家。[19]

面对国有企业,在借鉴国外经验的基础上,积极宪政国家主要体现如下几点:(1) 为了遏制国家所有权的弊端,最有效的方法就是遵循有限政府的原则,控制国家所有权的适用范围,将之限制在国家为实现特定的政治或社会目标,而非以营利为主要目标的非市场竞争领域,实现国有企业的市场转型。此乃前已述及的国有企业治理的逻辑前提。(2) 在完善以宪法为基础的法律体系基础上,对国有企业加以国家公私产区别法律适用,并主要以特殊企业理念加以国有企业立法,形成适应市场经济条件下国有企业需要的良法。(3) 合理设计行政权、立法权和司法权,本着限制行政权的原则,提高人大应有的地位和保障司法独立,通过分权制衡的宪政以遏制国家所有权。具体而言,国有企业的设立、变更或终止、国有资本经营预算和国有企业利润分

---

[18] 许多国家国有企业的董事会和监事会均有政府官员介入,甚至由政府直接任命,比如新加坡、美国等。

[19] 积极宪政国家相对于消极宪政国家而言,消极宪政国家对应着实行宪政的"夜警国家",积极宪政国家对应着实行宪政的"经济国家",即国家在市场经济社会中并非充当"守夜人"角色,还适度地主动出击,以避免或降低市场失灵,同时对国家作用予以有效法律规制。

配等应在遵循分别所有的基础上[20]，由各级人大审批决定；构建并完善国有企业案件的公益诉讼制度，发挥司法机关在国有企业案件中的最后公正裁判功能；对由国家出资人机构任命或推荐的国企高管在遵循市场机制的基础上，按照政府官员的权力监督程序加以规制；强化新闻媒体及社会舆论对国有企业的监督，充分发挥新闻权这一无形中的"第四种权力"功能等。

（二）内部治理

长期以来，谈及国有企业内部治理，人们常常抨击政企不分、行政型治理模式、以行政命令的方式任命董事人选、监事人选以及经理层等。[21] 如果其目的是为了实现国有企业的市场转型，则具有现实意义。但若忽视市场转型下的国有企业本性，则容易迷失国有企业治理的方向。前已述及，国家所有权的公权力属性决定了国有企业政企不分的本性，所谓的政企分开仅具有相对意义。而事实上，这种"政企不分"又恰是国有企业治理所必需的，是公权力制度安排的考量所在。因此，国有企业治理本质上就是一种"政企不分"的行政型治理模式。国有企业治理关键在于外部治理，而非内部治理，其内部治理在借鉴普通企业的公司治理结构方面也仅具有相对意义，即便这种"借鉴"也显示出国有企业内部治理的特殊性，这也是国有企业内部治理结构建构的基础。具体来说，主要包括如下几个方面：

1. 出资人制度

长期以来，人们围绕国有企业的国家所有权出资人制度一直争论不休，比如是否要设立专职的履行出资人职能的机构、是否由国资委履行出资人职能、国资委是否列入政府序列还是人大序列等。其实，这样的争论在国有企业尚未实现市场转型以及国家的民主法治化和经济的市场化尚未发达的情况下并没有多大意义。因为出资人制度无论如何设计，均无法改变国家所有权的公权力属性。试图以此解决国有企业"政企不分"暨国家所有权弊端，无疑陷入了国家所有权神话。其实，一旦实现国有企业的市场转型、市场经济体制的建立健全和积极宪政国家的构建，国有企业的诸多问题自然消解，国家所有权出资人制度设计也仅具有相对意义，这完全取决于一个国家或地区的自身国情、历史传统以及效率因素考量。也就不难理解国外关于国家所

---

[20] 包括国有企业在内的国有财产在中央与地方之间关系方面有"统一所有说"和"分别所有（或分级所有）说"。世界上多数国家采取"分别所有"原则，而我国目前仍采取"统一所有"原则。

[21] 参见李维安等：《现代公司治理研究》，中国人民大学出版社 2002 年版，第 222 页。

有权出资人制度设计并没有统一的模式,国家所有权既有统一所有,也有分别所有;既有议会行使所有权,比如英国等,也有政府行使所有权,比如美国、法国、德国等;既有设置专职出资人机构,比如英国、法国、俄罗斯、巴西等,也有不设置专职出资人机构,比如美国、德国、新加坡等。同时,也就不难理解我国《企业国有资产法》等相关法律法规的出台为何成效不大等。

从我国现有的《企业国有资产法》等相关法律法规规定,企业国有资产实行国务院统一所有、分级管理的模式;设置国资委作为专职出资人职能机构,并作为国务院直属特设机构等。但鉴于我国地域广阔、民族众多、地区发展差异巨大以及国有企业数量众多、国有财产数量庞大等现实国情暨效率考量,结合国外经验,我国国有企业的国家所有权出资人制度设计主要包括如下几点:(1) 我国对企业国有资产宜采取中央与地方分别所有的模式,以此真正实现分级管理的目标,充分调动地方的积极性,最大限度地实现国有财产的存在目标。(2) 从目前来看,我国宜设立国资委作为企业国有资产的专职出资人职能机构,并在国资委和从事具体经营的国有企业之间设立若干国有资产控股公司,同时推行国有资本出资人交叉持股的做法,有条件的国有企业可以采取信托经营的模式,实现相对意义上的政企分开,减少相对意义上的关联交易[22],做到履行出资人职能与政府的社会公共管理职能的分离。当然,从长远考虑,一旦国有企业市场转型完成,可以考虑取消国资委,将其职能并入财政部,并在财政部内设国有财产管理局,由其专司国有企业出资人职能,实现国有资本经营预算与财政预算的协调与统一。(3) 强化人大和司法机关对国资委和国有企业的监管,即积极宪政国家的构建,此乃是国有企业治理的治道之本!

根据我国《企业国有资产法》和《企业国有资产监督管理暂行条例》等规定,国资委作为企业国有资产的出资人,对国家出资企业依法享有资产收益、参与重大决策和选择管理者等出资人权利。国资委行使出资人权利时,除了要遵守《企业国有资产法》等法律法规外,还要遵守《公司法》等企业法相关规定。既要考虑到国家所有权的公权力特殊性,也要考虑到国资委履行出资人权利时,遵循民商法的一般规则和《公司法》的股东权利,尽可能实现公私股东权利的一体化保护,尤其中小股东权益。但鉴于国家所有权的公权力特殊性,以及国资委是国务院直属特设行政机构,就决定了国资委及其下属国家出资人机构滥用行政权力、侵犯其他股东权益的现象在所难免。除了加强

[22] 国家所有权的公权力属性决定了国有企业的关联交易在所难免。

私法领域的公私股东权利的一体化保护外，更需要从积极宪政国家的角度加强对国家所有权的控制。而这又跳不出国有企业治理的外部治理环境。除此以外，前已述及的国有资本出资人交叉持股，以相对改善国有企业的内部治理机构，以公权制约公权，可以起到一定效果。

2. 董事会、经理层和监事会制度

从我国现有的《企业国有资产法》和《公司法》等相关法律法规规定来看，国有独资公司、国有控股公司和国有参股公司设立董事会和监事会制度，但国有独资企业不设立董事会和监事会制度。对于国有独资公司，现有的法律已经明文规定通过行政命令的方式产生董事会、经理层和监事会。对于国有控股公司甚至涉及国有参股公司，虽然我国《企业国有资产法》和《公司法》等相关法律法规规定，由履行企业国有资产出资人职能的机构国资委或其授权单位向股东（大）会提出董事和监事人选，由股东（大）会选举产生；经理层由董事会聘任。但在实践中，基于国家所有权的公权力属性，国有股东行政化色彩地推荐甚至直接任免董事、监事和经理人选的现象在所难免。因此，凡是国家所有权的弊端均有可能在国有企业董事会、经理层和监事会中发生，比如损害其他股东权益尤其中小股东权益、内部人控制以及损公肥私等。而这些恰是人们经常鞭挞的对象，但却忽视了国家所有权的公权力属性。

其实，这在国外包括西方发达国家的国有企业也不例外。比如美国田纳西河领域管理局（TVA）等国有企业董事会成员就由总统提名、参议院批准等的做法。又如新加坡国有企业中就有政府官员担任董事等。但是，国外国有企业的比重普遍很低，多处于国家政治或社会目标的非市场竞争领域。即使新加坡国有企业比重相对较高，也低于私有企业比重，更何况新加坡仅是一个城市国家，尚不具有普遍性。更为重要的是，西方国家以及新兴经济发展国家市场化程度普遍较高、宪政体制普遍比较健全，从而把国有企业的弊端尽可能降低到最低限度。而这恰是处于社会转型时期的中国所缺乏的。因此，对于中国而言，不是鞭挞国有企业行政型治理模式的问题，而恰是我国国有企业治理的逻辑前提的缺位以及国有企业外部治理环境的不足。

鉴于此，解决中国国有企业内部治理问题，除了前已述及的国有企业治理的逻辑前提和外部治理环境外，我们不应苛求国有股东如同其他普通股东一样，关键在于制约国家所有权的公权力属性，同时相对意义上改善国企内部治理结构。具体包括如下几个方面：

（1）从宪政高度妥善处理好企业党委会与董事会、监事会和经理层的关系，理顺国有企业与纳税人的关系，取消企业行政级别，实现相对意义上的政企分开。

（2）从董事会、监事会和经理层产生来看。首先，我国适当借鉴新加坡、法国和芬兰等国的经验，推行国有企业职业经理人市场，面向国内外网罗精英人士担任国有企业董事、监事和经理等。虽然其产生方式具有行政色彩，但人才选择渠道则推行市场化和职业化。比如法国董事会实行“三方代表制”原则，即国家代表、职工代表、专家代表，各占1/3。为做好董事会的提名工作，国家参股局按照职业化的原则建立了董事人才库。又比如芬兰国有和国有控股公司的董事都是从社会上选派或提名代表进入董事会的，可以是专职董事，也可以是兼职独立董事。[23] 其次，对国有股东推荐或任命的董事、监事人选以及董事会聘任的经理层除了遵循《公司法》等相关私法的一般规则，即力求实现私法领域的公私所有权一体化平等保护外，关键通过国有企业的外部治理环境，即通过市场的公民权利和积极宪政国家加以制衡国家所有权。对此，国外诸多经验值得我国借鉴。比如美国田纳西河领域管理局（TVA）等国有企业董事会成员由总统提名，但必须得到参议院批准等的做法。对于我国国有企业由国有股东推荐或任命的董事会成员，根据“分别所有、分别管理”的原则，由出资人机构报请所在政府，并由政府报请所在人大常委会批准。同样，对于我国国有企业由国有股东推荐或任命的监事会成员和经理层，也要由相应的公权制约机制。再次，对于国有独资企业，在条件成熟时，尽可能改制为国有独资公司或国有控股公司，建立董事会和监事会制度，相对改善企业治理结构。

（3）从董事会、监事会和经理层组成及其他制度来看。首先，从董事会来看，具体包括如下几点：① 针对国有企业，尤其要推行外部董事及独立董事制度，拓宽外部董事及独立董事的选择渠道，提高董事素质，明确其职责权限，提高其履责能力，加强对其的考核评价。② 健全职工董事制度，尤其要完善职工董事履责的制度保障。德国的经验值得我国借鉴。③ 借鉴美国等国家董事会中各专门委员会的做法和经验，加强董事会各专门委员会建设，比如决策委员会、执行委员会、审计委员会、提名委员会、薪酬委员会等，尤其要通过审计委员会强化对企业的监督，以配合企业监事会。同时，要细化各专门委员会的职权、职责及其履责程序，提高董事会的决策能力。

---

[23] 王冀宁、朱玲：《美英法德日芬的国有资产管理体制的国际比较》，载《求索》2007年第6期。

其次,从经理层来看,广义上的经理层包括经理、副经理以及"四总"(即总会计师、总经济师、总工程师和总法律顾问)。[24] 具体包括如下几点:① 从体制上进一步突破企业用人制度,基于人性的视角确立"经理内阁制",避免内耗。② 建立健全"四总"制度,在我国当前尤其要加强企业总法律顾问制度建设。③ 我国可以适当借鉴韩国的经营评价委员会和新加坡对淡马锡公司的考核经验等,改变传统思维,通过人力资本产权理论、企业家市场竞争理论和公司价值理论等设计和构建国有企业经理层的薪酬激励机制。借鉴国外一些国家以经济增加值(EVA)为核心的业绩考核制度,引入经济增加值考核指标体系,改革和完善经理层年薪制度。

最后,从监事会来看,具体包括如下几点:① 我国既不要简单照搬德国的双重委员会的做法,也不要简单照搬美国、英国的不设监事会的做法,而是在我国现有的基础上,既要借鉴美国的独立董事制度和董事会各专门委员会制度,实现监事会功能的互补,以弥补我国监事会制度的不足;也要借鉴德国的银行代表监事制度。② 针对国有企业,尤其要推行外派监事制度建设。③ 借鉴德国的做法,扩大债权人尤其银行在监事会中的比例,实行主银行监督制度,提高监事的监督激励动机。但不宜扩大职工监事比例,否则陷入监事被董事会和经理层牵制的现象。④ 为监事会履职完善制度保障。对于国有独资企业和国有独资公司,建立监事会及监事对出资人机构的直接汇报制度;对于国有控股公司,建立监事会及监事对股东(大)会的直接汇报制度,其中国有股东必须参加。

四、结　　语

基于国家所有权的公权力属性,决定了国有企业治理存在着天然缺陷,而非简单地归咎于"政企不分"和"委托代理"等因素。国有企业治理的逻辑前提在于完成国有企业的市场转型,合理界定国家所有权的市场边界。国有企业治理追求的目标不是简单地照搬普通企业的公司治理结构,而主要是以特殊企业立法考量的以公权力制度安排为核心的行政型治理模式,即良好的国家治理及民主法治化水平。国有企业治理的关键在于外部治理,而非内部治理,其内部治理结构借鉴普通企业的公司治理结构仅具有相对意义。对于处于社会转型时期的中国而言,决定了国有企业治理的实践必将推动市场与

---

[24] 当然,并非所有的国有企业均有"四总",要根据企业的性质而定。

国家的全方位改革。这种实践不仅有助于国家所有权暨国有企业的市场转型及合理定位,而且也有助于国家公权力的改革。我们希望借此推动国家现代化进程,并为此而期待!

欧盟《非横向合并评估指南》评析

——兼论对我国非横向合并反垄断法规制的启示*

孙　晋** 　范　舟***

目　次

---

* 湖北省社会科学基金项目"十一五"规划资助课题和武汉大学"2011 年海外人文社会科学研究动态追踪计划"研究成果。

** 孙晋，法学博士，武汉大学法学院副教授，美国伯克利加州大学法学院 2009 年度访问学者，中国经济法学研究会理事、湖北省法学会理事。

*** 范舟，湖北荆州人，法学硕士，湖北妇女干校教师。

引 言

企业合并控制历来是各国反垄断法三大基本规制内容之一。针对企业合并的不同类型对市场竞争的不同影响,各国反垄断法对应的立法态度和规制力度也不相同。横向合并对市场竞争的影响最明显,因为合并的结果将直接减少甚至完全消灭市场上的竞争者。当市场上的竞争者过少,以至于市场的集中度过高的时候,市场的有效竞争就会受到威胁,因此,各国反垄断法普遍对横向合并实施严格的控制。而非横向合并对竞争的影响一般被认为具有潜在性和间接性,而且一般有利于提高经济效益形成效率抗辩,从而较少受到国家反垄断机构的干预。只有当导致了产生或者加强市场支配地位的结果并实质性限制了市场竞争时,非横向合并才会出现反垄断法上的问题。

2007 年 11 月,欧盟理事会通过了最新的《非横向合并评估指南》,这是继 1984 年美国司法部单独发布的《合并指南》,包括了《纵向合并指南》和《混合合并指南》的规定之后①,国际上第二次对企业非横向合并的专门立法;澳大利亚于 2008 年 11 月颁布的《合并指南》中也涉及对企业非横向合并的规制;近年来美国也将非横向合并规制改革(即加强对企业非横向合并的控制)列入反托拉斯现代化计划。这些都说明注重对企业非横向合并的规制已成为全球反垄断法最新发展的一个重要趋势。反观我国 2008 年颁布实施的《反垄断法》,只在“经营者集中”一章中对企业合并作了较为原则性的规定,并未详细区分横向合并与非横向合并,法律规定过于抽象与简单,欠缺法律的全面性和科学性。

由于欧盟的非横向合并立法是目前最完善、最前沿的,最新的《非横向合并评估指南》的颁布也标志着其非横向合并规制制度已形成了科学性、一致性的体系,一定意义上代表了非横向合并反垄断规制立法的世界发展趋势。故而本文拟全面分析欧盟《非横向合并评估指南》,并在比较和借鉴的基础上对我国企业非横向合并反垄断法规制制度的建立提出个人管窥之见,以期使我国经营者集中控制制度更加全面与完善。

---

① 美国 1992 年及其以后的《合并指南》都是由司法部和联邦贸易委员会联合发布的,但是 1984 年《合并指南》是由司法部单独发布的,而且该《指南》是由三部分即“横向合并指南”、“纵向合并指南”和“混合合并指南”共同组成的。参见〔美〕基斯 · N. 希尔顿:《反垄断法:经济学原理和普通法演进》,赵玲译,北京大学出版社 2009 年版,第 276—284 页。

一、欧盟非横向合并规制制度概述

（一）非横向合并反垄断法规制的理论基础和欧盟《非横向合并评估指南》的立法意义

非横向合并是与横向合并相对的概念。一般而言，横向合并是指生产、提供相同或者相似产品或服务的生产者或者经营者互相结合成为一个统一的竞争实体，但这并非意味着两个或两个以上在法律上和经济上相互独立的实体消灭而组成为一个新的实体，因为根据许多国家的反垄断法，只要是一个企业通过某种方式能够对另一个企业施加支配性影响，这就构成了横向合并。[②] 与横向合并是具有竞争关系的经营者之间的合并不同，横向合并以外的企业合并统称为非横向合并，即指那些不具备直接竞争关系的企业之间的合并，具体包括纵向合并和混合合并。纵向合并也称垂直合并，在反托拉斯经济学上称之为纵向一体化，是指在同一产品市场中处于不同环节而实际上有买卖关系的企业之间的合并，亦即某种产品的卖方和买方之间的合并；混合合并是指既不存在竞争关系，也不存在买卖关系的企业之间的合并。[③]

欧盟《非横向合并评估指南》中将纵向合并界定为位于供应链上不同层次的公司之间的合并，例如某一产品的制造商与其分销商之间的合并；将混合合并界定为既不存在横向关系（例如同一相关市场上的竞争者），也不存在纵向关系（例如供应商和客户）的公司之间的合并。实际上，欧盟《非横向合并评估指南》重点关注的混合合并是活跃在紧密相关的不同市场上的公司之间的合并，主要包括两种情况：一是公司的产品具有互补关系，即消费者分别购买产品，然后将它们组合起来使用；二是公司的产品处于同一产品范围，即有相同的客户群。

事实上，提供互补产品的企业之间的混合合并与纵向合并非常相似，因为在纵向合并中，是由下游企业从上游企业处购买产品，然后将该产品与自己的产品组合起来，作为一个独立的产品出售。两者的关键区别在于，纵向合并中，由下游公司进行产品的组合；而在混合合并中，由消费者来进行产品的组合。

自从美国于1984年在《合并指南》中把企业合并明确区分非横向合并与

---

② 王晓晔：《企业合并中的反垄断问题》，法律出版社1996年版，第9页。

③ 张穹：《反垄断理论研究》，中国法制出版社2007年版，第170—171页。

横向合并以来,欧盟、澳大利亚等越来越多的国家和地区在反垄断法立法和实施中同意这种做法。区分非横向合并与横向合并的意义,主要在于它们对竞争的影响程度不同,法律评估标准也不尽相同,从而导致反垄断法对横向合并和非横向合并的规制态度也大相径庭。总体而言,横向合并对竞争的危害大而非横向合并对竞争的危害较小,对应地,反垄断法对待横向合并一贯严厉,而对待非横向合并则宽松和灵活得多。[④] 这也正是欧盟在2004年发布《横向合并评估指南》之后又于2007年底发布《非横向合并评估指南》的立法意义。

(二)欧盟《非横向合并评估指南》的立法背景

1. 欧盟企业合并规制制度的发展历程

欧盟在成立之初并没有颁布关于企业合并方面的规定,此时对企业合并的反垄断控制主要通过对《欧共体合约》第81条与第82条的扩张解释来进行。如果企业合并行为是基于企业间的协议并对竞争构成限制,则适用《欧共体条约》第81条;如果一家企业已经在共同市场上或者共同市场的重要组成部分上处于支配地位,则该企业从事合并竞争对手的行为可能会违反《欧共体条约》第82条的禁止性规定。[⑤]《欧共体条约》第82条规定:"在共同市场内部或者在共同市场的某一重要部分占据支配地位的一家或者多家企业的滥用行为,若可能影响到成员国之间的贸易,则应当因其与共同市场不相容而予以禁止。此类滥用行为包括:(a)直接或者间接地施加不公平的采购价格、销售价格或者其他不公平的贸易条件;(b)限制生产、市场或者技术开发,以致辞损害消费者的权益;(c)在同等交易中,对于其他交易方适用不同的条件,因此使这些交易方在竞争中处于不利的地位;(d)以对方当事人接受附加义务为条件订立合同,而这些附加义务在本质上或者依据商业惯例与此类合同的标的不存在关联。"

事实上,通过《欧共体条约》第82条来规制企业合并行为是存在缺陷的:第一,因为《欧共体条约》的宗旨是为了禁止滥用市场支配地位,在企业合并的领域,只能适用已经具有市场支配地位的企业合并,即只能控制加强市场支配地位的企业合并,不能适用于产生市场支配地位的合并,该条款对于管

---

④ Carles Esteva Mosso, Mergers—A European Perspective, *Fordham International Law Journal*, May 2008.

⑤ Pierre Bos, Jules Stuyckand Peter Wytinck, *Concentration Control in European Economic Community*, 1992, p. 146, 转引自尚明主编:《企业并购反垄断控制——欧盟及部分成员国立法执法经验》,法律出版社2008年版,第1—2页。

制非支配企业对支配企业的收购、纵向合并或者混合合并也没有适用的空间。第二,该条款只能进行事后控制,只有在完成合并后才可能控制合并。第三,该条款缺乏抗辩或豁免的规定。[⑥] 鉴于此,欧盟于 1989 年颁布了《欧盟理事会关于企业合并控制的 4064/89 号条例》(以下简称 1989 年《合并条例》),这一条例在实现企业间公平竞争、提高行政执法效率方面作出了重要规定。

1989 年《合并条例》出台后经历了两次重要改革。一是 1997 年通过的 1310/97 号修改条例,这次修改进一步强化了欧盟对企业合并审查的管辖权,并对审查程序进一步合理化,提高了审查效率。这次改革只是局部、细节性的完善,而 2004 年的第二次改革则对欧盟企业合并法律体系的完善具有更深远的意义。

2004 年欧盟对关于企业合并的相关立法进行了一揽子改革,其成果包括:《欧盟理事会关于企业合并控制的 139/2004 号条例》(以下简称《合并条例》),《关于实施 139/2004 号〈理事会关于企业合并控制条例〉的委员会条例》(以下简称《实施细则》),《横向合并评估指南》,以及《欧盟合并控制程序最佳行动指南》等。这一系列条例、实施细则与行动指南的出台及实施,构筑了欧盟比较完整的企业合并控制法律体系。2004 年欧盟企业集中控制法律制度是历经了三个发展阶段的产物,是五十多年来欧盟企业集中控制立法的集大成者,能够有效控制合并的反竞争效果。例如在企业合并评估实体标准上,将早期的"支配地位标准"(market dominance test, 下文简称 MD 标准)改变为"严重妨碍有效竞争标准"(significant impediment to effective competition, 下文简称 SIEC 标准),逐渐从依据合并后的结构因素转向合并所引起的反竞争效果来判断合并是否具有反竞争性,新标准外延更广。为了详细解释该标准,欧盟理事会还颁布了《横向合并评估指南》为实务操作提供指导。至此,欧盟企业集中控制立法可以说已经比较完善与科学,只缺少了《非横向合并评估指南》。欧盟企业合并控制立法体系的完善是欧盟竞争法现代化的重要组成部分,而非横向合并的规制则是企业合并控制立法不可缺少的部分,欧盟《非横向合并评估指南》的制定可以说是势在必行。

2. 欧盟《非横向合并评估指南》的制定与出台

欧盟理事会为了制定《非横向合并评估指南》,广泛、全面地参考了最新的经济理论与文献,并向其竞争政策经济顾问团(Economic Advisors Group on

---

⑥ Barry E. Hawk, The EEC Merger Regulation: The First Step toward One-Stop Merger Control, *Anti-trust Law Journal*, Vol. 59, 1990, pp. 194-197.

Competition Policy, EAGCP)咨询意见。EAGCP在明确区分横向合并与非横向合并的基础上,提出了制定《非横向合并评估指南》的基本原则⑦:(1)指南应以促进决策的准确性与可预见性为目标。(2)指南应明确竞争效果是否对消费者有利。非横向合并的合并方可以降低价格或者提供更具吸引力的产品,还可能消除生产中各个环节层层抽取利润的情况,从而降低产品的最终价格,这显然对消费者是有利的。然而,有些企业在合并前就通过制定相关合同的方式排除了多重抽取利润的情况,此时审查合并前的合同规定的相关内容就非常重要。(3)指南应明确指出评估非横向合并时所使用的分析方法以及如何使用证据证明非横向合并所产生的反竞争效果。(4)指南采取"严重妨碍有效竞争标准"。(5)指南应与其他相关立法保持一致。这五项基本原则也成为欧盟《非横向合并评估指南》的立法宗旨。

2007年2月,欧盟理事会发布《非横向合并评估指南》草案,在经过长时间的磋商与讨论后,理事会接受了主要来自商业界与法律界的32条意见,于2007年11月28日通过了《非横向合并评估指南》,并于2008年10月18日正式发布。指南分为五个部分,共有121段,其中前两个部分具有总则的性质,阐述了指南的立法宗旨、欧盟对待非横向合并的基本态度,并对相关基本概念进行了界定,第三部分对非横向合并控制的市场结构条件进行了说明,第四部分分析了纵向合并的反竞争效果,第五部分分析了混合合并的反竞争效果。在法学界与经济学界对非横向合并规制尚未达成共识之时,欧盟《非横向合并评估指南》的颁布具有重要的意义,它在吸收法学界与经济学界的最新理论和总结非横向合并执法实践的基础上,建立了一个具有一致性的关于非横向合并竞争效应的理论分析框架,明确了禁止一项非横向合并的适用条件,从而提高了执法的科学性和一致性;指南的公布也增强了法律的透明性,有助于企业更好地评估非横向合并可能带来的反垄断法上的风险,从而提高决策的可预见性。

二、欧盟《非横向合并评估指南》的主要内容

(一)市场份额与集中度

评估一项非横向合并是否会引起反竞争效果时,欧盟委员会首先要考察

---

⑦ Carles Esteva Mosso, Mergers: A European Perspective, *Fordham International Law Journal*, May 2008.

的问题是合并实体是否在至少一个相关市场上具备实质性的市场力量，而衡量合并各方及其竞争对手的市场力量的首要指标，就是市场份额与市场集中度。

1. 市场份额

市场份额是指一定时期内，企业的产出占市场销售总额的比例。在反垄断案例中，市场份额数据提供了一个简单统计数字，当企业市场份额达到或超过 50% 时，市场份额本身就是该企业占据支配地位的证据。当然，在不同的具体案件的认定中，市场份额的门槛值也不同，可能出现市场份额在 40%—50% 之间的企业被认定为具有市场支配地位，甚至有时市场份额门槛值低于 40%。欧盟《非横向合并评估指南》中将市场份额的门槛值定为 30%，与欧盟《横向合并评估指南》中所确定的 25% 的门槛值相比，可以看出欧盟对企业非横向合并的规制态度更为宽容。

市场份额虽然比较直观，但不能反映出企业合并可能引起的合作效应的情况，且该数据只关注参与合并的企业的市场份额，并不能反映整个市场中的企业的市场竞争程度和集中程度。为了弥补市场份额指数的不足，欧盟《非横向合并评估指南》还采用了 HHI 指数。

2. 市场集中度

HHI 指数即赫芬德尔—赫希曼指数（Herfindahl-Hirschman Index），它通过计算一个行业中所有企业的市场份额的平方和来衡量市场集中度。HHI 指数越高，则该行业市场的产出越是集中在小部分企业中。例如，假设同一市场中存在 10 家企业，每家企业均等地占有 10% 的市场份额，则该市场的 $HHI = 10^2 \times 10 = 1000$；如果市场上有 A、B、C、D、E 共 5 家企业，它们的市场份额分别为 30%、25%、20%、15%、10%，则该市场的 $HHI = 30^2 \times 25^2 \times 20^2 \times 15^2 \times 10^2 = 2250$。通过 HHI 表明，这时候的市场集中度显然比存在 10 家企业的时候高得多。而如果市场上只有一家企业，市场份额为 100%，则该市场 $HHI = 100^2 \times 1 = 10000$。由此可见，当 HHI 达到最高的 10000 时，该行业市场被认定为由一家企业所垄断；当 HHI 指数趋近于 0 时，该行业市场则被认定为处于完全竞争状态。⑧

欧盟《非横向合并评估指南》规定，如果合并后的实体在每一个相关市场上所占有的市场份额都低于 30%，且合并后的 HHI 指数低于 2000，则欧盟委员会不大可能对这样的非横向合并提出质疑，除非存在以下一项或多项特

⑧ 刘和平：《欧盟并购控制法律制度研究》，北京大学出版社 2006 年版，第 156 页、159 页。

别情形:(1) 合并中的一方可能在不久后急速扩张;(2) 市场参与者之间存在重大的交叉持股或交叉担任董事的情形;(3) 合并一方极有可能扰乱合作行为;(4) 有迹象表明合并企业以往或者现在存在合作行为,或者合并会为将来的合作行为提供便利。

(二) 非横向合并的反竞争效果分析

根据欧盟《非横向合并评估指南》,非横向合并的反竞争效果主要包括两个方面:非合作效应与合作效应。其中非合作效应主要体现为封锁(foreclosure)。具体到纵向合并与混合合并,非合作效应与合作效应又有不同的体现,下文将进行具体分析。

1. 纵向合并的反竞争效果

(1) 非合作效应

非合作效应最主要的体现为封锁,所谓封锁,是指这样的情形:合并使合并实体实际的或潜在的竞争对手获取供应或者进入市场的能力受到阻碍或者消除,进而损害了竞争对手进行竞争的能力或者意愿。[9] 只要合并实体可以通过提价而获取利润,欧盟委员会便认为这样的封锁是反竞争的。纵向合并所产生的封锁表现为两种形式:一是合并限制竞争对手获得重要原料,从而提高了下游竞争对手的成本,即原料封锁(Input Foreclosure)[10];二是合并限制竞争对手接触客户群,从而对其上游竞争对手产生封锁,即客户封锁(Customer Foreclosure)。

原料封锁的反竞争效果主要表现为以下两种情况:第一,如果纵向合并使合并实体有能力提高下游竞争者的成本,从而使下游竞争者不得不提高产品价格,这时就产生了反竞争的封锁。被封锁企业在下游市场的竞争地位越重要,对有效竞争的损害越大,也就是说,被封锁企业在下游市场上所占的市场份额越高,就越有可能在下游市场上引起价格提高,进而极大地损害该市场的有效竞争;第二,合并增加了潜在竞争者进入市场的障碍,从而使有效竞争受到极大损害。如果合并实体拒绝向下游市场的潜在竞争者供货,或者提出非常苛刻的供货条件,潜在竞争者就会被迫退出市场竞争。在已经放开竞争的行业和即将开放竞争的行业中,提高市场进入门槛的问题尤其应该受到重视。

---

⑨ Michael A. Salinger, *Is It Live of Is It Memorex? Models of Vertical Mergers and Antitrust Enforcement*, London, 2005, p. 176.

⑩ “原料”在这里是泛指,其含义包括服务、对基础设施的使用和对知识产权的使用。

客户封锁的反竞争效果同样有两个方面的体现:第一,对下游市场的损害。上游市场的封锁可以阻止竞争对手的上游产品销售给客户群,削弱竞争对手将来参与竞争的能力,使得下游的竞争对手处于竞争劣势,例如需要承受不断上升的成本。这使得合并实体可以在下游市场上通过提高价格或者减少产出来获取利润;第二,对上游市场的损害。只有当上游市场的产出中足够大的份额受到纵向合并影响,并导致收入减少时,合并才会损害上游市场的有效竞争。如果仍有相当数量的竞争者没有受到影响,这些竞争者就可以阻止上游市场价格的上升,进而保持下游市场价格水平不变。如果上游市场的竞争减少,影响到下游市场的大部分产出的话,就会导致下游市场上的价格水平大幅度提高,进而严重损害有效竞争。另外,当合并提高了潜在竞争者的进入障碍时,上游市场的有效竞争也会受到严重损害。例如,当客户封锁使这些潜在竞争者需要同时进入上游市场与下游市场才能进行有效竞争时,就可能对有效竞争造成损害,此时客户封锁与原料封锁可能同时存在。

除了原料封锁与客户封锁,非合作效应也存在其他情形,例如,合并实体可能接触到上游或者下游竞争对手关键的商业信息。合并实体一旦成为下游竞争对手的供货商,就有可能获得关键信息,从而不必再在下游市场上进行价格竞争,这对消费者是不利的,同时这也将其竞争者置于竞争劣势。

(2) 合作效应

合并可能改变竞争的性质,使得之前不曾有过合作行为的企业变得非常倾向于合作,以便提高价格或者损害竞争。纵向合并的合作效应主要有三种情形:第一,纵向合并使得上游与下游的公司更容易就合作条件达成一致。例如,当纵向合并形成了封锁时,市场上竞争对手的数量便会减少,一般而言,竞争者数量减少会使得剩下的竞争者之间更容易达成合作。第二,纵向合并能够改善公司之间的信息对称状况和增加市场透明度,使竞争者之间更容易就合作条件达成一致,进而增加合作的可能性。第三,纵向合并可能消灭市场上独来独往的竞争者。所谓独来独往的竞争者,是指基于自身原因不愿意接受合作结果从而维护了竞争激烈程度的供货商。如果他们接受了纵向合并,则很可能失去独立行动的能力,从而不再能够阻止合作的形成。

2. 混合合并的反竞争效果

(1) 非合作效应

混合合并的非合作效应的最主要体现也是封锁,合并实体可能在一个市场上运用其市场力量,封锁另一个市场上的竞争者。封锁最快速的方式是,把不同市场上的产品关联起来进行有条件的销售,最直接的就是搭售(tying)

与捆绑销售(bundling)。

捆绑销售一般是指合并实体销售产品和对产品进行定价的特定方式。按照其方式不同,可以分为纯粹捆绑与混合捆绑。纯粹捆绑中,产品仅按固定的比例一同销售。混合捆绑中,产品既可以一同销售,也可以单独销售,但单独销售时的价格要比捆绑销售的价格高。同时购买多种产品时给予折扣通常也被视为混合捆绑。[11] 搭售通常指客户在向生产商购买一种货品(搭售货品)时还被要求购买另一种货品(被搭售货品)的情形。搭售可以基于技术性基础或者合同性基础发生。例如,当搭售产品在设计上只有通过被搭售产品时才能起作用,就发生了技术性搭售。合同性搭售指客户在购买搭售产品时承诺只购买被搭售产品(而不是其他竞争者提供的可替代性产品)。

一般来说,搭售和捆绑销售没有反竞争后果。企业借助搭售和捆绑销售可以向客户提供更好的产品或者提高产品的性价比。但是,在某些情况下,这些做法会削弱实际或者潜在竞争者的竞争能力或意愿,减轻合并实体的竞争压力,使他们有可能提高价格:搭售和捆绑销售有可能大幅减少生产单一产品的竞争对手在市场上的销量。在某些行业中,如果销量下降非常严重,将会削弱竞争对手进行竞争的能力和意愿。结果就是合并实体在被搭售、被捆绑的产品的市场中获得市场力量,或者在捆绑产品的市场中保持市场力量。特别是当封锁使潜在竞争者在该市场上的销量低于最低获利规模时,可能会阻止潜在竞争者进入,从而损害有效竞争。当然,只有当合并造成的封锁会对足够大的市场产出影响时,合并才可能对有效竞争造成严重损害。如果任一市场上还存留着有效的单一产品竞争者,即使数量极少,只要这些竞争者既有能力也有意愿扩大产出,那么混合合并不大可能损害竞争。

(2)合作效应

欧盟委员会认为,《横向合并评估指南》第四节的规定可以直接适用于对混合合并的合作效应的评估,因此在《非横向合并评估指南》中对这一问题的规定比较简略。根据《横向合并评估指南》第四节,合作效应可以通过以下方式来实现:第一,协议使价格保持在竞争水平之上;第二,限制生产或者新生能力进入市场;第三,划分市场,例如通过地理区域或者其他顾客特征来划分市场,或通过在投标市场分配合同来划分市场。

3. 反竞争效果的分析方法

欧盟委员会在分析非横向合并的非合作效应,特别是封锁效应时,采用

---

⑪ 混合捆绑与纯粹捆绑的差别往往不明显。如果单个产品的价格很高,则混合捆绑就非常接近于纯粹捆绑。

了“三步分析法”:第一步,分析合并后的实体是否有实施封锁的能力;第二步,分析合并后的实体是否有实施封锁的动机;第三步,分析封锁是否会对有效竞争造成严重阻碍。只有同时具有实施封锁的能力与动机,并会对有效竞争造成严重阻碍,这一项非横向合并才可能被禁止。[12]

(三)非横向合并的抵消因素

抵消因素是指企业合并中存在的、对市场有效竞争有利的因素,抵消因素可以减轻甚至抵消非横向合并造成的反竞争效果,在对非横向合并进行评估时必须给予充分考虑。欧盟《非横向合并评估指南》中明确指出,评估竞争效果时必须考虑到抵消因素,包括买方力量,市场进入,以及合并合方所享受到的效率改进,并说明抵消因素的具体适用参考《横向合并评估指南》的相关规定。

1. 买方力量

合并后的企业即使拥有较高的市场份额,但如果消费者拥有抵消性买方力量,那么非横向合并则可能不会对有效竞争造成严重阻碍,尤其是通过一定程度的独立于消费者的行为。买方力量的重要来源是如果供应商决定抬高价格或降低质量,则消费者在合理时间内一定能够通过转向替代供应商来对之进行威胁。如果购买者能够立即转向其他供应商,他们很可能纵向融入上游市场,或帮助上游市场中的竞争者扩张,或帮助潜在的竞争者进入上游市场。经验丰富的大型消费者比分散产业中的小企业更有可能拥有这种抵消性买方力量。购买者还可以通过拒绝购买供应商生产的其他产品,以及拖延购买等方式来运用其抵消性买方力量。

在一些情况下,购买者运用其买方力量的动机非常重要。例如,如果竞争者能够通过降低进货成本来进入新市场以获利,那么下游企业可能不会愿意进入新市场。如果仅能确保一部分拥有特殊议价能力的消费者不受合并后的高价的影响,那么买方力量还不足以抵消合并的潜在不利影响。这是因为如果两个供货商的合并能够排除一个可靠的替代供应商,买方力量就会被减弱。

2. 市场进入

新竞争者进入相关市场也会对合并的反竞争效果起到抵消作用。如果

---

[12] European E&M Consultants, *Economic Assessment of Non-horizontal Mergers Guidelines of the European Commission*, Competition Competence Report, 2007, pp. 211-217.

合并实体在合并后的相关市场上仍然面临充分的市场进入，即仍将面对众多现实的与潜在的竞争者，则不会提高价格或降低产量。市场进入要有效地制约合并的反竞争效果，应当满足以下条件：

第一，可能性，即潜在竞争者必须能够进入相关市场。进入的可能性主要从新竞争者的盈利能力来考虑。考虑到现有企业的可能反应，进入必须是足够盈利的。当其他市场的供应者已经拥有了可以用于进入相关市场的生产设施时，市场进入是尤其可能的。另外，这种可能性不能仅限于一般的可能性，而应当具有现实的可能性，并且有关企业愿意进入相关市场。

第二，及时性，即潜在竞争者进入市场的时间要足够短。欧盟一般考虑在两年内可以完成从初订计划到对市场产生显著影响的进入；对那些已经在相关市场上运作的企业的确认一般给予一年的反应时间。由此可见，潜在进入者要比已经在相关市场上运作的企业需要更多的时间。潜在进入者或者新进入者需要了解和评估新的市场机会、开发产品和制订营销计划、建立工厂、申请相关资质，并达到足够的销售水平来阻止消除实质性的价格上涨。因此及时性要求会依据具体情况、动态发展和相关市场的特点不同而有所不同。例如，在根据长期合同进行销售和采购的产品与服务市场上，买方可能不会立即受到合并反竞争效果的影响。这种情况下，关于相关时限的竞争分析一般从这些合同到期的时间开始。

第三，充分性（或有效性）。欧盟通常会把市场分为几个部分，如果进入的市场和合并方所处的市场不是同一个市场，那么欧盟就不会认为这种进入是充分有效的。市场进入在其性质上、规模上和范围上也必须是充分的，从而有效阻止或抵消反竞争的影响。即使有利可图的进入也可能不是充分的，如果新进入者能够竞争的业务量非常小或者很孤立，那么合并企业仍然能够在相当大的市场比例上盈利性地提高价格。这种情况可能由多种原因引起，例如，进入者仍然缺乏达到约束合并企业所需销售规模而需要的资产，或者进入者受到地理上的限制，或者进入者的产品缺乏吸引大量消费者所需要的质量或其他特点。进入还必须能够充分阻止或抵消特殊的竞争影响。并购可能的竞争影响在相关市场上并不是统一的，进入者必须能够对局部化的竞争影响作出反应。

3. 效率改进

欧盟《非横向合并评估指南》指出，只要委员会有足够证据证明合并带来的效率改进可以使合并实体更有效，也更有动力支持竞争、造福消费者，而且可以判断这些效用足以抵消合并对有效竞争造成的消极影响，尤其是可能抵消合并对消费者造成的损害,那么合并就不会被禁止。效率抗辩必须满足三个条件:一是这类效率的改进必须使消费者受益;二是效率的改进是合并所产生的;三是有效率的改进必须能够得到验证。欧盟《非横向合并评估指南》重点分析了纵向合并可能带来的效率改进:

第一,纵向合并可以消除双重加价影响。合并前,由于合并各方都实行独立定价,各方都为了追求更大的利润,就有可能造成"双重加价";而纵向合并使得合并实体可以将这些双重加价进行内部整合。如果市场条件配合,因合并而减少的加价便可以使纵向合并后的企业得以在保证利润的前提下扩大下游市场的产能。需要注意的是,双重加价问题在合并前并不总是存在,或者不是很显著。一方面,纵向合作或纵向协议可以部分消除双重加价问题。另一方面,当原料供应受到产能的限制,并对原料存在一个等量的可盈利替代方案时,合并不会全部消除双重加价。

第二,纵向合并进一步允许合并各方更好地协调生产和分销环节,从而降低库存成本。一方面,纵向合并可以使供应方稳定销售渠道,另一方面,纵向合并也可以使购买方稳定原材料、半成品或者产品的来源,从而节约交易成本,提高企业的生产效率。例如,在 M3868 DONG/ELSAM/ENERGI E2⑬ 一案中,DONG 有稳定的天然气供应,但是客户一般仅仅在冬天需要天然气,因此只能通过储藏天然气来解决这一问题。另一方面,ELSAM 和 E2 使用天然气发电,但是它们同时也使用其他能源,如煤、石油、木柴等,从而产生了合并的潜在可能性,即通过发电站发电达到实质上储存天然气的目的,夏天使用天然气发电,而冬天使用其他能源。

第三,纵向合并可以协调合并各方在开发、生产和推销新产品上进行投资的动机。例如,如果下游分销商发现自己在上游产品营销、宣传上游产品质量方面投入的资金可能会对其他下游企业有利的话,它便有可能不愿意进行这类投资。而纵向合并则可以避免出现这种情况。

当然,混合合并同样也具有消除双重加价影响的作用。另外,混合合并的独特之处在于它可能通过节省成本而产生规模经济,从而在货物供应方面产生内在优势。例如,某些零部件捆绑在一起销售会比单独销售更有效率;如果互补产品之间的兼容性得到改善,那么对消费者就更有价值。此外,混合合并可能带来的效率还包括质量保证。合并后,当互补产品的一部分出现质量问题时,不会出现无法确认责任方的情况。混合合并也可能将外部经济

---

⑬ Case COMP/M. 3868, Commission decision in March 14, 2006.

效果内部化,促进对科研的投资与发展。另外,互补产品各个部分质量提高,其生产者都可以获得利润。

三、对欧盟《非横向合并评估指南》的评价

(一) 欧盟非横向合并规制制度的特点

1. 非横向合并评估标准的多元化

以往欧盟委员会以市场份额作为衡量市场集中度的唯一指标,这使得它无法很好地处理非合作效应的情形,引起了许多非议与责难。《非横向合并评估指南》中除了继续采用市场份额标准外,还引入了 HHI 指数。此外,其他与合并企业有关的具体因素也是欧盟委员会在评估一项非横向合并时所应当考虑的。具体来说,这些因素包括:合并一方很可能在不久的将来急速扩张;市场参与者之间存在重大的交叉持股或交叉担任董事的情形;合并一方非常有可能扰乱合作行为;合并企业之间以往或者现在存在合作行为,或者将来会为合作行为提供便利。同时欧盟委员会还应当结合市场进入、买方力量、效率抗辩等抵消因素综合分析非横向合并对竞争的影响。总之,市场份额不再是判断一项合并反竞争性的唯一指标,而只是评估合并对竞争的影响的分析起点。

2. 对非横向合并的控制宽严适度

欧盟《非横向合并评估指南》颁布之初,理论界提出了一些质疑:部分经济学家担心《非横向合并评估指南》对效率因素关注不够,对反竞争效果的界定范围过宽、重视过度,指南有可能产生过度威慑的负面作用,从而矫枉过正,损害消费者福利。[14] 但事实上,自欧盟《非横向合并评估指南》颁布以来,受到欧盟委员会审查的非横向合并最终都获得了通过,包括 Google/DoubleClick 案, TomTom/Tele Atlas 案,Nokia/Navteq 案等。这一系列执法实践表明,欧盟《非横向合并评估指南》对非横向合并的控制是宽严适中的。在该指南的指引下,欧盟委员会对非横向合并的审查非常慎重,该指南使欧盟委员会的执法判断更为准确,不会错误地禁止有利于效率的非横向合并。

3. 法律制度具有较高的可预期性

《非横向合并评估指南》详细说明了非横向合并可能产生反竞争效果的

---

⑭ Peter J. Edlind, *US Lawyers Criticise EU's Guidelines on Non-Horizontal Mergers*, Thomson Financial News, September 27, 2007.

情形，并明确了非横向合并反竞争效果的分析方法，同时对抵消因素加以考虑，为企业界以及欧盟委员会评估非横向合并的竞争效果提供了稳定的法律的指导，提高了可预期性，使企业知道什么可为、什么不可为。SIEC 标准也明确界定了欧盟委员会的职权范围，能够有效避免委员会过去对 MD 标准随意作扩大解释的不足。

（二）欧盟《非横向合并评估指南》的对内意义与国际影响

欧盟《非横向合并评估指南》是欧盟企业集中控制立法的最新成果，在国际上也引起了巨大反响。无论是对于欧盟自身，还是对于国际企业集中反垄断立法都具有重要意义。

1. 欧盟《非横向合并评估指南》的对内意义

首先，该指南的出台使得欧盟企业集中控制立法得以完善。在 2004 年欧盟实施企业集中控制立法改革之前，有学者认为欧盟企业集中控制制度在完整性和完善程度上仅次于美国，随着 2004 年合并条例及其配套实施细则的付诸实践，欧盟企业集中控制法律制度无论是在体系上还是在内容上，都与美国趋同。而 2007 年欧盟《非横向合并评估指南》的颁布，可以说使得欧盟企业集中控制法律体系在许多方面已经超越了美国。该指南在对非横向合并反竞争效果的分析方面，通过详细列举方式对不同情况加以区分，并全面考虑了三种抵消因素，使得反竞争效果分析所应考虑的因素比美国 1984 年《合并条例》中对非横向合并的规定更加科学、全面、系统、完整和清晰。

其次，该指南的出台加强了对反垄断执法机构的指导。欧盟《非横向合并评估指南》建立了一个具有一致性的关于非横向合并竞争效应的理论分析框架，明确了禁止一项非横向合并的适用条件，从而提高了执法的科学性和一致性；指南所采取的三步分析法也便于执法机构进行实际操作。

最后，该指南的出台进一步促进了欧洲市场的一体化。欧盟竞争法具有特殊目的，它与一般国家反垄断法不同，其主要目的不仅仅是为了取得与竞争有关的一般利益，如维护市场竞争秩序、为消费者争取较低的价格和技术让步等，更主要的是为实现统一欧洲市场或欧洲一体化这一特殊目的服务。[15] 因此，欧盟的竞争法侧重于对纵向合并行为的限制，因为它们是跨国

---

⑮ 〔美〕戴维·格伯尔：《二十世纪欧洲的法律与竞争》，冯克利、魏志梅译，中国社会科学出版社 2004 年版，第 416 页。

贸易最明显的障碍，制造商能够利用排他性的批发网络保护自己不受同类进口商品的影响，从而通过私人手段，有效地重新建立欧盟试图消除的贸易壁垒，分割和保护国内市场，这与市场一体化的价值理念格格不入。而《非横向合并评估指南》有助于消除贸易壁垒，增加欧洲市场上实际的和潜在的竞争者，从而为消费者带来好处，并有利于推进欧洲一体化进程。

2. 欧盟《非横向合并评估指南》的国际影响

欧盟《非横向合并评估指南》为包括美国、澳大利亚和我国在内的世界各个国家与地区提供了立法借鉴。

美国理论界对于欧盟《非横向合并评估指南》给予了高度关注。理论界普遍认为，该指南有以下两点值得美国借鉴：一是欧盟在评估非横向合并的竞争效果时所采取的三步分析法，即"能力—动机—对竞争的消极影响"；二是该指南大量引用了经济学理论观点，与之相比，美国1984年《合并指南》中对经济学理论观点的反映不多。前美国联邦贸易委员会主席Robert Pitofsky表示，美国1984年《合并指南》对纵向合并可能产生反竞争效果的情况的阐述非常有限，与1992年《横向合并指南》的巨大的影响力相比，纵向合并完全被忽略了。前美国联邦贸易委员会理事Leary也表示，纵向合并可能以1984年《合并指南》没有预料到的方式损害有效竞争。美国有舆论认为，1984年《横向合并》既没有准确反映出现在的经济理论，也没有反映出欧盟《非横向合并评估指南》所研究的纵向合并与混合合并理论，因此，指南对合并是否可能实质损害竞争的分析框架应该作出修改，至少在纵向合并方面应该如此。[16]

在反垄断立法上一贯注意与欧美立法保持一致的澳大利亚，于2008年11月颁布了最新的《合并指南》以取代1999年的《合并指南》，其中关于非横向合并的规定，其分析框架与欧盟《非横向合并评估指南》非常相似，借鉴的痕迹十分明显。

欧盟《非横向合并评估指南》对我国反垄断法的完善尤其具有借鉴意义。欧盟虽然包括英国、爱尔兰普通法系成员国，但绝大多数成员国都是大陆法系国家，而且欧共体的六个创始成员国都是大陆法系国家，其法律体系深受罗马法影响，强调以成文法方式实现法治。我国自清末以来，立法深受大陆法系的影响，研究欧盟企业集中规制法律制度，有利于移植或借鉴与我国有类似法律背景的欧盟企业集中规制立法。当然，欧盟也非常重视判例在立法及司法实践中的作用，以弥补成文法的不足，对我国司法实践同样具有

---

⑯ James Langenfeld, Non-horizontal Merger Guildelines in the United States and the European Commission: Time for the United States to Catch Up? *George Mason Law Review*, Summer, 2009, pp. 54-58.

示范效应。众所周知,我国《反垄断法》在许多方面借鉴了欧盟的经验,对限制竞争协议、滥用市场支配地位、企业合并行为以及行政垄断进行规制。同时,我国《反垄断法》在企业合并的定义及类型上强调控制权取得这一实质,从而采用了"经营者集中"这一概念,在管辖权上主张域外法律适用,在程序控制上划分为两阶段审查,在申报标准上坚持以销售额为计算合并当事人规模大小的标准,这些规定都在一定程度上借鉴了欧盟《合并控制条例》的相关内容。因此,对欧盟《非横向合并评估指南》的研究分析,有助于我国更加系统和有效地移植或借鉴欧盟企业集中控制立法经验。另外需要明确的是,对企业非横向合并进行控制与我国鼓励企业通过合并提高特定产业集中度、增强国际竞争力的产业政策并不矛盾,相反,通过反垄断审查,将非横向合并可能产生的反竞争效果,尤其是外资并购对我国企业带来的不利影响予以铲除,有利于净化市场竞争环境,维护有效竞争秩序。

四、欧盟《非横向合并评估指南》对我国的借鉴意义

(一)我国有必要构建专门的非横向合并规制制度

由于非横向合并对于竞争的消极影响并不十分明显甚至有些隐秘,且各国竞争法对于非横向合并的处理并没有像横向合并那样达成一致的严格控制态度和可资遵循的大致标准,因此在我国理论界与实务界,对非横向合并的认识不一,甚至不少人认为非横向合并特别是混合合并不会危害竞争。而实际上,正如欧盟立法所反映的,非横向合并在一定条件下也会产生反竞争效果。因此,需要在竞争法中界定能够妨害竞争的非横向合并的范围,规定禁止非横向合并的条件,使得执法实务中有法可循。

我国在非横向合并无害于竞争这种偏差理论的指导下制定的《反垄断法》之经营者集中控制制度,包括《关于经营者集中申报标准的规定》[17],把横向合并和非横向合并不加区分统称为经营者集中,经营者集中申报的标准不

---

[17] 该规定的核心内容反映在第3条和第4条。其中第3条规定:经营者集中达到下列标准之一的,经营者应当事先向国务院商务主管部门申报,未申报的不得实施集中:

(1)参与集中的所有经营者上一会计年度在全球范围内的营业额合计超过100亿元人民币,并且其中至少两个经营者上一会计年度在中国境内的营业额均超过4亿元人民币;

(2)参与集中的所有经营者上一会计年度在中国境内的营业额合计超过20亿元人民币,并且其中至少两个经营者上一会计年度在中国境内的营业额均超过4亿元人民币。

营业额的计算,应当考虑银行、保险、证券、期货等特殊行业、领域的实际情况,具体办法由国务院商务主管部门会同国务院有关部门制定。

加区别统一规定。表面上看起来立法者乃至执法者把横向合并和非横向合并在反垄断法上作同等看待[18],事实上法律的不加区别之规定恰恰说明立法者没有考虑到非横向合并对竞争也具有危害性,易言之,这里的“经营者合并”立法本意上本来就单指横向合并而没有顾及到非横向合并。[19] 所以说我国反垄断规制制度对于非横向合并实质上形成明显的立法缺漏。这与国际立法潮流是相悖的[20],对维护我国市场竞争环境也是不利的。

欧盟《非横向合并评估指南》为我国构建非横向合并规制制度、完善经营者集中控制制度提供了有效的立法参考。对于在企业合并的反垄断法控制方面极端缺乏实际经验的我国而言,更应当充分重视对非横向合并的审查。鉴于与横向合并在诸多问题上的区别,笔者认为,不论是借鉴欧盟的做法单独制定《非横向合并评估指南》,还是像美国、澳大利亚一样,将非横向合并与横向合并共同规定在《合并指南》中,但对其明确区分分析标准,均为可行。如果以没有实际经验为由,作出太过粗略的规定,或者根本不予涉及,仅仅将横向合并列入审查,势必造成对市场经营主体的不公。更重要的是,立法的粗疏极有可能反被国内外野心勃勃的大企业利用,让一部分过度或不当的经营者集中不能受到法律的有效规制,从而损害市场有效竞争和消费者福利。因此我们不能忽视非横向合并的法律控制,需要根据我国国情制定行之有效的规定。

---

⑱ 笔者在2010年的“亚洲竞争法论坛”上有机会与我国商务部反垄断局尚明局长进行过交流,尚局长认为我国反垄断法律法规没有区分横向集中(合并)和非横向集中(合并),正是说明我国执法机关不是不管非横向集中(合并),只要是妨碍竞争的集中(合并),商务部反垄断局就一视同仁。

实际上法律规定和执法的同等看待是值得商榷的,因为横向合并对竞争的破坏性要直接和大得多,法律对其规制的态度须更为严厉;而非横向合并有利有弊,且对竞争的影响具有间接性和隐蔽性,对其反垄断规制更应当强调效率抗辩、更倚重合理原则、在申报标准上比横向合并的标准要高。

⑲ 主持了我国《反垄断法》制定工作的国务院法制办张穹副主任,在其所著的《反垄断理论研究》一书(中国法制出版社2007年版)中论述“禁止经营者集中”部分,根本没有提及非横向合并(纵向合并和混合合并)的概念,对其可能限制竞争的集中进行反垄断规制也就更无从谈起,这就很好地说明我国立法者“疏忽”了非横向合并的反垄断规制问题。

⑳ 2007年11月欧盟《非横向合并评估指南》的出台、2008年11月澳大利亚包含非横向合并规制内容的《合并指南》的颁布,以及已经列入美国反托拉斯法现代化计划,并即将启动的非横向合并规制改革(即加强对非横向合并的反垄断规制),都说明提高对非横向合并的反垄断规制力度已成为全球反垄断法的一个发展趋势。

（二）我国对非横向合并的规制应宽严适中

非横向合并不像横向合并那样对市场竞争造成直接损害，合并产生的规模效应会促进效率的产生，但也会对有效竞争造成损害，进而损害消费者利益。随着我国经济的快速发展和经济全球化的加速，在强调对企业非横向合并进行规制的同时，也不能忽视国际竞争力这个因素，对于外向型企业以提高国际竞争力为目的的企业合并，就应当适度放宽规制标准，以应对不断发展的国际经济形势；另外，如果非横向合并属于经营不善甚至濒临破产的小企业的兼并，那么这些兼并对市场竞争结构一般不会产生很大的影响，反而有利于社会整体利益，依据国外的“破产企业原则”，这类企业合并行为也不会被规制。[21]

有鉴于此，我国的非横向合并的法律规制，应秉承经济法的适度调节与适度规范的理念[22]，在权衡非横向合并的经济效率和限制竞争的利弊分析中，肯定利大于弊的合并，鼓励企业发展规模经济和增强国际竞争力；反对弊大于利的集中，维护市场竞争和消费者利益。具体而言，在低纬度的竞争市场积极进行产业的纵向整合，发展多元化的规模生产；在市场集中程度高，或任由内外资企业并购会导致市场产生垄断的情况下，才有非横向合并控制规则的适用余地。在对非横向合并进行审查时，应较横向合并分析过程更加谨慎，只有在特定的情况下，通过严格分析，在有确实的事实支持的情况下加以规制。尤其是对可能被禁止或附加条件的合并，应经过完整透明的分析，更好的保障健康有效充满活力的竞争秩序。

（三）我国企业非横向合并规制制度的具体制度设计

1. 完善非横向合并规制的实体控制标准

我国《反垄断法》对经营者集中的实体控制标准作了规定：“经营者集中具有或者可能具有排除、限制竞争效果的，国务院反垄断执法机构应当作出禁止经营者集中的决定。但是，经营者能够证明该集中对竞争产生的有利影响明显大于不利影响，或者符合社会公共利益的，国务院反垄断执法机构可以作出对经营者集中不予禁止的决定。”由此可见，我国经营者集中的实体控制标准为“具有或者可能具有排除、限制竞争效果”，并将“对竞争产生的有

[21] 鲁晓燕：《企业合并中的反垄断规制》，载《法制与社会》2008年第2期。

[22] 孙晋：《论经济法的基本原则——以实证主义分析方法》，载《经济法论丛》（总第五卷），法律出版社2005年版。

利影响明显大于不利影响，或者符合社会公共利益”作为经营者集中审查的抗辩理由。

事实上，我国《反垄断法》所规定的实体控制标准极为模糊，在执法实践中并不具有可操作性。这一标准对排除、限制竞争的程度未作规定，所涉及的经营者集中范围太过广泛。一般来说，任何正常合理的企业合并在一定意义上都会具有排除、限制竞争的效果，这是市场激励机制的源泉。而无论是欧盟还是美国的控制标准，都对限制竞争的程度作了规定，欧盟的 SIEC 标准强调“significant”，美国的 SLC 标准强调“substantial”。[23] 因此我国在构建非横向合并规制制度时，其实体控制标准还需要进一步明确排除、限制竞争的程度。具体来说，欧盟的 SIEC 标准与美国的 SLC 标准只在表述上有所差异，并无实质区别，鉴于我国与欧盟大多数成员国同样属于大陆法系，且《反垄断法》在很大程度上借鉴了欧盟立法，因此我国的非横向合并控制标准可考虑采用欧盟的 SIEC 标准。

2. 确立以经济分析方法为主的实体分析方法

企业行为首先是一种经济现象，其次才是一种法律现象。因此，在没有对作为经济现象的企业行为的属性及其经济意义进行科学分析之前，是无法对企业行为进行科学规制的，否则可能淡化甚至削弱反垄断法的主题。[24] 反垄断法涉及的问题，如市场、竞争和垄断等，都与经济学密切相关，因此，经济学理论影响着反垄断法立法，经济学分析在反垄断审查中具有重要作用。

欧盟、美国、澳大利亚在非横向合并规制中皆引入了经济学分析方法，这对于我国有着极大的借鉴意义。经济学是一门不断发展的学科，分析方法不断翻新，各种数量模型和经验研究都有助于提供企业合并案件分析的准确性。

第一，对非横向合并的审查应当改变单纯从法律视角进行定性分析的做法，而要确立经济学定量分析方法的主导地位。这就意味着执法机构不仅要采取法学的方法进行非横向合并规制的法律分析，还要学习欧盟专门设立首席经济学家对合并案提出独立经济分析报告的经验[25]，在合并的控制机构以及法院中配备通晓反垄断经济学的专家，以适应进行大量严密的数理分析的

---

[23] 欧盟和美国在实践中一般会通过判例的形式，对“significant”或者“substantial”结合案件事实作出界定。

[24] 胡甲庆：《反垄断法的经济逻辑》，厦门大学出版社 2007 年版，第 2 页。

[25] 2002 年，欧盟委员会在竞争总局中设立了首席经济学家这一职位，其职责就是为每起合并案件提供独立的经济评价报告。

需要。同时,不断发展的经济学科,使我们可以与时俱进,不断采用新的经济学分析方法,提高对企业合并竞争效果分析的准确性。㉖ 目前博弈论、信息经济学、实验经济学和各种计量经济模型已经广泛应用于反垄断研究,我国的反垄断研究者必须加强这方面的训练和积累,以应对未来可能出现的各种复杂案件。

第二,我国对非横向合并合并的规制,应当明确以事实证据作为审查的必要条件。事实分析与经济分析应当相互呼应,在事实证据的论证中充分套用相关经济学分析模型,对应经济模型寻找相关证据,如果证据不能充分证明一项非横向合并将可能导致反竞争效果,则应当许可这项合并——这是目前反垄断经济学最新的研究成果,也是欧美等发达国家已经开始全面实行的竞争分析方法。事实基础上的竞争分析与以往推定为主的分析模式相比,减少了反垄断执法的不确定性,可以更为准确的评判出合并的反竞争效果,从而使反垄断当局审查的风险大大降低,尤其是在非横向合并领域,更应当慎之又慎,以免推定的竞争分析损害了效率,造成对合并错误的禁止。㉗

3. 明确非横向合并的抵消因素

我国《反垄断法》对经营者集中审查中的抵消因素规定得非常模糊。《反垄断法》第 27 条列举了六项审查经营者集中应当考虑的因素;第 28 条又将"对竞争产生的有利影响明显大于不利影响"以及"符合社会公共利益"作为经营者集中的抗辩理由之一,这样的规定实际上存在一定缺陷。

其一,"对竞争的有利影响明显大于不利影响"这一表述并不严谨。这里所谓的"不利影响",应当是指排除、限制竞争。然而,一项合并只要具有排除、限制竞争的效果,这就是对竞争的损害,就是对竞争不利的,如何存在既排除、限制了竞争,又有利于竞争的情形呢? 笔者认为,"对竞争的有利影响明显大于不利影响"这一表述应该是对欧美立法中"效率"这一概念的借鉴,既然如此,笔者建议直接采用"效率"这一更为准确、科学的表述。

其二,《反垄断法》第 27 条列举的六项因素为反垄断执法机构应当考虑的因素,第 28 条又规定了经营者应当主动提出证明的抗辩理由,那么两者有什么区别? 为何要作这种区分? 不免在实践中让人产生疑惑。

欧盟《非横向合并评估指南》明确提出了买方力量、市场进入与效率抗

㉖ 王中美:《关于兼并中反垄断规制的经济学与法学分析——美国反托拉斯法的经验》,载漆多俊主编:《经济法论丛》第 14 卷,中国方正出版社 2008 年版。

㉗ Michael L. Katz, Howard A. Shelanski, Mergers and Innovation, *Antitrust Law Journal*, Vol. 74, 2007.

辩三项在对非横向合并进行评估时必须考虑的抵消因素，并详细限定了这些抵消因素的适用条件与判断规则[28]，这值得我国立法借鉴。我国在制定非横向合并的规制规则时，应当对抵消因素进行罗列，并对其适用条件与判断规则进行详定；此外，抵消因素应当着重考虑对评估竞争效果有影响的方面，即着重于市场进入、买方力量与效率改进这三个因素。

㉘ 欧盟《非横向合并评估指南》中列举了这三项抵消因素，并说明其具体适用参见2004年《横向合并评估指南》的规定。

转型时期俄罗斯反垄断法的政策含义

邢　梅*

目　　次

一、引　　言

在完全没有政府干预的市场竞争机制以及完全由政府计划控制的计划经济体制下,是没有"竞争政策"的。因为,在完全没有政府干预的市场竞争机制下,体现不出"政策性";而在完全由政府计划控制的计划经济体制下,

---

* 邢梅,北京大学法学院博士研究生。

是没有“竞争”的。竞争政策的内容即是通过政策体现出的国家干预目的。作为上层建筑的政策都有“地方性”，一个国家政策的内容是与该国的经济、政治和社会现实状况密切相关的。因此，不同国家竞争政策的内容难以统一界定。同时，即使在同一国家，受经济发展状况的制约，其在不同时期的竞争政策的内容也可能会有所不同。不同国家的竞争政策和不同阶段的竞争政策都存在很大差异。通常来说，在市场经济国家，即使国情各不相同，各国也通常制定旨在保护竞争、促进竞争关系发展的经济政策，这些竞争政策在本质内容上具有相当程度的共性。以下将通过反托拉斯政策起源较早的美国的竞争政策的发展过程中所体现的特征，指出本文所采用的竞争政策的内容。

现代竞争政策的起源可以追溯到19世纪末，以美国《谢尔曼法》诞生为标志。当时美国的竞争政策主要体现为对“经济民主”和“社会公平”的追求。第二次世界大战后初期，哈佛学派(Edward Mason, Joe Bain)的SCP范式[①]带来了美国反垄断政策的“结构主义时代”，这一阶段的反垄断政策强调保护“公平竞争过程”，注重实现实质公平。从哈佛学派发展到芝加哥学派(Aaron Director, George Stigler)，美国反垄断政策发生了重大转变。芝加哥学派不提倡实质公平，而是将效率作为唯一的政策目标，提出竞争只是效率最大化的手段而不是反托拉斯政策的最终目的，主张“完全由经济效率导向”。[②]

与反垄断政策应该以效率为目标相联系的是，芝加哥学派同时将消费者福利最大化作为反托拉斯政策的目标，芝加哥学派的代表人物博克为了证明自己的观点研究了整个反垄断法的历史，特别是最早、最重要的《谢尔曼法》。他认为，国会的立法记录——从法案到辩论都清楚地表明“唯一的政策目的是提高消费者福利”。谢尔曼提议的法律与修改后通过的法律，都把“阻止充分与自由的竞争”和“提高消费者的费用”的这两类“安排、合同、协议、托拉斯以及合并宣布为非法”。竞争是保护消费者福利的手段。后来的克莱顿法与联邦贸易委员会法也认为其根本目的是“保护被垄断者肆意剥夺的消费者”。[③] 不难看出，美国反垄断法发展的历程表明，竞争政策的直接目

---

① 现代产业经济学的“结构—行为—绩效”分析范式(structure-conduct-performance)的简称，这一范式认为产业结构决定产业内的竞争状态，并决定企业的行为及其战略，从而最终决定企业的绩效。

② 参见辜海笑:《美国反托拉斯理论与政策》，中国经济出版社2005年版，第18页。

③ 吴玉岭:《契约自由的滥用和规制》，江苏人民出版社2007年版，第35页。

的是保护和促进竞争,其目标包括公平、效率和消费者福利,这也构成了竞争政策的内容。

竞争政策的含义范围要比竞争法广泛,也可以表现为促进资源有效配置的公共政策工具。竞争政策可以体现于竞争法的具体制度中,通过竞争法建立的竞争过程规则,来保证竞争的自由性、竞争手段的公正性、确保自由竞争的基本环境,同时,竞争政策是推动竞争法发展的基础力量,具有弥补竞争法对垄断规制不足的功用。在处于经济转型阶段的俄罗斯,促进竞争一直是俄罗斯国家转型过程中的重要举措,形成良好的竞争环境是俄罗斯的第二大经济任务。④ 俄罗斯的竞争政策是国家发展经济的重要手段之一。它不仅常常被用来调节宏观经济和作为对外资并购的约束,而且更多的是用来解决实践中的垄断难题,以效率、公平、消费者总福利为导向,推动特定行业改革,平衡市场主体利益,从根本上促进居民消费水平的提高。俄罗斯反垄断法的立法与实践对于竞争政策的研究具有重要的理论价值和现实意义,优势在于以下因素:俄罗斯的转型经济环境、反垄断法的适时修订、反垄断实践丰富、竞争法在国家法律调控中的重要地位以及联邦反垄断局的高度权威等等,这些因素决定了俄罗斯反垄断法是研究反垄断法政策含义的最为适宜的制度资源。从公平、效率、消费者权益保护的视角阐释俄罗斯反垄断法的现实基础和制度内容,不仅有利于深刻理解反垄断法的价值取向,而且可以通过具体制度内容呈现竞争政策与法律规则之间的内在联系。

二、转型时期俄罗斯反垄断法:发展与演变

俄罗斯在经济改革初期,即已建立了反垄断法律制度——1991 年制定的《关于在商品市场中竞争和限制垄断活动的法律》。该法运行 15 年后于 2006 年进行了全面的修改与完善,形成了以《俄罗斯联邦保护竞争法》为核

④ ФАС: ДОКЛАД о состоянии конкуренции в Российской Федерации, 2008. с. 4.

心的一个庞大的反垄断法律规则体系。[⑤] 除对一般性的经济垄断进行立法规制外，还对自然垄断、行政垄断和金融市场的垄断进行专门的立法，这些立法背后体现的政策含义——竞争政策是俄罗斯面对经济转型的法律回应。

1991年俄罗斯竞争法[⑥]是俄罗斯"休克疗法"路径留下的制度轨迹。休克疗法在本质上是政治主导下的经济改革，是以西方式的市场经济体制为目标的彻底改革，也是政府主导的强制进行的制度变迁。[⑦] 1990年，俄罗斯面临急剧的社会变革，在私有化过程中垄断势力迅速实现了股权集结。在这种情形下，俄罗斯竞争法应运而生，参照1890年谢尔曼法，并以欧共体竞争法为基础迅速颁行。此时的俄罗斯竞争法更接近于欧洲调整竞争关系的模式，对滥用市场权力的行为实施监管，同时在禁止垄断方面又具有美国模式的痕迹：确切地说，美国不承认垄断的合法性，但在司法实践中，根据审查垄断者的行为是否具有垄断的意图，将垄断分为合法的垄断和非法的垄断。[⑧]

此时俄罗斯的竞争政策集中体现为对垄断行为的规制。西方的反垄断制度需要在国内迅速施行，而国内又面临俄罗斯高度的垄断状态和垄断力量急剧增长的严峻形势，俄罗斯反垄断政策在执行的过程中得到不断的发展和拓新。1991年俄罗斯竞争法针对多个市场主体联合实施垄断行为的现象先后多次作出修订，对不同主体之间的关联关系进行实质性审查，并且提出对"间接影响竞争关系"的行为进行规制，加大力度遏制垄断集团的形成。但

---

⑤ 除针对自然垄断、联邦反垄断局职权的单行立法以外，主要包括《保护竞争法》的实施细则，如《关于联邦反垄断局行使在反垄断法规定的情形下协调设立和改组商业组织国家职能的行政规章》、《关于经营主体限制竞争协议是否符合反垄断法实施监督的行政规章》、《关于联邦反垄断局在适用反垄断立法不正当竞争部分时组建专家委员会的规章》、《关于特定商品市场份额超过35%的经营主体进行登记的行政规章》、《关于联邦反垄断局在审查违反反垄断法的案件和对经济集中实施国家监督时执行认定经营主体市场支配地位国家职能的行政规章》等。还有一些有关支配地位认定的程序方法的法律规范，例如，《关于对商品市场竞争环境状态的分析和评估程序的规则》、《认定有价证券市场金融组织支配地位的程序》、《认定在租赁服务市场上租赁组织的支配地位的程序》、《认定在银行服务市场上金融组织支配地位的程序》、《认定信贷组织市场支配地位的条件和规则》、《认定金融组织(信贷组织除外)市场支配地位的条件和规则》等。

⑥ 1991年俄罗斯出台了《关于在商品市场中竞争和限制垄断活动的法律》。该法主要内容为反垄断，也包括一些有关不正当竞争的规定。为了便于说明，本文将分别采用1991年俄罗斯竞争法或商品市场竞争法指称，以区别于2006年俄罗斯竞争法即《俄罗斯联邦保护竞争法》和1999年《金融市场竞争法》。

⑦ 李亚琴：《俄罗斯的私有化改革及其对我国国有企业改革的启示》，载《商业研究》2005年第9期。

⑧ Йошкар-Ола. "Антимонопольное законодательство: Мировой опыт и россий—ская практика". 2006. http://revolution.allbest.ru/economy/00039068_1.html.

是此时的俄罗斯竞争法一直处于立法分散、规则不完整、缺乏系统性和执行力的状态。对此，一些俄罗斯学者提出，应当根据俄罗斯的国情特点，吸收世界经验，特别是研究反垄断立法有着久远历史的美国经验，制定具体的法律实施细则。

与1991年竞争法对私有化过程的规制不同，2006年俄罗斯已经进入市场经济改革的深化阶段，俄罗斯私有化形成的垄断、计划经济时期的部分产业的垄断问题突出，同时市场上也形成了新的垄断势力。“自下而上”形成的垄断与“自上而下”形成的垄断同时存在。除此之外，来自国际市场力量的收购兼并又对国内经济安全提出了严峻的挑战。世界普遍的规制方法与俄罗斯特有的规则，都需要反垄断法具有很强的执行力，将其作为国家保护重要经济产业的手段，保护国家经济安全。

2006年俄罗斯竞争法已经不再照搬西方国家的反垄断立法经验，而是深入研究本国的经济发展特点，植根于反垄断执法实践，对本国经济、社会因素进行综合考量，将效率、公平、保护消费者利益、提高市场主体的竞争力等理念融入法律制度。这一时期的俄罗斯竞争法注重规则的完善，通过随后的《最高仲裁法院关于俄罗斯反垄断法适用若干问题的解释》(2008)、《联邦反垄断法第二修正案》(2009)、《联邦反垄断法第三修正案》(2010)以及系列规章的发布⑨，不断增强其合理性、规范性和可操作性。相应的法律规定更加理性，趋向于对制度运行效率的追求。这一时期俄罗斯竞争法的修改不仅是实质性的立法推进，而且不断进行反行政垄断的制度创新，很大程度上降低了反垄断的行政阻碍，在国民经济发展中发挥了举足轻重的作用。

与此同时，俄罗斯的反垄断执法实践也获得了很大发展。2009年反垄断机关审查的案件总数为9665件，是2008年案件总数的1.5倍、2005年案件总数的3倍。2009年《联邦反垄断法第二修正案》赋予联邦反垄断局对联邦主体国家提供偏向性优惠的法案进行审查和起诉的权利、国家和市政官员的职务撤销权、竞争资源分配权等，强化对行政机关的监管，并且联邦反垄断局将行政责任的追究作为2009年的工作重点。

---

⑨ 《联邦反垄断法第二修正案》即 Второй антимонопольный пакет，是针对反垄断规制的法律修订的集合，包括联邦保护竞争法、行政处罚法典、刑法典和其他法律规范的修订，其内容主要涉及强化卡特尔的规制手段、遏制滥用市场支配地位行为、降低行政阻碍三个方面。《联邦反垄断法第三修正案》即 Третий антимоно-польный пакет，强调经济自由主义，扩大了联邦反垄断局的独立调查权力。2010年1月该法案向社会公布并已提交国家杜马审议，目前尚未获得通过。

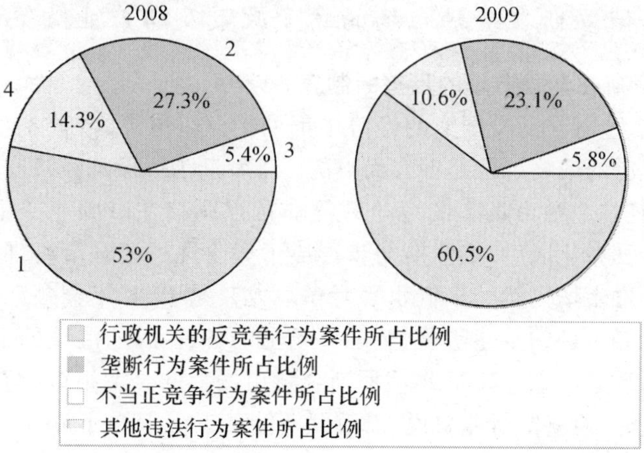

图1　联邦反垄断局披露的违反反垄断法的案件类型及比例

如图所示,行政机关的反竞争行为案件在2008年、2009年分别占审理案件总数的53%和60.5%,在联邦反垄断局年度审查的案件中占据重要比例。垄断行为案件位居其次,所占比例分别为27.3%和23.1%,不正当竞争行为案件比例分别为5.4%和5.8%,其他违法行为(如不依法提交申请、进行申报、提供信息等)的案件比例分别是14.3%,10.6%。[⑩]

三、俄罗斯反垄断法蕴含的国家战略意义

对于俄罗斯这种转型时期的国家而言,在进行国内改革的同时,也面临着重塑国际大国地位的国际战略任务。当处于国家战略的层面时,毫无疑问,各国的竞争政策都不会以动摇本国经济安全、削弱本国经济的国际竞争力为代价,而是力图保障本国经济安全并且提升本国经济国际竞争力,俄罗斯尤其面临这样的问题。俄罗斯竞争政策在保障本国经济安全、提升国际竞争力方面,具有俄罗斯浓厚的国情特色,正是体现了竞争政策与产业政策的协同性。

从俄罗斯反垄断法体现出的政策含义来看,俄罗斯在保障经济安全、提升国际竞争力方面的竞争政策,突出地体现在对金融市场、能源市场和其他部分自然垄断行业实施特殊的反垄断规制,重视效率优先的理念。

⑩　数据来源于俄罗斯联邦反垄断局(FAS)的官方网站 www. fas. gov. ru,2010年7月8日、9日在俄罗斯举行的《俄罗斯与美国反垄断法执行研讨会》的会议材料。

（一）俄罗斯在金融市场的竞争政策及与产业政策的协调

1. 俄罗斯在金融市场的反垄断制度

在当代，金融在所有国家的经济中都处于枢纽地位，金融业对于整个经济的发展具有的战略地位是不言而喻的。俄罗斯为了保障经济安全，提升国际竞争力，其在金融市场上的竞争政策非常强调与在市场上产业政策的协调。在实行私有化以后，俄罗斯初步形成了竞争性的金融市场，但是总体上俄罗斯的金融市场仍然处于低水平竞争。尤其是1998年金融危机以后，俄罗斯处于金融市场的重建阶段，金融市场上的各种无序、混乱的不正当竞争行为和垄断现象严重。2002年俄罗斯金融市场上的金融组织的数量已经达到1300多家。但就银行业来说，以俄罗斯储蓄银行（Сбербанк России）为首的五大银行形成俄罗斯金融市场上占据垄断性的优势地位。

1999年俄罗斯针对金融市场专门颁行了《保护在金融市场竞争的法律》，对俄罗斯的银行、保险、社会保险等领域的金融企业的限制竞争行为进行规制。在监管标准和监管手段都上突出了金融市场的特殊性。回应经济全球化形势下保护国家金融安全的需要，2006年俄罗斯将金融服务市场的反垄断规制统一纳入《俄罗斯联邦保护竞争法》，并将金融服务界定为金融组织提供银行、保险、证券、租赁合同服务以及有关吸收和（或）配置法人和自然人的资金的服务，从而形成保护竞争法对各个行业一体适用，实质性地提高了联邦反垄断机关的权威。⑪

俄罗斯竞争政策的一个主要方面是国家对商品和金融市场经济集中实施反垄断监督，包括事前监督和事后监督。有关事前监督的事项应当取得联邦反垄断当局的事先批准，而对于事后监督的事项则要求经营者将完成的交易或行为及时向联邦反垄断局备案，并规定经营者应当履行的具体程序。相对于滥用市场支配地位和垄断协议，经营者集中更多地体现了商品市场和金融市场监管规则的差异。例如，《俄罗斯联邦保护竞争法》第27条第1款第1项、第3项分别规定，下列情况必须事先经过联邦反垄断局的同意：（1）商业组织合并（金融组织除外），如最近一期资产负债表所示资产总值超过30亿卢布或者该组织（集团）在合并的前一日历年销售产品的总收入超过60亿卢布或者其中的一个组织因在特定市场上的份额超过35%而被列入经营主体的登记……（3）金融组织合并或一个金融组织加入另一个金融组织，如其

⑪ 《俄罗斯联邦保护竞争法》第4条。

最近一期资产负债表所示资产总值超过了俄罗斯联邦政府规定的数额(信贷组织的合并与联合的限额由俄罗斯政府会同俄罗斯联邦中央银行协商确定)。这些规则体现了金融组织的战略意义和涉及金融领域时国家机关之间的权力边界。

针对金融组织垄断行为的特殊性,俄罗斯竞争法在经营者集中、选拔金融组织、金融工业集团方面形成了对金融服务市场反垄断的特别规制。第一,为了便于对金融市场实施监管,俄罗斯竞争法对金融服务垄断性高价、垄断性低价和竞争性价格等概念进行了界定,并陆续出台银行、保险、证券、退休基金等一系列关于认定金融组织市场支配地位的方法规则,分别针对信贷组织和其他金融组织分别制定了资产规模和市场份额的确定方法。⑫ 这些概念和程序方法的规定为金融市场上的反垄断规制提供了前提性基础。第二,俄罗斯的金融组织合并或者对金融组织的股权、资产以及财产权利进行交易时应当向反垄断机关申请批准或者备案。如果金融组织的资产总值超过俄罗斯政府规定的限额,则金融组织的合并或者实施前述交易时应当申请联邦反垄断局批准。⑬ 相反,当金融组织的资产总值低于俄罗斯政府规定的限额时,则应向联邦反垄断局备案。第三,行政机关、自然垄断主体必须通过公开竞争或公开拍卖的方式选拔金融组织,为国家和市政需要,提供金融服务。⑭ 这样既可以保障政府采购、提供公共服务时金融组织之间的公平竞争,体现政府行政权力行使的公开透明,又在一定程度上促进俄罗斯竞争性金融市场的发展。第四,关于金融组织与企业之间关系的反垄断法规制,俄罗斯法律规定,金融组织以股权或者资产的形式出资设立商业组织的,应当获得联邦反垄断局的批准。⑮ 这样金融组织与商业组织之间的交易关系和所形成的特定组织形式都由反垄断法调整。

此外,俄罗斯联邦反垄断局具有高于一般行政机关的权力,有权对俄罗斯联邦中央银行所实施的阻碍、限制和排除竞争的行为进行规制。与此同时,《俄罗斯联邦保护竞争法》规定,联邦反垄断机构与俄罗斯联邦中央银行

---

⑫ 主要包括俄联邦反垄断局制定的《认定金融组织(信贷组织除外)市场支配地位的条件和规则 N359》、《认定信贷组织市场支配地位的条件和规则 N409》以及俄联邦政府发布的《关于实施反垄断监督确定金融组织(信贷组织除外)资产规模和在商品市场总份额的决议 N334》、《关于实施反垄断监督确定信贷组织资产规模和在商品市场总份额的决议 N335》。

⑬ 《俄罗斯联邦保护竞争法》第 27 条第 1 款第 3 项。该法第 29 条规定,信贷组织合并的限额由俄罗斯联邦政府会同俄罗斯联邦中央银行协商确定。

⑭ 参见《俄罗斯联邦保护竞争法》第 18 条。

⑮ 《俄罗斯联邦保护竞争法》第 27 条第 1 款第 5 项。

协商确定金融组织经济集中的限额、垄断高价和垄断低价的确定方法。通过明确规定俄联邦反垄断局与俄联邦中央银行之间的监督与协商机制，协调这两个机构之间的权力关系。

2. 俄罗斯反垄断法对金融工业集团的立场

金融工业集团是在俄罗斯私有化过程中形成的金融组织和商业组织相结合的企业组织形式，在俄罗斯的经济发展中具有十分重要的作用，特别是在俄罗斯激进改革阶段成长起来的金融工业集团成为深刻影响国家政治、经济转型的强大力量。它植根于特殊的政治、经济土壤之中，是激进改革和特殊的私有化政策的产物，所以一直受到俄罗斯国内外的学者的批判。[16] 目前关于金融工业集团的评价已经由官商勾结的产物、掠夺式攫取国家和他人财产发生转变。金融工业集团在转轨初期的制度环境的约束下具有节约交易成本，提高经济效益的优势。通过 1998 年的俄罗斯金融危机前后各组织的相应指标相比较发现，金融工业集团在外部环境不稳定时具有更强的抵御风险和适应风险的能力。[17] 同时，作为大的私有者，金融工业集团的所有者乐于建立私有产权制度，保护合同实施，对建设法制具有推动作用。因此，通常认为国家应当对其进行扶植和正确引导。但是，“强盗贵族”式的私有化使投资者对俄罗斯经济和政府的信心减少，国家对投资者的吸引力变得更小了。金融工业集团中的寡头掠夺公司资产并将这些资产输出国外，使私有产权和公司的观念遭人唾弃。此外，在特定历史时期，金融工业集团寡头制造了严重的不平等，俘获了联邦政府和州政府，甚至使俄罗斯的民主制度形同虚设。在俄罗斯不成熟的政治体制下，寡头集团还利用政治影响力通过再分配的手段掠夺其他经济主体。[18] 随着这些私有化形成的利益集团对政治的干涉和社会影响逐渐深入，俄罗斯普金时期采取了再国有化的措施。以金融寡头别列佐夫斯基为代表的寡头或流亡海外，或被捕入狱，或改头换面之后，俄罗斯私有商业寡头的美好时光已经一去不复返，取而代之的是普金执政后崛起的新的克里姆林宫利益集团。[19] 以“尤科斯事件”为标志，普京治理下的俄罗斯经济就开始向国民经济占主导地位的传统回归，越来越多的俄高层官

---

[16] 张春萍：《俄罗斯转型时期的金融工业集团——一个理论综述》，载《生产力研究》2008 年第 22 期。

[17] 林文杰、张明：《俄罗斯金融工业集团形成机理：一个交易成本经济学解释》，载《俄罗斯研究》2008 年第 2 期。

[18] 参见张春萍，同注[16]引文。

[19] 杨文：《新官僚利益集团的崛起与俄罗斯特色的资本主义》，载《当代世界》2008 年第 2 期。

员同时出任国有或国营大公司董事长等要职，直接介入对国家经济的管理。[20]

经过私有化—私人垄断—再国有化的过程，俄罗斯对于金融工业集团的规制态度非常明确。《俄罗斯联邦保护竞争法》也明确规定，金融工业集团应适用保护竞争法关于集团主体的规制规则、一般豁免规定和控制权主体行为的规制。

《俄罗斯联邦保护竞争法》采用广义的集团主体概念[21]，不仅包括股权控制的经济组织之间，而且包括董事、高级管理人员兼任、合同安排等方式形成实际控制关系的法人、自然人和经济组织之间形成的关系。不仅包括属于同一集团的主体之间，而且包括集团控股公司与其成员企业之间的关系。前者是平行关系，而后者是纵向的关系。总体而言，《俄罗斯联邦保护竞争法》采取实质重于形式的原则，关注可能对经济组织的经营决策产生实质影响的方式。

(1) 股权控制。占有该经济组织（公司）注册资本有表决权股份总数50%以上的经济组织（公司）和自然人或法人形成的控制与被控制关系的主体之间以及被控制主体之间形成集团主体关系。

(2) 管理层控制。对人员兼任具体规定分为两个标准：一是人员兼任的比例标准。委员制执行机关和（或）经理委员会（监督委员会）全体人数的50%以上是由相同的几个自然人组成的经济组织；二是经营活动决定权标准。

(3) 合同控制。通过公司设立文件或者与该经济组织（公司）签订的合同有权向这些经济组织（公司）发出具有约束力的指令的自然人、法人和经济组织；

(4) 其他方式。根据自然人或法人的建议任命或选出该经济组织唯一的执行机关形成的经济组织、自然人或法人之间的关系；根据该自然人和（或）法人的建议选举产生该经济组织经理委员会（监督委员会）或者委员制执行机关全体人数的50%以上而形成的经济组织和自然人或法人的关系。

集团内部特定交易的豁免适用反垄断法需要满足以下限制性条件：第一，交易或其他行为由一个集团的人实施；第二，该集团（申请人）的任何成员已经在交易、其他行为实施前的一个月以前以规定的形式向联邦反垄断机

---

[20] 参见张春萍，同注⑯引文。

[21] 《俄罗斯联邦保护竞争法》第9条，列举了构成集团主体的14种情形。

构提交了该集团成员的名单，并且列明了该成员被纳入集团的理由；第三，相对于向联邦反垄断机构提交的名单，该集团的成员名单在交易、其他行为实施时没有变动。[22]

除依据《保护竞争法》和《金融工业集团法》对其实施监管外，为了削弱临时性垄断中国家对市场的权力，俄罗斯拟实施一些措施增强市场的竞争性。其中包括禁止在国家某些地区的商品市场上占支配地位的企业形成金融工业集团；禁止金融工业集团加入在国家某些地区的商品市场上占支配地位的企业。

（二）俄罗斯能源市场反垄断的政策解读

能源行业被视为是传统的自然垄断行业，对于自然垄断采取特殊的态度，也是反垄断法的一般做法。俄罗斯的能源行业在国家经济中占有非常重要的地位，俄罗斯即使不是靠能源立国，也是依靠能源来强国。俄罗斯整个国家的经济发展对能源市场的依赖程度很高，自然资源在俄罗斯经济增长过程中扮演着关键角色。因此，俄罗斯在能源行业的反垄断方面尤其具有特殊的制度设计和政策含义。

1. 以"合理原则"对待自然垄断

在自然垄断行业的竞争政策总是伴随着产业安全和公平竞争的对抗与共生，在自然垄断领域，俄罗斯形成了通行的规制思路——着眼于自然垄断行业总体经济效率。

1995年俄罗斯颁行《自然垄断法》，调整自然垄断主体与消费者、行政主体之间的商品市场关系，规制自然垄断主体的活动。[23] 与我国对自然垄断的认识不同，俄罗斯自然垄断的范围是法定的，在俄罗斯并非具有自然垄断属性就适用自然垄断法。[24] 2006年通过的《俄罗斯联邦保护竞争法》也规定自然垄断主体与其他垄断主体一样平等地受到保护竞争法的调整。相对应，为了限制实践中为获取更多豁免而滥用自然垄断法，自然垄断法对俄罗斯所有

---

[22] 《俄罗斯联邦保护竞争法》第31条。

[23] 俄罗斯《自然垄断法》(2007年修订)第2条。

[24] 有关自然垄断属性的界定，参见肖江平：《物业服务市场的自然垄断及其规制思路》，载《法商研究》2006年第2期。

的合法的“自然垄断”形式进行的列举。[25] 这个范围是法定的，只能通过自然垄断法的修订而改变。

俄罗斯不反对自然垄断状态，而是区分竞争性和非竞争性，通过价格规制、特许制度、非歧视性市场准入制度和其他调整竞争关系的措施对自然垄断实施国家监督。在规制路径上，俄罗斯主要采用的是行为主义路径，将市场规制的力量集中于各种垄断行为。在进行价格规制时不仅考虑价格对竞争关系的影响，而且关注消费者的利益，对不正当价格行为进行规制并确立了对自然垄断行业的产品或者服务制定价格或者规定最高限额的定价机制。[26] 另一方面，非歧视性市场准入和拆分制度体现了俄罗斯结构主义为辅的规制路径。在俄罗斯非歧视性市场准入对于所谓的网络型垄断（自然垄断）是一个关键性的问题，实践中存在大量的“网络”准入纠纷，而拆分的案例很少。[27] 截至目前，拆分的成功案例在俄罗斯仅有一例。

总体上，俄罗斯以“合理原则”对待自然垄断并采用多种形式的规制手段对其实施监管。主要采用产权多元化，放松管制、引入新企业等规制思路，方法不一。同一种规制方法也强调不同行业的特殊性，注重与产业政策相协调，特别重视反垄断执行机构与特别行业监管机构职权之间的协调机制。

2. 以价格监管为主的监管模式

在能源领域，俄罗斯除了通过立法明确金融工业集团为合法的企业组织形式而给予法律支持外，国家多以能源领域为自然垄断领域，赋予其更大的垄断规模空间[28]，而仅在价格体系上实施监管和规制。2004 年俄罗斯天然气

---

[25] 2003 年、2005 年和 2007 年俄罗斯对自然垄断法进行了修订，根据其现行《自然垄断法》第 4 条的规定，自然垄断企业的经营范围包括：石油和石油产品管道运输、天然气管道运输、铁路运输、运输码头、港口、机场服务，电信和邮电通讯服务、电能运输、电力业务调度管理服务、热能运输、内陆水运公共设施服务。

[26] 俄罗斯《自然垄断法》第 6 条。

[27] 主要涉及铁路运输、天然气和电力，甚至在电力出口时也存在这样的纠纷，例如俄罗斯国家原子电热能公司与统一电力公司电力运输合同案。类似的案例还有诸如东北运输有限公司与东方港股份公司案（2005）、HTK 有限公司与莫斯科州电信股份公司案等。

[28] 根据《俄罗斯联邦保护竞争法》第 5 条，推定自然垄断主体具有市场支配地位。可见其垄断状态具有合法性，也就从实质上赋予了能源领域的垄断规模空间。其实质是俄罗斯出于能源安全和出口为主的企业国际竞争力的考虑对该公司垄断状态的豁免。

的价格大幅度提高突显了独占垄断结构潜在的垄断弊害。[29] 联邦反垄断局审查委员会认为,2004 年 9 月天然气工业公司实质性地提高天然气价格的行为属于制定和维持垄断高价的滥用市场支配地位行为,裁决认定该集团公司相关行为违反保护竞争法并签发命令将违法所得收归国家所有。[30] 2005 年,俄罗斯价格标准局针对天然气工业公司制定了《关于天然气工业公司及其分支机构天然气零售价格的法令》,对天然气价格法律规范体系进行完善。[31]

俄罗斯反垄断局与价格标准局的上述政策措施的基本思路即是为从消费者权益保护和国家利益的角度对天然气领域的垄断进行价格规制。根据产业组织经济学的宏观经济模型分析表明,能源价格过高会制约经济发展速度,会使经济总体结构发展不平衡,进而国家经济发展的后劲减弱。这将不利于国家经济的发展。如果任由俄罗斯能源企业获取暴利,将会加重市场的集中度,从而使能源企业规模无限扩大。经济学的研究表明,这必然导致规模无效率和 X 无效率。另一方面,即使对其采取较为宽松的反垄断政策,但也不能放任天然气垄断企业的垄断行为。滥用市场支配地位,将会使竞争名存实亡,削弱能源产业的竞争力,间接导致俄罗斯整个国家竞争力的降低。联邦反垄断局做出"没收违法所得"处罚和限制利润率的做法有助于引导能源企业,强化能源领域内企业经营者之间的竞争。毫无疑问,这是能够提高能源产业发展的速度和后劲的重要举措。

3. 较为宽松的能源行业兼并政策

俄罗斯注重培育能源领域具有竞争力的大型企业。在全球化经济发展的背景下,跨国公司是全球经济的重要主体。俄罗斯现有的垄断组织,如天然气工业公司、俄罗斯统一电力系统股份公司等,不仅帮助俄罗斯从 1998 年经济危机中得以解脱,而且有利于产品的结构型改进,从而能够提高产品在国内外市场上的竞争能力。具有国际竞争力的能源企业在世界市场上获取

---

[29] 天然气行业一直由在 20 世纪 90 年代形成的天然气工业公司以及诺利尔斯克天然气公司、雅库特天然气工业公司等垂直整合的控股公司组成。天然气工业公司对内几乎垄断了俄罗斯全部的天然气开采、运输、加工、内外贸易以及各类相关的天然气工业服务;对外,它是俄罗斯最主要的出口创汇大户,它的产品大量向世界各地输出,俄罗斯周边的独联体国家和欧洲许多国家都对它的天然气及其产品有很大的依赖性。参见黄永鹏:《社会转型期的俄罗斯工业集团研究》,中国社会科学出版社 2006 年版,第 111 页。

[30] См.: Ю. А. Метелева. Правовое регурирование ценообразования в сфере естественных монополий// Журнал российского права. 2006. № 10. с. 97.

[31] 1999 年《俄罗斯联邦天然气供应法》和《关于国家规制天然气价格及向地方运输服务价格标准的法规》、《管道天然气运输服务价格的计算方法》以及 2005 年联邦价格标准局《关于天然气工业公司及其分支机构天然气零售价格的法令》和其他规范性法律文件。

巨额利润，对俄罗斯经济发挥重要的促进作用，因此俄罗斯在能源行业实行宽松的兼并政策，例如俄罗斯铝业集团等三大铝业公司合并案。

2006年11月14日俄罗斯铝业集团、俄罗斯西伯利亚—乌拉尔铝业公司和瑞士大宗商品生产和交易商嘉能可国际公司（Glencore International）签订合并协议后向俄联邦反垄断局提出合并申请。三大公司为此进行了大规模的收购活动，它们的合并对俄罗斯铝业和世界铝业市场都具有极大的影响力。在整个过程中俄罗斯铝业集团为成立俄罗斯铝业联合公司收购了14家企业，俄罗斯西伯利亚—乌拉尔铝业公司收购了约11家企业。嘉能可国际公司收购了5家氧化铝的生产厂商并将自己的氧化铝资产投入俄罗斯铝业联合公司。新的联合公司在5大洲的17个国家拥有超过11万名员工，年产量将达到近400万吨铝和1100万吨氧化铝，在国际初级铝市场占有12%的份额，在氧化铝市场上占有16%的份额。

对此，2007年联邦反垄断局批准了俄罗斯铝业集团等三大铝业公司合并资产的交易，仅向合并成立的新联合公司发了一份书面指示，要求其遵守维护竞争秩序的一系列条件。本案中，在竞争政策目标的选择上，提高国家的国际竞争力、经济福利占据了优势。这也印证了当今世界的时代背景，鼓励企业“走出去”，参与国际竞争已经成为经济全球化带来的必然趋势。在具体个案上竞争政策目标的选择有其内在合理性。

四、俄罗斯反垄断政策的公平含义

保护市场主体间的平等竞争和机会平等，是反垄断法的追求的重要目标，也是一国竞争政策的题中应有之意。俄罗斯垄断法同样具有更加注重形成竞争环境、注重公平的特点，这主要体现在对特殊垄断现象重点严格的规制，以为弱势一方的市场主体提供实质上的竞争性市场环境。

（一）强化对大企业限制竞争行为的规制

与美国的谢尔曼法、克莱顿法所强调的效率竞争政策目标不同，俄罗斯对于所有企业的立法态度是不同的，着眼于实现竞争自由，更加注重市场主体之间的公平竞争，对处于经济强势的主体进行打压，而对处于相对弱势的一方采取支持的政策。在私有化改革的初期，俄罗斯需要面对的是打破旧有垄断，规制新垄断力量的问题。因为私有化过程的不公平为权贵阶层转为“私营企业家”，在大大低估国有资产价值的基础上进行了“资本原始积累”

提供了便利。他们迅速获得权力，形成了各种行业寡头、官僚集团，特别是形成了一些大型的金融工业集团，对国民经济领域的重要行业产生重要影响。对这些大型企业的设立、并购过程实施监管是当时反垄断法的一项重要规制内容，并且在实践中不断强化监管的手段。1998 年俄罗斯竞争法进行修订引入“卡特尔”的概念，明确界定控制权主体（аффилированное лицо）[32]的含义，对处于从属关系的经营主体所从事的经营活动进行反垄断规制。

在这一点上，俄罗斯竞争政策是一以贯之的。2006 年《俄罗斯联邦保护竞争法》将再国有化以后形成的新官僚利益集团作为反垄断法的重点规制对象，通过联邦法律和专门的行政规章对大企业的反竞争行为进行规制，维护公平的交易机会，并作出如下制度完善：

第一，引入“集体支配地位”的概念，加大监管机关证明存在串通价格协议的可能性。过去在燃料能源综合体、冶金和其他行业，常有因法律规定的不足而不能证明相关协议构成违反反垄断法问题。在新的法律制度框架内，这些行为将得到更加有效的规制。[33] 根据保护竞争法的规定，数个经营主体（金融组织除外）中每一个经营主体视为具有市场支配地位，应当具备以下三个条件：一是，达到市场份额标准。3 个以下的经营主体的市场份额之和超过 50% 且每个经营主体的市场份额都超过相关市场上其他经营主体的市场份额，或者 5 个以下经营主体的市场份额之和超过 70%，且每个经营主体的市场份额都超过相关市场上其他经营主体的市场份额。如果其中的一个经营主体市场份额低于 8% 的则不能认定其具有市场支配地位。二是，市场份额的持有应当具有持续性。要求经营主体的相关市场份额至少 1 年（在相关市场上存续不足 1 年的则在存续期间内）没有发生变化或无显著变化。三是，对商品市场竞争产生实际影响。新竞争者进入该商品市场受到阻碍。经营主体销售或购买的商品在消费（包括生产目的的消费）过程中不能被其他商品替代，商品价格的增长与该商品需求的增减情况不相符，关于价格的信息、在相关商品市场销售或购买该商品的条件能够为不特定范围的人获得。[34]

---

[32] аффилированное лицо 指的是对法人或自然人的经营活动有影响的人。对于法人来讲指的是法人的董事会、管理机构的成员或者持有 20% 以上股份的人等等。此处取与之最为接近的概念——“控制权主体”进行说明。

[33] См：Татьяна Колотова：“Новый закон О защите конкуренции позволит доказывать ценовые сговоры”, http://www. siora. ru/ru/news.

[34] 《俄罗斯联邦保护竞争法》第 5 条第 3 款第 2、3 项。

第二，细化集团主体经济集中的反垄断规制规则。2006 年《俄罗斯联邦保护竞争法》规定了针对集团主体的特别规制和一般豁免制度。2007 年俄罗斯联邦反垄断局出台了《反垄断机关对集团经济集中实施国家监督的规则》㉟、《联邦反垄断局依据联邦法律对协议购买商业组织的股票(股份)、取得主要生产资产或无形财产的所有权和使用权、收购经营主体的经营决定权实施国家监督的行政规则》、《设立和改组商业组织的行政规则》等保障竞争法实施的规则。这些规则对于商业组织的合并、股权交易、资产交易以及其他财产权利的交易做出了细致的规定，其中关于俄罗斯企业控制权转移过程的反垄断规制和对金融工业集团反垄断审查的规定加大了对集团公司的监管，客观上有利于形成中小企业发展的公平竞争环境。

（二）严格自然垄断行业的反垄断

自然垄断行业已经根深蒂固于计划经济时期的国家垄断，对于保障国家经济利益和消费者总福利具有重要的战略意义。目前，俄罗斯自然垄断规制通过价格规制、特许制度、非歧视性市场准入制度和其他调整竞争关系的措施展开。这些规制手段都与特定市场相结合处理复杂的现实问题，而且产业政策与竞争政策的内在的冲突也可能使得竞争政策偏向于追求产业的经济效率，而加剧自然垄断规制的难度，但是在自然垄断行业引入竞争也能提高产业效率，特别是区分相关产业环节的具体属性，在不属于自然垄断性质的环节引入竞争机制是俄罗斯竞争政策所坚持的方向。总体上说，俄罗斯运用综合手段严格对自然垄断进行规制，并已经取得明显的成效，体现出如下俄罗斯特有的阶段性特点。

第一，将自然垄断中的临时性垄断作为监管的重点对象。在 1992—1993 年间规制垄断活动的最初尝试都没有取得特别的成功。1991 年《商品市场保护竞争法》完全移植国外的反垄断制度，没有考虑俄罗斯的经济发展情况和垄断的特点。俄罗斯的特殊经济结构降低了发达市场经济国家的经验方法在俄罗斯的执行效果。1994 年春，俄罗斯联邦政府在《降低俄罗斯市场上的经济垄断与发展竞争的国家纲要》中阐明了全新的反垄断政策模式。将占市场支配地位的企业归入三个范畴：自然垄断、特许垄断和临时垄断。

临时性垄断是指基于早前实施的国家发展大型企业的政策而非因自身

㉟ 《俄罗斯联邦保护竞争法》列举了集团主体的情形并对集团经济集中规定了限制性条件，所以新法关于集团垄断行为的监管规则更加规范、明确和体系化。

生产效率而在特定商品市场上占支配地位的产业和公司。近几年的经济实践足以说明,这些产业和公司对国民经济发展的影响是消极的,它们是通货膨胀迅速蔓延的主要原因。与此同时,俄罗斯采用"休克疗法"对外开放俄罗斯国内市场,实质性地改善了国内市场竞争环境,但是与外国产品相比国内产品的价格和质量都不具有竞争优势。为了保护民族经济产业俄罗斯通过国有化措施和加强控制权的方式实行寡头垄断,并依据反垄断法对其实施重点监管。

第二,行业结构改革机制作为促进竞争的一种方式在一些传统的自然垄断行业展开。1991 年《俄罗斯联邦保护竞争法》实施以来,俄罗斯通过私有化、特定行业的结构改革降低市场准入的结构性和体制性障碍。2004 年 6 月国家在联邦行政机关改革中创设了联邦价格标准局,负责制定所有自然垄断行业以及对国家具有战略意义或者社会意义的产品和服务的价格,自然垄断主体的其他活动由联邦反垄断局进行规制。目前,电力行业、天然气、铁路运输业已经制定了专门的改组计划,而且在每个自然垄断行业都形成了特定的法律规范集合。基于国际竞争地位和国家经济安全的考虑,俄罗斯自然垄断产业的改革进展缓慢,谨慎地分阶段实施并分析每一个改造阶段。例如,俄罗斯统一电力系统公司已经成功改组,打破了原有的"国有垄断"。统一电力系统公司的小股东和私人投资者将持有热电公司 100% 的股份,电力销售公司 100% 的股份,联邦电网公司 24% 的股份,水力发电公司 40% 的股份。在俄罗斯电力领域划分为垄断市场和竞争市场后,成立了独立的电力销售公司,电网资产集中于一些大集团公司,其中最大的是联邦电网公司,由其管理全国统一电力主干网。俄罗斯全国出现了竞争性电力市场,到 2011 年这一市场将完全放开。

(三)限制行政机关的反竞争行为

行政机关享有国家赋予的权力,容易使竞争弱势的经营主体处于不平等的地位,而严重损害诚实经营竞争者的利益。世界多数国家都非常重视对行政机关权力的正当行使进行约束。行政机关反竞争行为的形式通常包括:无法律根据阻碍经营主体合法经营、无法律根据给予个别经营主体优惠和好处、向经营主体行政授权以及制定违反反垄断法的法令等。但是在现实生活中适用统一的规则难以达到最佳规制效果,特别是在进行公共资源分配时行政机关寻租的风险相对较高,而且行政垄断自身的特殊性决定其必然减损反垄断法的实施效果。

在俄罗斯,私有化改革的结果是国家垄断体制的瓦解,垄断的性质、市场结构正在变化。一些商业集团成功消除赤字,产生了最初的竞争市场,但是私有化也没有像预期那样带来市场竞争和经济效率。市场竞争是低水平的竞争,俄罗斯需要面对的却是国有垄断向私人垄断的转变的问题。私有化过程中产生的垄断利益集团多具有政商勾结的特点。1991 年《关于在商品市场中竞争和限制垄断活动的法律》强调对行政机关、中介组织和其他具有公共职能的社会团体或者组织的行为实行严格的约束,特别是对行政机关权力实行全面预防和规制。该法列举了与行政机关相关联的可能限制竞争的情形,主要包括禁止政商结合、人员兼任、行政性垄断、政商协议等,从主体之间的关系上切断主体之间交易的有效性。

2006 年《俄罗斯联邦保护竞争法》将反垄断的目标定位于保障反垄断机构的调查顺利进行和反垄断决议、命令的有效执行,赋予了反垄断机构更多的强有力的职权,强化对行政机关的监督并对行政机关消极影响市场竞争的行为作出专门的禁止性规定。具体而言,主要体现在以下方面:第一,强化联邦反垄断局的权力,明晰联邦反垄断局与行政机关及其公职人员的关系。依据《俄罗斯联邦保护竞争法》,反垄断机构有权向行政机关获取必要信息;有权向行政机关发出有约束力的命令,要求废止或修改违反反垄断法的法案、协议,停止违法行为和其他旨在确保竞争的行为;有权向证券市场行政机关、俄罗斯联邦中央银行发出收回其法案和进行撤销行为的建议;有权追究行政机关及其公职人员的责任。第二,对行政机关涉及公共财产的行为实施监督。保护竞争法规定了专门针对行政机关招标的反垄断要求、涉及国家和市政财产的协议的签订程序、为国家和市政需要行政机关选拔金融组织的方式和其可提供服务的业务范围以及提供国家和市政援助的条件、程序和法律责任。第三,赋予联邦反垄断局提起司法审查的权力,规定反垄断机构有权请求仲裁庭、法院或商业法院确认行政机关通过的法案、或非规范性法律文件整体或部分无效。反垄断机构对行政机关的行政行为具有强制修正和司法审查的权力。

(四) 支持中小企业发展

提高企业的竞争力,需要培育自由、公平竞争的市场环境,良好的市场环境的形成有赖于市场力量的制衡发展。对处于市场竞争弱势的中小企业的扶助,是发挥法律的平衡功能。从竞争法律制度的角度,促进竞争的措施体现为积极的促进和消极的促进。《俄罗斯联邦保护竞争法》的一个主要特点

就是将直接促进竞争的措施和间接促进竞争的措施都纳入到竞争法的调整范围。㊱

为防止以前的国有垄断转为私有垄断,独联体国家都采取了一系列措施积极培育市场经济活动主体,特别是支持中小企业的发展。1995 年 5 月 12 日国家杜马通过了《俄罗斯联邦小企业国家扶持法》。俄罗斯除颁布专门针对中小企业的法规和发展纲要外,在联邦保护竞争法的修订中也将国家对中小企业的保护和支持作为重要的目标,例如,提高监管对象标准,减少行政限制,保障中小企业的经营自由;增加为中小企业提供国家援助的规定等。以下从保护和促进的两个角度分析俄罗斯特有的竞争政策框架。

第一,从保护竞争的角度,俄罗斯竞争法促进形成自由、公平的市场竞争环境。具体体现为对行政垄断、大型企业集团、自然垄断的反垄断规制,因为要实现对中小企业的保护形成竞争性市场,仅仅在法律规定上赋予其平等的法律地位是不够的。特别是在转型国家,由于计划经济体制时期的行业垄断结构和经济体制改革过程中形成的垄断力量的政商结合的特点,都使得中小企业没有公平竞争的能力,无法实现竞争性市场机制,进而不能发挥市场竞争机制对资源配置的作用,难以形成竞争效益。

第二,将促进竞争定位于提高竞争力,在经济效率价值的基础上实现经济公平。在俄罗斯,国家可以直接对从事属于国家优先发展的经营活动的小型企业提供援助。㊲ 并且,《俄罗斯联邦保护竞争法》增加了对提供国家和市政援助实施监督的规定,体现了俄罗斯竞争法的特色。这样既为中小企业的发展提供国家支持,也对相关行政机关的行为形成法律约束,为有效规范国家和市政援助行为提供了法律依据。

俄罗斯竞争法的促进竞争措施还体现为签订"促进竞争力"协议的方式,即在整体竞争的基础上进行商业贸易和签订协议,从而提高弱势企业的竞争力。但是利与弊往往相伴而生,为有效提供公共物品国家与市场主体达成的协议,将可能严重影响相关市场既有的市场力量结构。对此,《俄罗斯联邦保护竞争法》规定政府采购的反垄断要求,从而使涉及公共财产的处置行为更加公开透明。这样无根据地向个别主体提供区别性的国家援助和政府采购成为不可能。㊳

㊱ См. *Варламова. А. Н.* Конкурентное право России. М. :ЗЕРЦАЛО-М, 2008. С. 95.

㊲ 《俄罗斯联邦保护竞争法》第 19 条第 1 款第 6 项。

㊳ См. *Варламова. А. Н.* Конкурентное право России. М. :ЗЕРЦАЛО-М, 2008. С. 98.

五、俄罗斯反垄断法的消费者福利保障

消费者权益保护是由多个部门法调整的共同责任。经济法在消费者权益保护方面发挥着重要的作用,其中最重要的途径之一就是反垄断法。从法学原理上看,反垄断法保护消费者的自由选择权和公平交易权,从而实现对消费者权益的保护。可以认为,反对传统三种垄断行为的规制都会直接或间接地保护消费者的权利和利益。例如,在价格规制中,对垄断高价、垄断低价、固定价格以及限制转售价格的行为规制都使消费者直接受益。

(一)重视商品流通领域的反垄断立法

1991 年俄罗斯首部反垄断立法——《关于在商品市场中竞争和限制垄断活动的法律》即是关于商品市场中的反垄断行为规制的立法,而且在前述反垄断立法的初步建立的一系列其他相关规范性文件,都十分重视商品价格的规制,尤其是垄断高价的规制。这确实与俄罗斯上述的社会现实密切相关。俄罗斯反垄断法的首部法律关注于商品流通领域,是有其社会原因的。1990 年,在 1200 多种基本消费品中有 95% 以上的商品供应经常短缺,在 211 种食品中有 188 种不能自由买卖。到 1991 年,国家不得不在所有城市实行严格的票证供应。到 1991 年末,零售贸易中的商品储备减少到破纪录的最低水平——只够消费 32 天。[39] 现实状况使得俄罗斯政府不得不重视在商品流通领域的反垄断行为,尤其是垄断高价行为。

2006 年《俄罗斯联邦保护竞争法》除了明确禁止垄断高价、垄断低价、固定价格、限制转售价格行为以外,还将保障消费者的需求作为认定经营者行为违法的判断依据。根据俄罗斯竞争法,在可能生产这些商品的条件下,经济上或技术上不合理地减少或停止生产市场上有需求或者消费者订购的商品构成滥用市场支配地位。[40]《俄罗斯联邦保护竞争法》第 11 条第 1 款第 7 项也规定禁止商品市场中的经营主体之间可能导致以下结果的协议或协同行为:经济上或技术上不合理地减少或者停止生产市场有需求的或者消费者订购的商品,并且可能生产这些商品。可见,经营者利用市场支配地位或者与其他经营者协议、协同减少或者停止某类产品的生产,将受到反垄断法的

---

[39] 〔俄〕乌留卡耶夫:《期待危机:俄罗斯经济改革的进程与矛盾》,石天、陈聪舒译,经济科学出版社 2000 年版,第 20 页。

[40] 《俄罗斯联邦保护竞争法》第 10 条第 1 款第 4 项。

规制。这是因为如果这些商品是市场所需求的，减少或停止该类产品的生产将影响供求关系，使产品的价格上涨，最终影响消费者利益。这类行为导致未来的交易从形式上看属于公平交易，但是实质上是通过控制商品的市场供应，利用市场机制来掩盖对消费者的实质不公平。反垄断法对上述垄断行为规制的实质是在追求反垄断效率的同时，通过保障商品供应、维护良性的供需秩序、规制流通价格为消费者行使自由选择权和公平交易权提供有效竞争的市场环境。

（二）在自然垄断行业重视保护消费者利益

市场主体的经营自由和消费者权益保护是反垄断法必须面临的价值衡平和利益权衡的两个重要考量，在自然垄断法上侧重消费者权益的保护。1995年的《自然垄断法》是俄罗斯联邦自然垄断政策的法律基础，旨在取得消费者和自然垄断主体之间的平衡，保障自然垄断主体所销售的商品是消费者可以接受的和自然垄断主体有效率地发挥作用。[41] 为了保障公共物品的提供，俄罗斯联邦政府可以规定获得自然垄断主体产品的规则，旨在防止出现消费者与其他自然垄断主体的产品消费者相比处于不平等的地位。[42] 俄罗斯法上规定，在自然垄断领域，国家通过确定价格（价目表）或其盈利水平的方法对自然垄断主体活动实施价格调控；在不能完全满足消费者对自然垄断主体生产（销售）的商品的情况下，应当考虑公民权利和合法利益的必要保护……确定消费者应得的服务和（或）规定最低水平的保障。[43]

2008年6月到10月期间俄联邦反垄断局两次对国内石油产品价格进行规制，所作裁决体现了垄断价格认定标准的矛盾。2008年初，随着国际原油价格飙升，俄罗斯国内原油的价格也随之大幅度上涨，特别是俄罗斯石油公司加大石油出口，减少国内石油产品的供应更加剧了俄罗斯国内石油产品价格的上升。2008年6月联邦反垄断局对卢克石油公司等5家石油公司展开了反垄断调查。联邦反垄断局认为这些公司在市场上的总份额超过75%，且价格没有在通货膨胀的合理范围内波动——航空燃料价格大幅上涨了70%、柴油价格上涨超过20%，完全超过了通货膨胀的增长。上述公司的行为已经构成恶意利用集体垄断地位。同年10月鉴于世界石油产品的价格下降，联邦反垄断局提出，9月份美国汽油批发价格下降20%，航空燃油降低

---

[41] 俄罗斯《自然垄断法》第1条。

[42] 《俄罗斯联邦保护竞争法》第10条第3款。

[43] 俄罗斯《自然垄断法》第6条。

12.1%。欧盟汽油批发价格降低14%,航空燃油降低了15%。在这段时间内,俄罗斯汽油价格仅降低了5%,而航空燃油价格仅降低了3%。因此裁决石油控股集团"按照市场条件,确保石油产品价格降低",指示上述5家石油公司及鞑靼石油公司和联盟石油公司降低石油产品价格。

在上述案例中,俄罗斯反垄断局在审查石油价格时先后采用了"截然相反"的参照标准:一方面提出将国际石油产品的降价幅度作为国内石油价格是否合理的参照,另一方面又强调国内市场的价格不应取决于国际市场的价格,"如果国内市场的供需平衡存在巨大需求,汽车数量和航空运量增长,就必须在国内市场以能够接受的价格增加燃料供应"。[44] 这一矛盾的深层次原因在于俄罗斯反垄断法及实施立足消费者权益的保护,考虑居民的消费能力,着眼于国家和人民的福利。因为无论是俄罗斯国内石油价格因国际石油价格的上涨而增长过快,还是相对于国际石油价格下降幅度过低,都将直接影响国内居民消费者的利益,不利于经济发展和社会稳定。

(三)在反垄断执法中对消费者利益的重视

在一些垄断行业,尤其是电力、电信、铁路、邮政、石油等国家垄断行业,经营者往往凭借垄断地位,实施垄断高价或者制定不合理的定价规则。在这种情况下,消费者明显处于不平等的地位,被迫接受价高质次的服务,切身利益受到严重侵害。对此,俄罗斯保护竞争法做出了制度回应,将对消费者的保护作为反垄断的终极目标。[45] 除了司法上的反垄断公益诉讼[46],消费者还享有行政程序上的反垄断诉权,即消费者可以作为反垄断案件审查的提起主体并享有审查程序上的权利。

---

[44] 2008年6月23日联邦反垄断局副局长 A. H. Голомолзина. 在新闻频道就联邦垄断局对航空煤油价格上涨一案接受采访时所说。

[45] Валерия Ивановича Коротенко: "О некоторых вопросах судебной практики, возникающих при примене нии антимонопольного законодательства в целях обеспечения конкуренции и ограничения монополисти-ческой деятельности",2010.

[46] 消费者反垄断诉讼是俄罗斯公益诉讼的一种,根据《俄罗斯联邦消费者权利保护法》规定,对于损害范围不确定的消费者的违法行为,作为国家机关的反垄断政策和支持新经济结构国家委员会、俄罗斯联邦标准化、度量衡和检验国家委员会、卫生防疫监督委员会、俄罗斯联邦生态和自然资源部等都有权在自己的职权范围内向法院提起诉讼。同时,"国家、地方的消费者与社会团体也有权提起这种诉讼"。根据《俄罗斯联邦民事诉讼法典》的规定,可以看出法院对于消费者提起的反垄断诉讼实行严格的立案审查。参见:《论竞争法对消费者权益的保护》,载法律教育网,http://www.chinalawedu.com/new/21602_23312_/2009_3_11_ji6281141541111390023290.shtml,访问时间:2010年3月2日。

第一,联邦反垄断局启动反垄断调查程序相对容易。根据《俄罗斯联邦保护竞争法》第39条第2款的规定,消费者有权起诉并且举证责任较小,垄断行为的认定主要依赖于联邦反垄断局进行深入的调查。立案以后,经营者可以提供反驳证据。联邦反垄断局组建审查委员会,在委员会会议上听取当事人的意见及关于提交证据的解释,并在证据调查后说明当事人的立场,总结专家意见,询问证人,然后以此为基础作出裁决。

第二,消费者作为诉讼参与人或者申请人享有独立的权利。消费者有权向反垄断机构提起违反反垄断法案件的审查,并有权独立或通过其代理人行使权利和履行义务。[47] 与司法诉讼程序相类似,自违反反垄断法案件立案时起当事人有权了解与案件有关的材料,进行摘抄,提交证据和了解证据,向其他主体提问,向委员会作出书面或口头解释,对案件审理过程中产生的所有问题发表自己的观点,了解其他当事人的申请,反驳其他当事人的申请和观点。[48]

第三,联邦反垄断局对于消费者反垄断案件具有审查界限。联邦反垄断局有权就当事人签订合同、修改合同条款、废止合同发出具有约束力的命令,[49]在必要限度内恢复其他主体因滥用市场支配地位、限制竞争或不正当竞争而侵害的权利,但是如果经营者实施了滥用市场支配地位的行为,包括在签订合同时加价或者不正确的进行价格(价格标准)调整[50],联邦反垄断局则无权解决当事人之间的民事争议,特别是无权就相关债务或者赔偿等具体事宜作出决定。[51] 这是因为反垄断法所保护的消费者权益主要是作为整体意义上的消费者权益,而非个别的或部分的消费者权益。在消费者反垄断诉讼中,相关的诉讼收益应归消费者整体。这样既有利于保护消费者整体的利益,又不会因消费者的不特定多数,造成接受赔偿主体难以确定和制度实施难的问题,甚至在一定程度上可以制约消费者的滥诉。

此外,俄罗斯法设置了消费者保护机构维权的激励机制。如果消费者协会或地方自治机关提出了保护消费者权益的申诉,销售者、生产者因侵害消费者权益而被处以罚款,则被处罚款的50%转汇给消费者协会或地方自治

[47] 参见《俄罗斯联邦保护竞争法》第42条第2款。
[48] 《俄罗斯联邦保护竞争法》第43条。
[49] 《俄罗斯联邦保护竞争法》第23条第1款第2项及其子项。
[50] 在对自然垄断行业实行价格规制时为价格标准或称费率。
[51] 《俄罗斯联邦仲裁法院关于适用反垄断法若干问题的解释》(2008)第5条。

机关。[52] 在反垄断诉讼中，不仅消费者免交诉讼费，而且消费者保护机构为了保护单个消费者、消费者群体或某个范围内的消费者的利益而提起的诉讼，也免交诉讼费。[53]

---

[52] 俄罗斯《消费者权益保护法》第13条。经营者从垄断行为中所获得的收入应当收归国家财政，而对于行政机关对经营主体科处的罚款，则可能有所区别。

[53] 《俄罗斯联邦消费者权益保护法》(2006年修订)第1章第17条第3款规定，提起消费者诉讼的消费者，被授权保护消费者权益的联邦行政机关(地方机关)以及其他实施消费者权益保护和商品(工程、服务)安全监管职能的行政机关，地方自治机关，消费者社会团体(消费者协会，工会)为消费者、消费者群体、不特定的消费者提起诉讼，可按照俄罗斯联邦税费法免缴国家规费。

消费信贷法治建设探论*

周显志**

目　　次

一、我国消费信贷及其法治现状

(一) 我国消费信贷的发展与现状

1. 我国消费信贷的发展

消费信贷,是以刺激消费、扩大商品销售、加速商品周转为目的,以未来

---

* 本文为作者主持的教育部人文社会科学研究规划基金项目“消费信用法律制度研究”(项目批准号:09YJA820029)、广东省哲学社会科学规划项目“消费信贷及其风险防控法律问题研究”(批准号:09G-17)的阶段性研究成果。

** 周显志,博士,暨南大学法学院教授,硕士生导师。

的收入为依据，以特定商品为对象，由金融或商业等机构向消费者提供的贷款，以支持消费者购买消费品或进行消费活动，其实质是金融或商业等机构向有一定支付能力的消费者调剂资金余缺的信贷行为和信用关系。①

在20世纪50年代，我国商业部曾利用分期付款的办法来解决某些商品的销售问题。中国人民银行在城市曾经设有小额质押贷款处，办理城市居民小额生活贷款。后来，消费信贷一度被取消。在20世纪80年代初，商业部曾决定对一部分价格较高的耐用消费品（如电视机、电冰箱等），开展提前交货分期收款业务。20世纪90年代上半期，上海出现了第一家开展消费信贷业务的机构——上海银通信托咨询有限公司。随着我国城镇住房制度改革的深化，住宅商品房的销售已经开始采用分期付款、银行按揭等办法。上海等地还将设立专门从事住房按揭业务的住宅银行。随着相关法规的出台，我国商业银行都可以从事住宅按揭业务。近几年，汽车工业已发展成为我国的支柱产业，大量轿车进入个人消费领域，轿车消费信贷对培育个人轿车市场起了重要的作用。同时，消费信贷也成为当前我国扩大内需，开启城乡市场的一个重要的经济杠杆。可以预见，在今后一个相当长的时期内，消费信贷在我国将有更大的发展。

1997年以来，消费信贷得到了快速的发展，其总量规模不断扩大，截至2004年底，中国个人消费信贷规模已经从1997年的172亿增长到2004年的20063亿，7年间增长速度高达286%。② 同时，我国消费信贷占全部金融机构本外币贷款总额的比重是在逐年递增的，从1997年的0.23%增长到2004年的10.64%。虽然消费信贷的比重增大，余额增大，但是消费信贷的增速的变化从2000年以来逐年递减，2001年这个指标为65.05%，而2004年这个指标却降到27.5%。

2. 当前的消费信贷结构状况

近年来各商业银行将个人消费信贷视为拓展信贷营销业务、优化信贷资产结构的主要手段，相继推出个人住房贷款、汽车贷款、个人耐用消费品贷款、个人住房装修贷款、助学贷款等业务，个人消费结构呈现“一个大头，三个辅助”的格局，即个人住房贷款占大头，汽车信贷、助学贷款、信用卡消费贷款紧随其后。

---

① 周显志：《消费信用立法初论》，载《财经理论与实践》1997年第1期，第84—86页。

② 杨大楷、俞艳：《中国个人消费信贷状况及风险防范研究》，载《金融论坛》2005年第7期，第56页。

(1) 住房消费贷款

消费信贷中个人住房贷款占了绝对比例。随着我国房地产市场的蓬勃发展,个人对于住房的需求上升,在个人购买力不足的情况下,带动了住房抵押贷款的需求上升。根据中国人民银行的统计显示,截至2003年末,四大国有商业银行的消费贷款余额总计达12358亿元,增幅42.75%。其中,住房贷款9780亿元,占整个消费贷款余额的79.14%。2004年个人住房贷款余额为15853亿元,比2003年增长了34.55%,比2002年的8258亿元增长91.97%,相当于2000年的4.69倍,是1998年的37.2倍。③ 这表明住房贷款市场得到了总量上的快速发展。同时,从1998—2004年的住房贷款的数据也显示这7年间个人住房贷款占消费信贷的比重平均超过75%。可见,个人住房贷款一直保持着其稳固的竞争优势地位,这主要源于中国房地产市场的繁荣和国家信贷政策对于该市场的支持。

(2) 汽车消费贷款

随着中国加入WTO后,在汽车价格下跌、居民收入水平提高等因素的推进下,汽车消费大幅度攀升,截至2003年8月底,汽车消费贷款余额达1400多亿元,而且贷款购车比例达20%以上,有力地激活了汽车消费市场,使汽车信贷成为仅次于住房抵押贷款的第二大品种。自1998年中国开始个人汽车信贷业务以来,1998—2001年4年间,累计个人汽车消费信贷余额才436亿元,而2002年与2003年这两年每年个人汽车消费信贷就已达到700亿元左右,2002—2003两年的汽车信贷余额比以往4年的总和还要多出221%。由于透支释放汽车市场的能量,2004年的汽车市场出现了产能萎缩以及降价浪潮,同时由于经销商和消费者故意欺诈,银行审查不严、审贷不分、未建预警监测系统等因素,引致了大量坏账的产生。2004年6月底,汽车消费贷款余额达1833亿人民币,但坏账却超过1000亿元,而到了同年8月,汽车消费信贷余额萎缩至1763亿元④,直至年末都未见好转。

(3) 教育消费信贷

教育消费信贷,在目前主要表现为国家助学贷款形式。我国从1989年开始实行大学收费制度以来,每学年学费已从最初的200元涨到了如今的4000—1万元,涨幅近10倍于居民收入的增长。1999年为了“不让一个大学

③ 周显志、吴晓萍:《关于房地产抵押贷款证券化的法律思考》,载《华南理工大学学报》(社会科学版)2003年第3期,第36—40页。

④ 周显志、陈晓玲:《汽车消费信贷法律问题研究》,载《兰州学刊》2005年第3期,第199—201页。

生因为经济问题而失学",国家开始在北京、上海、天津、重庆、武汉、沈阳等地实行国家助学贷款制度,并于2000年在全国推广。中国人民银行积极鼓励各金融机构开办助学贷款业务,以贯彻国家的"科教兴国"战略。1999年末国家助学贷款的余额只有四百多万元,而到了2004年12月末该余额已达到65亿元,加上商业性助学贷款,各项助学贷款余额已经达到86.7亿元,实际受益学生近200万人。截至2005年1月末,仅中国银行一家就发放了国家助学贷款9.02亿元。其中,与115所中央部属院校的16.2万名贫困家庭学生签订了借款合同,发放国家助学贷款8.85亿元;与38所地方院校的2688名贫困家庭学生签订了借款合同,发放国家助学贷款1708.65万元。⑤ 虽然助学贷款的绝对额有所增加,但其比重却稳步不前,发展缓慢,跟不上总消费信贷的增长速度。

(4) 消费信用卡

随着人们消费观念的转变,银行发卡量的剧增以及信用卡功能的完善,信用卡消费逐步为人们所崇尚。到2004年末,我国银行卡市场总发卡量规模超过8亿张,同比增长约25%,人民币卡交易总笔数逾50亿笔,同比增长率15%,总交易金额26.65万亿元,同比增长48%,其中消费金额约5980亿元,同比增长率为82%,转账、存款和取款金额的增长速度相对平缓。⑥ 贷记卡交易在整个交易总额,尤其是消费交易中的比例迅速上升,与之相适应,贷记卡透支余额呈井喷状增长,2004年的人民币透支余额是2003年的5倍,外币透支余额是2003年的4倍。VISA国际组织的一份调研报告认为,中国已成为全球信用卡发展潜力最大的市场。⑦

此外,旅游消费贷款、耐用消费品贷款、医疗消费贷款等多种消费信贷业务得到快速发展。2002年以来,其他消费信贷继续呈现多样化、高增长的发展态势。2003年6月末,其他消费信贷余额为1536亿元,占各项消费信贷

---

⑤ 周妙子:《拓展高等教育消费信贷若干问题探讨》,载《经济前沿》2006年第6期,第51—54页。

⑥ 周显志、郑佳:《论消费信用卡透支风险的法律监管制度建设》,载《法学论坛》2005年第2期,第113—116页。

⑦ VISA(Visa International Service Association)卡。VISA国际组织本身并不直接发卡,VISA是全球最负盛名的支付品牌之一,VISA全球电子支付网络是世界上覆盖面最广、功能最强和最先进的消费支付处理系统。目前,全世界有超过2000万个特约商户接受VISA卡,还有超过84万个ATM遍布世界各地。截至2005年3月底,VISA在中国内地发行的VISA卡约540万张,自动柜员机达1.7万台,VISA在中国内地交易额达32亿美元。

的 12%。[⑧]

（二）我国消费信贷活动中存在的法律障碍

当前消费信贷作为启动我国消费，拉动经济增长的重要举措，并未达到预期的效果。从法治建设的视角看，我国消费信贷活动中主要存在以下几方面的问题：

1. 目前的消费信贷法规位阶偏低

我国目前还没有一部统一规范消费信贷活动和调整消费信贷关系的全国性法律。当前我国调整消费信贷的规范性文件，层次较低，如《个人定期储蓄存款存单小额抵押贷款办法》（中国人民银行 1994 年 12 月 12 日发布）、《商业银行自营住房贷款管理暂行办法》（银发[1995]220 号）《信用卡业务管理办法》（中国人民银行发布，1996 年 4 月 1 日起实行）、《中国人民建设银行房地产信贷部职工住房抵押贷款暂行办法》（中国人民建设银行 1992 年 9 月 23 日发布）、《关于开展个人消费信贷指导意见》（中国人民银行 1999 年 3 月 2 日发布）等，这些“管理办法”和“指导意见”均未达到全国人大及其常委会的立法层次。[⑨] 消费信贷作为银行的一项零售业务，其业务规则自有其独特性，但由于目前我国在消费信贷方面还没有专门规范消费者、销售商和金融机构三方权利义务关系的法律法规。换言之，当前开展消费信贷业务活动，尚无一部权威的《消费信贷基本法》可以遵循。

2. 缺乏对消费者权益的有效保护

由于没有专门的法律法规对消费者信贷的利率、还款方式以及消费信贷的总费用等予以规范，消费者对商业银行提供的消费信贷的有关条件是否合理无从知道，并且也少有选择的余地，消费者往往处于被动的地位，要么被动地接受银行提供的这些条件，要么拒绝接受消费信贷，消费者的知情权和选择权大打折扣。又加之消费信贷合同一般是由在经济方面具有绝对优势地位的金融机构事先拟定的格式合同，具有“霸王条款”性质，将预定的合同条款强加于消费者，从而排除双方就合同条款进行协商的可能性。金融机构完全可能利用格式合同处心积虑地保护自己的权利，而可能损害消费者的利益。诸多因素使消费者对消费信贷产生不安全感，感到风险太高，难以承受。

---

⑧ 彭德元、邹绍辉、肖良萍：《消费信贷发展现状、存在风险及其防范对策》，载《金融》2005 年第 4 期，第 23 页。

⑨ 周显志：《我国消费信贷立法若干问题探讨》，载《暨南学报（社科版）》2000 年第 2 期，第 109 页。

3. 消费信贷程序繁琐条件苛刻

对于消费者来说,我国目前消费信贷条件太苛刻。从消费信贷付款期限来看,小汽车一般为1—3年,住房按揭一般是10—20年,最长的也仅30年。这要求消费者必须有高收入,对于一般消费者而言,每月近2000元的还贷让他们有心无力。仅此条件就将绝大多数消费者排除在消费信贷之外,致使消费信贷难以形成规模。就住房消费信贷看,消费者认为只有先从银行借到款,然后才能向房地产开发商支付住房款项;而房地产开发商则坚持认为,只有消费者的自有款项和银行贷款的款项全部到账后才能给购房的客户办理产权证;银行则认为消费者应办理房屋的抵押登记,待抵押合同生效后,才能向客户放款,但消费者没有取得房屋产权证之前无从办理抵押登记,因而无从取得贷款。这个怪圈至今仍困扰着消费者、商业银行及销货商。另外还有诸如职业、年龄,甚至户籍等方面的条件限制,也不容忽视。

4. 赋予公民消费信贷机会不均等

当前,消费信贷条件根据消费信贷的特征,只能以消费者信用、偿债能力为依据。而目前我国消费信贷存在的机会不均等,主要是全国性或地方性的信用监控制度未建立起来,对不同户籍、职业、年龄等的消费者的信用难以长期持续监控,金融机构为保护自己的利益,常常还将职业、年龄、户籍等作为消费信贷条件,从而造成不同职业、年龄、户籍的消费者享有的消费信贷机会不同。此外,信用评价不科学,消费信贷条件不公开等因素,也使消费者可能受到歧视,且无申辩机会。

二、美英等发达国家消费信贷法律制度借鉴

(一)美英等发达国家消费信贷法律制度比较

1. 关于消费信贷法的适用范围之比较

(1)美国消费信贷法案对"消费信贷"的界定

1968年美国《统一消费信贷法典》第一次从消费者立场对消费信贷法律作了合乎逻辑的重新建构。美国消费信贷产业首次有了一部综合性的、协调一致的法典。至此,美国消费者拥有了公平签约的基本权利,保护了其免受放贷人不良做法的侵害。同时,管理信贷领域的行政权力和司法权力,有了法律保障。1974年美国《统一消费信贷法典》虽然作了一些轻微改变,但保持了1968年法典的基本结构。该《法典》的"消费贷款"是指:贷款由专门从事放贷业务的放贷人提供,债务人是个人而非组织;债务最初发生于个人、家

庭、同居一家的人或农业目的;债务采取分期付款方式偿还或者存在融资费用、融资金额不超过 2.5 万美元,或者债务最初不是由于农业目的而产生,而以土地的权益作担保。[10]

(2) 英国消费信用法案的适用范围

英国经过长期的立法实践,形成了以 1974 年颁布的《消费信用法案》为核心的消费信贷法律体系。该《法案》基本涵盖了所有的消费信贷形式,在界定和为消费信贷交易上,该《法案》放弃"私人使用"的传统观点,而采用 1971 年《克劳瑟报告》所倡导的标准,从交易中授信的金额和授信者的主体身份两方面进行衡量。该法规定当授信金额不超过 1500 英镑以及授信主体为非团体行为即自然人和个人合伙则为消费信贷交易的对象。

(3) 法国消费信贷法律对"消费信贷"的界定

法国信贷法律条款对消费信贷的界定是:消费信贷是指由银行、金融机构或特定的专门机构向个人提供用于日常消费或购买耐用品的一种贷款或类似的支付便利。它不同于购买不动产信贷,也不同于用于购买与企业活动有关的企业设备的贷款。消费信贷通常具备以下三个基本标准:一是有关人员标准即指在消费信贷中涉及的有关人员只能是有关行业人员和消费者;二是期限标准即指消费信贷支付期限不能低于 3 个月或等于 3 个月;三是金额标准,根据法国 1988 年 3 月 25 日 88—29 信贷条法规定,消费信贷最高额不能超过 14 万法郎。

(4) 澳大利亚消费信贷法典的适用范围

澳大利亚《统一消费信贷法典》1996 年 8 月 1 日在全澳大利亚生效实施。《法典》几乎适用于所有的个人(非企业)信贷。当信贷合同具有下列情形之一时,即适用《法典》:① 借款人(消费者)为自然人;② 信贷全部或者主要是为个人、家庭目的而提供的;③ 手续费用是根据信贷条款收取的;④ 信贷是在商业过程中提供的。

2. 关于信息披露必须真实的规定之比较

综观美、英、法、澳等国的消费信贷立法,可以发现,充分保护消费者的合法权益是这些国家立法的共同主导思想。由于信息的非对称性,消费者总是处于信息劣势地位。作为推销消费信贷的银行和商家则处于信息优势地位。因此,出于对弱者保护的原则,保护消费者合法权益在它们的立法条文中都

---

⑩ 周显志、夏少敏:《英美消费信贷法律制度的历史考察》,载《消费经济》2000 年第 2 期,第 41—45 页。

充分地予以体现。

(1) 美国法律对信息披露必须真实的规定

美国《放贷真实法案》要求债权人在向借款人授信时,必须提供真实准确的贷款条件,不得使用欺骗手段,贷款人必须向消费信贷申请人明确说明信贷的利息成本。债权人必须公开下列事项:第一,所购买商品或劳务的现金价;第二,首次付款额;第三,现金价和首次付款额的差额;第四,包括在所提供的信贷数额之内的所有单独列项的其他费用;第五,融资总额;第六,融资费用额;第七,融资费用必须用"年利率"表示,除非融资费用不超过5美元,融资总额不超过75美元;第八,计划偿还债务的付款次数、数额和合理的日期或付款期间;第九,如果有违约费用,也必须公开;第十,如果作为销售的结果或与提供的信贷相关联,债权人要求有财产作物权担保,该财产必须鉴定清楚。

(2) 英国消费信用法关于信息披露必须真实的规定

英国1974年的《消费信用法案》要求放贷人在广告中提供最低限度的信息,特别是放贷人必须表明有效的信用成本,禁止使用推销员等营销方法。对营销方式通过对合同成立地点的规制来保护消费者的自由选择权。法案规定,如果消费者不是通过电话进行交易,也并非在销售者的商店、办公室或工作处(包括展台)达成协议,则消费者在一定期间内(5天)可以取消这项已签订的协议。

(3) 法国消费信贷法对信息披露必须真实的要求

法国1978年有关消费者教育和保护的法律明确规定了在消费者进行信贷消费中,银行或商家通过有关消费信贷的广告向消费者提供下列信息:放贷人的身份;交易的性质、目的和持续时间;必须用法郎表示的信用成本,并且必须使消费者能够将信用价值与现金价格比较;用百分比表示的统一收费率;必须使消费者能够比较不同的金融公司提供的信用要约或者同一金融公司提供的不同持续期间的要约。

(4) 澳大利亚消费信贷法对信息披露必须真实的规定

澳大利亚《统一消费信贷法典》对信贷商实施欺诈行为要进行必要的处罚。如果信贷商未能遵守法律所规定的披露要求,他们可能将受到民事处罚。民事处罚在信贷商违反了法定规定的"关键要求"时适用。《法典》规定的"关键要求"包括在信贷合同中披露详细资料的要求。法院对违反关键要求的民事处罚可高达50万澳元。如果法院认为借款人(消费者)受到了损失,民事处罚的金额可能高出这一费用。

3. 关于明确信贷消费的收费标准与信贷实际成本的规定之比较

(1) 美国《放贷真实法案》中对"融资金额"、"年利率"和"融资费用"都作了严格的界定。"融资金额"是指消费者实际得到的信贷数额。"融资费用"包括书面填写的、与信贷交易有关的利息、运费、贷款费、检查费、信贷报告调查费、保险费用,还包括消费者支付给债权人的证券贴现费用。"年利率"是成文法条款规定的关于融资费用的年百分比率,它是信贷花费的基准。

(2) 英国的《消费信用法案》规定消费者有权收到一些关于信贷协议的书面信息。包括:① 信贷费用总额;② 每年的利率百分比;③ 货物的现价。如果消费者认为贷款协议"要价太高",可以请求法院考虑制定一个新的协议或修正旧的协议。

(3) 法国为了限制对借款人收费,于1966年12月28日从法律上明确了一个十分重要的概念,即综合利率。法国是遵循下列规则来计算综合利率的:第一,计算时不仅应考虑通常所谓的利率,而且应考虑所有的"支出"、佣金或者关于贷款授予的直接或间接的、无论由什么方法引起的任何支付款项(1966年法律第3条)。第二,在贷款被分期偿还的情况下,综合利率的计算必须考虑冲销先期偿还款项的方法。

(4) 澳大利亚《统一消费信贷法典》要求信贷商在缔约前要向借款人(消费者)进行缔约前陈述。信贷商应就有关合同的详细资料包括声明借款人的法定权利和义务进行陈述。这种缔约前的陈述可以成为合同文件的组成部分。法定规定信贷合同必须包含一定的法定内容:① 信贷金额;② 年利率;③ 利息计算标准;④ 应支付的利息总额;⑤ 信贷费或者其他费用;⑥ 影响利息和信贷费的条件;⑦ 偿还方式;⑧ 是否存在抵押或者其他担保;⑨ 如果有违约情形,违约金如何计算;⑩ 信贷商如何支付佣金或者收取佣金;⑪ 与信贷有关的保险合同。

4. 关于赋予借款人撤回权的规定之比较

(1) 美国《放贷真实法案》的另一个重要规定,就是某些交易可以被撤销。消费者可以在声明的期间里,选择终止交易。根据该法,消费者有机会改变使用房屋信贷的意见,拥有单方面撤销信贷合同的权利,即反悔权。[⑪]

(2) 英国《消费信用法案》规定只要符合消费者是在放贷人通常工作场所以外签订合同,并且该合同的订立是经过放贷人面对面的劝说,那么消费

---

⑪ 有关法律规定消费者可单方面撤销信贷合同的权利(即反悔权)的制度,又被称为"冷却期"制度。参见周显志、陈小龙:《试论消费信用合同的"冷却期"制度》,载《法商研究》2002年第5期,第81—84页。

者得在收到合同副本或知道其拥有撤销权之日起5日内改变主意,以书面形式撤销合同。

(3)法国1978年1月10日法律规定,信用协议签订后,借款人从接受要约之日起7天内有撤回合同的权利。任何希望撤回合同的借款人只要简单地填写一下活页纸,签名,通过挂号邮寄给贷款人就可以了。对那些在撤回权期限内寻求或给预付款的贷款人,法律规定了2000—20万法郎的罚金。

(二)美英等发达国家消费信贷法律制度的特点及其借鉴

在消费信贷领域,信用提供者向消费者提供贷款或货物,承担收不回贷款或货物的风险,为解决这一问题,英美法日等国一方面通过完善个人消费信用报告制度,另一方面不断完善相关的法律制度体系。[12] 通过对消费信贷的担保条款、借款人违约行为的处罚、贷款人贷款性的限定等方面进行了法律上的规定,使消费信贷市场能够在低成本、高效率的框架内健康地运行。

1. 美国消费信贷法律制度特点与借鉴

为减少贷款过度发放而导致银行风险的加大,美国制定了《消费信贷限制计划法》,从法律上对银行的贷款行为加以限定。1980年美国出台《消费信贷限制计划法》,迫使银行不得不对其政策及贷款组合进行修正。此联邦计划的初衷是向通过承接那些提高无担保贷款组合的银行来压制过高的消费信贷需求,特别是无担保的贷款注入信用卡等业务。

为减少信用信息的不真实和不准确性,美国通过颁布《公正信用报告法》,以约束借贷双方信息披露行为的真实性和可靠性。贷款人往往依赖信用报告来决定是否提供贷款,所以不真实或不准确的信息会使消费者不能获得贷款。为防止银行和消费者因不真实的信用报告而遭受损害,《公正信用报告法》要求,信用报告机构发布准确的信用信息,违反本法的信用报告机构应赔偿受害人因此而遭受的实际损失。

2. 英国消费信用法律制度特点与借鉴

为保证贷款人能按时收回贷款,英国对消费信贷的担保条款在法律上予以明确的规定。西方国家为了鼓励居民消费,有许多专为居民购买房屋融资的金融机构。这些金融机构的业务大部分在于为住房消费信贷提供担保融资,可称为机构担保。

在英国,住房信贷担保,是其消费领域中特有的担保。英国的1974年

---

[12] 周显志:《金融市场中的消费信贷法律问题研究》,法律出版社2008年版,第49—52页。

《消费信贷法》规定：一些特定机构为购买房屋提供长期抵押金融协助，如建筑协会，此外，还有专门抵押公司、保险公司和本地政府等，这种方式被称为购房抵押。他们使用的抵押方式有许多中，但主要区别在于偿还型抵押和资助型抵押。偿还型抵押贷款是必须定期偿还本金，利息则与年末或个别结算或与本金一起支付。资助型抵押贷款是典型的机构担保。抵押者在资助保险单下——保单与偿还之日到期，它建筑协会作为社会救济承担，从保险公司获得本金。抵押人付保险费而不是偿还贷款，致使偿还利息。待保险单到期，保险金将支付给建筑协会以抵偿贷款本金。也就是说，以保险金作为贷款的担保。

英国消费信贷法有利于初级抵押，特别是本地政府抵押和建筑协会抵押。但它也规定，相当数量的融资在财产担保的基础上提供，当没有明显的抵押时，可通过权利契据或土地许可证的扣押；或者如果财产已被浮动抵押时，通过二级抵押实现。在二级市场上对二级出借人有利的是进行再抵押。这样，一个现存的抵押就可通过新的出借人提前得到偿付，并且有可能总额更高，利率更低。这种方式被称为非购买货币性融资的担保。在日本，对其消费信贷的担保也从法律上进行了规定。如合作式消费信贷的担保只由销售方提供担保就可以了，但非合作式消费信贷必须要有专门的金融机构提供担保，目前多是由担保公司来担保。

3. 法国消费信贷法律制度特点与借鉴

为确保贷款人正当的盈利收益，法国从法律上对借款人的违约行为做出了明确的规定。法国1978年法律对借款合同在如下两种情况下规定了较重的违约金：借款人提前偿还借款的违约金和借款人未履行债务的违约金。当借款人提前偿还借款时，贷款人要求其进行赔偿，但赔偿金最高只能达到已还本金的4%。同时，如果在贷款被全部偿还的情况下，赔偿金是不能超过未实现利息的数额。这样，对违约金有一个双重限制。而当借款人未履行债务时，其违约金的计算可以分如下两种情况：(1) 贷款人被授权从末月之日起，按照相当于违规还本金的8%的数额要求赔偿金；(2) 贷款人可以将一些未到期的分期偿还额推迟。这种情况下贷款人被授权得到赔偿金最大可达到未付利息额的4%。在上述状况下，贷款人除了有权要求赔偿金外，还可以要求借款人偿还因借款人造成的、特定情况下由有关方面进行鉴定的必要费用。

三、加强和完善我国消费信贷法治建设之对策

（一）加快制定《消费信贷基本法》

世界上较早制定的综合性消费信贷法律，是美国1968年颁布的《统一消费信贷法典》。美国在1969年又颁布了《消费信贷保护法案》。英国在1974年制定了《消费信贷法案》。德国在1991年1月实施了《消费信贷法》。这说明大多数国家倾向于制定综合性的消费信贷法律。但也有一些国家仍然适用特别性的消费信贷法律，如日本1961年公布、1972年修改的《分期付款销售法》；也有的国家把分期付款销售当作一种商业销售方式，如韩国把分期付款销售规定在《批发、零售业振兴法》（1986年12月31日颁布）之中。消费信贷需要法律规范和调整。用消费信贷法律对消费信贷予以调整，这是现代法治国家通行的制度安排。

用法律手段调控消费信贷，是非常必要的：第一，这是充分发挥消费信贷正态社会效应、限制其负面效应的需要。消费信贷法对信贷保险的规定，对"冷却期"或撤回权的规定等等，都有利于发挥消费信贷的正态社会效应。第二，这是保护消费者权益的需要。消费信贷的以下有关问题，都必须由法律予以规范，保护消费者免受消费信贷框架内的不公平合同条款如违约金条款的制约；在高利贷情况下，对消费者予以帮助；保护消费者免受欺骗性广告、不公平市场、非真实承诺的损害，等等。第三，这是同消费信贷领域中的非法行为作斗争的需要。消费信贷领域常常出现以下非法行为：放贷人雇佣代理人和推销员上门兜售信贷；放贷人采用高压手段推销信贷；必要财产的抵押率超过标准（英国在19世纪末，一个放债人要求必要财产的抵押率高达3000%）；债务人使用过多的化名（有一个英国人供认，为了避免因借贷而声名狼藉，他至少使用了三、四十个化名）；信贷经纪业和债务收取中常有害群之马，等等。此类非法现象，都必须通过制定消费信贷法律予以明文禁止。

制定《消费信贷法基本法》，也是加强国民经济宏观调控的需要。一个国家消费信贷的规模，决定于就业和收入状况、产品类型以及这些产品销售的竞争程度。只有在大部分人口可以获得定期收入如周薪、月薪的地方，消费信贷（特别是分期付款信贷）才是可行的。同时，这些人口的收入必须达到支付得起相当昂贵的消费的程度。第二次世界大战后欧洲和美国等国家，伴随着收入的增长，消费信贷得到迅速发展。我国目前占人口总数大部分的农民尚没有定期收入或收入不稳定，城市居民的收入水平也还买不起特别昂

费的消费品或劳务(如小汽车、假日旅游等等)。故我国现阶段特别是在农村尚不完全具备迅速发展消费信贷的客观经济环境和条件。但是,随着城镇住房制度改革的深化和汽车工业的崛起,我国消费信贷将会有一个迅速发展的时期。因此,在我国加快研究和制定《消费信贷法基本法》,是市场经济条件下的城乡居民消费生活的客观需要,不仅有利于促进贫困地区人民消费生活的改善,有助于提高城乡居民消费生活的质量,而且是发展我国高等教育事业的需要,是深化城镇住房制度改革的需要,是建立我国汽车支柱产业的需要;特别是加快制定和颁布《消费信贷法基本法》,对促进我国目前住房商品化、加快汽车产业化进程,以及扩大内需、活跃市场、刺激国民经济稳步发展等方面的积极作用是十分明显的。

(二) 科学规范我国消费信贷法调整对象

综观外国消费信贷立法情况,结合消费信贷的概念,我们可以认为,我国消费信贷法是指调整在金融机构或商业等机构对有一定支付能力的消费者提供信贷过程中所形成的消费信贷关系的法律规范的总称。从上述消费信贷法的这一概念中,我们可以发现,消费信贷法主要调整以下三种信用关系:

第一,金融机构与消费者之间的贷款信用关系。这种信用关系是一种银行信用,具体表现为用于个人或家庭消费目的的个人贷款、透支信贷等。

第二,商业等机构与消费者之间的销售信用关系。这种信用关系是一种商业信用关系,具体表现为分期付款销售、非分期付款销售、耐用消费品的租赁。租赁不是严格意义上的信用形式,但是耐用消费品的租赁也要依靠租赁业主对消费者授予信用才能进行。外国通常把租赁称为租购,并将其纳入消费信贷法的调整范围。

第三,消费者、金融机构、授予机构(销售者)三者之间的信用关系。国外把这种关系通常叫做“债务人—债权人—供应商协议关系”。在消费信贷领域,这种信用关系的运用范围日益广泛,具体表现为限制性贷款、循环费用账户、支票交易、信用卡等,房地产分期付款也属于这种形式。此外,我国消费信贷法也调整消费者参加消费信贷交易所发生的辅助信用关系,如分期付款购买居间合同、代理人佣金、债款收取等辅助信用关系消费信贷法都应予以规范。

我国消费信贷法立法在确定其调整对象时,一方面应严格限制在“消费信贷”的范畴内,商业交易、国际贸易中的信用等都不属于消费信贷法的调整范围。另一方面,我国消费信贷法应立足于制定为一部综合性的、协调统一的《消费信贷基本法》,因为这是世界各国消费信贷立法的基本趋势。我国《消费信贷基本法》的调整范围应涵盖以下内容:分期付款销售(或信贷)、非分期付款销售(或信贷)、限制性贷款、透支信贷、信用卡、用于个人或家庭目的的房地产交易和辅助信用业务等。是否应把针对消费者的租赁业务纳入《消费信贷法基本法》的调整范围,应结合我国的实际情况作进一步的研究。

(三) 坚持符合市场经济规律的消费信贷立法原则

消费信贷立法原则,是指反映消费信贷活动和消费信贷关系客观要求的、贯穿于消费信贷法律制度安排之中的基本准则和规则。在社会主义初级阶段的市场经济条件下,我国制定《消费信贷法基本法》必须坚持贯彻下列准则和规则:

1. 充分保障消费者权益

消费信贷法是作为部门法的消费者保护法的一部重要法律,具有消费者保护法的一些共同特征。纵观大多数国家的消费信贷立法,我们发现,这些立法里回荡着一个强烈的声音:充分保护消费者权益。大多数国家立法中的以下这些内容都是为了保护加入到消费信贷交易中的消费者权益:如运用广告作为消费者教育的手段、防止使用欺诈和高压手段签订消费信贷合同、授予消费者对消费信贷合同的撤回权(或规定合同的"冷却期")、限制消费信贷合同中的违约金条款、限制放贷人对分期付款信贷合同的解除权,等等。这些内容已成为各国消费信贷立法的共同内核,我们应充分吸收国外立法中的这些先进内容,结合我国国情,为我所用。

2. 引导消费者科学消费

我国《消费信贷法基本法》应对消费信贷合同标的物范围(或消费信贷合同的种类)作出明确规定。对可消费的商品或劳务,根据国家经济和社会发展规划,消费信贷制度安排应明确规定鼓励哪些消费,限制哪些消费。首先,要通过消费信贷业务加快现代化消费结构的建立。以机械和电子产品为核心的技术密集耐用消费资料占有较大比重,是现代化消费结构的重要标志。发展中国家和发达国家在消费上的差距,主要也就表现在高档耐用品在消费中所占的比重不同。因此,我国《消费信贷基本法》在对分期付款销售(或信贷)作出规定时,可以由行政法规明确列出"分期付款销售商品"一览表。其次,要通过消费信贷手段加速恩格尔系数的下降。[13] 我国长期实行的计划经济体制和产品经济模式,导致了城镇居民家庭吃、穿、住、用、行消费支出比例严重失调,"吃"的消费支出占了大头,而"穿、住、用、行"的消费支出只占了小部分。在我国如果不推行住房私有化,不推行"居者有其屋"计划,不实行"公私财产平等保护"原则,则恩格尔系数将长期居高难下。因此,我国消费信贷法应对建立城镇居民购房消费信贷制度,作出完备的规定。再次,要通过消费信贷业务活动引导城乡居民消费向着科学、文明、健康的方向发展。《消费信贷基本法》应规定开展消费信贷业务,必须坚持鼓励科学消费,支持健康消费,提倡文明消费,坚持和谐消费的方向,反对愚型消费、迷信消费等一切不科学、反文明、非健康的消费。

3. 优化产业结构与促进科学发展

我国《消费信贷基本法》应该规定,一般的消费信贷主要应面向大件耐用消费资料市场,要通过运用消费信贷杠杆启动耐用消费资料市场,促进耐用消费资料生产经营行业及其与之相配套的相关行业迅速壮大起来,使产业结构向着耐用消费资料方面倾斜,从而逐步消除当前社会上存在的在传统产业里的过度投资现象。我国当前的传统加工制造业过分膨胀,资源利用率低下,市场疲软,过度竞争,而技术装备好、市场前景广阔的新兴产业明显薄弱。国家要运用消费信贷杠杆激活技术密集型产业和高技术产业,推动我国产业结构向技术水平的高级化发展,推动"节能减排"技术的广泛应用,建立循环经济发展机制。利用消费信贷方式扩大耐用消费品的消费范围和消费数量,使工业发展建立在有效和高产出基础之上,是消费对生产和流通反作用力的正态效应。但是如果对消费信贷杠杆运用不当也可能给社会经济带来负面效应。因此,《消费信贷法基本法》要禁止用增加货币投放来扩大消费基金,以刺激城乡居民的消费;要科学地控制好全国消费信贷总量,把握住消费与积累的适度比例关系。

4. 消费信贷机会均等

消费信贷机会均等是指消费者在同一消费信贷条件下,享有同等的获得消费信贷的机会,这是平等、公平价值在消费信贷问题上的体现。为保证消费信贷机会均等,首先,应当建立公平的消费信贷条件。提供消费信贷的金融机构关心的是消费者信贷能否顺利得到偿还,而保障消费者清偿债务的是

---

[13] 所谓恩格尔系数,是指一个居民家庭平均食物支出在其平均收入或平均消费支出中所占的百分比数。

信用和清偿能力。因此,消费信贷条件主要以消费者的信用和清偿能力为条件,而不能以性别、学历、种族、宗教、民族、肤色、年龄、婚姻状况、户籍等作出歧视性规定。其次,消费信贷条件应当公开。"阳光是最好的杀毒剂",公开消费信贷条件,可以监督消费信贷条件是否具有歧视性条款,同时建立消费者的申诉制度,如果消费者认为自己受到歧视,有权向有关组织或机构提出申诉,直至诉讼。

(四) 明晰完善消费信贷立法的基本思路

当前我国消费信贷立法研究的重要内容之一,就是要认识和借鉴世界各国消费信贷的立法经验。美国、英国和西欧各国在消费信贷立法方面有着丰富的经验。欧盟在1986年颁布《消费信贷指令》以前,曾组织专家对欧盟各国消费者法(消费信贷法是其中一个组成部分)作了大规模的分别研究和综合比较研究,取得了一系列研究成果。借鉴西方国家特别是美国、英国和其他欧盟国家消费信贷立法的经验,结合我国具体国情,我国消费信贷立法应沿着以下基本思路前行。[14]

(1) 应根据消费者交易的实质和功能来规范交易行为,而不是根据交易行为的形式。用贷款购买商品(指消费品)的行为,与分期付款销售行为,形式上是不同的,前者属贷款信用,后者属销售信用;但其实质和功能是一样的,都属于消费信贷。对这两种交易行为,应由一部法律统一规范和调整。

(2) 要采取有效措施保护信用交易中的消费者的权益。具体说来,第一,法律要对消费信贷合同的订立予以规范,而不是注重于合同不履行时对消费者的救济。应避免草率的信用交易。规定合同签订后在"冷却期"内消费者没有撤回合同,合同方生效。让消费者有时间考虑,是签订一个合同,还是取消它而不冒支付利息、损失赔偿和违约金等等的风险,这对保护消费者权益是很有必要的。第二,在消费信贷广告和合同要约等方面,应该规定某种最低信息和公布要求。这个要求的中心内容是告知消费者有效的信用成本,让消费者可以比较不同形式的消费信贷的成本和不同销售者所提供的信用成本,以便决定采用适合自己的信用形式;同时,规定最低信息和公布要求,也可限制对信用交易中的消费者的名目繁多的收费。第三,对消费者提前付清账款,法律应规定扣除相应的利息和相关的费用。第四,应对分期付

---

⑭ 周显志:《关于消费信贷立法的几个问题》,载《中国经济法治的反思与前瞻》,法律出版社2001年版,第473—480页。

款信贷放贷人的解除权作出限制。一般应规定，不符合以下条件放贷人不得预告解除合同：即消费者完全或部分延迟支付至少两期相连的款项，延迟支付的款项达到信贷总额或分期付款价格的10%以上。⑮

(3) 对第三人的权利应采取合理的政策。对受分期付款销售合同约束的购买者能否转移标的物的所有权，或者应具备怎样的条件才能转移所有权至第三人，都应采取合理的政策。在这个问题上，应充分考虑维护交易的安全性和保护善意第三人的权利。

(4) 应对消费信贷交易的担保作出规定。对分期付款销售中所有权的转移，可以由当事人在合同中约定，也可以由当事人约定采用其他担保方式。对所有权保留这种担保方式的具体操作，可以考虑对所有权保留建立正式的登记机制。

(5) 在我国制定《消费信贷法基本法》过程中，是否有必要制定和制定怎样的控制消费信贷利率的规范，值得研究和探讨。制定控制利率的规范的尝试，在欧洲被证明是不成功的。鼓励竞争，让利率市场化，这是市场经济的客观要求。西方对高利贷问题曾作过富有现代精神的探讨，这是值得我们研究和借鉴的。

(6) 对我国《消费信贷法基本法》的实施应规定相应的行政执法机构。由政府经济管理机关承担此法职责。有利于保障消费者的权利，对消费信贷规定某些行政管理规范，是必要的，但管理条款不宜过于详细。西方国家的立法经验表明，管理条款过细可能不仅导致许多繁琐管理程序的产生，而且限制了某些消费者群体对消费信贷的享有，有碍消费信贷活动的广泛开展。

(7) 在我国的《消费信贷法基本法》中，应确立国家金融安全目标，赋予国家有关部门宏观调控消费信贷总量的职权和职责。

(五) 完善个人联合征信与消费信贷担保等配套制度

个人信用制度是商业银行评估借款人，实施信贷监管以及控制消费信贷风险的基本制度。⑯ 缺乏个人信用制度，银行就很难全面、及时地了解借款人的资信情况，从而难以对消费信贷的各种风险因素进行跟踪监督和控制，缺乏控制消费信贷风险的制度基础。因此，建立健全全国统一的、完备的个人信用制度，是发展消费信贷的一项十分重要和紧迫的任务。目前，人民银

---

⑮ 德国《消费者信贷法》第12条规定，信贷合同的期间超过3年的达到5%以上。

⑯ 周显志、蒲海涛：《关于加快我国个人联合征信法律制度建设的探讨》，载《暨南学报（社科版）》2004年第2期，第23—27页。

行已经率先在上海市开展了个人信用联合征信试点工作,取得了一定经验和成绩。但是上述试点仅限于金融部门,信用信息也仅限于金融信息,很难实现其他非金融信息的汇总。要在总结经验的基础上,完善个人信息披露的法律依据,选择消费信贷发展较快的地区扩大试点,逐步在全国范围内建立起统一和完备的个人信用制度,最终实现个人信用评级。要建立个人信用调查和评估机构,个人信用进行调查和评估。居民在向银行等金融机构申请个人消费信贷时,银行可请专业信用认定机构对个人信用进行调查和评估,可以对自然人的身份、个人账户、收入来源、个人可支配用于抵押的资产及过去的信用状况等情况进行调查,了解申请人的总体信用状况,然后决定贷与不贷。评价系统应包括下列因素:消费者的职业状况、收入状况、银行账户的大致数额和地点、赊账或其他债务、付账习惯、婚姻状况、诉讼、交易记录及品质、习惯和道德等因素。消费者的信用评价可采用等级制或得分法。但无论采用哪种方法,要公平地评价和长期持续的监控消费者的信用,建立科学的信用评价系统。

个人信用的评估需要对个人信用历史的考察,信用资料的采集、整理与信用的评定。个人信用制度主要包括个人信用的调查、信息加工、评价分析、使用及管理等一系列内容。我国目前个人信用制度几乎还是空白,需要有重点、循序渐进地建立。银行可以根据个人信用状况规定不同层次的服务与优惠,如信用卡透支额度可增大、期限可适当延长;个人消费贷款、按揭贷款利率在可行范围内可适当下浮;个人贷款担保可根据信用状况等调整。而对信用积分低的客户,则限制办理某些业务,拒绝提供服务。为了适应我国加入WTO后的国际经济环境,取得我国个人信用征信评估机构开展业务的国际对等地位,在建立个人信用制度的初始阶段就要注重与国际行业标准接轨,引进国际上先进的征信技术,以便为国际同行所接受。

要制定《信用评估法》。我国缺乏一套权威的个人信用评估机构和操作规范;实践中,金融机构对个人信用的考察标准不一,且互不买账,各系统和部门间信息封闭,个人信用评估举步维艰。因此,必须制定《信用评估法》,对我国的信用评估机构、评估标准、操作程序等加以明确规定。要建立完善的征信法律制度。我国历来缺乏对个人信用历史的记载,而个人资信调查(即征信)又常常关涉到被调查者的个人隐私问题,所以,必须进一步完善民法中人身权的有关规定,明确隐私权的合理范围;同时加强征信立法,使征信活动有法可依。要通过《信用公示法》,对信用公示的条件、程序、范围、方式、途径、机构、效力等作出规定;同时,为确保公示信息的公信力(即信用公示本身的信用),要特别明确公示机构对信用公示失实的法律责任。要完善失信惩罚法律制度。人们对"失信"或"守信"的选择往往是以对两者损益得失的比较为基础的。提高"失信"成本是激励人们诚实守信的内在动因。一方面,必须完善现行诉讼法中有关执行制度的规定,提高对失信者强制执行的效率。另一方面,要在《合同法》、《银行法》等法律中明确限制失信者、破产者在某些经济活动中的权利能力,给失信的消费者在个人生活和经营活动中制造一定的困难和障碍。要制定或完善其他相关法律。信用法律制度的有效实施还有赖于《社会保障法》、《破产法》、《保险法》等法律的协调与配套。

应当实行个人破产制度。个人破产,是指有民事行为能力的自然人不能清偿到期债务时,按照破产程序,在保留他和他所供养人的生活必需费用和必要的生活用品情况下,将其财产拍卖,按一定比例分配给债权人的一项法律制度。破产制度的社会意义在于维护民事流转与商事交易的安全。对债务人而言,可以保护债务人,保障债务人及其所供养人的基本生活;同时可以使诚实而遭遇不幸的债务人从债务的锁链中解脱出来,并逐步实现发展。但是,如果金融机构的利益得不到保护,那么金融机构将不愿提供消费信贷或提高消费信贷条件以阻碍消费信贷,因此,个人破产制度还必须保护债权人的利益。从我国目前来看,由于个人信用监控制度不完善,市场经济不成熟,个人对自己信用的轻视,对恶意消费信贷、破产欺诈立法和执法的不完善。因此,为了平衡金融机构和消费者利益,应当加快个人破产制度的立法。

要完善消费信贷担保等配套制度。消费信贷与其他贷款不同,借款人是一个个消费者贷款购买的是超过其即期收入限度并在较长时间内才能归还贷款的财产或耐用消费品。因此,在发放消费贷款时用抵押、担保作还款保证显得十分重要。我国应尽快健全抵押担保制度,具体应注意几方面:首先,应完善担保法增加有关个人消费信贷的详细条款。其次,应培育规范的抵押品二级市场,使各种贷款抵押物能够迅速变现。再次,可考虑由政府出面组建消费信贷担保公司,为长期消费信贷提供担保。这也是一些西方国家发展消费信贷的成功经验。如美国有四家政府性质的按揭担保机构,主要为符合规定条件的个人提供住房贷款担保,并向银行收购部分个人住房贷款,发行住房按揭担保债券,在很大程度上解决了部分居民难以提供担保和银行的资金流动性问题促进了个人住房贷款的发展。最后,中央银行应作出必须设定担保的贷款基数,商业银行可视各贷款品种的规定及申请人的资信状况,要求全部提供合适的担保方式,并对担保程序予以严格审查。

危机前后美国金融监管体制立法变革及对我国的启示

吴云峰[*]　龚经松[**]

目　　次

一、美国危机前金融监管体制的演进路径考察

考察研究美国危机前金融监管体制的演进路径，主要是两个时间段，其一是“大萧条”时期，其二为20世纪末期的金融混业时期。在前时段内，美国金融分业经营和分业监管得以在法律上确立，这种体制维持了六十多年。在后时段内，美国分业经营的限制被取消，但分业监管的体制却保留了下来。下面就具体分析一下。

1. “大萧条”时期

在“大萧条”之前，美国的金融业并没有在银行业和证券业之间设立明确的分业限制，金融机构同时从事上述两项业务非常普遍，再加上在证券市场没有相应的法律，也没有专门的监管机构，因而导致在当时的美国证券市场上，交易信息不公开透明，操作交易价格和内幕交易违法行为盛行，直至泡沫破裂和经济危机的全面爆发，导致美国大量银行破产。

1931 年专门为调查危机原因而设立的独立调查委员会在经过长期的调

* 吴云峰，经济法学博士，湖南省长沙市人民检察院检察官。
** 龚经松，法学硕士，湖南省长沙市开福区人民检察院办公室主任。

查取证和举行大量听证会之后，出台了调查报告。尽管直到现在经济学界关于“大萧条”爆发的真正原因，还存在各种学派和各种学说，但当时出台的报告认为，正是因为商业银行能够利用信贷资金，从事证券买卖和投机操作，最终引发股市泡沫不断被吹大和经济危机的爆发，股价暴跌和大批银行机构倒闭风潮都与之紧密相关。在经济危机的大背景下，如同现在次贷危机过后，过度的金融创新成为众矢之的一样，当时商业银行操纵股价成为社会关注的焦点，这时议员格拉斯和斯蒂格尔顺应民意，提出法案主张商业银行和投资银行应当实行分业经营①，同时还提议构建存款保险制度，在国会顺利通过并生效。

《格拉斯—斯蒂格尔法》(《Glass-Steagall Act》，也被称为 1933 年《银行法》)②限制商业银行经营投资银行业务的条文有以下四条：(1) 第 16 条：国民银行不能从事企业证券承销业务及自营企业证券的买卖业务，但可以承销非营利性债券，比如政府附属组织债券、政府债券、事业组织债券等，为客户做有价证券的中介业务时，必须通过信托部进行。商业银行“互换”等新兴业务例外。(2) 第 20 条：任何联邦储备成员银行不得经营任何与股票、债券有关的业务活动，也不得与证券公司或从事类似业务的组织发生合伙、联营关系。(3) 第 21 条：禁止任何存款机构从事 16 条规定的证券业务。(4) 第 32 条：任何从事股票、债券和类似证券发起、发行、销售的人，不得担任成员银行的经理、董事或者雇员，联邦储备理事会的特别许可除外。③

随着 1933 年《银行法》颁布的，还有 1933 年《证券法》、1934 年《证券交

---

① 与此分业体制对应的是欧洲大陆如德国、瑞士、法国等国的全能银行混业体制。在此体制下，银行直接经营证券、保险、信托等金融业务，德国的证券市场完全是由银行组织和控制的。根据德国的《银行业务法》，银行经营范围包括：存款、贷款、贴现、信托、证券、投资、保险、汇兑、财务代理、金融租赁等所有的金融业务。两种体制的形成与历史的演进有密切的关系。德国历史上一直就没有出现独立的投资银行机构，而美国早在 19 世纪就产生了独立的投资银行机构，公认的美国最早投资银行机构是 1826 年创立的普莱姆—伍德—金投资银行。参考王国言：《全球化视角下的金融混业现象：多维度透析》，人民出版社 2006 年版。

② 由参议员卡特 · 格拉斯(美国 1913 年《联邦储备法》的主要起草者)和亨利 · 斯蒂格尔提出、美国国会通过的 1933 年《银行法》的第 16 条、第 20 条、第 21 条和第 32 条集中就商业银行的证券投资活动的布局和渠道作了大规模的调整。这些条款被单独称为《格拉斯—斯蒂格尔法》，其全称是《安全有效地运用银行资产、规范银行间控制关系、防止银行资金被不当用于投机或其他目的的法律》，该法也被称为“格拉斯—斯蒂格尔墙”。该法不仅标志着现代商业银行与投资银行分业格局的形成，也标志着纯粹意义上的商业银行与投资银行的诞生。参见张忠军：《金融业务融合与监管制度创新》，北京大学出版社 2007 年版。

③ 易宪容、黄少军：《现代金融理论前沿》，中国金融出版社 2005 年版，第 365 页。

易法》、1936年《商品交易法》和1974年《商品期货交易委员会法》④,后面四个法律分别确立了证券业经营法律、证券业专门监管机构、期货业经营法律和期货业专门监管机构,自此再加上银行业原有的监管机构货币监理署和美联储,和新设联邦存款保险公司,以及美国保险业主要由各州保险厅(局、署)监管,美国金融领域内,银行业、证券业和保险业分业经营和多头分业监管的体制架构得以奠定。

2. 20世纪末金融混业确立时段

在《格拉斯—斯蒂格尔法》最初实施的十余年中,"大萧条"的阴霾还未彻底消散,因而美国的金融机构都还能切实地执行分业经营的限制。但在这之后,法案的实际影响力就在不断下降,金融机构开始不断地进行金融创新,设计各种金融产品,开展各种新型服务,不断侵蚀金融领域内的分业限制的法律规定。但同时美国的法律也在不断跟进,及时跟进修正来试图维持严格分业的法律制度。最明显的两次修正,一是1956年颁布的《银行控股公司法》,一是1987年颁布的《银行公平竞争法》。前者禁止银行机构通过增持证券机构的股票来实现间接地从事证券经济业务,后者则禁止设立类信贷机构来间接从事银行业务。

直至各种类型的金融机构提供的金融产品在品种和服务内容上都日趋接近,特别是资产证券化产品的出现和金融"脱媒"的趋势,更加恶化了原本竞争就已经十分剧烈的信贷市场和证券市场之间的关系,原来通过信贷机构进行的业务,现在在证券市场上就可以融通到资金。⑤ 为了在激烈国内和国际竞争中生存下来和抢占更大的市场份额,金融机构一方面继续开发花样翻新的金融创新产品,另一方面金融混业的程度进一步深化,金融混业经营渐渐浮出了水面并成为一种潮流,分业经营的限制已经走到了土崩瓦解的边缘。

在此国内和国际大背景下,美国的金融监管开始寻求新的变革。1999年11月,美国国会通过、时任总统的克林顿批准了《金融服务现代化法》

---

④ 〔美〕杰瑞·W.马卡姆:《商品期货交易及其监管历史》,大连商品交易所译,中国财政经济出版社2009年版。

⑤ 〔美〕菲利普·莫利纽克斯、尼达尔·沙姆洛克:《金融创新》,冯健译,中国人民大学出版社2003年版,第5页。

(《Gramm-Leach-Bliley Act》)⑥,该法规定金融控股公司⑦可以从事银行、证券、保险业务等金融业务,金融混业经营在法律上得到确立,彻底结束了银行、证券、保险的分业经营的历史,1933 年制定的《格拉斯—斯蒂格尔法》相关内容随之废弃。

但值得注意的是,美国的双层多头分业的监管体制只是进行了稍许的修改(比如 2000 年通过的《商品期货交易现代化法》对商品期货交易委员会的职权进行了调整),并没有顺应国内混业经营的现实以及国际上不断涌现的单一化监管体制的趋势,彻底地进行改革,整合现有的监管机构,建立单一的金融行业监管机构。但毫无疑问,总体上分业的监管框架显然是不能完全覆盖混业经营,也正是这种巨大的疏漏,为次贷危机的爆发种下了祸根。

二、危机后美国金融监管体制的改革

2010 年 7 月 21 日,美国总统奥巴马签署最终版本金融监管改革法案,法案全称为《多德—弗兰克华尔街改革和消费者保护法》(Dodd-Frank Wall Street Reform and Consumer Protection Act)。新法案被现任美国财政部长盖特纳评价为是“大萧条”以来最严厉的金融改革法案⑧,将成为与“格拉斯—斯蒂格尔法”(1933 年《银行法》)比肩的又一块金融监管基石。关于金融监管体制的变革,主要包括以下几个方面。

---

⑥ 《金融服务现代化法》的出台并非一帆风顺。1999 年 5 月 6 日,美国参议院首先通过《金融服务现代化法》;1999 年 7 月 1 日,美国众议院通过《1999 年金融服务法》。但这两个方案尚有部分分歧需要协商,于是参众议院各派 20 名委员进行讨论,到 11 月 4 日,主要争议解决,并将法律称为“Gramm Leach Bliley Financial Modernization Act”,且经两院审查通过。11 月 12 日,总统正式签署该法。Gramm Leach Bliley Financial Modernization Act,简称 Gramm Leach Bliley Act,又称为《格拉姆—利奇—布利利法》,后者是以法案的三位发起人名字命名的。该法对美国 20 世纪 60 年代以来的有关金融监管、金融业务的法律规范进行了系统整理和突破性修改,将数量庞大的金融法律法规中的很大一部分进行了规范,用一个法律文件成体系地表述出来,这是对美国金融法律的一次有效整合。

⑦ 金融控股公司是以银行、证券、保险等金融机构为子公司的纯粹控股公司。美国是金融控股公司最早兴起也是最发达的国家,但在 1933 年《银行法》颁布之后,金融控股公司实际上已经消失,1998 年花旗银行与旅行者集团合并可以说是美国金融控股公司全面解禁的里程碑,合并组成新公司称为“花旗集团”,花旗集团集银行、证券、保险、信托、基金、租赁等全方位的金融业务于一身,客户到任何一个花旗集团的营业点都可以得到储蓄、信贷、证券、保险、信托、基金、财务咨询、资产管理等“一条龙”式的金融服务。

⑧ Treasury Secretary Timothy Geithner Remarks on Passage of the “Wall Street Reform and Consumer Protection Act” As Prepared for Delivery, http://www.financialstability.gov/latest/pr_07152010.html.

1. 新设金融稳定监督委员会

第111条规定，在该法生效之时，要成立金融稳定监督委员会（Financial Stability Oversight Council）。金融稳定监督委员会的成员分为有投票权和无投票权两类，有投票权成员包括财政部长（兼任金融稳定监督委员会主席）、联储主席、货币监管署署长、金融消费者保护署署长、证券交易委员会主席、商品期货交易委员会主席、联邦存款保险公司主席以及联邦住房金融局主任，一届任期6年。第112条规定了该委员会的宗旨和职权。委员会的宗旨有三项：确认危及整个金融体系稳定的风险、加强金融市场惩戒和应对危及整个金融体系稳定的威胁。在第151条至第156条规定，设立一个全新的金融研究办公室，下设数据中心和数据分析研究中心，主要为金融稳定监督委员会及其成员机构提供下列服务：收集金融领域数据、对收集的数据的类型和格式予以标准化、开展应用研究和长期研究、开发风险管理和监控工具。

2. 撤销储蓄机构管理局，新设联邦保险办公室

法案第三章规定，将原先存在的储蓄机构管理局（Office of Thrift Supervision，OTS）监管职能，按国民银行、州非成员保险银行和州成员银行三类，分别移交给货币监管署、联邦存款保险公司和联邦储备体系理事会，移交期限为法案生效之后的一年内，储蓄机构管理局撤销。

法案第五章规定，在财政部下设联邦保险办公室，并详细规定该机构的职权及运作程序。

3. 扩大联邦储备体系理事会维护金融体系稳定的权力

第113条赋予联邦储备体系理事会对特定非银行金融机构的监管，包括美国国内和国外两类，并从杠杆率、表外业务披露、与其他大型金融机构密切程度、金融领域内的地位、经营范围、类别、集中度、规模、资产的规模和数量、负债的数量和类别、依赖短期融资的程度等指标确定了特定非银行金融机构的认定标准。第210条规定，其他的非银行金融机构由联邦存款保险公司进行日常监管。第116条规定，资本在500亿美元以上的银行控股公司和特定非银行金融机构，如果危及美国金融稳定，联邦储备体系理事会应当在金融稳定监督委员会不少于2/3成员表决以后，应当对该机构采取下列措施：限制其购并活动、限制其出售一项或全部金融产品、终止一项或全部业务活动、对开展业务活动施以附加条件，如果上述措施还不足以消除危险，那么可以要求其转让资产或表外业务。

4. 简评

尽管次贷危机爆发后，美国金融领域存在的监管缺失和真空令人震惊，这固然与美国长期秉持自由主义理念相关，但更应该思考的却是如何在金融领域已经高度混业经营的现实下，如何有效预防和应对新形势下的风险。随着1999年《金融服务现代化法》的颁布，在20世纪30年代大萧条中构建“格拉斯—斯蒂格尔墙”被拆除，金融混业的风险控制再次成为一个重要的主题。混业风险除了传统银行资金进入证券市场引起剧烈波动之外，还有此次次贷危机表现出来的证券资本市场和银行信贷市场高度关联下金融衍生品流动性急速丧失的新类型风险。

传统金融监管的一个重要目标，就是设置一系列的资本负债比率和相关制度设计，从而避免银行出现流动性危机，防止因其特定的资产负债结构而发生现金挤兑。房贷证券化将信贷产品转化为可以在资本市场交易的证券，有效解决银行业资产的流动性不足问题，银行因挤兑而倒闭的风险基本上不存在了。随着资产证券化的普及，银行的信贷资产的很大部分逐渐转变为资本市场上的证券这种形式，信贷市场和资本市场混合化，很难再去区分哪个是传统的信贷业务和资产，哪个又是资本市场上的证券业务和资产，二者紧密不可分了。

尽管资产证券化大大降低了信贷机构因挤兑而破产的风险，但证券市场价格的剧烈波动会带来更大的系统性风险，一有风吹草动，证券价格就可能大幅度走低，再加上这些证券的基础资产都是信用评级极低的次级抵押贷款。资本市场的机制是越是大规模卖出套现，证券的市场价格越是走低，买家会越来越稀少。等到金融衍生品交易流动性枯竭和急剧贬值，投资银行也就走到了破产崩溃的边缘。在混业经营的大环境下，银行、证券和保险等各项金融业务的传统区分和风险隔离不复存在，金融衍生品的杠杆操作和过度交易引发的风险，自然会转移和分散到整个金融市场，这样一来，资本市场的交易风险就会变成金融体系的系统性风险。

因此美国次贷危机前金融监管体制存在问题的实质，就是20世纪30年代大萧条中依据分业经营构建的分业监管体制，不能适应当下的混业经营模式，混业经营和分业监管的背离是危机爆发和升级的一个根本性的制度因素。对此，法案也进行了有针对性的改革。

首先，新设金融稳定监督委员会、联邦保险办公室和金融消费者保护局，撤销储蓄机构管理局，从而可以有效地解决原有监管机构存在的冲突和重叠。特别是新设立的金融稳定监督委员会，为各个监管机构沟通协调和信息共享构建了一个平台，对于控制金融风险和维护美国金融体系的整体稳定运行必将发挥重要的作用。

其次，强化了联邦储备理事会在维护美国整个金融体系稳定运行方面的权限。将大型投资银行的对冲基金纳入监管范围，要求其注册和信息披露，危及美国整个金融体系稳定运行的一个重要隐患得以消除。同时还赋予了联邦储备理事会认定系统性风险的权力,并规定了相应的处置程序。

最后,“沃克尔规则”的颁布,限制了商业银行机构与投资银行和对冲基金的投资,设置了在对冲基金和商业银行资本机构中该项投资的最高比例,相当于金融领域向分业经营适当回归,构建了商业银行机构与投资银行和对冲基金,特别是与高风险的场外衍生品之间的风险防火墙,从而成为与“格拉斯—斯蒂格尔法案”比肩的又一块金融监管基石,确立了分业监管框架下混业经营风险控制的新标尺。

三、对我国金融监管体制改革的启示

次贷危机在金融监管上值得吸取的一个重要教训就是:要切实解决多头监管下的监管重叠和监管真空问题,同时要对监管体制的改革建立科学明确的规划,确立短、中、长期目标,不断修正监管体制,适应业务变革的新形势和国际变革的大趋势。基于这样的研判,本文认为目前我国的分业监管体制,尽管已经出现危机前美国监管体制上表现出的问题,但从中期目标看,是完全可以通过制度上的改进,有效地解决出现的问题,从长期目标看,随着混业经营在我国的继续深入,在法律上得到确认也是可以预期的事情,因而在监管体制上应该向单一监管的方向迈进。

1. 设立金融监管协调委员会

在单一监管体制短期不能建立,而分业监管和混业经营的背离导致的监管冲突和监管真空问题,可能会埋下系统性金融危机的种子的情况下,上文已经分析了,作为向单一监管体制改革的过渡,现阶段可以通过建立监管机构间的固定协调机构并建立明确的协调机制来予以应对。

现有“一行三会”的会议机制的建立,说明了监管机构已经对上述问题有所认识,但这种非常设性的会议机制显然不能有效地解决,当前形势下繁杂和不断变化的协调问题,因此有学者指出可以根据现行《中国人民银行法》第9条的授权,建立专门的常设协调机构金融监管协调委员会,并同时建立完善的协调制度。⑨ 可以参照美国金融监管改革法案的经验,以法律的形式确定金融监管协调委员会的职权、保障机制、运作程序、监管信息共享机制、协同调查机制,明确和细化目前职能交叉和监管边界模糊的领域,设立专门分支机构专门负责监管信息的收集和共享、监管政策的协调和统一、监管

⑨ 齐萌:《美国次贷危机救助的法律规制及启示》,载《财经科学》2009年第4期。

机构间的沟通和交流，切实地解决目前央行、银监会、证监会、保监会之间监管的重叠与冲突，维护整个金融体系的安全运行。[10]

2. 加强对系统重要性金融机构的协同监管

次贷危机中，一些金融机构因为其业务范围和资产规模的庞大，害怕因其破产而引发"多米诺骨牌效应"，而出现了"太大而不能倒"的一国金融业被某几个金融机构挟持的危险局面。我国商业银行主导的金融体系有别于美国投资银行主导的金融体系，目前危机金融体系稳定的仍然主要是传统的因风险管理不善和资产质量差而引发的挤兑风潮，我国历史上也发生过个别金融机构破产倒闭事件，但一旦大型的商业银行出现问题，对我国金融体系的冲击还是具有摧毁性的力量。要防止在我国出现此种情势，除了加强原有监管的基础上，还要建立各个监管机构的协同机制，从而实现对这些具有系统重要性的金融机构无缝隙、全覆盖的监管。[11]

借鉴美国金融监管改革法案赋予美联储监管系统重要性金融机构权力和金融稳定监督委员会予以协作的经验，我国要修改法律赋予人民银行对具有系统重要性金融机构的监管权力，从杠杆率、表外业务披露、与其他大型金融机构密切程度、金融领域内的地位、经营范围、类别、集中度、规模、资产的规模和数量、负债的数量和类别、依赖短期融资的程度等方方面面全方位地实施监管，从而维护金融业整体运行的安全。中国人民银行依据法律规定本身就承担着维持整个金融体系的稳定与防范化解系统性金融风险的职责，承担这项新的职责也是于法于理都有根据。但由于人民银行负责我国的货币政策，因而此种权力的实施要防止两者之间的冲突。

3. 加快制定《金融控股公司法》

法律是控制金融控股公司混业经营风险的根本制度性保障，面对日益普遍的金融控股公司，我国要尽快制定《金融控股公司法》，从而将这一目前监管存在混乱的领域有效地监管起来，控制混业的风险，规范混业的运营。金融控股公司带来的风险是方方面面的。从公司内部来讲，主要有关联交易风险和利益冲突风险。从公司外部来讲，主要有以下风险：有效监管不足的风险、垄断的风险和准入退出的风险。2005 年，曾经由中国人民银行牵头启动

---

[10] 鲁篱、熊伟：《后危机时代下国际金融监管法律规制比较研究_兼及对我国之启示》，载《现代法学》2010 年第 4 期，第 155 页。

[11] 傅穹、于永宁：《金融监管的变局与路径：以金融危机为背景的法律观察》，载《社会科学研究》2009 年第 3 期，第 8—13 页。

《金融控股公司条例》的立法工作,但遗憾的是至今还没有进展。[12]

目前依据分业经营而分别制定的《中国人民银行法》、《商业银行法》、《保险法》、《证券法》、《证券投资基金法》等金融法律,不能有效地化解银行、保险、证券业务混合之后产生的一系列风险,这需要尽快制定一部《金融控股公司法》,从而使得金融控股公司的市场准入、控股范围、治理机制、关联交易、资本集中度、信息透明和外部监管等各方面有法可依。[13] 一部《金融控股公司法》解决的问题远不止实现金融控股公司的外部有效监管,但在现有监管体制不能根本改变的前提下,由新法律对金融控股公司的监管进行明确地规定,也不失为一种应对挑战的好办法。[14]

4. 设立"防火墙"机制控制混业风险

尽管现有混业经营已成为主流和大势所趋,但分业经营的主张也不是毫无根据。传统的金融三大行业从事的都是资金融通的业务,但鉴于各个行业业务的独特性,还是具有各自的鲜明的行业特性和运营特征,分业经营可以有效地考虑到各个行业的优势,同时还可以阻断风险在各个市场间的传递。

考察美国危机前金融监管体制演进路径时,曾经分析过美国在"大萧条"之后,为什么要建立严格的分业经营和分业监管体制,就是因为当时的独立调查委员会认定,正是因为商业银行能够利用信贷资金,从事证券买卖和投机操作,最终引发股市泡沫不断被吹大和经济危机的爆发。次贷危机本来是信贷市场上出现问题,为什么却重创了资本市场上的投资银行,并最终引发整个金融领域内的全面危机,也与金融创新之后,各个市场紧密相连,没有阻断机制隔离各个金融市场的风险传导有关。由此可见,如果想保持正常的混业经营秩序,控制各个市场和各类业务之间的风险交叉感染和相互传导至关重要。

控制混业经营风险的最严厉手段就是实行最严格的分业经营限制,但如前分析的那样,严格的分业经营限制经常会被金融创新所侵蚀,同时也很难真正地一以贯之。那么控制混业经营风险次优的手段就是建立各种"防火墙"机制,从而有效地控制各个市场和各类业务之间的风险交叉感染和相互传导。

5. 远期目标——建立单一监管机构体制

上面论述的设立金融监管协调委员会、加强对系统重要性金融机构的协

---

⑫ 胡滨、全先银:《中国金融法治报告—2007》,社会科学文献出版社 2007 年版,第 217 页。

⑬ 郑宇明:《日本金融控股公司立法、监管及变革趋势的启示》,载《金融发展研究》2010 年第 6 期,第 48—50 页。

⑭ 雷兴虎:《论我国金融控股公司的风险防范法律机制》,载《中国法学》2009 年第 5 期,第 74—82 页。

同监管、加快制定《金融控股公司法》、设立"防火墙"机制控制混业风险，是针对目前我国监管体制存在的问题，吸取美国次贷危机的教训，有针对性地校正我国监管体制的疏漏的建议，也是我国监管体制改革中的中期目标。但从长远看，单一监管体制是我们应该努力的方向。

其实回顾世界的金融监管历史，到底哪种是最好的金融经营制度，又有哪种是最优的监管体制，在不同的时代就会有不同的答案，但唯一不变的是，一国的金融监管制度必须与本国的金融经营制度相适应，不然轻则出现监管问题，重则危及金融体系的平稳运行。在上个世纪"大萧条"之后，分业经营和分业监管成为一种主流的声音，特别是这种体制在次贷危机前的美国达到登峰造极的程度，即便是美国在法律上确认金融混业之后，它的经营体制和监管体制仍被公认为世界最为发达和最为有效的体系之一[15]，美国的华尔街成为全球金融界的经典和膜拜的对象，德国的全能银行模式备受争议，随之而来的信贷市场主导的金融体系优，还是资本市场主导的金融体系优，金融分业和金融混业那个更好以及分业和单一金融监管体制到底那个更有效率，是金融学界和法学界持久研究并不能得到一个答案的恒久主题。相信这也是我国金融领域在改革开放和商业化分离之后，最后毅然决然建立分业经营分业监管体制的宏大背景。

但显然是次贷危机的爆发打破了这种微妙的平衡。危机过后，人们的焦点更多是放在了过度的金融创新上，而不是把矛头不加区分地指向金融混业，尽管是金融创新尤其是金融衍生品将金融经营带进了混业[16]，但都有一个共识，那就是金融混业本身没有错，错在过度的衍生和杠杆化的金融衍生品上，从此意义上讲，金融混业的优势还是得到了公认。同样在监管体制上，人们的焦点除了放在监管重叠和监管真空等具体的问题之外，还深挖出制度的根源是分业监管体制不能有效地控制混业经营的风险。单一的金融监管体制显然更加适合当前日渐深入的金融混业经营的现实和控制新的系统性风险，在上述两个方面要比减低监管效率并提升监管成本的分业监管体制来讲，做得更出色。

同样在我们国家，要求建立单一监管体制的呼声会越来越高[17]，我们要顺应这种趋势。单一监管体制是1986年首先出现在挪威，之后丹麦、瑞典、

---

⑮ 〔美〕哈威尔 · E. 杰克逊、小爱德华 · L. 西蒙斯：《金融监管》，吴志攀译，中国政法大学出版社2003年版，第974页。

⑯ 徐孟洲、葛敏：《金融衍生品市场监管法律制度初探》，载《成人高教学刊》2003年第5期。

⑰ 潘修平：《国际金融危机下的银行法对策》，载《河北法学》2010年第6期，第79页。

比利时和芬兰纷纷加入这个行列，但随着被称之为金融监管“大爆炸”的日本、韩国，尤其是英国的加入，这种趋势已经成为了一种潮流，最近是2001年德国的加入成为这一趋势的重要力量。[18] 我国要加深这个领域内的研究，在时机成熟的条件下，对现行的《中国人民银行法》、《证券法》、《银行业监督管理法》、《保险法》、《信托法》、《投资基金法》修改的基础上，制定一部全新的《金融服务法》[19]，建立单一监管体制[20]。

单一监管体制具备以下几个方面的优势，第一，在控制系统性风险方面，单一监管机构因为其监管职责和范围覆盖整个金融市场，自然在掌控金融体系的运行状况和行业风险上面，具有天然的优势，这无疑对于因为金融创新引发的系统性金融危机频发的现状具有针对性。[21] 第二，单一监管机构在监管政策和目标上会变得统一，即便也会存在个别分支机构间的冲突，但也非常容易协调，在面对金融创新时，既不会因为相互推诿而发生的监管真空，也不会因为监管机构竞相监管而引发冲突，特别是金融创新正在不断深刻地改变和重塑金融业，单一监管机构在应对这种变革时，将会更加及时和有效。[22] 第三，单一监管机构模式也将极大改变分业监管下，受监管的金融机构因为同时面对不同监管标准、不同监管目标的多个监管机构的监管，经常无所适从的局面，相应地，监管的效率提高了，监管成本反倒减低了。危机前美国的监管机构就是因为太多，重叠和冲突过多，导致监管成本居于全球之首。[23]

综上所述，我国应在完善现行监管模式和初步完成中期预设目标前提下，紧跟世界经济发展潮流，科学规划，稳步发展，以单一监管体制作为金融监管改革的长期目标，单一监管模式的建立，必将有利于我国金融创新的发展和我国监管水平的提升。[24]

---

⑱ 许凌艳：《资本市场统合法研究：全球金融法制改革与中国的选择》，载《中国法学会商法学研究会2008年年会论文集》，第156页。

⑲ 杨东：《后金融危机时代金融统合法研究》，载《法学杂志》2010年第7期，第61页。

⑳ 20世纪90年代初至1997年，我国曾采取了类似单一监管的模式，中国人民银行内设银行司、非银行司、保险司、外资金融机构管理司及农村合作金融司，分别对银行业、证券业、保险业进行监管。但现在的金融业与那个时段相比，显然是今非昔比了。

㉑ 杨东：《论金融法制的横向规制趋势》，载《法学家》2009年第2期，第124—134页。

㉒ 巫文勇：《中国金融混业经营的法律制度供给》，载《浙江金融》2010年第2期，第16—17页。

㉓ Financial Services Authority, Annual Report, 2003 /04 app. 5 at 99-103 (2004) 1.

㉔ 梁捷：《中央财经大学法学院副院长吴韬：进一步完善我国金融监管体制》，载《光明日报》2009年12月7日。

《经济法研究》稿约

《经济法研究》是由国家重点学科——北京大学经济法学科所在的北京大学经济法研究所(网址:http://www.bishengde.cn/)定期出版的集刊,创刊于1999年,以兼容并包、注重创新、形式活泼、态度严谨为办刊宗旨,一直致力于打造经济法学术交流的广阔平台,集中展现经济法学的最新成果,推动经济法学的繁荣发展。本刊开设有理论探讨、制度研究、环球视野、书评综述、学术随笔等专栏,同时根据学术动态和来稿情况调整所设栏目。本刊每年上半年6月份和下半年12月份各出一期。

现就有关事项说明如下:

一、来稿应为尚未公开发表或主体部分未曾公开发表的作品。译文应无版权纠纷。

二、来稿请注明是否专投本刊,有关作者姓名、学位、职称(职务)、单位及详细联系方式等个人资料请另附一页标明,不要书写于正文中,以便本刊进行专家匿名审稿。

三、来稿请在正文前加列“目次”、“摘要”与“关键词”。目次列明文章一、二级标题即可;摘要为文章主要观点之提炼,字数一般控制在300字以内;关键词一般为3至5个。

四、来稿统一使用A4纸打印,亦可采取电子邮件方式投稿,文档存为word格式,电子邮件主题为“作者姓名+论文题目”。

五、来稿请寄编辑部,勿寄个人。来稿在3个月内未被采用的,作者可自行处理。未被采用的稿件一般不退,请自留底稿。稿件一经采用,寄送当期刊物一册。

六、注释体例

(一)本刊提倡引用正式出版物,出版时间应精确到月;根据被引资料性质,可在作者姓名后加“主编”、“编译”、“编著”、“编选”等字样。

(二)文中注释一律采用脚注,全文连续编码,注码样式为:①②③等。

(三)非直接引用原文时,注释前加“参见”;非引用原始资料时,应注明

“转引自”。

（四）数个注释引自同一资料者，自第二个注释起，可采简略注释，例如：梅因，同注×引书，第28页。

（五）引文出自于同一资料相邻数页时，注释体例为：……，第67页以下。

（六）引用自己的作品时，请直接标明作者姓名和作品名称。

（七）具体注释体例：

1. 著作类

[1] 胡长清：《中国民法总论》，中国政法大学出版社1997年版，第20页。

2. 论文类

[1] 苏永钦：《私法自治中的国家强制》，载《中外法学》2001年第1期。

3. 文集类

[1]〔美〕J. 萨利斯：《想象的真理》，载〔英〕安东尼·弗卢等著：《西方哲学演讲录》，李超杰译，商务印书馆2000年版，第112页。

4. 译作类

[1]〔法〕卢梭：《社会契约论》，何兆武译，商务印书馆1980年版，第55页。

5. 报纸类

[1] 刘均庸：《论反腐倡廉的二元机制》，载《法制日报》2004年1月3日。

6. 古籍类

[1]《史记·秦始皇本纪》。

7. 辞书类

[1]《新英汉法律词典》，法律出版社1998年版，第24页。

8. 外文类

依从该文种注释习惯。

9. 网上文献类

张义敏：《中和应泰董事会金立左博士谈郑百文重组方案还只是一个框架》，《中国证券报》网站，http://www.cs.com.cn/csnews/articles/26651444.htm，2010年3月20日访问。

七、本刊专家匿名评审的标准主要分为具体评价指标、论文总评价两大项。具体评价指标包括选题价值、论文创新、论证方法、论证深度、文字规范等;论文总评价主要是指论文在本学科的定位。专家根据以上标准给出评价意见和刊用意见。

八、来稿请寄:

地 址:北京市海淀区颐和园路5号 北京大学法学院《经济法研究》编辑部

邮编:100871

电子信箱:jjfyjbjb@ 163. com

本稿约长期有效,但第10卷的投稿截止时间为2011年9月10日。如因时间关系,未能进入第10卷审稿程序的稿件,将在通知作者并征得作者同意的前提下,推荐给第11卷;依此类推。

谢谢您的支持与合作!

衷心祝您

工作愉快!

万事顺心!

《经济法研究》编辑部

2011年5月15日